生命科学核心课程系列教材

细胞工程

主　编　周　岩
副主编　许　君
　　　　胡根海
　　　　石　瑛

科学出版社
北　京

内 容 简 介

本书系统地介绍了细胞工程的基本理论与技术，内容主要包括细胞工程基础、植物细胞工程和动物细胞工程。全书共分为 13 章，依次为绪论（细胞工程的研究内容、发展简史和应用前景）、细胞全能性与形态发生、植物细胞工程常规技术、植物脱毒与离体无性繁殖技术、单倍体诱导和染色体加倍、植物胚胎培养、植物细胞培养与次级代谢产物生产、植物原生质体培养和细胞融合、种质离体超低温保存与人工种子、动物细胞培养、动物细胞融合与单克隆抗体、胚胎工程与动物克隆和干细胞技术。本书内容简明，突出基础性和实用性，为了方便学习，教材每章配有知识框、小结、思考题、扩展阅读资料。

本书适合作为高等院校生物工程、生物技术、生物科学、医药和农林类专业的本科教材及相关专业教师和科技人员的参考书。

图书在版编目(CIP)数据

细胞工程/周岩主编. —北京：科学出版社，2012

生命科学核心课程系列教材

ISBN 978-7-03-035243-9

Ⅰ. ①细… Ⅱ. ①周… Ⅲ. ①细胞工程-高等学校-教材 Ⅳ. ①Q813

中国版本图书馆 CIP 数据核字(2012)第 177012 号

责任编辑：席 慧 高璐佳 / 责任校对：郑金红

责任印制：张 伟 / 封面设计：迷底书装

科学出版社 出版

北京东黄城根北街 16 号

邮政编码：100717

http://www.sciencep.com

北京凌奇印刷有限责任公司 印刷

科学出版社发行 各地新华书店经销

*

2012 年 7 月第 一 版 开本：787×1092 1/16

2022 年 4 月第二次印刷 印张：19 1/2

字数：496 000

定价：69.00 元

（如有印装质量问题，我社负责调换）

《细胞工程》编委会名单

主　编　周　岩

副主编　许　君　胡根海　石　瑛

编　委　（按姓氏汉语拼音排序）

陈玉栋（信阳师范学院）

胡根海（河南科技学院）

石　瑛（太原师范学院）

许　君（河南农业大学）

张改娜（河南科技大学）

赵元增（河南科技学院）

周　岩（河南科技学院）

周春娥（河南师范大学）

前　言

细胞工程是现代生物技术的重要组成部分，与基因工程一起代表着现代生物工程发展的最新前沿。随着现代生物技术的迅速发展，细胞工程在生命科学、农业、医药、食品、养殖业、生物资源与环境保护、新物种构建等领域发挥着越来越重要的作用，并产生了显著的社会效益和经济效益。细胞工程也是目前我国高等院校生物类专业普遍开设的主干课程。为促进学生对迅速发展的本学科的学习和了解，编者组织多年从事细胞工程教学和科学研究的同仁，在查阅大量国内外文献资料，归纳和总结本学科最新技术、研究成果及发展动态的基础上，结合在教学和科研过程中的体验，完成了本书的编写工作。

全书共分为13章，第1、2章主要概述细胞工程的研究内容、发展简史、应用前景、细胞全能性及其理论基础；第3～9章介绍植物细胞工程，内容包括植物细胞工程实验室要求及基本操作技术、植物组织培养、植物脱毒与离体无性繁殖技术、单倍体诱导和染色体加倍、植物胚胎培养、植物细胞培养与次级代谢产物生产、植物原生质体培养和细胞融合、种质离体超低温保存与人工种子；第10～13章介绍动物细胞工程，主要包括动物细胞培养、动物细胞融合与单克隆抗体、胚胎工程与动物克隆、干细胞技术等。具体分工是：第1章、第2章由周岩编写；第3章、第5章、第8章由胡根海和张改娜编写；第4章、第9章由石瑛编写；第6章由陈玉栋编写；第7章由赵元增编写；第10章、第11章由许君编写；第12章、第13章由周春娥编写。

本书内容简明，突出基础性和实用性，力争做到系统、全面、新颖、生动地介绍细胞工程领域的基本理论、主要技术与方法，并反映出该学科的最新进展。为了方便学习，教材每章配有知识框、小结、思考题、扩展阅读资料和相关网站。

本书编写过程中得到有关专家、同仁及科学出版社编辑的大力支持和帮助，在此表示诚挚的感谢！

尽管编写组付出了很多心血和努力，但由于细胞工程领域更新发展速度很快，编者水平有限，书中难免有疏漏之处，敬请广大读者批评指正，以便再版时修正。

编　者

2012年6月

目　　录

前言
第 1 章　绪论 ······ 1
1.1　细胞工程基础 ······ 1
1.2　细胞工程的发展史 ······ 3
1.3　细胞工程与其他相关学科的联系及其应用 ······ 4
本章小结 ······ 11
思考题 ······ 12
第 2 章　细胞全能性与形态发生 ······ 13
2.1　细胞全能性 ······ 13
2.2　植物细胞全能性的实现途径 ······ 16
2.3　植物的形态建成 ······ 17
2.4　植物体细胞胚胎发生 ······ 18
2.5　基因表达与位置效应及器官分化信息传递 ······ 19
本章小结 ······ 22
思考题 ······ 23
第 3 章　植物细胞工程常规技术 ······ 24
3.1　植物细胞工程所需的基本条件 ······ 24
3.2　植物细胞工程中的无菌技术 ······ 32
3.3　培养基及其配制 ······ 40
3.4　细胞工程的基本程序 ······ 45
3.5　外植体的褐变与玻璃化苗 ······ 51
3.6　培养基母液的配制与保存 ······ 57
3.7　MS 固体培养基的配制与灭菌 ······ 61
本章小结 ······ 63
思考题 ······ 64
第 4 章　植物脱毒与离体无性繁殖技术 ······ 65
4.1　植物脱毒与离体无性繁殖概述 ······ 65
4.2　植物脱毒的原理和方法 ······ 67
4.3　离体无性繁殖技术 ······ 73
4.4　马蹄莲试管苗的离体培养 ······ 83
4.5　马铃薯茎尖培养脱毒及脱毒苗的鉴定 ······ 85
本章小结 ······ 86
思考题 ······ 87

第 5 章　单倍体诱导和染色体加倍 …… 88
5.1　单倍体培养及其意义 …… 88
5.2　雄核发育机制及其影响因素 …… 93
5.3　花药和花粉培养 …… 104
5.4　单倍体植株的染色体加倍 …… 113
5.5　花粉植株的倍性鉴定 …… 115
5.6　花药（或花粉）培养白化苗问题 …… 117
5.7　离体花药和花粉培养实验 …… 118
本章小结 …… 121
思考题 …… 122
第 6 章　植物胚胎培养 …… 123
6.1　胚胎培养的内容及意义 …… 123
6.2　合子胚培养 …… 125
6.3　胚胎培养的其他类型 …… 127
6.4　胚胎培养案例 …… 131
本章小结 …… 134
思考题 …… 134
第 7 章　植物细胞培养与次级代谢产物生产 …… 135
7.1　细胞的分离与培养 …… 135
7.2　细胞培养的技术关键 …… 143
7.3　细胞规模化培养与次级代谢产物生产 …… 148
7.4　植物细胞培养生物反应器 …… 161
7.5　体细胞无性系变异与突变体筛选 …… 167
7.6　细胞悬浮培养与细胞生长量计量实验 …… 168
本章小结 …… 173
思考题 …… 174
第 8 章　植物原生质体培养和细胞融合 …… 175
8.1　原生质体的分离与纯化 …… 175
8.2　原生质体的培养 …… 185
8.3　原生质体融合 …… 192
8.4　向日葵原生质体的游离和融合 …… 206
本章小结 …… 208
思考题 …… 209
第 9 章　种质离体超低温保存与人工种子 …… 210
9.1　基本概念 …… 210
9.2　种质的超低温保存 …… 211
9.3　人工种子 …… 214
本章小结 …… 217

思考题 ······ 218
第 10 章 动物细胞培养 ······ 219
10.1 动物细胞培养的特点与应用 ······ 219
10.2 动物细胞培养技术 ······ 224
本章小结 ······ 231
思考题 ······ 232
第 11 章 动物细胞融合与单克隆抗体 ······ 233
11.1 动物细胞融合 ······ 233
11.2 单克隆抗体 ······ 239
本章小结 ······ 243
思考题 ······ 243
第 12 章 胚胎工程与动物克隆 ······ 244
12.1 动物胚胎发育的基本过程 ······ 244
12.2 体外受精 ······ 249
12.3 胚胎移植技术 ······ 253
12.4 胚胎冷冻保存技术 ······ 259
12.5 动物克隆技术 ······ 260
12.6 转基因动物 ······ 272
本章小结 ······ 279
思考题 ······ 280
第 13 章 干细胞技术 ······ 281
13.1 基本概念 ······ 281
13.2 干细胞的生物学特性 ······ 282
13.3 干细胞培养体系的建立 ······ 284
13.4 干细胞的应用 ······ 292
本章小结 ······ 295
思考题 ······ 296
主要参考文献 ······ 297

第 1 章 绪　论

细胞工程（cell engineering）是在细胞学的研究基础上发展起来的，其操作对象是细胞或组织，基本技术是细胞与组织培养。细胞工程与其他生物技术密切配合，为其他生物技术提供了基础和平台。在人类告别 20 世纪步入 21 世纪的 10 多年里，生命科学发展异常迅猛，取得了一个又一个令人瞩目的成就，震惊世界，它推动着科学的进步、促进着经济的发展、影响着社会的进步，成为 21 世纪发展最快的领域。在这些生命科学的伟大成就中，细胞工程所作出的贡献极为突出，如克隆动物、干细胞、生物反应器等就是细胞工程的典型结晶。细胞是生命活动的最基本单位，为基因的表达和产物的合成提供了基础和载体。基因工程中基因的表达，微生物工程中工程菌的构建，酶工程、生化工程和蛋白质工程中蛋白质的合成等都离不开细胞工程。某种意义上来说，基因工程是现代生物技术的核心，而细胞工程则是它的基础和公用平台，基因工程和细胞工程的结合决定着生物技术的发展。

1.1 细胞工程基础

1.1.1 细胞工程的概念

细胞工程（cell engineering）是按照一定的设计方案，通过在细胞、亚细胞或组织水平上进行实验操作，获得重构的细胞、组织、器官及个体，创造优良品种和产品的综合性生物工程。细胞工程涉及的范围很广，按生物类型可分为动物细胞工程、植物细胞工程和微生物细胞工程；按实验操作对象可分为细胞与组织培养、细胞融合、细胞核移植、染色体操作和转基因工程等。以细胞工程为基础派生出不少以工程冠名的新领域，如组织工程、胚胎工程和染色体工程等。

1.1.2 细胞工程的研究内容

1）细胞与组织培养

细胞培养（cell culture）和**组织培养（tissue culture）**都属于**离体培养（*in vitro* culture）**，是指细胞和组织在离体条件下的生长和增殖。细胞的离体培养称为细胞培养；组织的离体培养称为组织培养。细胞与组织培养技术是细胞工程的最基本技术，细胞融合、细胞核移植、染色体工程、转基因工程和胚胎工程等细胞工程技术都离不开细胞或组织培养，近年来兴起的组织工程和生物反应器就是在细胞与组织培养技术基础上直接发展起来的。

2）细胞融合

细胞融合（cell fusion）又称细胞杂交（cell hybridization），是指两个或两个以上的细胞融合形成一个细胞的过程。在自然情况下发生融合的现象称为自然融合；用人工方法使细胞间发生融合的技术称为人工诱导融合。细胞融合的范围很广，不同种类之间，甚至动物与植物的细胞之间都能发生融合，细胞融合已成为研究细胞功能、遗传、免疫、药物和新品种培育的重要手段。利用细胞融合技术而发展起来的单克隆抗体技术，已成功地应用到基础生命科学研究和医药生产的各个领域，极大地促进了生命科学的发展，取得了极为可观的经济效益，是应用最成功的生物技术之一。

3）细胞核移植

细胞核移植（nuclear transplantation）是利用显微操作技术将细胞核与细胞质分离，然后再将不同来源的核与质重组，形成杂合细胞的技术。克隆动物“多莉”羊的诞生使细胞核移植技术引起了全世界的关注。

4）染色体工程

染色体工程（chromosome engineering）是指把单个染色体或染色体组转入或移出受体细胞，从而形成新的染色体组合和遗传构成的技术。该技术可以广泛应用于优良品种的培育，如多倍体育种已经成为常规的育种技术。近年来发展起来的人工染色体技术为基因组研究、基因转导和基因治疗等提供了重要手段和途径。

5）胚胎工程

胚胎工程（embryo engineering）是以生殖细胞和胚胎细胞为对象进行的细胞工程操作，主要技术包括体外受精、胚胎移植和胚胎切割等。胚胎工程在畜牧业生产上已经得到广泛的推广应用，成为常规的畜牧优良品种繁育技术。

6）干细胞与组织工程

干细胞（stem cell）是动物体内具有分化潜能，并能自我更新的细胞，分为胚胎干细胞和组织干细胞。胚胎干细胞来自囊胚期的内细胞团，属于全能干细胞，每个细胞都可以发育成一个完整个体。组织干细胞存在于成体组织中，数量很少，属于单能或多能干细胞，可以定向分化为一种或几种不同的组织。干细胞在体外可以诱导分化为不同的组织，为临床移植和细胞治疗带来了希望。骨髓和皮肤干细胞早已应用到了临床。组织工程(tissue engineering)是在干细胞基础上发展起来的，是干细胞与材料科学相结合，将自体或异体组织的干细胞经体外扩增后种植在预先构建好的聚合物骨架上，在适宜的生长条件下干细胞沿聚合物骨架迁移、铺展、生长和分化，最终发育形成具有特定形态和功能的工程组织。目前已成功地在体外培养了人工软骨、皮肤等多种组织。

在植物中类似动物的干细胞是胚性细胞（embryogenic cell），包括合子与早期胚胎细胞、顶端分生组织中的胚性细胞、成熟器官中遗留的胚性细胞等。合子、早期胚胎细胞和顶端分生组织的胚性细胞与动物的胚胎干细胞相似，可以分化形成各种组织和器官。根端分生组织的胚性细胞、成熟器官中遗留的胚性细胞则与动物的组织干细胞相似，只能分化为特定的组织，如根端分生组织的胚性细胞只能分化为根。

7）转基因生物与生物反应器

（1）转基因动物生物反应器。转基因动物（transgenic animal）是通过基因工程技术将外源的目的基因导入生殖细胞或早期胚胎细胞，并整合到受体细胞的基因组中，经发育形成的所有细胞都包含有目的基因的动物个体。目的基因在器官或组织中进行特异性高表达的转基因动物称为动物生物反应器（animal bioreactor）。目前，研究较多的有乳腺生物反应器、血液生物反应器和膀胱生物反应器等。其中乳腺生物反应器最引人注目，已经进入产业化。

（2）转基因植物生物反应器。转基因植物（transgenic plant）的制备比转基因动物相对简单。通过基因工程技术将外源的目的基因导入植物细胞后直接进行诱导培养就可以再生出转基因植株。当这些转基因植株开花结果时，所改变的遗传性状就可以通过种子遗传给下一代植株。转基因棉花、大豆、油菜和玉米等已经开始了大面积的种植。我国转 *Bt* 基因抗虫棉的推广已取得了巨大成功，使农药的使用量减少了 70%～80%，大幅度降低了生产成本，减少了环境污染。能够生产某些重要蛋白质和次级代谢产物的转基因植物称为植物生物反应器（plant bioreactor）。目前，研究最多的是生产抗体和疫苗的植物生物反应器。

1.2 细胞工程的发展史

无论是动物细胞工程还是植物细胞工程，都是在细胞与组织培养的基础上发展起来的，其研究历史可追溯到 19 世纪中期。从其诞生至今，大体经历了探索、奠基和迅速发展 3 个主要阶段。

1.2.1 探索阶段

自 1839 年 Schwann 和 Schleiden 建立细胞学说后，细胞学研究有了飞速的发展。Hertwig 和 Strasburger 分别于 1876 年和 1884 年在动物和植物中观察到了受精和精卵细胞融合现象；Fleming 于 1882 年在动物细胞中发现了有丝分裂；Strasburger 于 1880 年发现了植物的有丝分裂。van Beneden 和 Strasburger 分别于 1883 年和 1886 年在动物和植物细胞中发现了减数分裂。这一时期的细胞学研究，尤其是细胞分裂与增殖的发现，为细胞与组织培养技术的创立奠定了重要的实验基础。

1902 年，Haberlandt 提出了植物细胞全能学说（cell totipotency），并开展了植物的细胞和组织培养实验，但受当时条件限制没有取得成功。经过半个世纪的不懈努力，直到 1958 年，Steward 由胡萝卜韧皮部组织经诱导培养成功获得了再生植株。以组织培养为基础，花粉培养、器官培养相继获得成功，植物快繁、脱毒和大规模培养技术也实现了产业化。

动物组织培养技术最早由 Harrison 于 1907 年创立。当时他的主要目的是想通过神经组织的体外培养弄清神经纤维的起源问题，设计了悬滴培养法，建立了一套无菌操作技术，并在体外培养神经细胞获得成功，观察到神经纤维发生的动态过程。后来，在培养基和培养方法上做了大量改进与创新，动物细胞培养技术不断完善。以细胞培养为基础发展起来的胚胎工程、干细胞和组织工程已成为生物技术中最具活力的领域，细胞的大规模培养技术也取得了很大进展。

1.2.2 奠基阶段

尽管细胞培养是细胞工程中非常重要的技术，但也仅仅是为细胞工程的诞生奠定了基础，真正意义上的细胞工程应该是从细胞融合开始的。因为细胞融合是按照人们的设计对细胞进行工程操作，并构建新的细胞。早在 19 世纪上半叶，人们就在多种生物中发现了多核现象，并推测多核细胞是由单个细胞彼此融合而形成的。然而，用实验的方法直接实现细胞的融合则是在细胞培养技术建立以后。Okata 于 1962 年发现仙台病毒（Sendai virus）可诱发艾氏腹水瘤细胞融合成多核细胞体，为动物细胞融合技术的创立做了奠基性工作。直到今天该方法仍然被应用。植物和微生物的原生质体融合技术是在动物细胞融合技术的基础上发展起来的，迄今为止，人们已经进行了大量的动物、植物和微生物的细胞融合实验，包括种内、种间、属间、科间，甚至动、植物间细胞的融合，培育出了许多新品种，创造了极大的经济价值。其中，单克隆抗体技术是细胞融合中最成功的典范。1975 年 Milstein 与 Kohler 合作，将绵羊红细胞免疫过的小鼠脾细胞与小鼠骨髓瘤细胞融合，得到了既能在体外无限繁殖又能产生特异性抗体的杂交瘤细胞，导致了免疫学技术的革命，他们二人也因此获得了诺贝尔生理学或医学奖。

1.2.3 迅速发展阶段

细胞核移植的构想最早由德国胚胎学家 Spemann 于 1938 年提出，认为早期胚胎细胞具有高度的分化潜力，将胚胎的细胞核移植到去核卵母细胞中可以发育为新的胚胎。1952 年，Briggs 和 King 将北美洲的豹蛙囊胚的细胞核移入去核的卵母细胞中，获得了北美洲豹蛙的胚胎克隆后代，证实了 Spemann 的伟大设想。1962 年，Gurden 将南非爪蟾蝌蚪期肠上皮细胞核移植到被紫外线破坏了细胞核的卵母细胞内，获得了发育正常的个体。哺乳动物的胚胎细胞核的移植实验开始于 1975 年 Bromball 在家兔上所做的工作，其后相继获得了小鼠、绵羊、牛、家兔、山羊和猪的胚胎细胞核克隆后代。1997 年，“多莉”羊的诞生标志着哺乳动物的体细胞核克隆时代的到来，小鼠、牛、猪、骡子等许多动物都获得了体细胞的克隆后代。

20 世纪 70 年代中期，基因重组技术与细胞工程技术的结合，使细胞工程发展到了一个新的阶段，产生了转基因动物和转基因植物。1974 年，Jaenisch 和 Mintz 首次报道向小鼠囊胚注射 SV40 DNA 后，发育成的小鼠的部分组织中检测到了 SV40 的 DNA 序列，但是，这还不是真正意义上的转基因动物。第一只转基因动物是 Gordon 等通过向小鼠的单细胞胚胎的原核注射纯化的 DNA 后获得转基因小鼠。1983 年，Palmiter 和 Brinster 将大鼠的生长激素基因转入小鼠，生产出生长速度极快的超级小鼠（硕鼠）。在此后的几年里，转基因动物的研究及以改进经济性状为目标的兔、羊、猪、牛、鸡和鱼等转基因动物陆续问世。除了转基因鱼外，多数转基因动物并没有达到预期目标。这一时期，乳腺生物反应器的研究也取得明显进展。在 Gordon 于 1987 年获得分泌组织纤溶酶原激活因子 tPA 的转基因小鼠后的数年内，转基因羊、猪、牛的乳腺生物反应器相继研究成功，利用乳腺生物反应器生产出了多种生物药物，如凝血因子 IX、凝血因子 XIII、抗胰蛋白酶、tPA、红细胞生成素（EPO）等。动物克隆及干细胞技术与转基因动物技术相结合，大大加快了动物生物反应器的研究与应用进程，显示了极为诱人的前景。

1983 年，利用根癌农杆菌介导法转化烟草获得了世界上第一株转基因植物。从此，转基因植物的研究取得了飞速发展，多种抗病虫、抗除草剂的转基因植物相继问世。目前，利用植物生物反应器生产的药物、色素、食品添加剂、酶、农药等次生物质和活性物质已达 300 多种。

细胞工程是一个非常年轻富有活力的学科。从诞生到现在还不到百年的历史，组织培养技术与其他生物技术已经一起成为世界经济中最具活力的支柱性产业，产生了巨大的经济效益和社会影响。相信随着人们对生命科学认识的不断深入，细胞工程技术会得到更快的发展，在解决困扰人类生活的人口、资源与环境等重大问题上会有更大的作为。

1.3 细胞工程与其他相关学科的联系及其应用

1.3.1 细胞工程与其他相关学科的联系

1）植物组织培养与生物学科的关系

随着现代生命科学与技术的不断进步，尤其是外源激素的应用，组织培养不仅从理论上为相关学科提供了广泛的实验证据，而且一跃成为一种大规模、批量工厂化生产种苗的新方法，并在生产上得到广泛的应用。植物组织培养既是一门相对独立的学科，同时又与其他生物学科有着密切的联系，它为植物学、植物生理学、植物遗传育种学、胚胎学、解剖学、分子生物学、细胞生物学、生物工程等学科研究植物生长发育、抗性生理、激素及器官与胚胎发生机制等提供了许多良好的试材和有效、快速的方法与途径。

2）植物组织培养学科的建立依赖于生物学科理论的发展

植物组织培养的重要理论基础是植物学、植物生理学、遗传学、发育学及微生物学等学科，在这些学科快速发展的基础上形成了植物组织培养学科。只有对生物细胞的结构、机能及发育特征等有了深入了解，才有可能对其进行控制培养；也只有对细胞遗传物质的本质有了清楚的认识，才有可能对其进行定向培养。由于植物组织培养是一个综合性的实验技术体系，每一项技术均涉及其他有关领域，它的研究和利用更需要相关技术的协作和补充。

3）植物组织培养为生物学研究提供新的实验体系

植物离体培养技术使人们可以在人工控制和模拟条件下对植物进行研究和改造，这不仅排除了自然环境中不可预测性因素的干扰，而且还可以大大缩短研究周期，加速相关学科的研究进程。组织培养在理论上是研究细胞学、遗传学、发育学、生物化学和药物学等学科的重要手段。

细胞融合、核移植为人类定向改造生物遗传性状提供了有效技术途径。细胞培养使开展多细胞生物的单细胞生命活动研究成为可能，从而促进了人类对生命活动的认识。植物试管内传粉授精技术、子房培养技术、利用未成熟花药进行单倍体育种技术、细胞悬浮培养技术、看护培养技术及植物茎尖脱毒快速繁殖技术等，都极大地丰富了植物学研究的手段，拓展和加深了植物学研究的广度与深度。利用单细胞培养技术研究植物光合代谢是非常理想的方法，如在细胞生化合成研究中，通过组织培养查明了烟碱（俗称尼古丁）在烟草中的合成部位；在植物病理学中，可用单细胞或原生质体培养快速鉴定植物的抗病性、抗逆性，几天内就可获得抗性结果。

4）植物组织培养与其他生物技术相互促进

植物生物技术是按人类的意愿有目的地改良植物的一种新技术，是当前世界新技术革命的一个重要组成部分。植物遗传转化技术属于生物技术的组成部分，虽然不直接属于植物组织培养，但与组织培养紧密相关。植物组织培养既是遗传转化的基础，又是遗传转化获得种质材料并用于生产的桥梁，在基因表达及调控的研究上组织培养技术为其提供了有效方法。

1.3.2 细胞工程的应用

1）植物细胞工程的应用

植物组织和细胞培养技术具有取材少、培养材料经济、培养条件可人为控制、生长周期短、繁殖率高、管理方便和利于自动化控制等特点，因此在生产和研究中得到了广泛的应用。

离体快速繁殖和脱毒技术是目前植物组织培养中应用最多、最广泛和最有效的一个方面。植物组织培养主要应用于以下几个方面。

（1）快速繁殖技术 。**快速繁殖技术（rapid propagation）**也称微繁殖技术（micropropagation），是利用组织培养方法将植物体某一部分的组织小块进行培养并诱导分化成大量的小植株，从而达到快速无性繁殖目的的技术。其特点是繁殖速度快、周期短、不受季节气候等的影响，并可实现工业化生产。这一技术已有几十年的历史，现已基本成熟。新育成及新引进品种、稀缺品种、优良单株、濒危植物和基因工程植株等都可通过离体快速繁殖及时提供大量优质种苗。目前很多观赏植物、园艺作物、经济林木、无性繁殖作物等都用离体快速繁殖提供苗木。

（2）植物的去病毒技术。植物的去病毒技术也称**脱毒技术**（**virus eradication**），是微繁殖技术的一个分支。植物病毒病严重地影响着农业生产，植物病毒的种类很多，而且可以通过维管束传导。因此，无性繁殖的植物一旦染上病毒，就会代代相传，越趋严重。常见的马铃薯、草莓等出现一年比一年小的“退化”现象就是病毒造成的。过去人们曾试用过多种物理、化学及生物防治的方法，但收效甚微。情况严重时，只能采取拔除并销毁病株的方法。自20世纪50年代初，Morel和Martin发现用茎尖培养方法可以从严重感染病毒的大丽花植株得到无病毒苗，以及Morel在1960年又利用茎尖培养获得无病毒的兰花以来，利用茎尖培养技术已在多种植物，尤其是许多园艺植物中解决了病毒危害的问题，此后，还建立了通过愈伤组织培养脱病毒等多种获得无病毒苗的方法。目前，应用组织培养脱毒技术已在无性繁殖的农作物（甘薯、甘蔗等）、果树（苹果、葡萄等）、蔬菜（马铃薯、大蒜等）和花卉（兰花、水仙等）等许多植物的常规生产上得到应用，提高了产量或恢复了原品种的优良性状。

（3）花药、花粉培养和育种。花粉是单倍体，在离体条件下培养诱导成的单倍体花粉小植株，其隐性基因可以不受显性基因的影响而表达，便于选择。经人工加倍后，就可获得纯合二倍体。

1964年，印度植物学家Guha和Maheshwari首次对毛叶曼陀罗花药进行培养获得许多胚状体（embryoid），并证明胚状体直接起源于花粉粒，最终从胚状体进一步发育得到单倍体植株。目前，世界上至少有34个科，88个属，300多种植物的花药培养成功获得完整植株。花药和花粉组织培养能缩短育种周期、简化选育程序，已成为一种在植物育种上十分有效的技术。现已育成一大批高产优质品种，并在生产中得到推广应用。

（4）原生质体培养和体细胞杂交。无壁的植物原生质体仍具有在一定条件下长成完整植株的全能性。由于原生质体的膜很薄，所以给实验操作带来不少便利。自1960年英国科学家Cocking用酶法去除植物细胞壁获得大量有活力的原生质体以来，植物原生质体的分离和培养已经取得了很大进展。烟草、胡萝卜、矮牵牛、石刁柏、颠茄、芸薹、曼陀罗、石龙芮、金鱼草、马铃薯等植物已能从原生质体再生成完整的植株，但在禾谷类、豆类和纤维作物等重要经济作物上进展缓慢。原生质体的分离和培养技术为通过体细胞融合实现远缘细胞杂交奠定了基础，也为外源基因导入等遗传操作及许多细胞生物学基础研究提供了良好的材料。随着原生质体培养体系的不断完善，除成功获得一批远缘体细胞杂种外，细胞融合技术近年来已在一些重要作物的育种中得到初步应用。

（5）次级代谢产物的生产。植物中存在许多人工难以合成但具有显著药用或经济价值的特殊物质。由于环境恶化和人类需求量的日益增大，许多植物资源正面临枯竭的危险。利用植物组织或细胞大规模培养来生产人类所需要植物所特有的产物，受到了世界许多国家和科学工作者的极大重视，并已取得令人振奋的进展。目前，能利用植物细胞工程生产的次级代谢产物包括药物、香精、食品、化工产品等许多类型，有些已投入工业化生产，预计今后还将有更大发展。

（6）植物种质资源的保存和交换。植物种质资源的保存有两大难题，一是由于环境遭受破坏，遗传资源日益枯竭，造成有益基因的丧失；二是常规田间保存耗资巨大，而且在遇到自然灾害时往往束手无策，难以达到万无一失的目的。利用离体植物组织和细胞超低温保存技术，既可以长期保存种质，也可大大节约人力、物力和土地，同时也便于种质资源交换和转移，防止病虫害的人为传播，具有广阔的应用前景。

2）动物细胞工程的应用

（1）生物制品生产。20 世纪 50 年代，动物细胞大规模培养技术的建立和发展大大促进了生物活性物质、药品和疫苗的生产。例如，人们可以在反应器中大规模培养动物细胞，待细胞长到一定密度后，接种病毒，病毒再利用培养的细胞进行复制，从而产生大量病毒，用于制备疫苗。基于动物细胞培养技术生产的病毒疫苗（减毒的活病毒或是灭活的病毒），在过去的几十年里，已经拯救了成千上万人和动物的生命。若能获得可分泌目标蛋白的细胞系，用大规模细胞培养技术还可以生产多种药用蛋白质产品。自 20 世纪 70 年代以来，随着基因重组技术及杂交瘤技术的建立和发展，许多外源蛋白质基因可转入动物细胞并能大量扩增，使动物细胞能够高质量地表达有价值的蛋白质，如酶、细胞因子、干扰素、生长激素等。同时，杂交瘤技术使得各种单克隆抗体可以通过杂交瘤细胞分泌产生，这些单抗现已在多种疾病的诊断和治疗中得到了广泛的应用。单抗与化学药物、放射性同位素或毒素蛋白结合后，具有导向携带各种治疗药物攻击靶细胞的特性，已被应用于抗肿瘤和其他多种疾病的治疗研究。

（2）动物克隆的应用。采用动物胚胎细胞和体细胞核移植技术，目前已经成功地克隆出包括鼠、猪、牛、羊、兔和猴在内的大量动物。这些技术的发展和应用，为加快动物繁殖、培育优良畜种、保护珍稀动物等开辟了新的途径。克隆动物的遗传背景相同，因此它们也是模拟疾病和开展对生长、发育、衰老及健康机理等方面研究的良好实验材料。细胞核移植技术在细胞治疗和组织工程等领域的研究与应用中也有着重要作用。

（3）干细胞技术的应用。自 20 世纪 90 年代末以来，干细胞研究不断取得突破性进展。利用干细胞的无限增殖能力和多项分化潜能等，通过体外培养干细胞，诱导干细胞定向分化或利用转基因技术处理干细胞改变其特性，就有可能利用干细胞造福人类。目前各类造血干细胞移植技术已经逐渐成熟并在临床上得到常规应用。作为细胞治疗与组织工程的种子细胞，干细胞为修复组织器官损伤和退行性病变细胞的替代治疗带来了新的希望。将其作为疾病基因治疗的载体，则有可能解决目前基因治疗中所面临的用作载体的细胞在体外不能被稳定改造和传代的问题。胚胎干细胞与基因定位整合技术相结合，对于研究基因在胚胎发育中的表达与功能，揭示不能在体内充分证明的分子调控机制也具有重要的作用。胚胎干细胞可以经过体外诱导，为人类提供各种组织类型的细胞，为药物筛选、鉴定及其毒理的研究提供了便利，也有助于人类疾病细胞模型的建立及新药开发。目前，干细胞生物学的研究几乎涉及所有生物医药领域，对生命科学和人类健康都具有重大意义。

综上所述，细胞工程无论在生命科学基础研究方面，还是在生物高科技产业领域，都已取得举世瞩目的进展，并为人类带来了巨大的经济效益和良好的社会效益。

1.3.3 植物组织培养的应用及展望

植物组织培养研究领域的形成，不仅丰富了生物科学的基础理论，而且还在实际应用中呈现出了巨大的价值，显示了其无穷的魅力。

1.3.3.1 植物组织培养的应用

1）在植物育种中的应用

植物组织培养已广泛应用于植物育种，在增加植物遗传变异性、植物品种改良、培育新品种或创制新种质、缩短育种周期、提高自种效率等方面发挥了独特的优势。

（1）单倍体育种。离体花药或花粉培养的单倍体育种（haploid breeding）法，与常规方法相比，可以在短时间内得到作物的纯系，从而缩短育种年限，节约人力、物力，加快育种进程，较快地获得优良品种。通过花药培养，1974 年，中国育成了世界上第一个作物新品种——‘单育 1 号’烟草品种。据不完全统计，我国用花药或花粉培育出的植物已超过 22 个科，52 个属，160 个种，尤其在水稻、小麦、烟草、柏树、橡胶、辣椒、大白菜等植物的单倍体育种工作中处于领先地位，已培育出许多著名品种，如小麦‘花培 1 号’、‘净化 1 号’，水稻‘中花 1 号’，辣椒‘海花 1 号’等，并已大面积推广应用。

（2）培育远缘杂种。在植物种间杂交或种以上的远缘杂交中，受精后障碍导致杂交不育给远缘杂交带来了许多困难。采用胚、子房、胚珠培养和试管授精等手段，可以使杂交胚正常发育并成功地培养出杂交后代，通过无性系繁殖获得数量多、形状一致的群体。最早成功的例子是利用杂种胚培养克服了两个亚麻栽培种的杂交胚败育，并获得种子。这一技术已在桃、柑橘、菜豆、南瓜、百合、鸢尾等 50 多个科、属的远缘杂种胚中获得成功。例如，远缘杂交种“白兰”（大白菜×甘蓝）就是通过杂种胚的培养得到的。用胚乳培养可以获得三倍体植株，为诱导形成三倍体植物开辟了一条新途径，玉米的离体子房培养，经体外授粉可以得到种子。早期发育幼胚因太小难以培养的种类，还可采用胚珠和子房培养来获得成功。利用胚珠和子房培养也可进行试管授精，以克服柱头或花柱对受精的障碍，使花粉管直接进入胚珠而受精。

利用胚培养技术可拯救杂种胚，获得一些有用的材料或品种，已取得了明显的效果。这些都表明将植物组织培养应用于育种实践时能建立起新的育种系统，加速植物育种的进程。

（3）体细胞杂交。体细胞杂交（somatic hybridization）是打破物种间生殖隔离，实现有益基因的种间交流，改良植物品种，创造植物新类型的有效途径。通过原生质体融合，可部分克服有性杂交不亲和性，从而获得体细胞杂种，创造新物种或新类型。通过这一途径，目前已成功育成了细胞质雄性不育烟草与水稻的杂种、野生稻与栽培稻体细胞的杂种、马铃薯栽培种与野生种的杂种、番茄栽培种与其野生种的杂种、甘薯栽培种与野生种的杂种、马铃薯与番茄的杂种、甘蓝与白菜的杂种、柑橘类杂种等一批新品种（系）和育种新材料，获得了 40 余个种间、属间，甚至科间的体细胞杂种或愈伤组织，有些还进而分化成苗。

（4）筛选培育突变体。在细胞和组织培养过程中，培养的细胞无论是愈伤组织还是悬浮细胞均处在不断分生状态，容易受培养条件和外界条件（如射线、化学物质等）的影响而产生变异。因此，人们采用紫外线、X射线、γ射线对培养物照射，或者在培养基中加入叠氮化物等化学诱变剂，以提高突变频率及选择效率，利用单细胞诱变，具有便于筛选和无嵌合性等特点，可极大地提高育种的速度与效率，使其成为从细胞水平来改良植物品种的重要途径。此外，花药、原生质体、愈伤组织也可以作为诱发突变的外植体。20 世纪 70 年代以来，人们已诱发筛选出植物抗病、抗寒、耐热、高赖氨酸、高蛋白质、矮秆高产、抗除草剂、生理生化变异等所需要的大量突变体，有的已培育成新品种，如抗花叶病毒的甘蔗无性系、抗1%～2% NaCl 的野生烟草细胞体系、抗除草剂的白三叶草细胞株系等。

（5）转基因育种。转基因育种（transgenic breeding）就是利用分子生物学方法把目标基因切割下来，通过克隆、表达载体构建和遗传转化使外来基因整合进植物基因组的育种方法。这种新技术克服了植物育种中的盲目性，提高了育种的预见性，已成功应用于植物抗病虫性、抗逆性及品质改良等方面。目前通过转基因育种已获得马铃薯、番茄、水稻、瓜类、棉花、大豆等一大批植物新品种，并已大面积应用于农业生产。

（6）种质资源的保存。种质资源（germplasm resource）是植物育种的基础，而自然灾害、生物间竞争和人类活动造成大量物种面临或已经消失，尤其是一些珍贵濒危植物资源的绝迹更是一种不可挽回的损失，但常规的田间保存耗费大量的人力、物力和土地，使得种质资源流失的情况时有发生。利用组织培养技术保存植物种质，可大大节约人力、物力和土地；且不仅保存手续简便、极易长途运输，便于地区间及国际交流；还可以用来生产和保存无病原的植物种质资源。例如，胡萝卜和烟草等植物的悬浮培养细胞，在–196～–20 ℃的低温下可贮藏半年之久，再置于常温条件下时又能恢复生长，并分化出植株；柳橙胚愈伤组织所产生的胚状体和茎芽，经过3～5年的继代培养，仍能保持旺盛的分化能力，且染色体未发生任何变异；草莓茎尖在4 ℃黑暗条件下茎培养物可以保持生活力达6年之久。

2）在植物脱毒和快速繁殖上的应用

（1）无病毒（virus-free）的培养。病毒病是植物的严重病害，种类达500种以上，给农业生产造成极大的经济损失。研究发现，病毒在植物体内的分布是不均一的，老的组织和器官病毒含量较高，幼嫩的、未成熟的组织和器官病毒含量较低，生长点几乎不含病毒或病毒较少。因此，利用茎尖分生组织培养、再生的植株有可能不带病毒，从而获得无病毒小苗，再用脱毒苗进行繁殖，获得的植株就不会或极少发生病毒病，显著地提高了植物的产量和品质。目前利用茎尖脱毒技术在主要经济作物（如甘蔗、菠萝、香蕉、草莓、甘薯、马铃薯等）和园林观赏植物（如菊花、香石竹、唐菖蒲、水仙、郁金香、百合、大丽花、白鹤芋等）上已大量运用，取得了显著的经济效益和社会效益。因此，不少地区都建立了无病毒苗的生产中心，开展无病毒苗的培养、鉴定、繁殖、保存、利用和研究。形成了一套规范的系统程序，极大地促进了无毒苗的产业化发展。

（2）快速繁殖种苗。快速繁殖技术是植物组织培养在生产上应用最广泛也最有效的一项技术。它可通过茎尖、茎段、鳞茎盘等产生大量腋芽；或通过根、叶等器官直接诱导产生不定芽；或通过愈伤组织诱导产生不定芽。由于组织培养具有周期短、增殖率高并能全年生产等特点，加上培养材料和试管苗的小型化，可在有限的空间短期内培养出大量的幼苗。以一个茎尖或一小块叶片为基数，经组织培养，一年内可增殖到几万至几百万个植株。因此，对于一些繁殖系数低、不能用种子繁殖的“名、优、特、新、奇”植物品种，以及脱毒苗，新育成、新引进和稀缺种苗，优良单株，濒危植物和转基因植株等都可以通过离体快速繁殖，短期内即可极大地提高其繁殖系数。目前，观赏植物、园艺作物、经济林木、药用植物等无性繁殖作物部分或大部分都实现了离体快速繁殖，试管苗已形成产业化并大量涌现国际市场。例如，美国的Wyford国际公司年产组织培养苗3000万株，包括花卉、蔬菜、果树及林木；以色列的Benzur苗圃，年产组织培养苗800万株。据统计，中国快速繁殖的植物已超过443种，进入工业化生产的主要有香蕉、甘蔗、桉树、葡萄、苹果、脱毒马铃薯、脱毒草莓、非洲菊、芦荟等。

3）植物有用次级代谢产物生产中的应用

利用组织或细胞的大规模培养，几乎可生产出人类所需要的一切天然有机化合物，如蛋白质、脂肪、天然药物、香料、生物碱、橡胶、色素及其他活性化合物等。这些化合物许多都是高等植物的次级代谢产物，有些化合物还不能大规模地人工合成，而靠植物产生的这些化合物极其有限，远不能满足社会需求。因此，利用组织培养的方法，培养植物的某些器官和愈伤组织，并筛选出高产、高合成能力、生长快的细胞株系，进行工业化生产，是一条行之有效的途径。目前，用单细胞培养生产蛋白质，将给饲料和食品工业提供广阔的原料生产前景；用组织培养方法生产微生物及人工不能合成的药物或有效成分，如已从200多种植物的培养组织和细胞中获得了500多种有效代谢化合物，包括一些重要药物。有40余种化合物在培养细胞中的含量超过原植物，如粗人参皂苷含量在愈伤组织中为21.4%、冠瘿组织中为19.3%、再分化根中为27.4%，都高于天然人参根中的含量（4.1%）。特别是天然植物蕴藏量少、含量低但临床效用高的成分，如紫杉醇（taxol）等，利用组织培养进行大规模生产，具有巨大的经济效益和社会效益。

4）在植物遗传、生理生化和植物病理研究中的应用

植物组织培养推动了植物遗传、生理、生化和病理学的研究，已成为这些领域研究中的常规方法之一。

花药和花粉培养获得的单倍体和纯合二倍体植株是研究细胞遗传的极好材料。在单倍体条件下更易获得遗传变异，便于遗传操作，较其他方法更易获得大量变异材料。同时，利用细胞途径进行染色体操作，可以有目的地创造作物的附加系、代换系和易位系等新类型，为染色体工程研究开辟了新途径。利用花粉单倍体加倍获得纯合系的方法，已成为有性繁殖植物遗传分离群体构建的有效方法，为遗传图谱构建、基因定位等提供稳定的基础材料，其应用又促进了遗传学的发展。

植物细胞和组织培养为研究植物生理活动提供了一个理想的技术体系。植物组织培养有助于植物的矿物质营养、有机营养、生长活性物质等方面的研究。利用单细胞培养研究植物的光合代谢是非常理想的方法。近年来，光自养培养研究取得有益进展。在细胞的生物合成研究中，细胞培养为物质代谢途径及其调控研究奠定了基础。细胞培养研究现已在许多物质的合成代谢途径研究中取得了进展，为生物大分子物质的代谢调控奠定了基础。例如，在研究番茄离体根培养时发现，植物根的生长需要维生素 B_1，只要供给番茄离体根形成维生素 B_1 的两个组成部分——嘧啶环和噻唑环，便可以合成维生素 B_1。植物生长调节物质对愈伤组织诱导、器官分化及植株再生的重要作用的发现，促进了人工合成植物生长调节物质的研究，如人工合成的细胞激动素为6-苄基氨基嘌呤，在植物组织培养中应用十分广泛；从玉米胚乳中提取分离的玉米素，在猕猴桃的各类组织培养中效果甚为显著；吲哚丁酸（IBA）、萘乙酸（NAA）、2，4-二氯苯氧乙酸（2,4-D）及大量合成的新的生长素，在植物组织培养中发挥了作用。除生长素和细胞分裂素外，赤霉素、脱落酸等也在植物组织培养中不同程度地发挥了作用。这些植物生长调节物质的合成，加速人们对植物生长调节物质在植物生长发育中作用的认识，并已成为研究植物生理学的重要手段。同时，人们在组织培养中发现，植物组织对生长调节物质具有良好的适应性，这对促进认识及开展植物的形态建成与植物根瘤形成的生理机制研究具有重要意义。

植物细胞培养体系为植物病理学的深入研究提供了便利条件。在人工培养的条件下对植物抗病性进行研究，免除了环境条件的干扰，使得结果更加可靠。同时，在细胞水平上对抗性的研究，能够更好地揭示植物的抗性本质，从而促进植物病理学的发展。

5）在细胞生物学和发育生物学研究中的应用

利用植物不同组织、细胞培养获得再生个体及其在此过程中所形成的调控技术，进一步揭示了植物细胞全能性学说的本质和内涵，是对细胞生物学领域的重要贡献。原生质体体系的建立为植物细胞的单细胞研究提供了良好的实验体系。目前，利用原生质体系统在植物细胞分裂周期调控、细胞分化等细胞生物学领域的研究取得了重要成就，不仅分离出了与这些

细胞生物学现象相关的基因，而且通过原生质体系统明确了这些基因在细胞中的表达调控机理，从而明确了相关细胞生物学现象的本质。

离体培养的器官发生和体细胞胚发生及其调控已成为研究植物形态建成的良好实验体系，从而加速了发育生物学研究的发展。利用人工细胞突变体，可以定向观察某一发育负方向所产生的生物学效应，分离出与发育相关的基因，为揭示生物发育的遗传调控机理奠定基础。

1.3.3.2　植物组织培养的展望

近 20 年来，植物组织培养取得了引人注目的进展，许多成果与技术已应用于生产实践和科学研究，解决了一些其他方法不易解决的难题，有些难题则可能在不久的将来被突破。无疑，这将鼓舞人们更加信心百倍地对植物组织培养技术进行研究探讨。随着近代细胞培养技术的不断完善、显微分辨力的提高及分子生物学、分子遗传学的研究进展，必将推动应用科学的迅速发展。例如，用原核生物作材料来生产胰岛素、干扰素等；在固氮工程中将固氮的 *nif* 基因导入非豆科植物进行生物固氮等。展望未来，无论在理论上还是实际应用上，植物组织培养无疑将会使植物器官、组织、细胞培养的技术与方法、无性系快速繁殖、无病毒苗的工厂化生产、新品种和新物种的创造和培育、突变体的选择和利用、体细胞杂交、基因转移、次级代谢产物生产、人工种子技术及建立真正的植物基因库或有价值的基因型的基因文库等各个方面的研究更加深入；涉及的植物种类、品种，尤其是一些珍贵植物和人类社会发展中的重要植物会更多；应用的范围和前景更加广泛。随着科学技术的不断进步，植物组织培养这门崭新的技术将日益普及和深入，展现出诱人的前景，必将成为现代生产中的重要技术手段。

本章小结

细胞工程是按照一定的设计方案，通过在细胞、亚细胞或组织水平上进行实验操作，获得重构的细胞、组织、器官及个体，创造优良品种和产品的综合性生物工程。细胞工程是在细胞学的研究基础上发展起来的，其操作对象是细胞或组织，基本技术是细胞与组织培养。细胞工程与其他生物技术密切配合，为其他生物技术提供了基础和平台。细胞是生命活动的最基本单位，为各种基因的表达和产物的合成提供了基础和载体。

植物组织培养的概念有广义和狭义之分，前者不仅包括在无菌条件下利用人工培养基对植物组织的培养，而且包括对原生质体、悬浮细胞和植物器官的培养；后者主要指对植物的组织（分生组织、表皮组织、薄壁组织等）及培养产生的愈伤组织进行培养。

植物组织培养诞生的理论基础是细胞的全能性，并随着基础科学的发展而逐渐成熟和发展成为一门相对独立的学科，但又与其他生物学科有着密切的联系，它为植物学、植物生理学、植物遗传育种学、胚胎学、解剖学、分子生物学、细胞生物学、生物工程等诸多学科研究植物生长发育、抗性生理、激素及器官发生与胚胎发生等提供了许多良好的试材和有效、快速的方法与途径。植物组织培养目前已成为现代生物技术中最活跃、应用最为广泛的技术，在植物育种、植物脱毒、快速繁殖、次级代谢产物生产及细胞生物学和发育生物学的研究应用中发挥着重要的作用，取得了巨大的经济和社会效益，并已在农业、林业、工业、医药等领域展现出诱人的前景。

思考题

1. 什么是细胞工程？它的主要学科背景是什么？
2. 细胞工程在现代生物技术中处于何种地位？
3. 细胞工程的主要研究内容和研究技术有哪些？
4. 简述细胞工程的发展历史，在细胞工程的建立和发展中哪些工作起到了关键性的作用？
5. 追踪细胞工程研究与应用的最新进展，并预测其发展趋势。
6. 试阐述植物组织培养的概念、类型及特点。
7. 试阐述植物组织培养发展的阶段及各阶段的标志性成就。
8. 试阐述植物组织培养的应用方面及其主要作用。
9. 试阐述植物组织培养的发展前景。

第 2 章 细胞全能性与形态发生

在多细胞生物中每个体细胞的细胞核都具有个体发育的全部基因，只要条件许可，都可发育成完整的个体。植物、动物细胞各有其特点，对于植物细胞来说，高度分化的植物体细胞具有全能性，植物细胞在离体及一定的营养物质、激素和其他适宜的外界条件下，才能表现其全能性；而动物已分化的体细胞全能性也同样受限制，但细胞核仍具有全能性。

植物细胞只要有完整的膜系统和有生命力的细胞核，就会有一整套发育成一个完整植株的遗传基础，在适当的条件下可以通过分裂、分化、再生发育成一个完整植株，这就是所谓的植物细胞全能性。这是植物组织培养的理论基础，已被广泛用来有意识地定向控制遗传变异和人工创造植物新类型的研究。据不完全统计，迄今为止，全世界约有 1000 种高等植物做过离体培养尝试。根据大量实验结果证明，植物单个细胞具有遗传的全能性，而且人工可以控制其细胞分化和形态发生。

2.1 细胞全能性

全能性（totipotency）最早用于动物胚胎学，是指分裂球发育成为完整胚的能力。现在所谓的全能性问题是指与合子具有相同遗传内容的体细胞、胚胎细胞或它们的细胞核是否也同合子一样具有相同的发育潜能，即细胞发育全能性和细胞核发育全能性问题。细胞全能性是指细胞如受精卵一样，具有经过分裂、分化形成各种组织和细胞，最终发育成一个完整个体的能力。

细胞全能性的原因是什么？动、植物体细胞都是由受精卵的有丝分裂形成的，都含有发育成完整个体所必需的全部基因，都有一定的细胞质环境，理论上讲都应该具有全能性。但动、植物体细胞并没有表现出全能性，这是因为它们在分化过程中基因在不同细胞选择性表达的结果。由于基因的选择性表达，使动、植物细胞在分化过程中合成了某些特异蛋白质、各种酶和激素等，形成了所在的具体器官或组织环境。在这种特定的情况下，这些细胞仅表现出一定的形态和局部功能而已。但这些细胞的遗传潜力并没有丧失，全部信息仍保留在每一个细胞的细胞核中。分化的细胞尽管具有全能性，但要表达必须在一定条件下离体培养。当其离开母体成为游离状态时，给予合适的营养和适宜的外界环境条件，使其激活、活化、分裂。这样，细胞又恢复了遗传的全能性，获得了类似受精卵的发育功能，从而发育成一个完整的生物体。

为什么体细胞没有表现全能性？由于细胞的分化，基因在特定的时间和空间条件下选择性表达。随着分化发育的进程，细胞从全能性到多能性，再到单能性，最后失去分化潜能成为成熟定型的细胞。在生物体内，细胞并没有表现出全能性，而是分化成不同的组织器官，这是基因在特定的时间和空间条件下选择性表达的结果。在个体发育的不同时期，生物体不同部位的细胞选择性表达的基因是不相同的，合成的蛋白质也不一样，从而形成了不同的组织和器官。高度特化的动物、植物细胞，从整个细胞来说，全能性受到限制。但是，它的细胞核仍然保持着全能性。

2.1.1　植物细胞全能性

植物细胞的全能性包括两个方面的含义：一是植物细胞，无论是体细胞还是生殖细胞，都具有该物种全部的遗传信息；二是每个植物细胞都具有发育成完整植株的潜力。

为什么植物细胞具有全能性？一个植物体的全部细胞，都是从受精卵经过有丝分裂产生的。受精卵是一个特异性的细胞，具有本植物所特有的全部遗传信息。因此，植物体内的每一个体细胞也都具有和受精卵完全一样的DNA序列和相同的细胞质环境。当这些细胞在植物体内的时候，由于受到所在器官和组织环境的束缚，仅仅表现一定的形态和局部的功能。可是它们的遗传潜力并没有丧失，全部遗传信息仍然被保留在DNA的序列中，一旦脱离了原来器官或组织的束缚，成为游离状态，在一定的营养条件和植物激素的诱导下，细胞的全能性就能表现出来。于是就像一个受精卵那样，由单个细胞形成愈伤组织然后成为胚状体，再长成一棵完整的植株。所以离体培养之所以能够成功，是因为植物细胞具有全能性。

植物细胞全能性的历史验证过程

1902年，德国植物学家Haberlandt预言植物体的任何一个细胞，都有长成完整个体的潜力，这种潜力就叫做植物细胞的“全能性”。为了证实这个预言，他用高等植物的叶肉细胞、髓细胞、腺毛、雄蕊毛、气孔保卫细胞、表皮细胞等多种细胞放置在他自己配制的营养物质中（人工配制的营养物，称为培养基）。这些细胞在培养基上可生存相当长一段时间，但他只发现有些细胞增大，却始终没有看到细胞分裂和增殖。1934年，美国的White用无机盐、糖类和酵母提取物配制成怀特培养基，培养番茄根尖切段，400多天后，在切口处长出了一团愈合伤口的新细胞，这团细胞被称为愈伤组织。法国的Gautheret制成了一种固体培养基，使山毛柳、黑杨形成层组织增殖，最后形成了类似藻类的突起物。1946年，中国学者罗士韦培养菟丝子的茎尖，在试管中形成了花。

之后许多科学家为证实这一论断做了不懈的努力。1958年，Steward等将高度分化的胡萝卜根的韧皮部组织细胞放在合适的培养基上培养，发现根细胞会失去分化细胞的结构特征，发生反复分裂，最终分化成具有根、茎、叶的完整植株；1964年，Guha和Maheshwari利用毛叶曼陀罗的花药培育出单倍体植株；1969年，Nitch将烟草的单个单倍体孢子培养成了完整的单倍体植株；1970年，Steward用悬浮培养的胡萝卜单个细胞培养成了可育的植株。至此，经过科学家们50余年的不断实验，植物分化细胞的全能性得到了充分论证，建立在此基础上的组织培养技术也得到了迅速发展。

2.1.2　动物细胞全能性

植物和较低等动物细胞的全能性在20世纪初就已得到科学界认可，但较高等动物细胞是否也拥有全能性则不得而知。1997年，绵羊“多莉”的出生首次证明了哺乳动物细胞也拥有全能性。根据动物细胞全能性大小，可分为全能性细胞（如动物早期胚胎细胞）、多能性细胞（如原肠胚细胞）、专能性细胞（如造血干细胞）；根据植物细胞表达全能性大小排列是受精卵、生殖细胞、体细胞。

全能性的物质基础是细胞内含有本物种全套遗传物质。高度特化的动物细胞，从整个细胞来说，它的细胞全能性受到限制。但是，它的细胞核仍然保持着全能性，这是因为细胞核内含有保持物种遗传性所需要的全套遗传物质。

2.1.3　细胞全能性比较

一般来说，细胞全能性的高低与细胞分化程度有关，分化程度越高，细胞全能性越低，全能性表达越困难，克隆成功的可能性越小。

在生物体的所有细胞中，受精卵的全能性是最高的。生殖细胞，尤其是卵细胞，虽然分化程度较高，但是仍然具有较高的全能性，如蜜蜂的孤雌生殖、自然界偶然出现的单倍体玉米等。体细胞的全能性比生殖细胞低得多，尤其是动物，高度分化的动物体细胞的全能性受限制，严格来说，高度分化的动物细胞只有细胞核才具有全能性。克隆羊的成功，利用的就是高度分化的动物体细胞细胞核的全能性。

植物细胞全能性高于动物细胞，而生殖细胞全能性高于体细胞，在所有细胞中受精卵的全能性最高。幼嫩的细胞全能性高于衰老的细胞，细胞分裂能力强的全能性高于细胞分裂能力弱的。

2.1.4　细胞全能性的绝对性和相对性

不是所有基因型的所有细胞在任何条件下都具有良好的培养反应，即使对于植物细胞而言，细胞全能性也并不意味着任何细胞均可以直接产生植物个体。动物、植物细胞全能性的表现程度均存在明显差异。

低等动物的细胞和高等动物早期胚胎细胞具有发育全能性。低等动物的细胞也具有发育成完整个体的全能性。例如，高再生能力的典范——海鞘，它的一个血细胞就可产生一个完整的个体。1942 年就证明了大鼠 2 细胞胚胎期的单个卵裂球能够发育成为幼体鼠，具有发育全能性；1968 年又证明了兔 8 细胞期的胚胎细胞仍然具有发育的全能性。

高等动物的体细胞核具有发育全能性。与植物和低等动物细胞相比，高等动物体细胞的发育潜能有显著差异。虽然在胚胎发育中，早期胚胎细胞具有发育的全能性，但随着分化程度的提高，细胞的发育潜能也逐渐变窄，细胞的生理活动也逐渐发生了不同的变化，如细胞的分裂能力逐渐降低，直至失去分裂能力成为末端分化细胞。

植物的体细胞具有发育的全能性。据最新的统计资料，可利用组织培养来繁殖的植物种类已有 1000 种左右。此外，1963～1965 年，印度科学家 Guha 曼陀罗的花药培养也获得了花粉单倍体植株，证实了小孢子的全能性，进而已在 300 多种植物中获得了成功。1960 年科金等用纤维素酶和果胶酶分离原生质体获得成功。原生质体作为一个理想的单细胞系统，在研究细胞全能性和细胞分化及器官发生方面均受到了极大的重视。至今，已有 100 多种植物能从原生质体培养获得再生植株。

2.1.5　植物细胞全能性表现

根据细胞类型不同，其全能性表现从强到弱依次为营养生长中心＞形成层＞薄壁细胞＞厚壁细胞（木质化细胞）＞特化细胞（筛管、导管细胞）；根据细胞所处组织的不同，其全能性表现从强到弱依次为顶端分生组织＞居间分生组织＞侧生分生组织＞薄壁组织（基本组织）＞厚角组织＞输导组织＞厚壁组织。

全能性表现的机制探讨

全能性细胞只有在适当条件下才能表达出全能性。已分化的植物细胞要表达全能性，必须先脱分化，使细胞恢复到胚性阶段，生长素类植物生长调节物质，尤其是 2，4-D（2，4-二氯苯氧乙酸）对分化有重要作用。但是不同植物的外植体对生长素类物质处理的反应并不完全相同，有些种的外植体只能产生一些细胞系而无形态发生的能力，而有些则能通过器官发生或胚胎发生表达其全能性。此外，所取外植体的部位也很重要。

另一种诱发全能性表达的机制可能是体细胞减数分裂，其结果发生单倍化及分离现象。单倍性细胞在发生体细胞胚过程中能自发进行核内复制，恢复二倍性。同时，体细胞减数分裂也是体细胞基因型发生变异的一种原因。一般认为，细胞的孤立也是诱发全能性表达的重要因素。这是因为在整体植物中，某些细胞的发育取决于其周围组织发出的一组信号。如果中止这些信号，如孤立，而给予其他某种信号，有可能转变其发育方向，甚至表达全能性。

2.2　植物细胞全能性的实现途径

2.2.1　植物细胞的分化

细胞分化（cell differentiation）是指导致细胞形成不同结构或引起功能改变或潜在发育方式改变的过程（图 2.1）。一个细胞在不同的发育阶段可以有不同的形态和机能，这是在时间上的分化；同一种细胞后代，由于所处的环境（如部位）不同而可以有不同的形态和机能，这是在空间上的分化。单细胞生物仅有时间上的分化，如噬菌体的溶菌性和溶源性。多细胞生物的细胞不但有时间上的分化，而且有空间上的分化，如一个植物个体在其顶端、根、茎和叶等不同部位具有不同的细胞。细胞分化是组织分化和器官分化的基础，也是离体培养再分化和植株再生得以实现的基础。

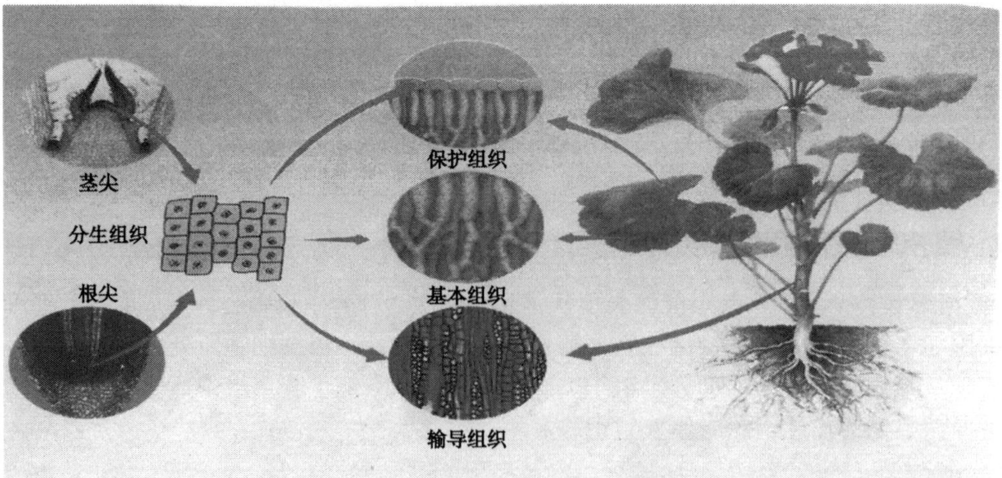

图 2.1　高等植物细胞分化示意图

2.2.2　植物细胞的脱分化和再分化

1）植物细胞的脱分化

脱分化也称去分化（dedifferentiation），是指离体培养条件下生长的细胞、组织或器官经过细胞分裂或不分裂，逐渐失去原来的结构和功能而恢复分生状态，形成无组织结构的细胞团或愈伤组织，或成为未分化细胞特性的过程（图 2.2）。大多数离体培养物的细胞脱分化需经过细胞分裂形成细胞团或愈伤组织；但也有一些离体培养物的细胞不需经细胞分裂，而只是细胞本身恢复分生状态，即可再分化（redifferentiation）。

离体培养的外植体细胞要实现其全能性，首先要经历脱分化过程使其恢复分生状态，然后进行再分化，脱分化是分化的逆过程。与细胞分化一样，脱分化的机制尚未得到清楚阐明，但人们已经积累了诱导脱分化期间的细胞学及生理生化方面的一些经验，如膜透性的改变、细胞核的增大、内质网范围扩大、多核糖体形成、气体交换率增加、不同基因活化引起的生长激素的分解或合成、过氧化物酶活性增加、蛋白质和酚类物质合成活跃、乙烯产物增加等。这些变化改变了细胞原有的生理状态，引起细胞分裂。

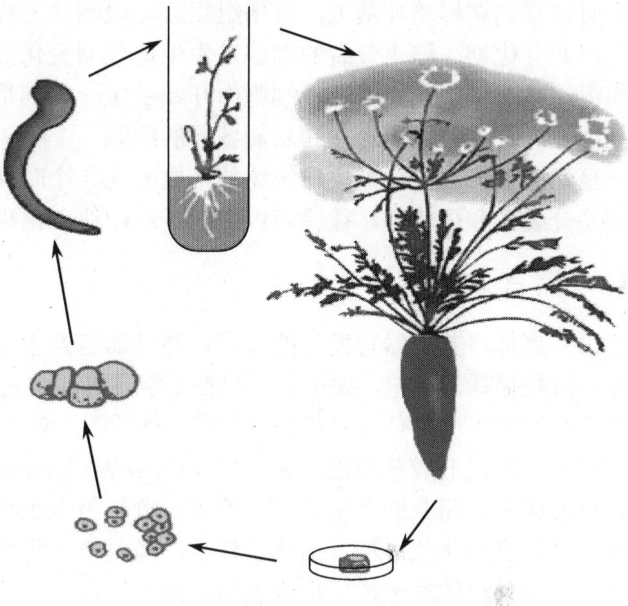

图 2.2　高等植物细胞脱分化和再分化示意图

2）植物细胞的再分化

离体培养的植物细胞和组织可以由脱分化状态重新进行分化，形成另一种或几种类型的细胞、组织、器官，甚至形成完整植株，这个过程（现象）称为再分化（redifferentiation）（图 2.2）。

从理论上讲，各种植物体的活细胞都具有全能性，在离体培养条件下均可经过再分化形成各种类型的细胞、组织、器官及再生植株。但实际上，目前还无法使所有植物的所有活细胞都再生成植株。主要原因是：①不同植物种类再分化的能力差异很大。②对某些植物的植株再生条件还没有完全掌握。影响细胞再分化的因素与影响脱分化的因素基本一样。

2.3　植物的形态建成

2.3.1　愈伤组织的诱导

愈伤组织的诱导形成是一个内、外环境因素相互作用的复杂过程，可分为诱导期、分裂期和分化期 3 个时期。

（1）诱导期。诱导期又称启动期，是指细胞准备进行分裂的时期。当外植体上已分化的活细胞在外源激素和其他刺激因素的作用下，内部发生复杂的生理生化变化，如合成代谢加强、迅速进行蛋白质和核酸的合成等。诱导期的长短因植物种类、外植体的生理状况和外部因素而异，如菊芋（*Helianthus tuberosus*）的诱导仅需 1 d，胡萝卜则要几天。

（2）分裂期。此时，外植体的外层细胞出现了分裂，中间细胞常不分裂，故形成一个小芯。由于外层细胞迅速分裂使得这些细胞的体积缩小并逐渐恢复到分生组织状态，细胞进行脱分化。处于分裂期的愈伤组织的共同特征是：细胞分裂快、结构疏松、缺少有组织的结构、颜色浅而透明。如果在原培养基上培养，细胞将不可避免地发生分化，产生新的结构，而将其及时转移到新鲜培养基上，愈伤组织可无限制地进行细胞分裂，维持其不分化的状态。

（3）分化期。停止分裂的细胞发生生理代谢变化而形成由不同形态和功能的细胞组成的愈伤组织，在细胞分裂末期，细胞内开始发生一系列形态和生理变化，导致细胞在形态和生理功能上的分化，出现形态和功能各异的细胞。

虽然根据形态变化把愈伤组织的形成分为 3 个时期，但实际上它们并不是严格区分的，特别是分裂期和分化期，往往可以在同一组织块上出现。

2.3.2　器官分化

（1）离体培养中器官发生的方式。通过器官发生形成再生植株有以下 4 种方式。①先形成芽，后在芽基部长根，如小麦、芦荟、苹果等。②先形成根，再形成芽，如枸杞、苜蓿等。③在愈伤组织不同部位分别形成芽和根，然后根、芽的维管束接通形成完整植株，如胡萝卜、石刁柏等。④仅形成芽或根，如茶树（*Camellia sinensis*）的花粉愈伤组织诱导器官分化时，往往只形成根，而芽的发生则十分困难。愈伤组织也可通过体细胞胚胎发生方式再生植株。

（2）器官分化的过程。离体条件下，经过愈伤组织再分化，器官一般要经过以下 3 个生长阶段。①外植体经过诱导形成愈伤组织。②生长中心的形成。当把愈伤组织转移到有利于有序生长的条件下以后，在若干部位成丛出现类似形成层的细胞群，称为生长中心或拟分生组织，它们是愈伤组织形成器官的部位。③器官原基及器官形成。生长中心形成后，按照其已确立的极性，某些细胞开始分化形成管状细胞，进而形成微管组织；某些细胞开始形成不同的器官原基，进而分化出相应的组织和器官。

在有些情况下，外植体不经过典型的愈伤组织即可形成器官原基，这一途径有两种情况：一种是外植体中已存在器官原基，进一步培养即形成相应组织器官进而再生形成植株；另一种情况是外植体形成分生细胞团后，在分生细胞团上直接形成器官原基。一般认为，芽原基和茎原基通常起源于培养组织中比较表层的细胞，即外起源；而根原基则发生在组织较深处，是内起源。

2.4　植物体细胞胚胎发生

在植物组织培养中，起源于一个非合子细胞、经过胚胎发生和胚胎发育过程形成具有双极性的胚状结构，叫做胚状体（embryoid）或体细胞胚胎（somatic embryoid）。这表明：①它不同于合子胚，因为它不是两性细胞融合的产物。②它不同于孤雌胚或孤雄胚，因为它不是无融合生殖的产物。③它不同于组织培养中通过器官发生途径形成的茎、芽和根，因为它的形成需经历与合子胚相似的发育过程，而且成熟的胚状体是一个双极性的结构。

植物组织培养细胞产生胚状体的过程称为体细胞胚胎发生。植物体细胞胚胎发生具有普遍性，已从超过 300 种植物上观察到胚状体的发生，包括被子植物几乎所有重要的科和一些裸子植物。在被子植物上，不仅能够从根、茎、叶、花、果实等器官的组织培养物中诱导产生二倍性胚状体，还能从花粉、助细胞和反足细胞中诱导产生单倍性胚状体，从胚乳细胞中诱导产生三倍性胚状体。

2.4.1　植物体细胞胚胎发生的方式

离体培养的胚胎发生可归纳为直接和间接两种途径。前者就是从外植体某些部位直接诱导分化出体细胞胚胎，这种“胚性细胞”是在胚胎发生之前就已“决定”的，可以直接诱导出细胞胚胎。后者有两种情况：一是在固体培养基上外植体先脱分化形成愈伤组织，再从愈伤组织的某些细胞，即重新“决定”为胚性细胞的细胞分化出体细胞胚胎；二是悬浮培养中先产生胚性细胞团再形成体细胞胚。多数体细胞胚胎的形成是通过间接途径产生的。

体细胞胚从外植体上直接发生的报道大多来源于以叶片为外植体的实验。在以叶片为外植体的培养中，体细胞胚的直接发生可以分为两个阶段：第一阶段为诱导期，在此阶段，叶片表皮细胞或亚表皮细胞感受培养刺激，进入分裂状态；第二阶段是胚胎发育期，在此阶段，形成的瘤状物继续发育，经过球形胚、心形胚、鱼雷形胚等发育过程，最后形成体细胞胚胎。

在大多数情况下，经过愈伤组织的胚胎发生需要三个阶段：第一阶段是诱导外植体形成愈伤组织；第二阶段是诱导愈伤组织胚性化；第三阶段是体细胞胚的形成。但在以幼胚、胚及子叶为外植体时，通常可直接诱导胚性愈伤组织的产生，进而发生体细胞胚胎。因此，经过愈伤组织的体细胞胚发生，胚性愈伤组织的形成是培养的关键。

2.4.2　植物体细胞胚胎发生的极性和生理隔离

体细胞胚胎具有两个明显特点：一是双极性（double polarity）；二是与母体细胞或外植体的维管束系统无直接联系，处于较为孤立的状态，即存在生理隔离（physiological isolation）。

（1）体细胞胚胎发生的极性。单个胚性细胞与合子胚一样，具有明显的极性，第一次分裂多为不均等分裂，顶细胞继续分裂形成多细胞原胚，基细胞进行少数几次分裂形成胚柄。在体细胞胚胎发生中极性获得的诱导因子是植物激素和外界刺激。

（2）体细胞胚胎发生的生理隔离。细胞学观察显示，胚性细胞在发育过程中，出现细胞壁加厚、胞间连丝消失等变化。胚性细胞分裂形成的多细胞原胚始终被厚壁所包围，与周围细胞形成明显的界限，只是通过胚柄类似物与外植体或愈伤组织连接。随着体细胞胚胎的发育，周围细胞似乎处于解体状态，其生理隔离更加明显，因而很容易与原组织分离。

2.5　基因表达与位置效应及器官分化信息传递

2.5.1　基因表达与位置效应

1）基因表达

基因表达（gene expression）指储存遗传信息的基因经过一系列步骤表现出其生物功能的整个过程。不同的植物种间的生长特点一般具有较大差异。然而，同一植物种类的不同基因型，有时组织培养特点甚至比不同植物种间差异还要大，这点往往被人们所忽视。组织培养的经验表明，要想获得再生植株，基因型的选择非常重要，尤其对花卉来说更是如此。因为绝大多数花卉并非自然界中所存在的植物原种，大多都是经过长期培育所获得的品种，对同一环境条件的反应往往迥然不同，其组织培养的结果也差异很大。

根据植物细胞全能性理论，外植体上任何一个部位的细胞都能够分化出某种器官，或形成完整植株，然而在实际的植物组织培养过程中，这种情况很少遇到。因为许多研究表明，只有被培养的外植体细胞处于某种生理状态，才有可能出现某种外在形态反应。具体来说，只有把处于能分化芽状态的外植体接种在适宜培养基上，才能分化出芽丛；只有把处于能分化花状态的外植体接种在适宜培养基上，才能分化出花芽；只有把处于能分化根状态的外植体接种在适宜培养基上，才能分化出根系。而试图诱导在花蕾上分化根，或试图诱导在根上分化花蕾，对于绝大多数植物来说，目前还是可望而不可即的事，这些现象都对植物细胞全能性提出了疑问。在对细胞分化的探索过程中，研究者往往强调基因的作用而忽视了基因的表达载体——细胞的作用，这在很大程度上妨碍了人们对生命本质的深入了解。很多事实表明，细胞本身对周围环境的反应能够促进或抑制基因的表达，这种信息反馈差异所造成的结果或许正是导致植物生长、分化、发育状况不同的本质所在。可以认为，在分化过程中，细胞发育的不均一性使得某些细胞发育超前或滞后，这些保持一定发育状态的细胞，由于群聚效应形成了体积较大的细胞团，并进一步发育成组织和器官。在这个过程中，基因所引起的作用是提供表达模板；而细胞所起的作用是有序聚集，这样就最终导致了分化发生、形态建成。也就是说，基因是信息载体，而细胞是表达实体，植株的发育状况则是二者相结合的产物。在上述过程中，能够发送信息并使其他细胞聚集起来，导致分化发生的细胞称为指令细胞。指令细胞可以根据环境的变化进行信息反馈，再影响某些细胞的基因表达，因此，它的生理状态在很大程度上决定着植物体的生长、分化、发育方向。

基因在特定的时间内表达。各种具有不同功能的细胞所表达的基因产物也有很大差别。基因表达的程序、时间和位置是在不同层次上受不同的调节因素控制的，这种控制机制不仅决定基因表达的水平，也决定基因表达的时空顺序。在多细胞生物的生长发育过程中，相应基因按一定的时间顺序开启或关闭，决定细胞向特定的方向分化和发育。多细胞生物同一基因产物在不同的组织器官中的分布是不同的，某些基因在一种组织细胞中暂不表达或永不表达，而另外一些基因则可能是相反的情况。细胞分化是基因选择表达或受控表达的结果，所以，基因表达是细胞正常生长、发育和分化的基础，也与生物体对环境的适应能力紧密相关。

植物的体细胞分化后再分化为胚性细胞受细胞内外多种因子所调控，而这些因子作用的实质是调节特定基因的表达。在胚性细胞分化、体细胞发育过程中都伴随着特定遗传信息的表达，其分化与发育过程的实质是基因按顺序表达调控的结果，是相应基因产物作为胚性细胞形成和体细胞胚发育的分子基础。基因表达有转录水平、转录后水平、翻译水平和翻译后修饰水平等多层次的调控。

2） 位置效应

一般来说，基因不管占有哪个位置，其遗传效应均不变。但少数也有因为基因所处的位置不同而改变其表型的，称为位置效应（position effect）。在花卉组织培养过程中，经常会发现即使是采用同一母株上的同类外植体进行培养，且管理条件完全相同，这些外植体的分化状况却还是有较大差别。根据现代遗传学基本理论，某种植物任一器官的细胞都携带着母体的全套基因，当给予它们适宜的条件时，就可以发育成一个与母体完全相同的新植株。因此，上述差异的出现可以认为是由于外植体的生理状态不同所致。

一般认为，位置效应的现象可能与植物激素的分布梯度有关，当植物体内的某些激素以一定状态的相对浓度存在时，可能会导致某些器官的发生，即由于植物体的内源激素分布不均，最终导致基因表达的不一致。实际上，位置效应现象在很大程度上与细胞本身生理状态有着重要的联系。在经典植物生理学中，并未过多地注意到细胞本身生理状态对分化所造成的影响，而是较多地强调基因表达与激素调控之间的关系。这种关系在某种程度上并没有全面地反映出植物细胞在组织、器官分化上所起的作用。位置效应现象也可以用指令细胞的生理状态来加以解释，处于某种特定发育水平的指令细胞在短期内无法进行信息反馈，从而影响着其他细胞朝着另外的方向进行生长、发育。因此在组织培养过程中，要特别注意不同部位所取的外植体与培养结果间的相互关系，只有这样才能更好地获得预期培养效果。

2.5.2　器官分化信息传递

植物细胞信息系统可分为两类。一类是预先在细胞中进行编码的遗传基因信息系统。植物细胞全能性的发现，证明了高等植物的细胞含有植物的全套遗传信息，这是以蛋白质、核酸为主的生物大分子信息系统。另一类是环境刺激-细胞反应偶联信息系统。当植物受到环境刺激（光、温度、风、雨、重力、电场、磁场、声、辐射、机械损伤等）后，会形成物理、化学信号，其中的化学信号（chemical signal）是指植物体内的一些在胞外或胞内进行信息传递的物质。化学信号可分为胞外通讯信号分子和胞内通讯信号分子两类。当植物体受到刺激后，首先会产生胞外化学信号，当其到达细胞受体（receptor）后，再通过胞内化学信号将信息传递到胞内的特定部位，从而产生细胞反应，受体和信号物质的结合是细胞感应胞外信号，并将此信号转变为胞内信号的第一步。通常一种类型的受体只能引起一种类型的转导过程，但一种外部信号可同时引起不同类型表面受体的识别反应，从而产生两种或两种以上的信使物质。上述这些信号会对植物的生长发育起到调控作用。

1）胞外通讯信号分子

胞外通讯信号分子又称第一信使（first messenger）。在植物细胞外的通讯信号分子，如植物激素主要通过维管束系统在细胞与器官间进行调节。它在植株的某些发育阶段，在特定部位发生作用。植物激素信号由位于膜或其他部位的受体所接收，进一步直接或间接地影响基因表达。当植物激素以直接的形式影响基因表达时，就会产生在转录、翻译等水平上的不同反应，从而控制酶的合成，影响代谢变化，最终产生某些生理反应。当植物激素以间接的形式影响基因表达时，主要体现为植株受到环境因素如水分、盐渍、伤害等影响时，会进一步影响激素的合成、运输。当植物激素与受体结合后，经过转换，启动了第二信号系统，这些信号经过多级放大，最终会影响酶的合成，从而引起植物生长发育的变化。

2）胞内通讯信号分子

胞内通讯信号分子又称第二信使（second messenger）。在植物体内，它们主要通过钙信号系统、磷酸肌醇信号系统等发挥作用，其中磷酸肌醇信号系统是以磷酸肌醇代谢为基础进行信号转移的。

3）钙信号系统

植物细胞内的游离钙离子（Ca^{2+}）是细胞信号转导过程中重要的第二信使。Ca^{2+}在植物细胞信息的传递调节上，是与钙调素（calmodulin，CaM）紧密相关的。钙调素是最重要的多功能Ca^{2+}信号受体，是由148个氨基酸组成的耐热、耐酸性的可溶性球蛋白（相对分子质量17 000～19 000）。作为植物细胞钙信号的受体，钙调素只有和Ca^{2+}结合后才能显示出生理活性。它以两种方式发挥其作用：一是直接与靶酶结合，诱导靶酶的活性构象而调节它们的活性；二是钙调素首先将与钙有关的蛋白激酶活化，然后在它的作用下使一些靶酶磷酸化，从而间接影响其活性，这种方式在Ca^{2+}信号传递中起着重要作用。目前关于钙信号系统在植物生理反应中的作用已有较多的证明。例如，Ca^{2+}信号在植物光周期反应、茎的向重力弯曲、细胞对胁迫环境的反应方面均有着重要的作用。这些与植物的基因表达有着紧密的联系。

4）磷酸肌醇信号系统

当胞外信号由膜受体接收后，会同时产生肌醇-1,4,5-三磷酸（IP_3）和二酰甘油（diacylglycerol，DG）两种胞内信号分子，IP_3和DG分别激活两个信号传递途径，即IP_3/Ca^{2+}途径和DG/PKC途径。一般认为，IP_3的靶器官为液泡，当其与液泡膜上的受体发生作用后，使其内部的Ca^{2+}释放，引起胞内Ca^{2+}水平增加，从而启动胞内的钙信号系统，即通过依赖Ca^{2+}、钙结合蛋白（如CaM）的酶类活性变化来调节和控制一系列的生理过程。DG的受体蛋白为蛋白激酶C（PKC），它可以催化蛋白质的磷酸化。两条途径相辅相成，又相互制约。在一般情况下，细胞膜上并无游离状态的DG，只有当Ca^{2+}与磷脂存在时， Ca^{2+}、DG、磷脂才会与PKC相结合，从而产生一系列生理反应。

本 章 小 结

一个生活细胞所具有的产生完整生物个体的潜在能力称之为细胞全能性。植物、动物细胞的全能性各有其特点。植物的每个细胞都包含着该物种的全部遗传信息，从而具备发育成完整植株的遗传能力。高度特化的动物细胞的全能性受到限制，但其细胞核仍然保持着全能性。一般来说，细胞全能性高低与细胞分化程度有关，分化程度越高，细胞全能性越低。 植物细胞全能性高于动物细胞，而生殖细胞全能性高于体细胞，在所有细胞中受精卵的全能性最高。

细胞分化是指导致细胞形成不同结构而引起功能改变或潜在发育方式改变的过程。植物细胞的分化有时间和空间之分，单细胞生物仅有时间上的分化。细胞分化是组织分化和器官分化的基础，是离体培养再分化和植株再生得以实现的前提。离体培养的外植体细胞要实现其全能性，首先要经历脱分化过程使其恢复分生状态，然后进行再分化。

植物细胞的形态建成可通过愈伤组织的诱导、器官发生及体细胞胚胎发生等途径得以实现。离体培养的胚胎发生可归纳为直接和间接两种途径。前者就是从外植体某些部位直接诱导分化出体细胞胚胎。后者有两种情况：一是在固体培养基中外植体先脱分化形成愈伤组织，再从愈伤组织中重新“决定”为胚性细胞的细胞分化出体细胞胚胎；二是悬浮培养中先产生胚性细胞团再形成体细胞胚。多数体细胞胚胎的形成是通过间接途径产生的。体细胞胚胎具有双极性并存在生理隔离现象。

在多细胞生物的生长发育过程中，相应基因按一定的时间顺序开启或关闭，决定细胞向特定的方向分化和发育。植物的体细胞分化后再分化为胚性细胞受细胞内外多种因子所调控，而这些因子作用的实质是调节特定基因的表达。位置效应的现象可能与植物激素的分布梯度有关，当植物体内的某些激素以一定状态的相对浓度存在时，可能会导致某些器官的发生。

思考题

1. 名词解释：细胞全能性，愈伤组织，极性，离体器官发生，细胞分化，脱分化，再分化，胚状体。

2. 细胞全能性学说的基本内容是什么？

3. 动物细胞的全能性与植物细胞的全能性有什么区别？

4. 动物细胞的全能性为什么要把体细胞的细胞核取出，然后放到卵细胞里培养？不取细胞核直接培养是否可行？

5. 植物材料与细胞全能性表达有什么关系？对培养中的选材有何指导意义？

6. 培养条件下的器官发生有哪些方式？影响其发生的因素有哪些？

7. 分析完整植物再生的方式。

8. 愈伤组织诱导分为哪三个阶段？每个阶段有什么特点？

9. 植物体细胞胚胎发生有哪些途径和明显的特点？

10. 什么是位置效应？基因表达与位置效应有什么关系？

第 3 章　植物细胞工程常规技术

本章对植物细胞工程实验设施和实验操作进行了基本介绍。内容包括一个完善的植物细胞工程实验室应该具备的功能组成部分及常用器材和设备、植物细胞工程所需的环境条件及其调控方法，以及植物细胞工程的无菌操作技术和要求、培养基的组成及配制、细胞工程的基本程序及外植体的褐变与玻璃化苗的处理等。植物细胞工程最基础的技术是植物组织培养，植物组织培养是在无菌条件下培养植物的技术。要达到无菌操作和无菌培养，需有一定的无菌环境（无菌室、无菌箱、超净工作台等），使用无菌的容器和用具进行无菌操作，然后把被培养的植物材料，放在一定的温度、湿度、光照、营养条件下生长、发育和繁殖，这就必须要有一定的基础设备和条件。

植物组织培养除需要有设计合理的实验室、配备必需的仪器设备、器皿用具外，还必须熟练掌握植物组织培养的基本操作技术，这是培养成功的前提条件。植物组织培养的基本操作通常包括器皿的洗涤、灭菌，培养基的配制、灭菌，外植体的选择、消毒，无菌操作技术，材料的初代培养、继代培养、生根培养、炼苗移栽等。

3.1　植物细胞工程所需的基本条件

要进行植物细胞工程研究，首先要建立一套开展工作的实验室。实验室一般由培养基制备室、无菌操作室、培养室、显微观察室和移栽驯化室 5 个部分组成。实验室的房间最好按工作程序安排，以便于研究工作的进行。进行植物组织培养研究或进行植物试管苗的大批生产，并不需要十分复杂和昂贵的仪器，只要有一般分析实验室，如土壤、微生物等实验室和一些医疗器械、设备，即可进行工作。根据研究目的，具体的任务要求和当地条件可做些变动。做到因陋就简，既能研究和生产，又不花费过高。

3.1.1　实验室设计与要求

实验室的设计和装备程度应依据工作目的、规模及实际的经济状况而定。在规模大、条件好、科研多的情况下，可按照组织培养工作的不同工序设置一系列实验室，并且各实验室相互隔离、布局合理。其设置应包括洗涤室、灭菌室、准备室、称量室、无菌操作室、培养室、观察室、驯化室等。但一般而言，可将洗涤、灭菌、称量等分室合并为一个大实验室（培养基制备室），但需要将培养基制备室分成不同的区域，在不同的分区完成相应的操作，以避免不同操作相互之间的不利影响。在规模小、条件差的情况下，也可将一般的实验室改建成组织培养实验室。但至少应准备两个隔开的房间：一间用于器皿的清洗、储存和药品的称量、配制及培养基的制备、灭菌等工作；另一间放置超净工作台、培养架、显微镜等设备，用于植物材料的无菌操作、培养物的控制培养与观察鉴定。

1）培养基制备室

培养基制备室由洗涤间、制备间和消毒间 3 个部分组成。分别进行器皿的洗涤、培养基的制备与消毒等工作。

（1）洗涤间。洗涤间内应配置洗涤槽，用来清洗器皿。还应配置洗液缸、各种毛刷、器皿架、储藏柜等。条件许可时，可配置洗瓶机、电热烘箱等。

（2）制备间。制备间主要用于培养基的配制。配备的仪器设备主要有实验台、冰箱、不同感量的天平、pH 计（酸度测定仪）、药品柜及各种规格的移液管、量筒、烧杯、试剂瓶等。必要时还可配置培养基分装器、微波炉等。

（3）消毒间。可根据需要选用小型医用手提式高压灭菌锅、立式自动控制灭菌锅或大型卧式灭菌锅，用于培养基、玻璃器皿和小用具等材料的灭菌。如果房间不足上述 3 个工作间，可集中在一个较大的实验室内。

2）无菌操作室

无菌操作室主要用于实验材料的接种操作，因此又称接种室。无菌操作室通常由里外两间组成。外间是缓冲间，用于准备工作，还有防止污染的作用。里间为接种间，用于接种。缓冲间的门应与接种间的门错开。接种间内主要放置超净工作台，工作台内配备一些常用工具，如各种镊子、手术剪、接种针（环）、解剖刀（针）、酒精灯、酒精棉球等。条件允许时，可配制高温消毒器代替酒精灯。此外，还可配置小型离心机，用于培养物的分离和收集。

3）培养室

培养室是培养实验材料的主要场所，可分为光照培养室和暗培养室。培养室内应有控光设备、控温设备、培养架（图 3.1）、摇床、温度计、湿度计等。

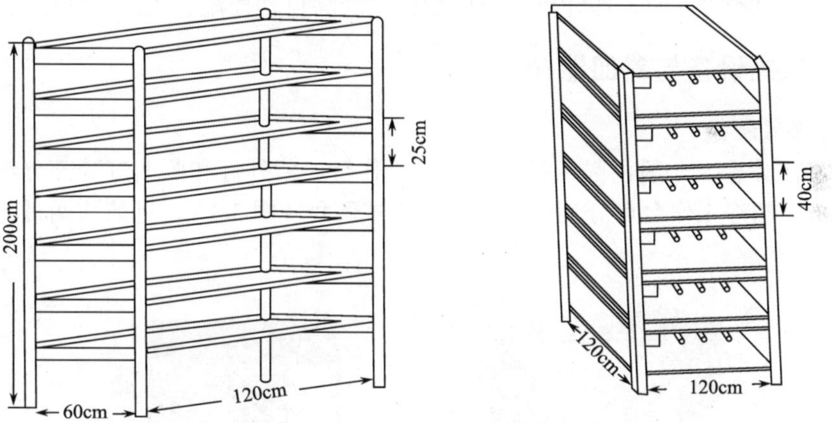

图 3.1　植物组织培养架

无菌培养室最好与接种室相邻但不可为同一个房间，如果必须在同一个房间时，则要把接种区和培养区用玻璃隔墙或其他轻材料隔墙隔开，只留一个门相接通。无菌培养室最重要的是要恒温、恒湿、无尘且空气流通。温度应维持在（25±5）℃，相对湿度应在 50%～60%，培养室内有规律地安放培养架或摇床。培养架可以是铝合金、三角铁或木制框架、玻璃或木制架板，整个架子的高度可根据房间的高度确定，以充分利用空间，每个架子分为若干层，每层的层高应在 25～40 cm，太高浪费空间，太低则上下层温度影响太大，架宽应在 60～120 cm，每层安装 2～3 支 40 W 日光灯管，日光灯管的高度应能在一定范围内上下或水平移动，架子的长度则根据日光灯管的长度确定（图 3.1 右图）。为防止日光灯管产生的热量影响上层培养物的生长，可在每层顶面的一端安装一个小风扇，把风吹进架在两端的塑料管中，

图 3.2　倒置荧光显微镜

沿塑料管一定距离钻上一些小孔，使空气沿塑料管均匀流动，通过小孔送到各部分。每一个培养架的最下层最好做成能开能关的暗箱式结构，以便必要时对培养物进行黑暗或光照处理。培养室内所有光照和黑暗时间应由定时器自动控制。整个培养室内还应装有一个或多个紫外灯，以便能定时对整个房间进行杀菌处理，特别是在夏天湿度较大的雨季，最好每天在晚上用紫外灯杀菌 30 min 以上。培养室内的地面、墙壁、培养架及所有器物的表面都应经常清洗、擦拭，以防过多灰尘和微生物滋生。进入培养室最好穿戴干净的拖鞋或穿一次性塑料鞋套，非工作人员最好不要进入无菌培养室。

4）显微观察室

显微观察室主要进行精细的细胞学观察和记录培养物的生长发育状况。主要仪器设备有解剖镜、普通显微镜、荧光显微镜、倒置荧光显微镜（图 3.2）及显微照相设备等。

5）驯化移栽室

驯化移栽室是对试管苗进行锻炼和过渡移栽必不可少的场所，需备有喷雾装置、移植床、钵、盆、蛭石、河沙等。如条件许可，应尽量选建能够自动控温、控光、控湿的现代化温室。

3.1.2　常用仪器设备与器皿器械

1）常用仪器设备

（1）超净工作台。一般由鼓风机、滤板、操作台、紫外灯和照明灯等部分组成。根据风幕形成的方式，超净工作台可分为垂直式和水平式两种（图 3.3）。目前这两种超净工作台我国都有生产。

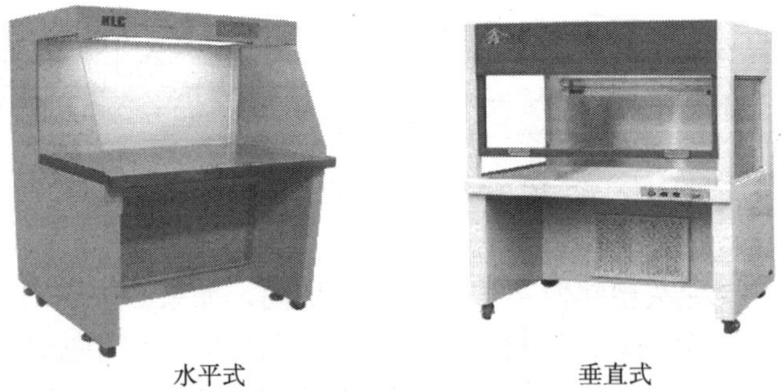

水平式　　　　垂直式

图 3.3　超净工作台

（2）高压蒸汽灭菌锅。它是组织培养中基本的设备之一，用于培养基、蒸馏水和接种器械的灭菌消毒等。目前有大型卧式、中型立式、小型手提式和电脑控制型等多种，可依据自身的工作规模和财力来选用。如果不是进行试管苗的工厂化生产，在组织培养实验室中通常使用小型手提式蒸汽灭菌锅（图 3.4 左）。小型手提式蒸汽灭菌锅有内热式和外热式两种：

外热式可用电炉、液化气炉等加热；内热式发热管在锅内，省时又省电，但不能用火炉加热。若将手提式内热小型高压蒸汽灭菌锅配一个调压变压器和定时钟，就可减小劳动强度，实现半自动灭菌操作。

图 3.4　高压蒸汽灭菌锅

（3）冰箱和冰柜。细胞培养室必须配备有普通冰箱和–20 ℃的低温冰箱。普通冰箱用于储存培养液、激素母液等培养用的试剂及短期保存的组织标本。–20 ℃的低温冰箱则用于储存需要冷冻以保持生物活性及较长时间存放的试剂，如酶、血清、抗生素等。细胞培养室的冰箱应为专用，不得存放易挥发、易燃等对细胞有害的物质，并且应保持清洁。

（4）烘箱。用于干燥洗净的玻璃器皿，也可用于干热灭菌和测定干物质质量等。用于干燥玻璃器皿需保持 80～100 ℃；进行干热灭菌需保持 150 ℃，达 1～3 h；若测定干物质质量，则温度应控制在 80 ℃烘干至完全干燥为止（图 3.5）。

图 3.5　自动恒温干燥箱

（5）天平。包括药物天平，用来称量大量元素、琼脂、蔗糖等，称量精度为 0.1 g；分析天平，用来称量微量元素、植物生长调节物质及微量附加物，精度为 0.0001 g；电子天平，可方便快捷地称取试剂，精度为 0.001～0.000 01 g。

一般细胞培养常用 0.1～1 mg 感量的电子天平，另外还需给细胞培养室配置一台小型的普通天平，以作离心时平衡之用。

（6）蒸馏水器。用来制备蒸馏水，蒸馏水用于配制培养基母液或培养基。配制培养基可用自来水来代替，若实验要求严格的话，则必须用蒸馏水，以避免自来水中的金属离子和有机杂质对组织培养造成不利影响。

（7）酸度计。组织培养中培养基 pH 的准确度是十分重要的，应当使用酸度计校正。若无酸度计，也可使用 pH 试纸进行粗测。首次使用酸度计前，应用标准液调节定位，然后固定。测量 pH 时，待测液必须充分搅拌均匀。如果培养基温度过高，测量时要调整酸度计上的温度旋钮使之和培养基温度相当；注意保护好玻璃电极，用后电极应用蒸馏水冲洗干净，盖上电极帽（图 3.6）。

（8）培养基分装设备。小型操作时可采用烧杯直接分装。大型实验室可采用医用“下口杯”作为分装工具，在“下口杯”的下口管上套一段软胶管，加一弹簧止水夹，使用时非常合适。更大规模或要求更高效率时，可考虑采用液体自动定量灌注设备（图 3.7）。

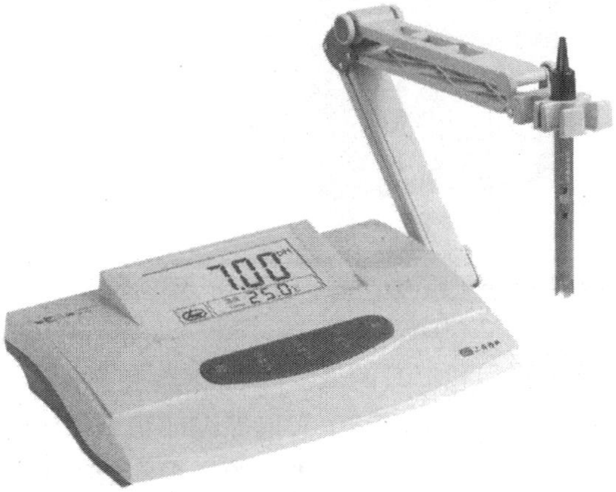

图 3.6　酸度计

图 3.7　全自动培养基分装仪

（9）光照恒温培养箱。用于小规模植物材料的培养，其内有温度感受器，控制箱内温度到所调指标。生化培养箱还配有光照装置（图 3.8），光照培养箱可在较小的空间内营造一个更为精确、恒定的模拟环境，并且温度和光照的可控范围大，这对于温度光照实验及培养初期培养条件摸索非常有利。

图 3.8　光照恒温培养箱

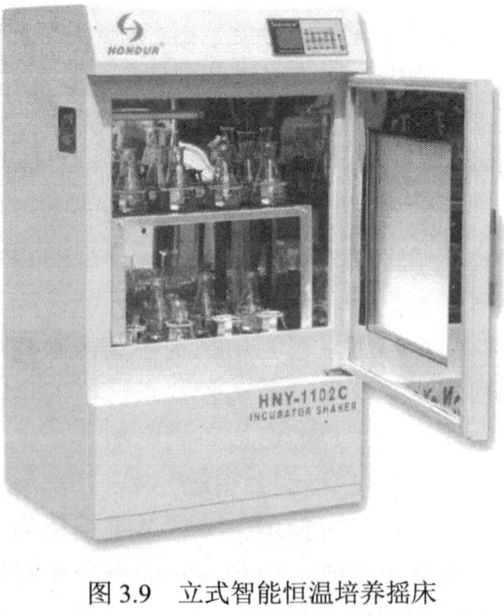

图 3.9　立式智能恒温培养摇床

（10）旋转床或摇床。在进行液体培养时，培养材料浸入溶液中，会引起氧供应不足。为改进通气条件，常用旋转床或摇床。旋转床是将培养容器固定在缓慢垂直旋转的转盘上旋转，通常每分钟转一周。随着旋转，培养材料时而浸入培养液，时而露于空气中。摇床做水平往复式振荡（图 3.9），每分钟约 120 次，通过振荡促进空气的溶解，同时培养材料的上下翻动，消除植物向重力。例如，在兰花组织培养时，利用摇床进行液体培养可使兰花的原球茎得以快速繁殖。

2）常用器皿与器械

（1）培养器皿。培养器皿是供接种物生长的器皿。根据培养目的和要求不同，培养器皿（图 3.10）分为下述几种。

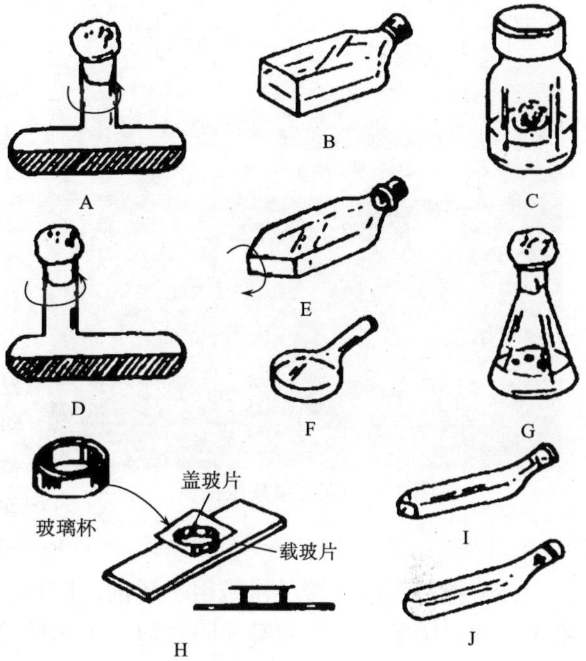

图 3.10 不同规格型号培养器皿（A～J）

培养瓶。培养瓶用于培养、繁殖接种材料，由玻璃或塑料制成，所用的类型有试管、三角瓶、扁瓶、广口瓶等。植物组织培养中，多用 100～150 mL 的玻璃或塑料三角瓶；动物细胞培养常用的是 50～100 mL 的玻璃或塑料专用培养瓶。

培养皿。培养皿用于无菌材料分离、滤纸灭菌、抗性鉴定、单细胞分离和繁殖等。由玻璃或塑料制成，常用的规格为 6 cm、9 cm、12 cm（培养皿的规格指其直径）。

多孔培养板。多孔培养板用于单细胞培养、克隆和细胞毒性检测等，由塑料制成。常用的规格有的 6 孔、12 孔、24 孔、48 孔。

（2）盛装器皿。盛装器皿用于药品溶解或各种培养基母液制备，常用各种规格的烧杯和试剂瓶。

分注器。配制好的培养基按一定量注入培养容器中就需要有分注器，最简单的是在铁架上固定一个漏斗，通过漏斗直接分注，一般的分注器由直径 4～6 cm 的大型滴管、漏斗、橡皮管及铁架组成。还有量筒式的分注器，上面有刻度，便于控制。微量分注还可以采用注射器。

离心管。由于密度不同，通过离心可将液体培养中的细胞或制备的原生质体从培养基中分离出来，并进行采集，所以管底较小。为保证无菌操作，瓶口要加盖橡皮塞。

磨口瓶。包括无色和棕色两类。细分为广口瓶、细口瓶，规格从 50～1000 mL。用于存装试剂，分装母液。棕色瓶用于见光易分解的药液的储存。

滴瓶。盛装酸液或碱液，用于调节培养基的 pH。

锅具。用于配制和熬制培养基，可用搪瓷锅或不锈钢锅。规格根据需要定。

（3）计量器皿。计量器皿用于药液配制、分装、吸取，常用各种规格量筒、移液管、微量进样器。容量瓶用于配制培养基时定容，规格有 50～1000 mL。移液管和移液枪（器）用于吸取各种母液和激素溶液，移液管规格有 0.1～10 mL，移液枪（器）有 1～1000 μL。量筒规格有 5～5000 mL。

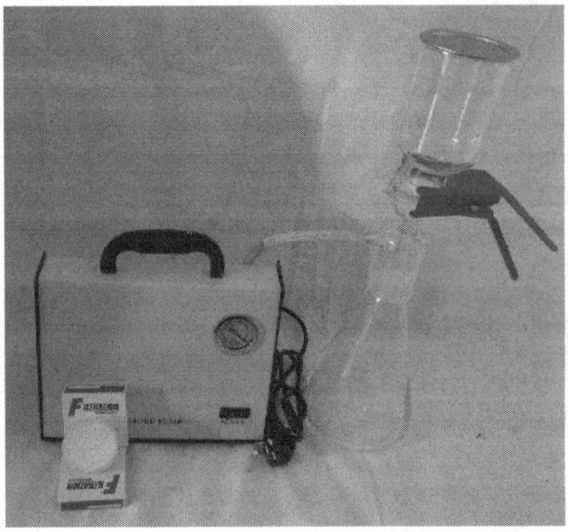

图 3.11　真空泵减压抽滤

（4）灭菌器械。包括磨砂玻璃瓶、酒精灯、细胞过滤器、紫外线灭菌灯等。其中，磨砂玻璃瓶或带盖塑料瓶用于盛装植物材料进行表面灭菌。酒精灯用于接种器械的灼烧灭菌。紫外灭菌灯用来对接种室、培养室、超净工作台等工作环境进行表面和空气灭菌。细胞过滤器主要用于不宜高温灭菌的试剂溶液的灭菌，其工作原理是借助外力让溶液通过孔径很小（≤0.45 μm）的细菌滤膜，因细菌等微生物无法穿过滤膜而得以淘汰，从而得到纯净的滤液。细菌过滤膜可用石棉滤膜、硝酸纤维素膜或醋酸纤维素膜等微孔滤膜。助滤外力可采用真空泵减压抽滤的方法（图 3.11），也可采用注射器加压催滤的方法。

（5）接种器械。接种器械用于解剖、取材、剪切组织，常用的有镊子类（直镊子、弯头镊子、血管镊等）、剪刀类（眼科剪、手术剪等）、解剖刀和接种针等（图 3.12）。

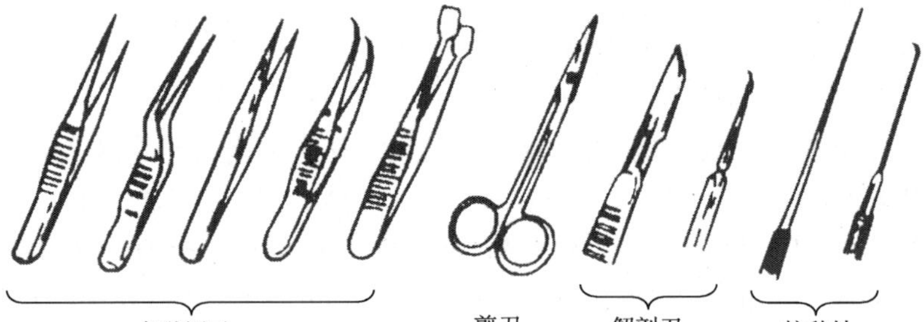

图 3.12　接种器械

3.1.3　环境条件控制与要求

能够人工控制光照、温度、湿度等环境条件进行离体培养是植物组织培养的优点之一。通过人为控制环境条件，可以最大限度地满足培养物生长发育的需要，也为环境因子实验提供了便利条件。但事实上，植物组织培养中环境条件的控制并非易事，因为不同植物所需要的最适环境条件各异，在一个有限的实验室内满足各种植物的不同环境需要几乎是不可能的。此外，目前对植物生长发育与环境条件的关系还没有一个彻底的认识，要想从根本上满足培养物的环境需要是不可能的，也是难以做到的。从目前掌握的信息看，光照、温度、湿度、通气状况等环境因子与植物组织培养的关系最为密切。

1）光照

离体培养条件下，光是相当重要的环境因子。光的影响主要包括光照时间的长短、光照强度和光的波长 3 个方面。培养物的种类不同、培养目的不同，对光照的需求也不相同。例如，在黑暗中培养烟草花药，其胚状体的分化、植株生长情况与光照条件下培养的结果没有明显差异，只是在黑暗条件下再生的植株为黄化的，进一步生长时则需要光照。大豆愈伤组织的诱导采用散射光照较好。光照可使地钱细胞干重的增加明显高于黑暗培养。

在器官发生阶段采用周期性光照效果较好，但光照时间的长短因植物种类的不同而不同。例如，杜仲不定芽的诱导，10～12 h 的光照为宜；石刁柏需要 16 h 光照。

（1）光周期。离体培养中是否需要光周期? **光周期（photoperiod）** 是指昼夜周期中光照期和暗期长短的交替变化。光周期现象是生物对昼夜光暗循环格局的反映。有人认为培养材料的诱导过程中，并不依赖于光，黑暗中培养的烟草花药，其胚状体的分化与幼苗的生长，同经光照培养的一样多。但在黑暗中培养的幼苗是黄化的，进一步生长则需要光。植株的成苗率在光照条件下稍高。也有截然不同的认识，有人观察，短日照敏感的葡萄品种，它的茎切段仅在短日照条件下才能分化形成根，而对日照不敏感的葡萄品种，可以在任何光周期下（长日照或短日照）分化形成根，两个实例说明光周期的需要与否，应根据植物种类、培养目的来决定。

（2）光量（光照强度）的影响。离体培养条件下常用的光量一般为 1000～4000 lx，光量的高低直接影响器官分化的频率。

（3）光质（光的波长）的影响。离体培养条件下，一般用白炽荧光灯（日光灯）进行光照，光谱成分主要是蓝紫光，光谱的波长为 419～467 nm。离体培养中，根、芽分化的有效光谱成分不同。据报道，芽分化有效光谱成分为蓝紫光，波长为 419～540 nm，其中蓝光更为适宜，波长为 450～540 nm，而波长为 660 nm 的红光对芽分化无效。根分化则与芽分化相反，根分化受红光 600～680 nm 所刺激，蓝光则无效。

植物组织培养 LED 新光源

LED 又称发光二极管，是一种可以有效地把电能转变成电磁辐射的装置，它们利用固体半导体芯片作为发光材料，当两端加上正向电压，半导体中的载流子发生复合，放出过剩的能量而引起光子发射产生可见光。LED 在植物组织培养中的应用主要集中在光质和光量对试管苗生长的影响方面，而对光周期等研究较少。最新研究结果表明，光质比例和光量可调的 LED 光源比通常使用的植物组织培养用荧光灯更能有效地促进试管苗的光合作用，LED 是新型的高效节能光源，在植物组织培养中用 LED 作为光源，不仅能降低组织培养的成本；同时由于 LED 光质、光量可调，窄波段等特点，结合环境调控的其他因素（如 CO_2、施肥、温度调控等）；并要与植物生长调节剂的使用结合起来，使得 LED 在植物组织培养中的应用研究更加深入和系统。

2）温度

离体培养条件下，培养温度与植物细胞的脱分化、细胞分裂和再分化有着密切的关系。温度的控制主要取决于植物物种的起源和生态类型，可将植物分为喜温性植物和冷凉性植物两大类型。喜温性植物主要包括茄科、葫芦科、芸香科、兰科、无患子科（荔枝属、龙眼属）、蔷薇科、禾本科（水稻、小麦、玉米）等，培养温度一般控制在 26～28 ℃比较适宜。冷凉性植物主要包括百合科、十字花科、鸢尾科、菊科等，通常培养温度控制在 18～22 ℃比较适宜。一般培养温度低于 15 ℃或高于 35 ℃对细胞的分裂、分化十分不利。在细胞脱分化阶段和愈伤组织增殖阶段，温度要求较高；而在器官发生阶段，要求温度较低些。但植物种类不同，对培养的温度要求也不相同。几种植物最适培养温度见表 3.1。

表 3.1　几种植物的最适培养温度

植物种类	最适温度/℃	植物种类	最适温度/℃	植物种类	最适温度/℃	植物种类	最适温度/℃
文竹	17	大蒜	22	苹果	26	水稻	28
百合	20	茄子	26	柑橘	20～25	小麦	26～27
杜鹃	25	白菜	25	葡萄	28	大麦	24～27
月季	26	菊芋	30	梨	28	玉米	27

在培养过程中，采用恒温培养，还是保持昼夜一定的温差，要根据培养材料和培养目的来决定。国外有关烟草温度实验的报道：烟草细胞脱分化和再分化过程中保持昼夜温差并无促进作用。国内有关小麦、水稻花药培养温度实验表明，在诱导花药形成愈伤组织时，昼夜恒温较好；在器官分化时，昼夜具有一定的温差较好，分化出的小植株比较健壮。菊芋培养实验表明，白天温度控制在 28 ℃，夜间控制在 15 ℃，有利于根的分化。

目前，对于多种植物的器官、组织、细胞培养通常采用恒温培养的方法。低温预处理对植物细胞脱分化和再分化有一定的影响。花药在离体培养前或后，进行低温预处理和后处理，能大幅度提高花粉愈伤组织或胚状体的形成。例如，用 3 ℃低温预处理 48 h，可使毛叶曼陀罗花粉胚状体的诱导率提高 33.6%。

3）湿度

周围环境的相对湿度低于 60%时，培养基容易干涸，培养基的干涸会改变其渗透压。由于渗透压的改变，必然会影响到培养组织、细胞的脱分化、分裂和再分化。相反，周围环境湿度过高时，易于滋生各种细菌和霉菌，容易引起培养基和培养物的污染。周围环境的相对湿度控制在 60%～80%较为适宜。

4）通气状况

在植物材料的培养过程中，培养物的生长发育离不开氧气供应。有些培养物释放乙烯、二氧化碳等气体，有时会对培养造成不利影响。为保障培养物的氧气供给和废气排泄，培养容器上应有通气孔；在固体培养中应避免将植物材料完全嵌入培养基，液体培养时应采用摇床或旋转床振荡培养；此外，培养室应设有通风换气装置，定期进行通风换气。

3.2　植物细胞工程中的无菌技术

植物组织培养是离体条件下的无菌操作和无菌培养，所使用的人工合成培养基营养丰富，很适合各种细菌、真菌等杂菌的生长繁殖，一旦它们侵入培养基，其生长速度一般都比培养的植物材料快得多。这些污染物不但消耗培养基营养，也易使培养物彻底报废，致使所有工作前功尽弃。因此，在组织培养的取材、接种、培养的各个环节，必须树立很强的无菌意识，并在实际操作中杜绝各种污染来源，尽量避免材料遭受污染。

3.2.1　污染来源

在组织培养中污染是经常发生的。造成污染的原因也很多，如外植体带菌、培养器及器皿灭菌不彻底、操作人员不遵守操作规程等。为减少损失、提高工作效率，必须在每个操作环节注意防止污染的发生。在组织培养实验室中，依据污染的病原分为细菌和真菌两大类；依据污染的来源分为外部细菌、真菌污染和内生菌污染。

1）外部细菌、真菌污染

细菌是一类微小的单细胞生物，约有 2000 多种。从形态上看，细菌可以分成球菌、杆菌和螺旋菌三类。泥土、水、空气里都有细菌散布着，多达 50 种以上。在培养过程中，培养材料附近经常出现黏液或混浊的水迹，并有发酵状泡沫，这大多是细菌性污染。

细菌污染的症状是菌斑呈黏液状物。在初代培养中，表面细菌引起的污染通常 1～2 d 在外植体周围或培养基表面形成明显的如水污状、油污状、气泡或干缩的红、黄、乳白等颜色的菌落。除材料带菌或培养基灭菌不彻底会造成成批接种材料被细菌污染外，操作人员的不慎也是造成细菌污染的重要原因，接种人员的手应经常用 70%乙醇擦净，镊子和接种针在使用前必须在火焰上烧红，待冷却后再行接种。

真菌是一类没有叶绿素、异养的真核微生物，广泛存在于空气、水、土壤及各类生物的体表或体内。室内真菌种类主要有芽枝孢霉属、曲霉属、铰链孢霉属、镰刀霉属、青霉属等。真菌数量的多少与温度、湿度有很大关系。真菌以腐生、寄生或共生的形式进行营养性生活，释放消化酶于邻近的环境，以分解食物成较小的水溶性分子进入细胞内消化，并可产生孢子以完成有性或无性繁殖。真菌污染的特点是污染部分长有不同颜色的霉菌，在接种 3 d 甚至 10 d 后才可发现。造成真菌污染的原因多为周围环境的不清洁、超净工作台的过滤装置失效、培养用具的口径过大等。

2）内生菌污染

内生菌分为内生真菌和内生细菌。**内生真菌**（**endophytic fungi**）指在生活史的不同时期生活在寄主植物组织中，但不造成任何外观上可以看得出的症状的真菌；**内生细菌**（**endophytic bacteria**）指在其生活史的一定阶段或全部阶段生活于健康植物的各种组织和器官的细胞间隙或细胞内的细菌，植物组织中普遍存在内生细菌。在植物组织培养中，由于材料内部的内生细菌不能被一般的表面消毒方法所清除，随着材料带入培养过程，随培养过程引起程度不一的污染，称为内生细菌污染。组培内生菌污染普遍，有时很严重，内生菌引起的危害主要包括在早期导致培养失败、增殖效率低、培养物生长减缓、玻璃化增加等；在后期导致试管苗移栽困难和死亡，有时污染也会引起培养物的遗传变异。植物体中的内生细菌潜伏得较深，在外植体的初期培养中（前几代的继代培养）不易被肉眼察觉，随着继代次数的增加，菌量逐渐累积发展，才在培养基上显现出来。在初代培养中，若在外植体培养后 3～5 d 内并未发现细菌污染，以后不断出现明显的或不明显的细菌菌落，就可能是由内生细菌引起的污染。

无论是细菌性污染还是真菌性污染，造成培养物污染的来源途径主要有①培养容器；②培养基本身；③外植体；④接种室的环境；⑤在接种和继代时用以操作植物材料的器械；⑥培养室的环境；⑦操作者。

3.2.2　防除污染的措施

3.2.2.1　培养器皿的清洗和灭菌

1）培养器皿的清洗

新的或用过的各种器皿，包括玻璃器皿、塑料器皿、金属器械、除菌滤器等，都应严格清洗。新购置的玻璃器皿，常有游离碱性物质，使用前先用 1%稀盐酸浸泡过夜，然后用洗衣粉洗涤，清水冲洗，晾干备用。已用过的玻璃器皿用洗衣粉洗涤，清水冲洗，晾干备用。

新的塑料器皿打开即用。已用过的塑料器皿冲洗干净，先用 2%NaOH 浸泡过夜，然后清水冲洗，再用 2%～5%盐酸浸泡 30 min，清水冲洗，最后用蒸馏水冲洗一遍，晾干备用。新的金属器皿用热洗衣粉水洗净，冲洗后晾干即可。培养器皿已污染时，用高压蒸汽灭菌后清洗。除菌过滤器用清水冲洗后，用清洁液冲洗，再用清水冲洗，最后用蒸馏水冲洗，晾干备用。

2）培养器皿的灭菌

玻璃器皿可进行高压蒸汽消毒灭菌或干热消毒灭菌；塑料器皿则多采用高压蒸汽消毒灭菌。器皿消毒灭菌用的包扎材料为牛皮纸、棉布、铝盒等。无菌操作所用的各种器械，一般采用灼烧灭菌，即将其浸入 95%乙醇中，然后置酒精灯火焰上灼烧，冷却后使用。应注意，在操作期间需多次对各种器械进行灼烧灭菌。

3.2.2.2　培养基灭菌

1）高压蒸汽灭菌

培养基在制备过程中带有各种杂菌，分装后应在 24 h 内完成消毒灭菌工序。常规消毒灭菌方法是将分装好的培养基放入底部有一定量冷水（淹没加热管）的高压蒸汽灭菌锅内，增压前先排净锅内冷空气，以便使蒸汽能到达各个消毒部位，保证彻底消毒灭菌。然后加压加热，当压力表读数达到 9.8×10^4～10.8×10^4 Pa（1.0～1.1 kg/cm^2）、121 ℃时，保持 15～20 min 即可。由于消毒灭菌效果取决于温度而不是压力，所以在一定压力下保持较长的消毒灭菌时间是必需的。在 121 ℃的蒸汽温度下可以很快杀死各种细菌及高度耐热的芽孢杆菌，因此许多培养基的消毒灭菌压力、温度一般保持在 9.8×10^4～10.8×10^4 Pa（1.0～1.1 kg/cm^2）、121 ℃。蒸汽压力与相对应的温度关系见表 3.2。消毒灭菌时间与需要消毒灭菌的培养基量密切相关（表 3.3），时间不足达不到灭菌效果，时间过长培养基内的一些化学物质遭到破坏，影响培养基成分。例如，培养荠属植物幼胚的培养基，加热到 120 ℃时，会降低培养基的营养价值，所以最好是将培养基在 100 ℃消毒灭菌 20 min（但大多数情况下，这种消毒灭菌条件不能保证培养基的彻底灭菌）。消毒灭菌结束后，关闭热源，当锅内压力降为零时打开放气阀门，排除剩余蒸汽，取出培养基。不可在压力较高时打开放气阀，否则会引起减压沸腾，使容器中液体溢出。

表 3.2　饱和蒸汽压力与其对应的温度

饱和蒸汽压力		温度/℃	饱和蒸汽压力		温度/℃
kg/cm^2	lb①/in^2		kg/cm^2	lb①/in^2	
0.000	0	100.0	1.055②	15	121.0
0.141	2	103.6	1.125	16	122.0
0.281	4	106.9	1.266	18	124.1
0.442	6	109.8	1.406	20	126.0
0.563	8	112.6	1.543	22	127.8
0.703	10	115.2	1.681	24	129.6
0.844	12	117.6		30	134.5
0.984	14	119.9		50	147.6

① 1 lb=0.453 592 kg；

② 约相当于 1 个大气压

表 3.3　培养基分装量与高压蒸汽灭菌所必需的最少时间

培养基分装量/mL	在 121℃下灭菌所必需的最少时间/min	培养基分装量/mL	在 121℃下灭菌所必需的最少时间/min
20～50	15	1000	30
75～150	20	1500	35
250～500	25	2000	40

2）过滤除菌

培养基（液）中如含有遇高温分解的化学物质，则需利用过滤器皿进行过滤除菌。过滤除菌法适用于一些培养基（液）、酶液、血清等的除菌。过滤除菌选用的滤膜孔径应在 0.22～0.45 μm。例如，一些生长因子、赤霉素、玉米素、脱落酸、尿素和某些维生素是不耐热的，不能用高压灭菌处理，通常采用过滤除菌方法。先将除了不耐热物质的培养基其他成分经高压灭菌后置于超净工作台上冷却至 40 ℃，再将过滤除菌后的该化合物按计划用量依次加入、摇匀，凝固后即可使用。如果是液体培养基，没有凝固这个问题，则可在冷却至室温后再加入。

除菌滤膜孔径尺寸一般要小于或等于 0.4 μm。过滤除菌的原理是溶液通过滤膜时，细菌和孢子等的直径因大于滤膜孔径而被阻。滤膜的吸附作用也不容忽视，往往小于滤膜孔径的细菌等亦不能透过。在需要过滤灭菌的液体量大时，常使用抽滤装置。液量少时可用注射过滤器，它由注射器、滤器（可更换）、持着部分和针管等几部分组成。注射器不必先经高压灭菌，而后面几部分要预先用铝箔或牛皮纸等包扎好，最好放在有螺旋盖的玻璃罐中，经高压灭菌，滤器灭菌不应超过 121 ℃。由于这个“注射过滤灭菌器”小巧、方便、实用，在液量多时多用几套这种装置（亦可适当重复使用）也能顺利完成液体灭菌操作。在使用前按无菌操作要求将注射过滤灭菌器的几个部分装配在一起，把吸有需要过滤灭菌溶液的注射器插入细菌过滤器与之相配合的插接口，推压注射器活塞杆，将溶液压过滤膜，从针管部分滴出的溶液就是无菌溶液了，但是滤膜不能阻挡病毒粒子通过。一般情况下，人工配制的溶液不会含有使植物致病的病毒。更严格的实验研究中，这一点仍不容忽视。过滤过的溶液要按无菌操作要求尽快加入培养基中，以免重新遭到污染。假如需经过滤除菌的溶液带有沉淀物，那么在过滤除菌之前可用 3 号孔隙度的烧结玻璃滤器预先予以去除，这样可以减少细菌滤膜微孔被堵塞的情况。

3）干热灭菌

干热灭菌是指在干燥环境（如火焰或干热空气）下进行灭菌的技术，一般有火焰灭菌法和干热空气灭菌法两种。细菌的繁殖体在干燥状态下，80～100 ℃维持 1 h 可被杀死；芽孢杆菌需要加热至 160～170 ℃维持 2 h 才被杀灭。干热灭菌的方法有：①烧灼。直接用火焰灭菌，适用于实验室的金属器械（镊子、剪刀、接种环等）、玻璃试管口和瓶口等的灭菌。②干烤。在干烤箱内进行，加热至 160～180 ℃维持 2 h，可杀灭包括芽孢杆菌在内的所有微生物，适用于耐高温的玻璃器皿、瓷器、玻璃注射器等，灭菌完毕后取出备用。

3.2.2.3　植物材料

来自田间的实验材料，特别是来自土壤的块茎、鳞茎等，常携带有多种微生物。要想利用这些植物材料，不但在接种之前要进行严格的表面灭菌，而且在表面灭菌前，还需要采取一系列的防范措施，以减少材料带菌的机会。

1）减少材料带菌的防范措施

（1）对母株的预处理。对于长期生长在田间的植株，在获取外植体之前进行必要的预处理，是减少材料带菌的有效措施之一。可将母株由田间移入温室或人工气候室，通过加强栽培管理、喷施杀菌剂或抗生素等措施改善植株的生长环境，待植株长出新芽、新叶后，再截取幼嫩部分作为外植体；也可采集母株的枝条进行无土栽培或暗培养，待其抽出嫩枝或黄化枝条后再取材。

（2）对离体材料的预处理。对采来的植物材料，首先应去除不用的部分，然后用毛刷、剪刀、刀片等器具对需要的部分进行仔细的处理，如剪掉叶的边缘、刮除材料表面的老化组织、鳞片等。视其清洁程度而异，可将植物材料置于流水下冲洗几分钟至数小时，易漂浮或细小的材料可用尼龙袋或塑料纱网笼扎，置于烧杯中冲洗。然后用中性洗衣粉或肥皂水浸洗并搅动，冲刷材料表面。最后用自来水洗净材料表面的洗衣粉泡沫，置于干净器皿中备用。

（3）确定最佳的取材时间。植物材料的采集最好在春夏时节的晴天进行，避免阴雨天从室外采集外植体。在晴天取材时，下午采集的材料要比早晨采的好，因为材料经过日晒后，其表面的部分细菌或真菌可被杀死。

（4）内部已受污染的外植体一般不用。因为对植物材料的内部污染，目前还没有令人满意的灭菌方法，虽然采取诸如母株预栽培、使用抗生素等措施可以在一定程度上降低污染，但收效往往并不理想。

2）植物材料的灭菌

植物材料常因性质的不同和所携带的微生物不同，在灭菌过程中难以达到彻底灭菌的目的。因此，把好材料关是提高接种成功率的关键。对植物材料的灭菌常采用药剂灭菌的方法，以达到彻底灭菌的目的。

（1）对灭菌剂的选择要求。不同的灭菌剂其杀菌机理、作用活性及化学性质各异，使用时要做好选择。用于植物材料消毒的灭菌剂一般要求：①灭菌效果好，即通过灭菌剂处理，能彻底地杀死细菌、真菌、放线菌等病原微生物及其相应的病原孢子，能够取得安全高效的灭菌效果。②对植物材料伤害小。对灭菌剂的选择要考虑到植物材料的耐受力，不能因为选择了强杀菌剂，而使处理过的组织和细胞受到严重损伤甚至死亡。通过药剂处理后，要保证植物材料无损伤或伤害轻微。③灭菌剂易清除。植物材料经药剂处理后，应用简单的方法即可将其表面的药剂清除干净，或药剂自行分解或蒸发掉，使材料表面不带有残留，以免对后续培养造成不利影响。

（2）常用灭菌剂。目前常运用一些杀菌的消毒剂来进行植物外植体材料的灭菌处理。外植体在接种之前，需经严格的灭菌。由于灭菌剂的种类不同，杀菌力不同，因此选择消毒剂时既要考虑具有良好的消毒杀菌作用，同时又易被蒸馏水冲洗掉或能自行分解，还不会损伤或只轻微损伤组织材料而不影响生长。在使用不同的药剂时，需要考虑使用浓度和处理时间（表 3.4）。

a. 乙醇。70%～75%乙醇具有较强的穿透力和杀菌力，通常外植体浸入 15～30 s 即可。常作为表面灭菌的第一步。它具有浸润和灭菌的双重作用，但不能达到彻底的灭菌，必须结合其他药剂灭菌。有时，为了提高乙醇的杀菌效果，可在乙醇溶液中加入 0.1%的酸或碱，因为 H^+和 OH^-可改变细胞表面膜带电荷的性质而增加膜通透性，提高乙醇的杀菌效果。

b. 升汞。升汞是有剧毒的重金属盐杀菌剂，其杀菌原理是 Hg^{2+}可与带负电荷的蛋白质结合，使菌体蛋白质变性，酶失活。其使用浓度为 0.1%～0.2%，一般浸泡 6～12 min 就可有效地杀死附着在外植体表面的细菌及真菌芽孢，是一种极有效的杀菌剂，灭菌效果极好。但用升汞灭过菌的外植体材料要用无菌水反复多次冲洗，洗去残留的汞，否则对培养的外植体会产生毒害作用。通常用无菌水冲洗不得少于 5 次。

表 3.4 常用表面灭菌剂的使用及其效果

灭菌剂	使用浓度	灭菌时间/min	清除难易	灭菌效果
乙醇	70%～75%	0.1～5	易	好
升汞	0.1%～0.2%	2～12	较难	最好
次氯酸钙	9%～10%	5～30	易	很好
次氯酸钠	2%	5～30	易	很好
漂白粉	饱和上清液	5～30	易	很好
过氧化氢	10%～12%	5～15	最易	好
溴水	1%～2%	2～10	易	很好
硝酸银	1%	5～30	较难	好
抗生素	4～50mg/L	30～60	中	较好

c. 次氯酸钠。用市售的“安替福民”配制 2%～10%的 NaClO，灭菌时只需浸泡 5～30 min，再用无菌水冲洗 4～5 次即可。由于它可分解出具杀菌作用的氯气，灭菌处理后易于除去，不留残留，既有强杀菌力，又对植物无害，是组培中常选用的杀菌剂之一。

d. 漂白粉。一种常用的低毒有效的消毒剂，一般含 10%～20%(*m/V*)的 $Ca(ClO)_2$，使用浓度一般为 5%～10%或其饱和溶液。它易吸潮散失有效氯而失效，故要密封储藏，但不能储藏太久，应随配随用。

e. 双氧水或称过氧化氢。常用 10%～12%的双氧水溶液处理外植体材料，灭菌效果也相当好，加上该药剂在外植体表面容易除去，又不会损伤外植体，通常用于叶片的灭菌。

f. 苯扎溴铵溶液（新洁尔灭溶液）。新洁尔灭是一种广谱表面活性灭菌剂。它对绝大多数植物外植体伤害很小，效果很好。通常使用 1∶200 倍稀释液，刷洗、浸泡外植体 30 min，甚至可更长的时间。在用上述药剂进行接种材料的灭菌处理时，为了使杀菌剂湿润整个组织，还需在药液中加入润湿剂，如加入数滴或直至 0.1%的湿润剂吐温 80 或吐温 20。有时还可以用磁力搅拌、超声振动等方法使杀菌剂达到外植体表面，灭菌彻底。

g. 抗生素。在植物组织培养上，向培养基中加入抗生素在防治细菌，特别是内生菌污染方面，是一种很有效的措施。庆大霉素和链霉素能抑制细菌的油酸甘油酯合成，通过阻断其正常代谢途径来使微生物致死。在培养基中使用两种或两种以上的抗生素，在防治细菌的抗药性上，效果比单独使用好。但抗生素也可能抑制植物组织的叶绿体和线粒体中蛋白质的合成，导致叶片变小或变黄。

（3）灭菌方法。

a. 茎尖、茎段及叶片等的消毒。植物的茎、叶部分多暴露在空气中，易受到泥土、肥料中杂菌的污染，消毒前需先经自来水较长时间的冲洗，特别是一些多年生的木本植株材料，冲洗后还要用沾有肥皂粉或洗洁净（或吐温）的软毛刷进行刷洗。消毒时先用 75%乙醇浸泡 10～30 s，以无菌水冲洗 2～3 次后，按材料的老、嫩和枝条的坚硬程度，分别采用 2%、10%的 NaClO 溶液或 0.1%的升汞浸泡 10～15 min；若材料表面有茸毛或凹凸不平，最好在消毒液中加入几滴吐温 80，消毒后再用无菌水冲洗 3～4 次后方可接种。

b. 果实和种子的消毒。依据果实和种子的清洁程度，先用自来水冲洗 10～20 min，甚至更长时间。再用无水乙醇迅速漂洗一次。果实用 2%的 NaClO 溶液浸 60 min 后，再用无菌水冲洗 2～3 次，就可取出果实内的种子或组织进行培养。种子则先要用 10%的 NaClO 溶液浸泡 20～30 min，对难以消毒的还可用 0.1%的升汞或 1%～2%的溴水消毒 5 min。

c. 根及地下部器官的消毒。由于它们长在土壤中，可预先用自来水冲洗、软毛刷刷洗，再用无水乙醇漂洗后，分别置于 0.1%～0.2%的升汞浸泡 5～10 min 或 2%的 NaClO 溶液浸泡 10～15 min，然后用无菌水冲洗 3 次，用无菌滤纸吸干水分后即可接种。若条件许可，还可将材料浸入消毒液中进行抽气减压，以帮助消毒液渗入，达到彻底灭菌的目的。

d. 花药的消毒。通常用于组织培养的花药，实际上多未成熟，由于它的外面有花萼、花瓣或颖片保护，基本上处于无菌状态，故只需将整个花蕾或幼穗消毒即可。一般用 70%乙醇浸泡数秒钟，然后用无菌水冲洗 2～3 次，再用漂白粉上清液浸泡 10 min，经无菌水冲洗 2～3 次即可接种。

3.2.2.4　接种器械灭菌

各种器械（如镊子、解剖针、剪刀等）常和培养基一起放在灭菌锅内进行高压蒸汽灭菌。高压蒸汽灭菌时，应注意以下几点。

（1）高压灭菌锅内所装物品不可过满，使锅内具有一定的空间，便于热蒸汽上下回流，达到良好的灭菌效果。

（2）锅内冷空气必须排尽，否则压力表的指针虽然达到规定压力，但由于锅内冷空气的存在，达不到相应的温度，从而影响灭菌效果。

（3）锅内达到一定的压力后，在保持压力的过程中，严格控制时间。时间过长，会使培养基内一些化学物质分解破坏，影响培养基的成分；时间不足，则达不到灭菌效果。

无菌操作所用的各种器械虽然在使用前进行了灭菌，但在使用过程中，尤其是接触材料后，还应进行消毒处理。可蘸取乙醇进行火焰灼烧，或用高温消毒器进行消毒，待冷却后使用。

3.2.2.5　接种室环境灭菌

植物组织培养是一种要求做到无菌操作和无菌培养的技术。组织培养中污染的主要来源是空气中的细菌和真菌孢子。因此每次接种前均应进行地面的清洁卫生工作，并用 70%乙醇喷雾使空气中的细菌和真菌孢子随灰尘的沉降而沉降，再用紫外灯照射 20 min。接种前超净工作台面要用新洁尔灭或乙醇擦洗，使超净工作台对接种环境污染的控制更有成效。由于工作人员的头发、衣服、手指中都不同程度地带有许多杂菌，因此在接种时要穿上工作服，戴上帽子，也必须剪指甲，并用肥皂洗手，最好再在新洁尔灭溶液中浸泡 10 min，接种操作前则用 70%乙醇擦洗，工作人员呼吸所产生的污染，主要是在接种时谈话或咳嗽所引起的，因此，在操作时应禁止谈话并戴上口罩。

3.2.2.6　培养室环境灭菌

细胞培养室是提供细胞生物学研究的基础实验室，拥有细胞操作间、普通培养操作间及配套实验室和洗涤消毒室。植物材料接种后，如果各个环节都没有问题，在培养过程中植物材料就处于一个绝对无菌的培养环境，一般不会发生污染。但是培养室环境的优劣可间接危及培养材料的安全，特别是在培养室内杂菌较多、湿度过大的情况下，发生污染的概率会大大增加，有时甚至成为污染的主要来源。因此，加强培养室环境的灭菌工作，营造一个良好的培养环境是非常重要的。主要措施如下。

1）甲醛熏蒸

40%甲醛溶液，用量 30 mL/m^3，室内温度 21～24 ℃，相对湿度 75%～85%，加热熏蒸使蒸汽弥漫全室，关闭门窗 1 h。甲醛水溶液为无色，具有强烈刺激性气味的液体，可杀灭多数微生物，价廉，熏蒸消毒时不损坏衣服、家具、皮革、橡胶等。市售的甲醛水溶液中一般含 37%～40%的甲醛。其主要用法为熏蒸消毒和自然挥发。

（1）熏蒸消毒。对室内消毒其用量为 20～25 mL/m^3，在加热该溶液时最好同时煮沸一壶水，使室内相对湿度保持在 70%～90%，室内温度最好在 20 ℃以上，作用时间为 12～24 h。例如，消毒皮毛服装，甲醛水溶液的用量可加至 125 mL/m^3，挂衣密度为每平方米 3 套为宜。熏蒸消毒时应密闭门窗。消毒后一般多用自然通风驱散甲醛气体，其需时较长，如急于排出气体，可将 25%氨水加热蒸发中和。氨水用量为所用甲醛水溶液的一半，中和时间为 30 min。

（2）自然挥发。将较大量的甲醛水溶液放入一敞开容器中，室内温度保持在 18 ℃以上，同时室内喷水以保持相对湿度在 70%以上，经 16 h 可达到室内消毒的目的。

关于甲酸、甲醛和甲醇三者的毒性比较：甲酸的毒性比甲醇大 6 倍，甲醛的毒性比甲醇大 30 倍。通常吃进 4～10 g 甲醇，就能引起慢性中毒。它的毒性作用主要表现在损伤视力，使视力减退（不能矫正）、视野缩小，以致双目失明，直到死亡。

2）紫外线杀菌

紫外线的穿透能力非常弱，主要靠电离产生氧自由基来消毒。细胞培养室里面一些不能照射紫外线的物件可以用一般的材料盖住，如玻璃和有机玻璃。此外，不要担心紫外线不能照射到的角落，因为紫外线杀菌功能除了紫外线本身外，还可以由产生的臭氧来完成。

3）新洁尔灭杀菌

新洁尔灭溶液为阳离子表面活性剂类广谱杀菌剂，用于皮肤黏膜和伤口的消毒。皮肤消毒使用 0.1%溶液；创面黏膜消毒用 0.01%溶液。0.1%溶液的稀释方法：取本品 1 份，加纯化水或清水 50 份；0.01%溶液的稀释方法为取本品 1 份，加纯化水或清水 500 份。在甲醛灭菌前，先用新洁尔灭擦洗整个墙面，此外，平时地板灭菌也可以用它。新洁尔灭和乙醇相比，最大的优点是便宜，因为新洁尔灭 500 mL 只需 5 元，而且可以稀释 50 倍用，而同样量的乙醇价格可能是新洁尔灭的几十倍。

3.2.2.7　操作人员的无菌操作

在完成培养基的制备、灭菌和植物材料的消毒处理后，就需要进行接种，这是细胞培养中极其重要的一环。接种过程是一个严格的无菌操作过程，操作不慎很容易引起污染。接种通常在超净工作台内进行，由于空气的高效过滤和一定的气流速度吹动，工作台面上能保持一个完全无菌的环境。如没有超净工作台，可在接种箱内进行。在接种前和接种过程中必须注意以下事项。

（1）无菌操作室（接种室）长期停用后再次使用时，需进行熏蒸灭菌（方法同前述）。每次使用前用紫外灯照射 15～20 min 进行室内空气灭菌。同时将工作服、口罩等物品一起照射灭菌。

（2）每次接种前可先打开超净工作台内的紫外灯照射或用 70%～75%的乙醇在台内喷雾灭菌，然后使工作台正常送风 30 min 后再开始接种。接种箱每次使用前必须进行熏蒸灭菌。

（3）工作人员在接种前，先用肥皂洗手，穿好工作服，戴好工作帽，并用酒精棉球擦拭台面及双手。操作时尽量不要讲话，以免造成污染。

（4）在接种过程中尽量不要触摸瓶口，接种完成后，将瓶口在酒精灯火焰上灼烧灭菌。用过的器械再次用火焰灼烧灭菌，冷却后再次使用。用酒精棉球不断擦拭双手，以防污染。

3.3　培养基及其配制

培养基（medium）是供植物或动物组织生长和维持用的人工配制的养料，一般都含有糖类、含氮物质、无机盐（包括微量元素）及维生素和水等，培养基也是细胞、组织和器官吸取各种营养的场所。在植物细胞的分裂和分化过程中除需水分外，还需要各种营养物质，如各种无机营养、有机营养、生长调节物质等。在对各类植物的器官、组织和细胞进行离体培养时，对培养基组成成分的筛选是非常重要和必不可少的程序。

3.3.1　培养基的组成及其作用

培养基的营养组成分为无机营养、有机营养、植物生长调节物质和附加物四大类。

3.3.1.1　无机营养

无机营养物中用量较大的一类称为大量元素，如氮（N）、磷（P）、钾（K）、硫（S）、钙（Ca）、镁（Mg）；另一类用量较小的称为微量元素，如铁（Fe）、硼（B）、锰（Mn）、铜（Cu）、锌（Zn）、钼（Mo）、氯（Cl）。在大量元素筛选中，应根据植物种类的需要注意硝态氮和铵态氮的比例。它们在植物生长中起着非常重要的作用。例如，Mg 是叶绿素分子的一部分，Ca 是细胞壁的组分之一，N 是各种氨基酸、维生素、蛋白质和核酸的重要组成成分。无机盐在水中溶解时发生解离形成离子，即是培养基中的活性因子，一种营养元素可以由一种以上的盐提供。有些植物种类还需加入钴（Co）、镍（Ni）、钛（Ti）、铝（Al）等无机物质，但这些物质并不是植物必需的，应根据需要酌情加入。

大量元素的主要作用。N 是蛋白质、酶、叶绿素、维生素、核酸、磷脂和生物碱等的组成成分，在植物生命活动中占有重要地位，又称生命元素。培养基中的 N 常以硝态氮（NO_3^-）和铵态氮（NH_4^+）两种形式存在，当作唯一的氮源时，硝酸盐作用要比铵盐好得多。但在单独使用硝酸盐时，随着硝酸根的利用，培养基的 pH 会逐渐增大。反之，当以铵盐为唯一氮源时，培养基的 pH 会向酸性方面漂移。因此大多数培养基中将硝酸盐和铵盐按一定比例配合使用。需要注意的是，两种形态氮水平的相对比例对培养物的细胞分裂和分化有显著影响。一般来说，较高水平的硝态氮有利于细胞增殖和胚性愈伤组织的诱导，而较高水平的氨态氮则有利于促进器官分化和体细胞胚胎的形成。

P 是磷脂的主要成分，而且 P 也是原生质、细胞核和生物膜的重要组成成分，P 还是 ATP、ADP 等的组成成分。培养基中添加 P，不仅可以为培养材料的生长提供养分和能量，而且可以促进 N 的吸收，增加蛋白质在植物体内的积累。培养基中 P 通常以 KH_2PO_4 或 NaH_2PO_4 等形式添加。

K 参与细胞分裂、糖类合成与转移和氮素代谢等生命活动。K 增加时，蛋白质合成增加，维管束、纤维组织发达，对胚的分化有促进作用。缺 K 时，组织的活力和抗性下降。培养基中 K 的浓度变化对多数培养物生长影响不大。但一些植物对高水平的 K 很敏感，如降低培养基中 K^+的含量可以减轻杜鹃花茎尖培养物的褐化。培养基中使用的钾盐有 KNO_3、KCl、KH_2PO_4等。

Mg、S、Ca 是叶绿素的组成成分，又是激酶的活化剂，对核蛋白体结构具稳定作用。S 还是含硫氨基酸和蛋白质的组成成分。S 和 Mg 常由 $MgSO_4·7H_2O$ 提供，用量一般为 1～3 mL/L。Ca 是植物细胞壁的组成成分，对细胞分裂、稳定细胞膜结构有显著作用。Ca 和钙调素（CaM）还在细胞信号转导中起重要作用。培养基中 Ca 通常以 $CaCl_2·2H_2O$ 形式提供。

微量元素的主要作用。植物所需要的浓度小于 0.5 mmol/L 的元素为微量元素。包括锰（Mn）、钴（Co）、铁（Fe）、锌（Zn）、硼（B）、钼（Mo）等，总计占植物干物质的 10^{-7}～10^{-4}。其生理作用在于酶的催化功能和细胞分化时维持细胞的完整机能等方面。微量元素用量要适当，过多会引起生长抑制等毒害现象。

铁盐的主要作用。铁盐在植物代谢活动中起着重要作用，能促进细胞分裂和伸长，缺铁时细胞分裂停止；也会有失绿症状出现，这与铁影响叶绿体的结构与组成及叶绿素形成有关。为了确保铁元素的稳定供应，目前培养基中多用有机螯合铁的螯合剂 Na_2EDTA（乙二胺四乙酸钠）和 $FeSO_4·7H_2O$ 来配制，可适应 pH7.6～8.0，作为铁的供应源。铁盐溶液配成加倍储液，每升培养基取 5 mL。在配制螯合铁的母液时，一定要将 $FeSO_4·7H_2O$ 溶液缓缓倒入 Na_2EDTA 溶液中，避免 Fe^{2+}氧化产生 $Fe(OH)_3$ 沉淀。

3.3.1.2　有机营养

作为离体植物细胞分裂和分化所必需的有机碳、氢、氮物质，在培养基中提供的形式有两种：一种是作为碳源来利用的，有蔗糖、葡萄糖和果糖；另一种是作为氮源来利用的，有氨基酸类和酰胺类，如甘氨酸、天冬酰胺和谷氨酰胺等。作为植物细胞分裂、分化的生理活性物质有盐酸硫胺素（VB_1）、盐酸吡哆素（VB_6）、烟酸（VB_5）、生物素（VH）、肌醇、腺嘌呤等。

3.3.1.3　植物生长调节物质

植物生长调节物质是人工合成培养基中必不可少的物质，在离体植物细胞的分裂、分化，根、芽形成中起着积极的作用。常用的植物生长调节物质种类如下。

1）植物生长素类

植物生长素类，如吲哚乙酸（IAA）、萘乙酸（NAA）、2,4-二氯苯氧乙酸（2,4-D）、吲哚丁酸（IBA）等。生长素的生理作用主要是促进细胞伸长和细胞分裂，诱导受伤的组织表面至数层细胞恢复分裂能力，形成愈伤组织，促进生根，在常规扦插繁殖和组织培养中都用于诱导根的形成。生长素还可促进植物性别分化，使形成的雌花、雌株较多，以及防止落花、落果，促进无籽果实的形成等。组织培养中除用于诱导愈伤组织形成和生根外，最重要的用途是配合一定量的细胞分裂素共同诱导不定芽的分化、侧芽的萌发与生长，在某些植物诱导胚状体的产生时必须使用生长素。

在药剂的活性上以 2,4-D 作用最强，NAA、IBA 居中，IAA 最弱。在相同用量下，若 IAA 的相对活性定为 1，那么 NAA 为 3～4，2,4-D 为 10～20。但是，2,4-D 有抑制芽形成的副作用，适宜的用量范围较狭窄，过量使用有副作用，一般用于细胞启动脱分化阶段[使已分化的停止分裂的细胞失去分化特性，回到未分化的幼龄状态，恢复细胞分裂的能力，叫做**脱分化**（**dedifferentiation**）]，而诱导分化阶段[使脱分化形成的处于幼龄状态的细胞团或组织，再产生根、芽、胚状体等有高层次组织结构的特化细胞叫**分化阶段**（**differentiation stage**）]往往不用 2,4-D，而用 NAA、IBA 或 IAA 等。

2）细胞分裂素

细胞分裂素如激动素（KT 或 KIN）、6-苄氨基腺嘌呤（6-BA）、玉米素（ZT）、2-异戊烯基腺嘌呤（ZIP）。细胞分裂素的生理作用是多方面的，主要可归纳为：①促进细胞分裂与扩大（与生长素促进细胞伸长的作用不同），可使茎增粗，而抑制茎伸长。②诱导芽的分化，促进侧芽萌发生长，当组织内细胞分裂素/生长素的比值高时，诱导芽的分化，这时细胞分裂素起着主导作用。③抑制衰老。离体的组织或器官会很快衰老，如用细胞分裂素处理则可延缓衰老过程，有保鲜的效果，并增强蛋白质的合成。细胞分裂素还能显著地改变其他激素的作用。

3）赤霉素

组织培养中使用的赤霉素只有一种，即赤霉酸（GA_3）。赤霉素的生理作用主要是：①诱导茎的细胞伸长，对根则无效，对矮生型植物恢复成高生型特别有效，常用伸长效应来作为 GA_3 生物测定的方法，如水稻幼苗、矮生玉米、矮生菜豆等。植物组织培养中常用来促进幼苗茎的伸长生长。②赤霉素对形成层的细胞分化有影响，往往同生长素有协同作用，IAA/GA_3 比值高有利于木质部分化，比值低有利于韧皮部分化。③赤霉素还可以代替低温和长日照，使一些两年生植物在当年就开花，可加快育种进程。④赤霉素可以破除种子、块茎、鳞茎等的休眠，使之提前萌发。GA_3 还对生长素和细胞分裂素的活性有增效作用。GA_3 不耐热，高压灭菌后有 70%～100%失效，应当采用过滤除菌法加入。

4）脱落酸

除特殊的研究外，植物组织培养中不用脱落酸，但是了解有关脱落酸的知识是很有必要的，它可以帮助考虑和分析问题，如植物体内植物生长调节物质的可能分布、激素之间的相互作用等。有可能以某种方式影响到培养的效果，如采样时期、季节、日照长短、温度变幅，以及培养瓶中的材料与培养基、培养条件的状况等。

在诱导离体植物细胞分裂、分化过程中，常常需要生长素和细胞分裂素的协同作用。在对植物生长调节物质种类和浓度筛选时，应依据植物种类不同及其体内内源激素的种类和含量不同，而筛选出最适宜的种类和浓度配比。

3.3.1.4　附加物

常用的附加物有琼脂、活性炭、琼脂糖、天然复合物（椰乳、酵母提取物等）等。琼脂作为培养组织和器官的支撑物，在固体培养方式中不可缺少。琼脂糖可改善培养细胞的供氧状况，在液体培养中起一定的作用。聚乙烯吡咯烷酮、维生素 C 等可防止酚类物质转化为醌类物质毒害植物细胞而使材料褐变。天然复合物类，如水解蛋白类的水解酪蛋白（酪蛋白的水解物）、水解乳蛋白（乳蛋白的水解物）等；酿酒副产品，如酵母提取物、麦芽等；胚乳液有椰乳等；其他还有马铃薯汁、香蕉汁和葡萄汁等。天然复合物对促进离体植物细胞的分裂、分化作用是肯定的，但是天然复合物的成分较为复杂，难以做到定量、定性分析。因此，实验结果的重复性较差。

3.3.1.5 培养基的酸碱度和渗透压

培养基的酸碱度和渗透压是由加入到培养基中的各种成分决定的，这些成分的数量和性质直接影响到培养基渗透压的高低和 pH 的大小。培养基中的无机营养、有机营养、植物生长调节物质和附加物为培养物的生长发育提供了营养基础和刺激因子，但是，培养物对营养成分的吸收和利用受到培养基渗透压和 pH 的影响。培养基过酸或过碱及培养基渗透压过高或过低，都不利于培养物对营养成分的吸收和利用。

（1）培养基的酸碱度。pH 直接影响培养材料对营养的吸收，因此影响到新梢的生长、繁殖。植物在自养条件下是可以自行调节体内酸碱度的；但在离体条件下，则失去自行调节能力，因此配制培养基时，调节培养基 pH 是必要的。不同的植物对培养基 pH 的要求是不同的，大多在 5.0～6.5，培养基的 pH 常调整到 5.6～5.8，这样基本上能适应大多植物培养的需要。pH 适宜度因材料而异，也因培养基的组成而不同。例如，番茄根的培养用 $Fe_2(SO_4)_3$ 和 $FeCl_3$，pH 超过 5.2 时生长就差，这是因为 pH 为中性时，铁成为不溶性的氧化物沉淀，造成铁不足而引起的，而若采用螯合铁，铁成为有机盐，则 pH 到 7.2 也不会产生缺铁现象。

（2）培养基的渗透压。培养基中添加的盐类、蔗糖、甘露糖醇及聚乙二醇类高分子化合物影响到渗透压的变化。培养基的渗透压影响着植物细胞脱分化、再分化及器官的形成。培养细胞是通过培养基的渗透压来吸取营养的，只有培养材料和培养基之间处于等渗或略低于培养基的渗透压时，培养材料才有可能从培养基吸取养分和水分。糖对培养基的渗透压起决定性作用，因此调节渗透压常从糖着手。糖不仅是渗透压调节物质，还是培养基的碳源和能源，这也是用糖较多的原因。离体培养中用的最多的是蔗糖，也可以用葡萄糖和果糖。培养基中的糖浓度因植物种类和培养目的而定，多数植物的适宜浓度为 2%～6%。根分化所用糖浓度较低，一般为 2%～3%。体细胞胚胎发生所用糖浓度较高，最高为 15%。

3.3.2　培养基种类及其特点

3.3.2.1　培养基种类

常用的培养基有 MS、B_5、White、Nagata、Kundson、N_6、Nitsch 和马铃薯培养基等。其中应用最广的是 MS 培养基。目前，植物组织培养中使用的培养基有几十种，各种培养基均有它的特点和应用范围。按无机盐浓度不同可以分为以下四类。

（1）高盐成分培养基。此类培养基以 MS 为代表，其钾盐、铵盐和硝酸盐含量均较高，微量元素种类齐全，养分数量和比例比较适中，广泛应用于植物器官、花药、细胞和原生质体的培养。此类培养基包括 MS 及由 MS 衍生而来的 LS、BM、ER 培养基。

（2）高硝酸盐培养基。包括 B_5、N_6、SH、LH、GS 等培养基。B_5 含有较高的钾盐和盐酸硫胺素及较低的铵盐，较适合南洋杉、葡萄、豆科和十字花科植物的组织培养。N_6 是中国学者朱至清等设计的，适用于单子叶植物和柑橘花药培养。

（3）中等盐浓度培养基。包括 H、Nitsch、Miller 等培养基。其中 H 培养基的大量元素为 MS 培养基的一半；微量元素种类较少，但含量较 MS 高，维生素种类较 MS 多，适用于花药培养。Nitsch 培养基与 H 培养基成分基本相同，只是生物素比 H 培养基高 10 倍，也适于花药培养。

植物无糖组培快繁技术

植物无糖组培快繁技术（sugar-free micropropagation）又称为光自养微繁殖技术（photoautotrophic micropropagation），是指在植物组织培养中改变碳源的种类，以CO_2代替糖作为植物体的碳源，通过输入CO_2气体，并控制影响试管苗生长发育的环境因子，促进植株光合作用，使试管苗由兼养型转变为自养型，进而生产优质种苗的一种新的植物微繁殖技术。这一技术概念是1980年提出的，其技术发明人是日本千叶大学的古在丰树教授。20世纪90年代以后，这一技术成为植物微繁殖研究的新领域，受到广泛的关注，无糖组织培养技术也在各国开始得到推广应用。特别是近几年，从事这一技术领域研究的科技人员越来越多，这一技术也逐渐成熟，并开始应用于植物微繁殖工厂化生产。

技术特点：CO_2代替了糖作为植物体的碳源；环境控制促进植株的光合速率；使用多功能大型培养容器；多孔的无机材料作为培养基质；闭锁型培养室。

（4）低盐培养基。包括改良White、WS、HB等培养基。主要用作植物组织培养的生根培养基。

3.3.2.2 几种常用培养基的特点

在不同的培养基中，一般无机盐的变化较大，有时也因加入不同的氮源而形成各自的特色。在早期的组织培养中，加Gautheret（1942）培养基，其无机盐的浓度是现在常用的MS培养基的1/10。当然，这与当时化学试剂中杂质含量较高有关。如果再用高浓度的无机盐，必然同时也会带入更大量的杂质，这对愈伤组织的生长就会不利，所以当时采用低浓度的无机盐是很容易理解的。而近代的情况就不同，不少培养基都倾向于采用高浓度的无机盐。其中，MS培养基和Nitsch培养基就是这方面的例子。高浓度的无机盐，不但能较好地保证离体组织的矿质盐营养需要和有利于愈伤组织生长，同时由于离子浓度高，在配制、储存和消毒等过程中即使略有出入，也不致影响培养基中的离子平衡。

（1）MS培养基。MS培养基是1962年穆拉希吉克（Murashige）和斯科克（Skoog）为培养菸草材料而设计的，它对在固体培养条件下诱导愈伤组织，液体培养条件下做细胞悬浮培养及用于胚、茎尖、茎段、花药等的培养和形态发生研究方面，均获得了明显的成功。MS培养基中无机养分的数量和比例均较合适，足以满足很多植物细胞在营养和生理上的需要。因此，一般情况下，无需在培养基中加入酪蛋白水解物、酵母提取物或椰乳等有机附加成分。与其他培养基的基本成分相比，MS培养基中的硝酸盐、钾盐和铵盐的含量高，这也是它的显著特点。

与MS培养基基本成分较为接近的还有LS、RM培养基，LS培养基去掉了甘氨酸、盐酸吡哆醇和烟酸；RM培养基把硝酸铵的含量提高到4950 mg/L，磷酸二氢钾的含量提高到510 mg/L。

（2）White培养基。1943年由White设计，1963年做了改良。这是一个低盐浓度培养基，它的使用也很广泛，无论是对生根培养，还是胚胎培养，或一般组织培养都有很好的效果。

（3）N_6培养基。1974年由我国朱至清等学者为水稻等禾谷类作物花药培养而设计的，其特点是KNO_3和$(NH_4)_2SO_4$含量高，不含钼。目前在国内已广泛应用于小麦、水稻及其他植物的花粉和花药培养。

（4）B_5 培养基。1968 年由 Gamborg 等设计。它的主要特点是含有较低的铵盐，较高的硝酸盐和盐酸硫胺素。铵盐可能对不少培养物的生长有抑制作用，但它适合于某些双子叶植物，特别是木本植物的生长。

（5）SH 培养基。1972 年由 Schenk 和 Hidebrandt 设计。它的主要特点与 B_5 培养基相似，不用 $(NH_4)_2SO_4$，而改用 $NH_4H_2PO_4$，是无机盐浓度较高的培养基。在不少单子叶和双子叶植物上使用，效果很好。

（6）Miller 培养基。与 MS 培养基比较，Miller 培养基无机元素用量减少 1/3~1/2，微量元素种类减少，无肌醇。

（7）VW 培养基。1949 年由 Vacin 和 Went 设计。适合于兰花播种和组织的培养，总的离子强度稍低，磷以磷酸钙形式供给，要先用 1 mol/L HCl 溶解后再加入混合溶液中。

3.3.3　培养基的配制

培养基在外植体的去分化、再分化、出芽、增殖、生根及成苗整个过程中都起着重要的作用。而培养基的选择和配制则是植物组织培养及试管苗生产中的关键环节之一。

严格来讲，用于配制培养基的水最好是用玻璃容器蒸馏过的去矿物质离子的蒸馏水。所用的各种化学药品应尽可能采用分析纯或化学纯级别的试剂，以免杂质对培养物造成不利影响。生长调节物质在应用前有时还需要进行重结晶或选用纯度更高的药品。蛋白质水解物最好是用酶水解的，这样可以使氨基酸更好地在自然状态中保存。药品的称量及定容都要准确，不同的化学药品需使用不同的药匙，避免药品的交叉污染与混杂。称量时应特别仔细，每称取一种药品都应随时记录称量情况（包括品名、重量等），以免重复，又便于以后分析（详见本章 3.6 节、3.7 节）。

3.4　细胞工程的基本程序

在配制好培养基和完成其他准备工作后，接下来是选择适宜的培养材料，并经清洗、切割、灭菌等处理后，接种于培养基，然后放于适宜环境条件下进行培养。在培养室内，培养材料在接受各方面的营养和刺激后开始细胞分裂，并经过脱分化和形态发生过程，建立起初代培养物。然后再经继代增殖或分化培养及生根处理，即可获得大量的试管苗。最后，试管苗经过驯化后可移栽于大田。

3.4.1　外植体的选择与处理

在决定植物组织培养成功的关键性因素中，除培养基和环境条件外，外植体是一个至关重要的决定因素。**外植体（explant）**是指无菌条件下，离体培养于人工培养基上的、用于达到某种培养目的的原始植物材料。外植体的适宜与否，直接决定着培养的难易和培养的最终结果。

3.4.1.1　取材部位

迄今为止，组织培养获得的成功，几乎包括了植物体的各个部分，如茎尖、茎段、皮层及维管组织、髓细胞、表皮、块茎的薄壁细胞、花瓣、根、叶、子叶、鳞茎、胚珠和花药等。但是不同种类的植物及同一植物的不同器官对诱导条件反应是不一致的，有的部位诱导分化的成功率高，有的部位却很难脱分化或者再分化频率很低。例如，百合科的风信子、麝香兰、虎眼万年青等比较容易形成再生小植株，而郁金香就比较困难。同一百合鳞茎不同部位之间的再生能力差别也很大，外层鳞片叶比内层的再生能力强，下段比中上段再生能力强。因此，在组织培养过程中，如何选择合适的、最易表达全能性的部位，是决定组织体系成功建立的前提之一。

除此之外，在选择植物外植体进行组织培养时，还要求考虑待培养材料的来源是否有保证，是否容易成苗；同时要考虑到该外植体，特别是经过脱分化产生的愈伤组织，是否会引起不良变异，丧失原品种的优良性状。对大多数植物来讲，茎尖是较好的部位，由于其形态已基本建成，生长速度快、遗传性稳定，也是获得无病毒苗的重要途径，但茎尖往往受到材料来源的限制，而采用茎段可解决培养材料不足的困难。由于叶片的来源最有保证，因而许多植物的组织培养以叶片为起始培养物（外植体），如烟草、苜蓿、大岩桐、矮牵牛和豆瓣绿等许多植物。对一些培养较困难的植物，则往往可以通过其子叶或下胚轴来建立其组织培养再生体系，如陆地棉。若有可能，最好对培养较困难植物各部位的诱导及分化能力进行比较，从中筛选出最佳外植体。外植体的位置也十分重要，如玫瑰的茎尖培养中，顶芽比侧芽的成功率高。此外，花药和花粉培养也是进行育种和获得无病毒苗的有效途径。

3.4.1.2　取材季节

除上述取材部位外，取材季节也是重要影响因素之一 。例如，马铃薯在 4 和 12 月取的茎叶外植体有较高的块茎发生能力，而在 2～3 月或 5～11 月取的外植体，则很少有块茎发生能力，对大多数植物而言，应在其生长开始的季节采样，若在生长末期或已进入休眠期才取样，则外植体可能对诱导反应迟钝或无反应。例如，番木瓜茎尖在冬季取材进行培养，较难成活；2～4 月、11 月至次年 1 月取材培养，其成活率也很低。在母株生长旺盛的季节取材料，不仅成活率高而且增殖率也大，如苹果芽在 3～6 月取材的成活率为 60%，7～11 月取材下降到 10%，12 月至次年 2 月取材都在 10%以下。

3.4.1.3　器官的生理状态和发育年龄

作为外植体的器官，其生理状态和发育年龄直接影响形态发生。一般认为，沿植物的主轴，越向上的部分所形成的器官生长时间越短，其生理年龄也相应越老，越接近发育上的成熟，越易形成花器官。反之，越向基部，其生理年龄越小。已有的组织培养实例充分证实了这一点。例如，在烟草的培养中，植株下部组织产生营养芽的比例高，而上部组织产生花器官的比例高。一般情况下，幼年组织比老年组织具有较高的形态发生能力。

3.4.1.4　外植体大小

目前许多植物的茎尖培养表明，外植体（茎尖）越小成活率越低。因此除非用于去除病毒，否则不宜将外植体切得太小。在甘蔗心叶愈伤组织的培养中发现，材料大小对分化生长有明显的影响。通常情况下，叶片、花瓣等的面积约为 5 mm^2，茎段则长约 0.5 cm。但并不是说外植体越大越好，外植体过大，不易彻底灭菌。

3.4.2　外植体的灭菌与接种

接种前必须使材料完全无菌。消毒的一个基本原则是既要杀死材料上附着的微生物，同时又不能伤及材料。所以，消毒时采用的消毒剂及其浓度、处理时间等，均应根据材料的情况及对消毒剂的敏感性来定。

接种时外植体的大小和形状取决于实验目的及对外植体的要求。对仅用于诱导愈伤组织的外植体，材料大小并无严格限制，只要将茎的切段、叶、根、花、果实、种子或其中的某种组织切成片或小块，接种于培养基上就可以了，而切块的具体大小可以考虑在 0.5 cm 左右，太小产生愈伤组织的能力弱，太大在培养基上占的空间太大，所以大小应以适当为妥。假如是定量地研究愈伤组织的发生，这对外植体的要求大小必须一致，形状和组成也要基本相同。只有这样，才能平行比较实验的结果。用于进行这类研究的实验材料，也要求有较大的组织块，以保证能提供足够数量和内容一致的培养材料。

从无菌块茎（或块根）获得外植体的方法是在无菌条件下用钻孔器在无菌块茎（或块根），如土豆的薄壁组织部分先钻出一批圆柱形的组织块，并将它们平行排好。然后用一把镶有等距离刀片的刀，切割材料成等距离的圆柱形，这样就可迅速地获得大量长短一致的圆柱形外植体。圆柱形外植体的长度及直径为 0.5～2 cm，由于这样切段的表面积大，利于形成愈伤组织。

至于茎尖、胚、胚乳的培养，则可按器官或组织为单位切离即可。

3.4.3　外植体的培养

植物组织培养技术几乎都是从微生物培养技术演变过来的。其培养方式分为固体培养和液体培养两大类。植物的组织既可以培养在固体的琼脂培养基上，也可以培养在不加琼脂的液体培养基上。在琼脂培养基上培养这一方法对于细胞系的启动和保存较为方便，同时它也是进行器官培养、胚胎培养及研究器官发育的常用方法。在液体培养中，培养物的生长速度比在琼脂培养基上快得多。由于在液体培养基中环境较易控制，大多数细胞处于培养基的包围之中，所以细胞材料在生长上更为一致。

3.4.3.1　固体培养

固体培养（solid culture）所用的培养基是在液体培养基中加入一定的凝固剂配制而成的。最常用的凝固剂是琼脂和植物凝胶，使用的质量分数为0.6%～1.0%。偶尔也有用明胶、硅胶、丙烯酰胺或泡沫塑料作为凝固剂的。

固体培养的最大优点是简便，实验设备要求简单，一般只要具备一间小的培养室及接种箱等简陋的条件即可开展工作；但缺点是外植体或愈伤组织只有一部分表面能接触培养基，当外植体周围的营养被吸收后就容易造成培养基中营养物质的浓度差异，影响组织的生长速度。同时，外植体插入培养基的部分，常因气体交换不畅及培养物的排泄物（如分泌单宁酸等褐色物质）的积累影响组织的吸收或造成毒害。另外，还有像光线分布不均匀及很难产生均匀一致的细胞群的缺点。尽管如此，由于它方法简便，仍不失为一种重要的、较为普遍的组织培养方法。

3.4.3.2　液体培养

液体培养（liquid culture）是把细胞或外植体的一部分，置于液体培养基中使其发育，并不断振荡，使之均匀地在悬浊液中进行培养的一种方法。液体培养又可分为静止液体培养和振荡液体培养。

（1）静止液体培养。静止液体培养的方法较简单，即在试管里通过滤纸桥把培养物支持在液面上，通过滤纸的吸收和渗透作用以保证不断为培养物提供水分和养料。在花药培养中把花药直接漂浮在液面上，这也是一种静止液体培养的方式。静止液体培养目前较少采用。

（2）振荡液体培养。振荡的方式有连续浸没和定期浸没两种。前者通过搅动或振动培养液使组织悬浮于培养基中，从而保证有最大的气相表面，造成较好的通气条件。一般要求培养液的体积只占容器体积的 1/5。进行中小量振荡培养可采用磁力搅拌器，其转速约在 250 r/min。如果培养体积较大，则采用往复式摇床或旋转式摇床，振动速度一般为 50～100 r/min。在定期浸没振荡液体培养中，培养的组织块可定期交替浸没在液体里及暴露在空气中，这样就更有利于培养基的充分混合及组织块的气体交换，进行定期浸没振荡培养的设备是转床。

开放式组织培养技术

植物开放式组织培养（open tissue culture），简称开放组培，是在使用抗菌剂的条件下，使植物组织培养脱离严格无菌的操作环境，不需高压灭菌和超净工作台，利用塑料杯代替组培瓶，在自然开放的有菌环境中进行的植物组织培养。2005 年，崔刚等采用中医理论，从多种植物中提取具有杀菌、抗菌的活性物质，成功研制出了具有广谱性杀菌能力的抗菌剂。已有研究报道，通过开放组培方法成功建立了葡萄外植体的开放式培养。2009 年，赵青华等采用开放式组培技术，在培养基中添加抑菌剂，克服了非灭菌条件下魔芋组织培养污染问题，有效地简化了实验步骤，降低了生产成本。开放组培技术突破了人工光源培养的限制，实现了大规模利用自然光进行植物培养的目标。

3.4.3.3　单细胞培养

单细胞培养（single cell culture）是指培养的对象为取自多细胞生物体上的一个细胞的无菌培养技术。虽然培养方式区别于固体或液体培养，但由于方法较为专用，为方便起见也归为一类，单细胞培养为从不同植物中获得单细胞无性系进行细胞杂交及研究细胞的脱分化和再分化的重要方法。从分散性较好的愈伤组织或悬浮培养物制备的单细胞，或用纤维素酶及果胶酶从植物组织中直接制备的单细胞，均可以通过平板培养、看护培养、微室培养（包括悬滴培养）等方法获得单细胞的无性繁殖系，以进一步应用于其他研究。

3.4.4　试管苗的驯化与移栽

试管苗（seedling in test tube）是通过植物组织培养和植株再生培育而成的植物种苗。试管苗的驯化移栽是植物组织培养的重要环节，这个环节做不好，就会前功尽弃。生产实践中应根据试管苗与自然苗、试管苗的生存环境（以下简称“生境”）与自然环境的差异，人为创设从试管苗生境逐渐向室外环境转化的过渡条件以确保试管苗的移栽成活率。

3.4.4.1　试管苗的特点

1）试管苗的生态环境

由于试管苗长期生长在试管或三角瓶等培养器皿中，与外界环境隔离，形成了一个独特的生态系统。这个生态系统与外界环境条件相比只有以下四大差异，即高温且恒温、高湿、弱光和无菌。

（1）高温且恒温。在植物试管苗整个生长过程中，通常均采用恒温培养，即使某一阶段稍有变动，温差也是极小的；并且在培养过程中，通常温度控制在（25±5）℃，有的植物需将温度控制得更高；而外界环境条件，温度处于不断变化之中，温度的调节完全是由自然界太阳辐射的日辐射量决定的，温差很大，而且一般不会稳定在（25±5）℃。

（2）高湿。植物组织培养中试管或培养瓶内的水分移动有两条途径：一是试管苗吸收的水分，从叶面气孔蒸腾；二是培养基向外蒸发，而后水汽凝结又进入培养基。这种循环就是培养瓶内的水分循环，其循环的结果造成培养瓶内空气的相对湿度接近 100%，远远大于培养瓶外的空气湿度，所以试管苗的蒸腾量极小。可见培养瓶内的水分状态直接影响着试管苗的生长和各种生理活性。

（3）弱光。组织培养中的光强与太阳光相比一般很弱，故试管苗一般生长也较弱，经受不了太阳光的直接照射。

（4）无菌。试管苗所在环境的另一大特点是无菌，不仅培养基无菌，而且试管苗也无菌。在移栽过程中试管苗要经历由无菌向有菌的转换，这一点若不注意，也会引起试管苗移栽过程中的死亡。另外，试管苗还处在一种特殊的气体环境中。以上这些特点都决定了试管苗移栽前的环境条件与移栽后的外界环境条件有极大的差异，只有有效地使试管苗适应这种差异才能使之移栽成活，这就需要试管苗有一定的培育时期。

2）试管苗的特点

试管苗与自然苗相比具有如下特点（表 3.5，表 3.6）。

（1）试管苗生长细弱，茎、叶表面角质层不发达。

（2）试管苗茎、叶虽呈绿色，但叶绿素的光合作用较差。

（3）试管苗的叶片气孔数目少、活性差。

（4）试管苗根的吸收功能弱。

表 3.5　试管苗与自然苗的比较

苗的类型	生境					
	光照	温度	相对湿度	养分	气体	菌态
试管苗	弱，易调控	适宜且恒定	高	丰富	光下 CO_2 低，有害气体量高	无菌
自然苗	强，波动大	波动性大	较低，波动大	较贫瘠	各种气体成分较恒定	有菌

表 3.6　试管苗与自然苗在形态结构与功能上的差异

苗的类型	叶片及其功能	根系及其功能
试管苗	角质层薄，水孔多，气孔的生理活性差，保水能力差，此外，叶绿体光合能力差	根系不发达，吸水能力差
自然苗	角质层厚，水孔少，气孔的生理活性强，保水能力强，此外，叶绿体光合能力高	根系发达，吸水能力强

3.4.4.2　试管苗的驯化

1）驯化的目的

如果试管苗直接移栽到室外，由于生存环境发生了剧烈的变化，绝大多数试管苗因为难以适应而死亡。驯化的目的是人为创设一种由试管苗生境逐渐向自然环境过渡的条件，促进试管苗在形态、结构及生理功能方面向正常苗转化，使之更能适应外界环境，从而提高试管苗移栽的成活率。

2）驯化的原则

根据试管苗的特点及其生境与田间环境差异，驯化原则应从光、温、气、湿及有无杂菌等环境要素考虑。前期以创设与试管苗原来生境相似的条件，后期则创设与自然环境相似的条件，以利试管苗在形态、结构及生理功能方面顺利发生向适应外界环境的转化，从而有效地提高移栽成活率。

3.4.4.3　试管苗移栽

1）移栽时期

移栽时期最好选择该种植物的自然出苗季节，这样容易成活，又能保证及时开花。例如，菊花宜在春末夏初移栽，不但移栽成活率高，且能当年开花。水仙试管苗（小鳞茎）的移栽最好选择在秋季，这样可提高水仙移栽的成活率，又能保证水仙的茁壮成长。

2）移栽设施

栽培容器可用 6 cm×6 cm～10 cm×10 cm 的软塑料钵，也可用育苗盘。前者占地大，耗用大量基质，但幼苗不用再移；后者需要二次移苗，但省空间、省基质。此外，苗床也可作为试管苗移栽的场所。移栽后的栽培容器最好放在温室中培养。

3）移栽基质

适合于栽种试管苗的基质要具备透气性、保温性和保肥的特点，且容易灭菌处理，一般可选用珍珠岩、蛭石、沙子等。为了增加肥力可配合草炭土或腐殖土。配制混合基质时需按比例搭配，一般用珍珠岩、蛭石、草炭土或腐殖土比例为 1∶1∶0.5，也可用沙子、草炭土或腐殖土为 1∶1。此外，要根据不同植物的栽培习性来进行配制，这样才能获得满意的栽培效果。

4）移栽的方法

试管苗的移栽往往和培育同步。移栽的方法有常规移栽法、直接移栽法和嫁接移栽法。

（1）常规移栽法。常规移栽法是指将试管苗在生长素浓度高的培养基上诱导生根，当获得大量的不定根后，打开培养瓶注入少量自来水，在半遮光下培育 2～4 d，然后取出洗去培养基，移栽到无菌的混合土（如沙子∶蛭石＝1∶1）中，保持一定的温度和水分，当长出 2～3 片新叶时，就可将其移栽到田间或盆钵中。

（2）直接移栽法。直接移栽法是指直接将试管苗移栽到盆钵的方法。

（3）嫁接移栽法。嫁接移栽法是指选取生长良好的同一植物的自然苗或幼苗作砧木，用试管苗作接穗进行嫁接的方法。

3.4.4.4　提高试管苗驯化移栽成活率的措施

（1）有针对性地调整培养基配方，改善培养条件，努力提高试管苗质量。

（2）及时出瓶驯化，避免试管苗老化。操作过程应极力避免损伤试管苗的根，无根或根系不发达的小苗要在基部蘸取生根粉或生长素溶液，以尽快促进生根。

（3）改善过渡培养的环境条件，有条件的单位可采用自控温室，能极大提高移栽成活率。

（4）选择恰当的种植介质，要求疏松、保水和保肥、易灭菌。

（5）对栽培基质进行灭菌或喷洒杀菌剂溶液，可防止滋生大量杂菌扼杀试管苗。

（6）保持试管苗的水分供需平衡。因为试管苗的茎叶保水能力差，加上根系吸水的能力差，所以需要提高环境中的相对湿度，使小苗保持挺拔姿态，以保证正常的各种生命活动。

（7）适当采取遮荫措施，可降低蒸腾失水，也可避免强日照对叶片的灼伤。

（8）加强肥水管理和病虫害防治。

综上所述，试管苗的驯化移栽要非常认真负责，注意保持水分平衡，选择适宜的介质，控制适宜的光、温、气、湿等条件，随时观察天气变化和小苗生长状况并做出适当的调整。此外，防止大量杂菌的滋生，及时对病虫害进行防治。总之，应采取灵活而有效的管理措施，提高移栽试管苗的成活率。

3.5　外植体的褐变与玻璃化苗

3.5.1　外植体的褐变

褐变（browning）是由于组织中多酚氧化酶被激活，使细胞中的代谢发生变化，酚类物质被氧化后产生醌类物质，这类物质呈棕褐色，它们会逐渐扩散到培养基中，抑制其他酶的活性，毒害整个外植体组织。植物组织培养中所说的褐变是指外植体在诱导脱分化或再分化过程中，自身组织从表面向培养基释放褐色物质，以至培养基逐渐变成褐色，外植体也随之进一步变褐而死亡的现象。褐变在植物组织培养过程中普遍存在，这种现象与菌类污染和玻璃化并称植物组织培养的三大难题。

3.5.1.1　褐变的原因

褐变包括酶促褐变和非酶促褐变。目前，认为植物组织培养中的褐变主要是由酶促引起的。酶促褐变必须具有酶、底物和氧三个条件。引起褐变的酶有**多酚氧化酶（polyphenol oxidase，PPO）**、过氧化物酶、苯丙氨酸解氨酶等，但最主要的是 PPO。PPO 可分为两大类，即漆酶和儿茶酚氧化酶。习惯上，常把儿茶酚氧化酶称为酚氧化酶、PPO、酪氨酸酶、儿茶酚酶或甲酚酶，它与漆酶有明显的区别。漆酶的催化底物范围很广，可以催化单酚、三酚、邻苯二酚和对苯二酚及芳香族某些氨基酸。儿茶酚氧化酶是一种含铜酶，可以催化两种不同的反应，即催化含一个羟基的酚形成醌和催化邻苯二酚形成二醌。漆酶可催化对苯二酚或苯酚形成对苯醌或邻苯醌，还可以催化其他多种基质的氧化，如抗坏血酸、对苯二酚等。引起褐变的酶的底物主要是酚类化合物，其合成途径有两种：一是由苯丙氨酸脱氨基而形成，此途径被认为是高等植物中最主要的途径。苯丙氨酸氨裂解酶（phenylalanine ammonia-lyase，PAC）是催化该反应的关键酶，苯丙氨酸脱氨基后转变成肉桂酸，后者经羟化再转化为香豆酸，香豆酸由 PPO 催化加上两个羟基转变为咖啡酸。二是经莽草酸途径形成查耳酮后，再经一系列不同反应生成黄酮、双查耳酮、异黄酮、花青素、黄酮醇、儿茶素等。

在正常发育的植物组织中，底物、氧、PPO 同时存在并不发生褐变，这是因为在正常的组织细胞内由于多酚类物质分布在细胞的液泡内，而 PPO 则分布在各种质体或细胞质内，这种区域性分布使底物与酶不能接触。而当细胞膜的结构发生变化和破坏时，则为酚类物质创造了与 PPO 接触的条件，在氧存在的情况下使酚类物质氧化成醌，再进行一系列的脱水、聚合反应，最后形成黑褐色物质，从而引起褐变。

褐变的发生与外植体组织中所含的酚类化合物多少和多酚氧化酶活性有直接关系。很多植物，特别是木本植物都含有较高的酚类化合物，这些酚类化合物在完整的组织和细胞中与多酚氧化酶分隔存在，因而比较稳定。在建立外植体时，切口附近的细胞受到伤害，其分隔效应被打破，酚类化合物外溢。对于外植体本身来讲，酚类从外植体切口向外溢出是一种自我保护性反应，可诱导植保素或物理屏障的形成，以防止微生物浸染组织。但酚类物质不稳定，在溢出过程中与多酚氧化酶接触，在多酚氧化酶的催化下迅速氧化成褐色的醌类物质和水，醌类物质又会在酪氨酸酶等酶的作用下，与外植体组织中的蛋白质发生聚合，进一步引起其他酶系统失活，从而导致组织代谢活动紊乱，生长停滞，最终衰老死亡。

3.5.1.2　影响褐变的因素

影响植物组织培养褐变的因子是复杂的，随植物的种类、状态、培养方式等的不同，褐变的程度也有所不同。

1）外植体

（1）基因型。不同种植物、同种植物不同类型、不同品种在组织培养中褐变发生的频率、严重程度都存在很大差别。人们已经注意到，木本植物、单宁或色素含量高的植物容易发生褐变。已经报道发生褐变的植物中，大部分都是木本植物。在木本植物中，核桃单宁含量很高，在进行组织培养时难度很大，不仅接种后的初代培养期发生褐变，而且在形成愈伤组织以后还会因为褐变而出现死亡。苹果中普通品种金冠茎尖培养时褐变相对较轻，而柱型的4个‘芭蕾’品种褐变都很严重，特别是色素含量很高的‘舞美’品种。

（2）材料年龄。小金海棠、八棱海棠和山定子研究显示从刚长成的自然苗上切取，接种后褐变很轻，随着苗龄增长，褐变逐渐加重，取自成龄树上的茎尖褐变就更加严重。幼龄材料褐变较轻与其酚类化合物含量少有关。Chever 分析欧洲栗的酚类化合物含量变化的结果表明，幼龄材料酚类化合物含量少，而成龄材料比较多。

（3）取材部位。外植体的部位及生理状态不同，接种后褐变的程度也不同。Yu 和 Meredith 在葡萄上发现从侧缝切取更容易成活，进一步分析酚类含量造成的位置效应在‘白琦南’和‘律范德尔’两个品种上非常明显。而苹果则是侧芽容易成活，石竹和菊花是顶端茎尖比侧生茎尖褐变轻。

（4）取材时期。对 24 个苹果品种进行茎尖培养的比较发现，以冬春季取材褐变死亡率最低，其他季节取材则都不同程度地加重。Wang 等也报道‘富士’苹果和‘金华’桃在 9 月至次年 2 月取材褐变轻，5～8 月取材则严重。核桃的夏季材料比其他季节材料更容易氧化褐变，因而一般都选在早春或秋季取材。造成这种季节性差异主要是由于植物体内酚类含量和多酚氧化酶活性的季节性变化，植物在生长季节都含有较多的酚类化合物。多酚氧化酶活性和酚类含量基本是对应的，春季较弱，随着生长季节的到来，酶活性逐渐增强，因而有学者认为取材时期比取材部位更加重要。

（5）外植体大小及伤害程度。蒋迪军和牛建新报道，金冠苹果茎尖小于 0.5 mm 时褐变严重，当茎尖长度在 5～15 mm 时褐变较轻，成活率可达 85%。研究者在多个苹果品种上实验后，认为用 5～10 mm 长的茎尖进行培养效果最好，茎尖如果过小很容易发生褐变。另外，切取外植体时还要考虑粗度，细的可切短些，粗的可切长些。外植体组织受伤害程度直接影响褐变。为了减轻褐变，在切取外植体时，应尽可能减小其伤口面积，伤口剪切尽可能平整些。除了机械伤害外，接种时各种化学消毒剂对外植体的伤害也会引起褐变。乙醇消毒效果很好，但对外植体伤害很重；升汞对外植体伤害比较轻。一般来讲，外植体消毒时间越长，消毒效果越好，但褐变也越严重，因而，消毒时间应掌握在一定范围内，才能保证较高的外植体存活率。

2）培养基

（1）培养基状态。由于培养基中琼脂的用量和 pH 的高低不同，培养基可配制成固体培养基、半固体培养基或液体培养基。许多实验证明，液体培养基可有效克服外植体褐变，液体培养基再加上滤纸桥，效果就更好。在液体培养基中，外植体溢出的有毒物质可以很快扩散，因而对外植体造成的危害较轻。韩碧文和刘淑兰用低氧的半固体培养基培养酚类化合物含量高的核桃，同样也收到了较好的抑制效果。

（2）无机盐。在初代培养时，培养基中无机盐浓度过高可以引起酚类物质的大量产生，导致外植体褐变。降低盐浓度则可以减少酚类物质外溢，从而减轻褐变。无机盐中有些离子，如 Mn^{2+}和 Cu^{2+}是参与酚类合成与氧化酶类的组成成分或辅助因子，因此，盐浓度过高会增加这些酶的活性，酶又进一步促进酚类合成与氧化。为了抑制褐变，在初代培养期使用低盐培养基，可以收到较好的效果。

（3）植物生长调节剂。激素使用不当也会使材料褐变。在柿树的组织培养中，选择适宜的培养基类型（改良 MS 培养基），配合适当的激素种类与浓度（ZT 9.13 μmol/L、IAA 0.57 μmol/L），能促进外植体的生长与分化，减轻外植体的褐变程度。有报道说，初代培养处在黑暗条件下，生长调节剂的存在是影响褐变的主要原因，此时去除生长调节剂可以减轻褐变。6-BA 或 KT 不仅能促进酚类化合物的合成，而且还能刺激多酚氧化酶的活性；而生长素类如 2，4-D 和 IAA 可以延缓多酚合成，减轻褐变发生。还有人推测外植体内源乙烯水平会影响酚类化合物含量。

（4）抗氧化剂。培养基中加入抗氧化剂可改变外植体周围的氧化还原电势，从而抑制酚类氧化，减轻褐变。目前，组织培养中应用的抗氧化剂种类很多，不同抗氧化剂的效果有所不同。在核桃茎尖培养中，硫代硫酸钠和苏糖二硫醇效果很好，而维生素和间苯三酚效果就不太显著。同一种药剂在不同培养基中效果不一样。Hu 和 Wang 认为抗氧化剂在液体培养基中比在固体培养基中效果更好。在外植体接种之前，用抗氧化剂浸泡时间如果过长，外植体褐变会更加严重，因为抗氧化剂对外植体有一定毒害作用。

（5）吸附剂。**吸附剂（adsorbent）**是能有效地从气体或液体中吸附其中某些成分的固体物质。吸附剂一般有以下特点：大的比表面、适宜的孔结构及表面结构；对吸附质有强烈的吸附能力。活性炭和聚乙烯吡咯烷酮（PVP）作为吸附剂可以去除酚类氧化造成的毒害效应，这在棉花、鸡蛋果、鹤望兰、杜鹃花、苹果、桃和倒挂金钟等植物上都有过报道。它们的主要作用在于通过氢键、范德华力等作用力把有毒物质从外植体周围吸附掉。活性炭除了有吸附作用外，在一定程度上还降低光照强度，从两方面减轻褐变。和抗氧化剂一样，不同吸附剂在不同植物上有不同效果。活性炭对龙眼比 PVP 有效，而 PVP 对甜柿则比活性炭有效。值得注意的是，用吸附剂抑制褐变有副作用，即吸附剂在吸附有毒酚类的同时，也要吸附培养基中的生长调节剂。

（6）螯合剂。**螯合剂（chelating agent）**是能与金属离子结合形成螯合物的物质，培养基中加入螯合剂后，可以与多酚氧化酶发生螯合，降低酶活性，从而达到抑制褐变的目的。

（7）pH。培养基的 pH 会影响材料的褐变程度。培养基低 pH 可降低多酚氧化酶活性和底物利用率；高 pH 则明显加重褐变。也有例外，如在进行大白菜叶肉原生质体的培养中发现，褐变程度高的培养基的 pH 下降到 5.0 时，若提高外加的新鲜培养基的 pH 至 6.5，可很大程度上抑制褐变。

3） 培养方式

（1）外植体在培养基中的放置方式。薯蓣在用茎段做外植体进行组织培养时，将茎段正向插入培养基中，出现明显褐变；而将茎段倒插入，则褐变完全消失。其原因尚不清楚。

（2）培养方法。周延清等在培养决明子原生质体时，对浅层培养、琼脂糖包埋培养和漂浮培养 3 种方法进行了比较。发现前两种静置培养方法由于原生质体沉淀造成营养与通气不良，导致原生质体破裂，释放出酚类物质而出现褐变；漂浮培养则克服了原生质体沉淀，从而减轻褐变，于是原生质体分裂率提高。

（3）转瓶周期。对于容易褐变的材料，接种后转瓶时间长，伤口周围积累酚类物质增多，褐变加重；而缩短转瓶周期可以减轻褐变。在山月桂树的茎尖培养中，接种后 12～24 h，便转入液体培养基，之后的 1 周内，每天转瓶 1 次，褐变得到完全控制。无刺黑莓上也有类似情况。

（4）原生质体植板密度。山杏原生质体培养在 0.1×10^5 个/mL 的植板密度下即可启动分裂，以 0.5×10^5 个/mL 植板密度分裂频率和植板率最高。随着植板密度的增大，褐变逐渐加重，分裂频率和植板率下降。

4）培养条件

（1）光照。苹果、桃、葡萄等植物的茎尖外植体如果取自田间自然光照下的植株枝条，接种后很容易褐变；而事先对取材母株或枝条进行遮光处理后再切取外植体，则可有效控制褐变。暗处理之所以能控制外植体褐变，是因为在酚类化合物合成和氧化过程中，需要许多酶参与，其中一部分酶的活性是受光诱导的。这些酶在自然光照条件下生长的植物体内非常活跃，从这样的植株上取得的外植体很容易发生褐变，而把取材母株放置在黑暗或弱光条件下生长，植株组织内光诱导的那些参与酚类化合物的酶合成减少，其氧化产物醌类也相应减少，使褐变得到控制。有的实验没有效果，有的实验反而加重了褐变，这是因为光下生长的植株体内酚类含量已经很高，接种后放在黑暗中并不能马上降低酚类含量；相反，连续黑暗会降低外植体活力，使褐变加重。培养条件不适宜，如温度过高或光照过强，均可使酶的活性提高，从而加速被培养的组织褐变。高浓度 CO_2 也会促进褐变，其原因是环境中的 CO_2 向细胞内扩散，使细胞内 CO_3^{2-} 增多，CO_3^{2-} 与细胞膜上的 Ca^{2+}结合，有效 Ca^{2+}减少，导致内膜系统瓦解，使酚类物质与 PPO 相互接触，产生褐变。

（2）温度。温度对褐变影响很大。Ishii 等早已发现卡特兰在 15～25 ℃培养比在 25 ℃以上褐变轻。Wang 等报道在苹果和桃的茎尖培养中，5 ℃低温对控制褐变效果十分显著，而且在 5 ℃以下培养时间越长，褐变越少，但存活率也随之下降，最佳时间为 7 d 左右。王明华等在褐变很严重的“芭蕾”苹果上，也验证了低温对褐变的抑制作用，还证明了高温能促进酚类氧化，而低温可以抑制酚类化合物的合成，降低多酚氧化酶的活性，减少酚类氧化，从而减轻褐变。

3.5.1.3 褐变的防止措施

从理论上讲，酶促褐变可以通过以下三种方法加以抑制；一是除去引起氧化的物质——氧；二是捕捉或减少聚合反应的中间物；三是抑制有关的酶。建议采取如下措施。

（1）选择适当的外植体。选择适当的外植体是克服褐变的重要手段。外植体材料应有较强的分生能力，在最适宜的细胞脱分化与再分化的培养条件下，使外植体处于旺盛的生长状态，便可大大减轻褐变。不同时期、不同年龄的外植体在培养中褐变的程度不同，成年植株比实生幼苗褐变的程度严重，夏季材料比冬季及早春和秋季的材料褐变的程度强。而冬季的芽进入深休眠状态，不太容易生长，所以最好选用早春和秋季的材料作为外植体。取材时还应注意外植体的基因型及部位，选择褐变程度较小的品种和部位作为外植体。

（2）对外植体进行预处理。对较易褐变的外植体材料进行预处理可以减轻酚类物质的毒害作用。其处理方法是：外植体经流水冲洗后，放在 2～5 ℃的低温下处理 12～24 h，再用升汞或 75%的乙醇消毒，然后接种于只含有蔗糖的琼脂培养基中培养 5～7 d，使组织中的酚类物质部分渗入培养基中。取出外植体，用 0.1%漂白粉溶液浸泡 10 min，再接种到合适的培养基上，如果仍有酚类物质渗出，3～5 d 后再转移培养基 2～3 次，当外植体的切口愈合后，酚类物质减少，这样可使外植体褐变减轻。

（3）选择适宜的培养基与培养条件。在培养条件的许多因子中，较为重要的是适宜的无机盐成分、适宜的蔗糖浓度及激素水平、适宜的温度，在黑暗条件下进行培养也可显著减少材料的褐变。例如，能在初始培养的 1～6 周内用暗培养，或在 150 lx 左右的光强下进行培养，可抑制酚类物质氧化。培养基的选择要适宜，注意培养基的状态、类型，培养基的组成如无机盐、蔗糖浓度、激素水平与组合等也要适宜。初期培养可在黑暗或弱光下进行，因为光照会提高 PPO 的活性，促进多酚类物质的氧化，因此外植体在黑暗中培养可防止褐变的发生。另外，还要注意培养温度不能过高。

（4）添加褐变抑制剂与吸附剂。褐变抑制剂主要包括抗氧化剂和 PPO 的抑制剂。抑制剂如有机酸类有抑制 PPO 活性的作用，还原剂如抗坏血酸、半胱氨酸等还原剂也有较强的抑制作用。一定浓度的柠檬酸、苹果酸和 α-酮戊二酸均能显著增强还原剂的抑制作用。

（5）改变培养方式。进行细胞筛选和多次转移。在组织培养过程中，经常进行细胞筛选，可以剔除易褐变的细胞。对于易褐变的材料，在外植体接种后 1～2 d 立即转移到新鲜培养基中或同一瓶培养基的不同部位，连续转移可以减轻酚类物质对培养物的毒害作用，连续转移 5～6 次可基本解决外植体的褐变问题。此法比较经济、简单易行，应是首选克服褐变的方法。

3.5.2 玻璃化苗

玻璃化苗（vitrification）是植物组织培养中出现的呈半透明状的、畸形的试管植物，它不能移栽成活于土壤或其他基质中。由于玻璃化苗是一种很普遍的现象，在植物快速繁殖中造成的损失极大。目前，已经发现在各种类型的植物进行繁殖时都出现玻璃化现象，玻璃化苗的百分率可以高达100%，所以是试管苗生产中亟待解决的一个问题。试管植物的玻璃化现象是植物组织培养中出现的特有现象，玻璃化苗外形与正常苗有显著差异。

3.5.2.1 玻璃化苗的特点

（1）形态解剖学特点。正常的试管苗茎叶呈绿色，叶片平展，表面有蜡质层，生长健壮，分株继代后可很快形成新的芽丛，生根能力强，移栽易成活。与正常试管苗相比，玻璃苗在形态解剖学上发生了一系列变化。玻璃化苗的共同特点是：植株矮小肿胀，呈半透明状；茎短而粗，几乎无节间，茎尖顶端分生组织相对较小，茎尖发育部分保持分生组织性的时期也缩短；叶片皱缩并纵向卷曲，脆弱易破碎，不具栅栏组织，仅有海绵组织，叶肉细胞间隙大。玻璃化苗叶表面缺少角质层蜡质或蜡质发育不全，无功能性气孔；茎叶液泡化程度高，胞质较稀，核变小，细胞无明显长轴。在细胞壁的某些区域会出现空洞，使壁结构不完整。这些形态解剖学特征可以准确地从形态上判定玻璃化苗，还使从细胞水平上判断早期未发生形态变化的玻璃化苗成为可能。

（2）生理生化特点。与正常苗比较，玻璃化苗各组分含量发生了明显变化。玻璃化苗体内水与可溶性糖含量高，但干物质、叶绿素、蛋白质、纤维素和木质素含量低。玻璃化苗在水分代谢方面存在着障碍，导致细胞肿胀、植株呈半透明状。由于组织畸形，吸收养分和光合功能器官发育不全，分化能力大大降低，不适宜继续作为继代培养和扩大增殖的材料；加之生根困难，很难移栽成活。生化分析表明，玻璃化苗叶肉中叶绿素 a、叶绿素 b 的水平降低，蛋白质含量降低，羟基肉桂酸辅酶 A 连接酶的活性降低，木质素含量降低，水分含量提高。

3.5.2.2　玻璃化现象产生原因

玻璃化的起因是细胞生长过程中的环境变化。试管苗为了适应变化了的环境而呈玻璃化，产生玻璃化苗的因素主要有激素浓度、琼脂浓度、温度、光照时间、通风条件和离子水平等。

（1）激素浓度。激素浓度增加尤其是细胞分裂素浓度的提高（或细胞分裂素与生长素比例提高），易导致玻璃化苗的产生。产生玻璃化苗的细胞分裂素浓度因植物种类的不同而异。细胞分裂素的主要作用是促进芽的分化、打破顶端优势、促进腋芽发生，因而玻璃化苗也表现为茎节较短、分枝较多的特点。使细胞分裂素增多的原因有以下几种：一是培养基中一次性加入过多细胞分裂素类物质，如 6-BA、ZT 等；二是细胞分裂素与生长素比例失调，细胞分裂素含量远远高于生长素，而使植物过多吸收细胞分裂素，体内激素比例严重失调，试管苗无法正常生长，导致玻璃化；三是在多次继代培养时愈伤组织和试管苗体内累积过量的细胞分裂素。在初级培养相同的培养基，最初的几代玻璃化现象很少，多次继代培养后，便开始出现玻璃化现象，通常是继代次数越多玻璃化苗的比例越大。

（2）琼脂浓度。培养基中琼脂浓度低时玻璃化苗比例增加，水渍状严重，苗向上长；随着琼脂浓度的增加，玻璃化苗比例减少。但由于硬化的培养基影响了养分的吸收，试管苗生长减慢，分蘖亦减少。因此，琼脂的浓度一定要适当。

（3）温度。适宜的温度可以使试管苗生长良好，当温度低时，容易形成玻璃化苗，温度越低玻璃化苗的比例越高。温度高时玻璃化苗减少，且发生的时间较晚。

（4）光照时间。不同的植物对光照的要求不同，满足植物的光照时间，试管苗才能生长正常。大多数植物在 10～12 h/d 光照下都能生长良好，光照时数大于 15 h/d 时，玻璃化苗的比例明显增加。

（5）通风条件。试管苗生长期间要求有足够的气体交换，气体交换的好坏取决于生长量、瓶内空间、培养时间和瓶盖种类。在一定容量的培养瓶内，愈伤组织和试管苗生长越快，越容易形成玻璃化苗。如果培养瓶容量小，气体交换不良，易发生玻璃化。愈伤组织和试管苗长时间培养，不能及时转接，容易出现玻璃化苗。组织培养所用瓶盖有棉塞、锡箔纸、滤纸、封口纸、牛皮纸、塑料膜、透气封口膜等，其中棉塞、滤纸、封口纸、牛皮纸通气性较好，玻璃化苗的比例较低；而锡箔纸不透气，影响气体交换，玻璃化苗增加；用塑料膜封口时，玻璃化苗剧增；透气封口膜效果好，但培养基易失水，成本也较高。

（6）离子水平。植物生长需要一定的矿物质营养，但是，如果营养离子之间失去平衡，试管苗生长就会受到影响。植物种类不同，对矿物质的量、离子形态、离子间的比例要求不同。如果培养基中离子种类及其比例不适宜该种植物，玻璃化苗的比例就会增加。

3.5.2.3　克服玻璃化苗的防范措施

试管苗玻璃化是一个复杂的问题，培养基的成分、光、温、湿及透气性均与玻璃化有关。尽管对玻璃化形成的根本原因和机制还不明确，但有些植物的玻璃化已得到了有效控制。玻璃化问题的实质可能是适应性问题，是不同种类植物不同个体的适应性差异的问题，目前防止试管苗玻璃化的主要措施有以下几种。

（1）适当控制培养基中无机营养成分，减少培养基中的氮素含量。大多数植物在 MS 培养基上生长良好，玻璃化苗的比例较低，主要是 MS 培养基的硝态氮、钙、锌、锰的含量较高的缘故。适当增加培养基中钙、锌、锰、钾、铁、铜、镁的含量，降低氮和氯比例，特别是降低铵态氮浓度，提高硝态氮浓度，可减少玻璃化苗的比例。

（2）适当提高培养基中蔗糖和琼脂的浓度。适当提高培养基中蔗糖的含量，可降低培养基的渗透势，减少外植体从培养基中获得过多的水分。而适当提高培养基中琼脂的含量，可降低培养基的供水能力，造成细胞吸水阻遏，也可降低玻璃化；如将琼脂浓度提高到 1.1%时，洋蓟的玻璃化苗完全消失。

（3）适当降低细胞分裂素和赤霉素的浓度。细胞分裂素和赤霉素可以促进芽的分化，但是为了防止玻璃化现象，应适当减少其用量，或增加生长素的比例。在继代培养时，要逐步减少细胞分裂素的含量。

（4）增加自然光照，控制光照时间。在实验中发现，玻璃化苗放在自然光下几天后，茎叶变红，玻璃化逐渐消失。这是因为自然光中的紫外线能促进试管苗成熟，加快木质化。光照时间不宜太长，大多数植物以 8～12 h 为宜；光照强度在 1000～1800 lx，就可以满足植物生长的要求。

（5）控制好温度。培养温度要适宜植物的正常生长发育需要。如果培养室的温度过低，应采取增温措施。热激处理可防治玻璃化的发生。如用40 ℃热激处理瑞香愈伤组织培养物可完全消除其再生苗的玻璃化，同时还能提高愈伤组织芽的分化频率。

（6）改善培养器皿的通风。增加容器通风，降低瓶内湿度及乙烯含量，改善气体交换状况，如使用棉塞、滤纸片或通气好的封口膜封口，可有效防治试管苗玻璃化。

（7）在培养基中添加其他物质。培养基中加入间苯三酚或根皮苷或其他添加物，可有效地减轻或防治试管苗玻璃化，如添加马铃薯可降低油菜玻璃化苗的产生频率，而用 0.5 mg/L 的多效唑或 10 mg/L 的矮壮素（CCC），可减少锥花丝石竹试管苗玻璃化的发生，在培养基中加入 0.3%的活性炭还可降低玻璃化苗的产生频率，对防止产生玻璃化有良好的作用。

3.6　培养基母液的配制与保存

3.6.1　实验目的

由于培养基成分较多，如果每配制一次，即进行多次称量（不少成分用量较微），不仅会造成较大的误差，而且会增加工作量，因而配制母液可使培养基配制方便准确。

根据配方，首先将含各种元素的盐类充分溶解，然后混合。倍数与用量成反比，也就是说凡是用量少的，配制的倍数可以大到 100～1000 倍，用量大的配制的倍数只要 10 倍，分别配制，然后按一般化学混合要求，错开阳离子（如 Ca^{2+}）与阴离子（如 SO_4^{2-}），以免混合后产生沉淀。铁盐母液要单独配制；氨基酸、维生素、植物生长调节剂等也要分别单独配制；如果不溶于水（如吲哚乙酸、赤霉素等），可用少量 95%的乙醇先行溶解，有些可以用氢氧化钠（如二氯苯氧乙酸）或盐酸（如苄基腺嘌呤）先行溶解，然后加水定容。配制的母液分别置于冰箱中备用。

配制母液有两个好处：①可减少每次配制称量药品的麻烦；②减少极微量药品在每次称量时造成的误差，一般需准备 4 种母液。

3.6.2　实验用具

冰箱，天平，酸度计，烧杯（50 mL、100 mL、500 mL、1000 mL），量筒（25 mL、100 mL、1000 mL），容量瓶（100 mL、500 mL、1000 mL），磨口试剂瓶（500 mL，1000 mL），药匙，称量纸，滴管，玻璃棒，电炉，微波炉。

3.6.3　实验药品

NH_4NO_3，$MnSO_4 \cdot 4H_2O$，KNO_3，$ZnSO_4 \cdot 7H_2O$，$CaCl_2 \cdot 2H_2O$，$Na_2MoO_4 \cdot 2H_2O$，$MgSO_4 \cdot 7H_2O$，$CuSO_4 \cdot 5H_2O$，KH_2PO_4，$CoCl_2 \cdot 6H_2O$，H_2BO_3，$Na_2EDTA \cdot 2H_2O$，KI，$FeSO_4 \cdot 7H_2O$，烟酸，甘氨酸，盐酸硫胺素，肌醇，盐酸吡哆醇，蒸馏水。

3.6.4　实验方法与步骤

配制培养基母液时，一般是将一些用量相近又不易发生反应的药剂配制在一起，制成不同的混合母液；也可以分别配制各种试剂的母液，在使用时再分别吸取加以混合。其中前者是组织培养中最常用的方法。

3.6.4.1　配制混合母液

培养基母液也叫做浓缩储备液，它是以培养基配方配制成的高倍浓缩液。不同组分母液的浓缩倍数不同，一般最低为 10 倍，高的有 50 倍、100 倍、200 倍，甚至 1000 倍，母液是一个方法比较简便、用量比较准确且被广泛采用的配制方法。

以 MS 培养基为例，其母液的配制包括大量元素、微量元素、铁盐、维生素、氨基酸、植物生长调节物质和有机附加物等种类（表 3.7）。

1）大量母液元素的配制

按照 MS 培养基配方的用量扩大 20 倍，将大量元素配制成 20 倍的母液。配制时先用量筒量取蒸馏水大约 800 mL，放入 1000 mL 的烧杯中，分别依次称取 NH_4NO_3 33 g、KNO_3 38 g、KH_2PO_4 3.4 g、$MgSO_4 \cdot 7H_2O$ 7.4 g、$CaCl_2 \cdot 2H_2O$ 8.8 g，按顺序先后倒入烧杯中，用玻璃棒搅动，待第一种化合物溶解后再加入第二种化合物，当最后一种化合物完全溶解后，将溶液倒入 1000 mL 的容量瓶中，用蒸馏水定容至 1000 mL，然后倒入细口磨砂试剂瓶中，贴上标签，注明配制日期、扩大倍数、配制人姓名，置于 4 ℃冰箱保存备用。配制培养基时，每升 MS 培养基吸取该母液量为 50 mL。

注意：

（1）配置母液前要仔细清洗存储容器。

表 3.7　MS 培养基母液的配制

成分	规定用量/(mg/L)	扩大倍数	称取量/mg	母液定容体积/mL	配 1L MS 培养基吸取量/mL
大量元素					
KNO_3	1 900	20	38 000	1 000	50
NH_4NO_3	1 650	20	33 000	1 000	50
$MgSO_4·7H_2O$	370	20	7 400	1 000	50
KH_2PO_4	170	20	3 400	1 000	50
$CaCl_2·2H_2O$	440	20	8 800	1 000	50
微量元素					
$MnSO_4·4H_2O$	22.3	1 000	22 300	1 000	1
$ZnSO_4·7H_2O$	8.6	1 000	8 600	1 000	1
H_3BO_3	6.2	1 000	6 200	1 000	1
KI	0.83	1 000	830	1 000	1
$Na_2MoO_4·2H_2O$	0.25	1 000	250	1 000	1
$CuSO_4·5H_2O$	0.025	1 000	25	1 000	1
$CoCl_2·6H_2O$	0.025	1 000	25	1 000	1
铁盐					
Na_2EDTA	37.3	100	3 730	1 000	10
$FeSO_4·7H_2O$	27.8	100	2 780	1 000	10
维生素和氨基酸					
甘氨酸	2.0	50	100	500	10
烟酸	0.5	50	25	500	10
维生素 B_1	0.1	50	5	500	10
维生素 B_6	0.5	50	25	500	10
肌醇	100	50	5 000	500	10

（2）应按照顺序分别彻底溶解后混合，每加完一种药品，摇动存储容器使其混合均匀。

（3）溶解时最好加热，以便充分溶解，避免沉淀的产生。

（4）夏季要用新制的蒸馏水，并加热，这样可以避免因为水中带菌量过大而产生沉淀，同时也可以减缓绿藻的生成。

（5）沉淀的产生一是溶解不充分就混合造成的（混浊型沉淀），所以配制时一定不要急；二是长菌而产生絮状沉淀，所以要用新制的蒸馏水并加热。

2）*微量母液元素的配制*

将 MS 培养基配方中微量元素的无机盐用量分别扩大 1000 倍，用分析天平分别依次称取 $MnSO_4·4H_2O$ 22.3 g、$ZnSO_4·7H_2O$ 8.6 g 、H_3BO_3 6.2 g、KI 0.83 g、$Na_2MoO_4·2H_2O$ 0.25 g、$CuSO_4·5H_2O$ 0.025 g、$CoCl_2·6H_2O$ 0.025 g ，并用蒸馏水逐个溶解，待全部溶解用容量瓶定容后，装入 1000 mL 的磨口试剂瓶中，贴上标签，注明配制日期、扩大倍数、配制人姓名，置于 4 ℃冰箱保存备用。配制 MS 培养基时，每升培养基吸取此母液 1 mL。

注意：母液配好后在室温下放置 10 h 以上再放入冰箱保存，即刻放入冰箱易产生结晶沉淀。配制过程中产生沉淀的原因有：①前一个没彻底溶解就加入了后一个药品；② 蒸馏水 pH 过高，可加几滴盐酸校正。

3）铁盐母液的配制

在电子天平上准确称取 2.78 g $FeSO_4 \cdot 7H_2O$ 和 3.73 g Na_2EDTA，分别倒入盛 400 mL 蒸馏水的烧杯中，微加热并不断搅拌使之全部溶解。将两种溶液倒入同一个 1000 mL 的容量瓶中，混合均匀后，用蒸馏水定容至 1000 mL，并倒入棕色磨口试剂瓶中，经室温放置一段时间令其充分反应后，贴上标签，注明配制日期、扩大倍数、配制人姓名，置于 4 ℃冰箱保存备用。如果将新配制的铁盐母液立即放入冰箱中，则容易形成沉淀。配制培养基时，每升 MS 培养基吸取该母液 10 mL。

注意：在配制铁盐时，如果加热搅拌时间过短，会造成 $FeSO_4$ 和 Na_2EDTA 螯合不彻底，此时若将其冷藏，$FeSO_4$ 会结晶析出。为避免此现象发生，配制铁盐母液时，$FeSO_4$ 和 Na_2EDTA 应分别加热溶解后混合，并置于加热搅拌器上不断搅拌至溶液呈金黄色（加热 20～30 min），调 pH 至 5.5，室温放置冷却后，再冷藏。

4）有机物质母液的配制

用电子天平依次称取：肌醇 5000 mg、维生素 B_1 5 mg、烟酸（维生素 B_5）25 mg、甘氨酸 100 mg、维生素 B_6 25 mg，用蒸馏水依次溶解并定容后，装入 500 mL 的磨口试剂瓶中，贴上标签，注明配制日期、扩大倍数、配制人姓名，置于 4 ℃冰箱保存备用。配制培养基时，每升 MS 培养基吸取该母液 10 mL。

注意：需要溶解完一个再加另一个。维生素 B_5 不易溶解，需要搅拌，必要时可以加热。

5）植物生长调节物质类母液的配制

每种激素必须单独配成母液，其浓度为 0.1 mg/mL，0.5 mg/mL 或 1.0 mg/mL，多数激素难溶于水，由于水剂型的植物生长调节物质在组织培养中既使用方便，又消毒简单，故在配制培养基前常将常用的植物生长调节物质，如 2,4-D、6-BA 和 NAA 等配制成 500 mg/L 浓度的母液。其配制方法如下：①2,4-D 母液。准确称量 2,4-D 50 mg，先用 1～3 mL 90%的乙醇完全溶解后，加蒸馏水定容至 100 mL；也可以加入少量碱（如 1 mol/L 氢氧化钾或氢氧化钠）溶液，使之中和成为钠盐或钾盐，在水中溶解，再加水定容至 100 mL，即配成浓度为 500 mg/L 的母液。贴上标签，注明名称、浓度和配制日期，放在 4 ℃冰箱保存。NAA 母液的配制过程与 2,4-D 相同。②6-BA 母液。准确称量 50 mg 6-BA，加入少量碱溶液（如 1 mol/L 氢氧化钾或氢氧化钠）或稀盐酸（1 mol/L 盐酸）溶液使之完全溶解后，加蒸馏水定容至 100 mL，即配成浓度为 500 mg/L 的 6-BA 母液。转入磨口试剂瓶中，贴上标签，注明名称、浓度和配制日期，放在 4 ℃冰箱保存待用。

3.6.4.2　配制单一试剂母液

当在短期内需要配制多种不同的培养基时，由于各种培养基的组成配比不同，如果还采用配制混合母液的办法，分别配制各种基本培养基母液，需要配制很多种储备液，而且需要的量不一，反而使得保存和应用极为不便。为此，可以将各种试剂分别配制成不同的母液，而各种试剂母液的浓度和容量可根据试剂在各种培养基中的用量大小而定，分别扩大 10～100 倍。为了方便使用，可制作试剂母液使用表，将各种试剂母液的浓度及不同培养基所需要吸取的量列入表中。这样在配制培养基时，只要按照表 3.8 中的吸取量逐一吸取药液混合即可。

表 3.8 培养基单一母液的配制及用量

培养基成分	母液浓度/(mg/mL)	几种基本培养基配制 1L 时母液吸取量/mL					
		MS	MT	White	Nitsch	N6	B5
KNO_3	19 000/500	50	50	2.1	3.29	74.47	65.79
$Ca(NO_3)_2 \cdot 4H_2O$	3 470/100	—	—	8.65	14.4	—	—
NH_4NO_3	16 500/500	50	50	—	—	—	—
$(NH_4)_2SO_4$	9 260/200	—	—	—	—	10	3.24
$MgSO_4 \cdot 7H_2O$	7 400/200	10	10	19.46	3.38	5.0	6.76
KH_2PO_4	3 400/200	10	10	—	7.35	23.53	—
$NaH_2PO_4 \cdot 2H_2O$	3 400/200	—	—	5.0	—	—	10
$CaCl_2 \cdot 2H_2O$	4 400/100	10	10	—	—	3.77	—
$MnSO_4 \cdot 4H_2O$	500/100	4.46	4.46	1.4	0.6	0.88	2.0
$ZnSO_4 \cdot 7H_2O$	200/100	4.3	4.3	1.5	0.25	0.75	1.0
H_3BO_3	200/100	3.1	3.1	0.75	0.25	0.8	1.5
$Na_2MoO_4 \cdot 2H_2O$	5/100	5.0	—	—	0.5	—	5.0
$CuSO_4 \cdot 5H_2O$	2.5/100	1.0	1.0	0.04	1.0	—	10
Na_2EDTA	1 862.5/200	4.0	4.0	—	—	4.0	4.0
$FeSO_4 \cdot 7H_2O$	1 392.5/200	4.0	4.0	—	—	4.0	4.0
KI	16.6/100	5.0	5.0	4.5	—	4.82	—
$CoCl_2 \cdot 6H_2O$	2.5/100	1.0	1.0	—	—	—	—
Na_2SO_4	1 000/50	—	—	10	—	—	—
KCl	1 300/100	—	—	5.0	—	—	—
$Fe_2(SO_4)_3$	250/100	—	—	1.0	—	—	—
MoO_4	2.5/100	—	—	0.004	—	—	—
肌醇	2 000/100	5.0	5.0	5.0	—	—	5.0
烟酸	100/100	0.5	5.0	0.3	1.25	0.5	0.63
甘氨酸	150/100	1.32	1.32	8.0	5.0	13.33	—
维生素 B_1	10/100	1.0	100	1.0	2.5	10	100
维生素 B_6	10/100	5.0	100	1.0	2.5	5	10

3.7 MS 固体培养基的配制与灭菌

3.7.1 实验目的

学习用母液法配制 MS 培养基及掌握培养基灭菌的方法和操作过程。

3.7.2 实验原理

对植物外植体进行离体培养时，要依靠培养基提供生长所需的营养成分。不同材料对培养基的要求不同，适当的设计和选用培养基，对植物组织培养取得成功至关重要。另外，对组织培养物的脱分化和再分化等状态的调控、次级代谢产物的生产等都是通过调节培养基成分来实现的。培养基的主要成分包括无机营养物质、碳源、有机营养物质、植物生长调节物质等。

3.7.3　实验器材和药品

器材：天平、烧杯（1000 mL）、医用瓷缸（1000 mL）、三角瓶、量筒（100 mL）、移液管、玻璃棒、酸度计或精密 pH 试纸、吸耳球、线绳、封口膜、石棉网。

药品：蔗糖、琼脂、1 mol/L NaOH、1 mol/L HCl、各种培养基母液。

3.7.4　实验步骤

3.7.4.1　培养基的配制（以 1 L MS 培养基为例）

1）计量

根据配制培养基的量和母液的浓度计算需要吸取母液的量。计算公式：吸取量（mL）= 培养基中物质的含量（mg/L）×1000 mL/母液浓度（mg/L）。

2）移液

按照计算吸取母液的量依次吸取各母液置于医用瓷量杯中备用。

注意：

（1）在使用提前配制的母液时，应在量取各种母液之前，轻轻摇动盛放母液的瓶子，如果发现瓶中有沉淀、悬浮物或被微生物污染，应立即淘汰这种母液，重新进行配制。

（2）用量筒或移液管量取培养基母液之前，必须用所量取的母液将量筒或移液管润洗 2 次。

（3）移液管不能混用。

3）称取

称取 8 g 琼脂，30 g 蔗糖备用。

4）融化

用搪瓷量杯量取 600～700 mL 的蒸馏水放在电炉上，加入琼脂，边加热边用玻璃棒搅拌，直到液体呈半透明状将其取下，加入蔗糖。

注意：在加热琼脂的过程中，操作者千万不能离开，否则沸腾的琼脂外溢，就需要重新称量、制备。此外，如果没有搪瓷量杯，可用大烧杯代替，但要注意大烧杯底的外表面不能沾水，否则加热时烧杯容易炸裂，使溶液外溢，造成烫伤。

5）混合

将融化的琼脂和母液充分混合，用蒸馏水定容至 1000 mL，来回混合几次。

6）调 pH

用滴管吸取浓度为 1 mol/L 的 NaOH 或 1 mol/L HCl 溶液，逐滴滴入溶化的培养基中，边滴边搅拌，并随时用酸度计或精密 pH 试纸（5.4～7.0）测培养基的 pH，一直到培养基的 pH 达到要求为止（在调制时要比目标 pH 偏高 0.2～0.5 个单位，因为培养基在灭菌过程中糖等物质降解，pH 会下降 0.2～0.5 个单位）。

注意：调 pH 时要用玻璃棒不停地搅拌，使其充分混合。

7）分装

溶化的培养基应该趁热分装。分装时，先将培养基倒入烧杯中，然后将烧杯中的培养基倒入三角瓶（50 mL 或 100 mL）中，注意不要让培养基沾到瓶口和瓶壁上。三角瓶中培养基的量为三角瓶容量的 1/5～1/4。每升培养基可分装 25～30 瓶。

8）包扎

用封口膜封口，外边可加一层牛皮纸，扎好绳子，用铅笔或碳素墨水笔在牛皮纸上写上培养基的代号。

注意：培养基中的部分成分在高温灭菌时易发生化学变化，致使培养基 pH 降低，从而使琼脂凝固力下降，发生培养基灭菌前凝固，灭菌后不凝固现象。避免此现象发生的方法是调整培养基 pH，一般不低于 5.6，若需酸性较强培养基，可适当增加琼脂用量。

3.7.4.2　培养基的灭菌

培养基中含有大量的有机物质，含糖量较高，是各种微生物滋生、繁殖的好场所。而接种材料需要在无菌条件下培养很长时间，如果培养基被污染，则达不到培养的预期结果。因此，培养基的灭菌是植物组织培养中十分重要的环节。常用的灭菌方法是高压蒸汽灭菌法和过滤除菌。

1） 高压蒸汽灭菌法

把分装好的培养基及需要灭菌的各种器具、蒸馏水等，放入高压蒸汽灭菌锅的消毒桶中，进行高压灭菌，121 ℃下最少灭菌 20 min。培养基自然冷却凝固，放置 1 d 后再使用。

注意：

（1）锅内冷空气必须排尽，否则压力表指针虽达到一定压力，但由于锅内冷空气的存在事实上达不到应有的温度，影响灭菌效果。当达到一定压力后，注意在保持压力过程中，严格遵守灭菌时间，时间过长会使一些化学物质遭到破坏，影响培养基成分；时间过短则达不到灭菌效果。对蒸馏水、各种器具灭菌时，灭菌时间要适当延长，压力也要提高，一般在 126℃维持 1 h。另外，三角瓶中的液体不超过总体积的 70%，否则当温度超过 100 ℃时，培养基会喷溢，造成培养瓶壁和封口膜的污染。

（2）消毒后的培养基不能立即用于接种，而应放置 24～72 h。放置后如果培养基中没有出现菌落，则说明培养基是无菌的，才可以用于接种。另外做好的培养基一般应在 1～2 周内用完，短时间可存放于室温条件，如不能尽快用完，应放在 4 ℃条件下。

2）过滤除菌

某些植物生长调节剂，如 IAA、ZT、GA_3、ABA 及某些维生素等遇热是不稳定的，不能同培养基一起高压灭菌，需要进行过滤除菌。

（1）过滤除菌基本器具准备：①高压灭菌后的无菌容器，用来盛放无菌溶液；②除菌滤膜，一般用 0.22 μm 的滤膜或者滤器即可；③无菌的操作空间，如超净工作台；④注射器（无需针头）。

（2）过滤除菌操作过程：首先把盛放无菌溶液的容器高压灭菌，备用，然后在超净工作台里将滤器拆封，套在容器口上，用注射器吸取未除菌的溶液，然后插在滤器上，将溶液挤过滤器，滤器下面流出来的溶液即所需的无菌溶液。如果要过滤大体积（2～10 L）的溶液，使用真空泵+滤器+滤膜会更加省力。

本 章 小 结

植物组织培养实验室是用以完成组织培养操作的场所。完整的组织培养实验室至少应由准备室、无菌操作室和培养室构成，每个部分还需要特殊的仪器设备，其中最为重要的是高压灭菌锅和超净工作台。组织培养对环境要求严格，除要求无菌外，还要求有合理的温度、光照和湿度等微气候条件及培养成分、pH、渗透压等理化性状。培养基是影响植物组织培养能否成功的决定性因素，培养基种类和激素配比直接影响培养材料的生长发育和分化。因此，在植物组织培养中，要根据培养材料的特点和培养目标，选择合适的培养基并进行适当调整。除基础培养基外，植物生长调节物质是不可忽视的因素，对于调整器官发生和分化起决定性作用。植物组织培养的特点是无菌，因此，灭菌是影响植物组织培养的关键环节，尤其是培养基灭菌和外植体灭菌。灭菌可采用物理方法和化学方法，根据灭菌对象和灭菌要求合理选择。培养基灭菌一般采用高温高压蒸汽灭菌法，外植体灭菌则采用化学药剂法。

用于进行组织培养的植物材料称为外植体。外植体选择是否合适也决定组织培养能否成功。虽然在理论上植物细胞都具有全能性，都具有再生植株的能力。但在实践中，不同品种、不同器官、不同年龄同一器官的外植体，其分化再生能力有很大的差异。在组织培养中，应根据培养目标选择再生能力强、遗传稳定性好、灭菌容易的植物材料作为外植体。

利用组织培养技术进行植物试管苗繁殖要求有一定的技术程序，包括外植体获取和表面灭菌、初代培养和植株再生、继代培养和植株扩繁、试管苗驯化和移栽，每个环节都应根据培养要求认真操作和精心管理。

思考题

1．设计一个小型植物组织培养实验室。
2. 植物组织培养实验室由哪些分室组成？各有哪些功能？
3. 植物组织培养实验室必备的设备有哪些？
4．请查阅相关资料，设计一种植物的组织培养工作流程图。
5．组成培养基的主要成分有哪些？
6．植物生长调节剂主要有哪几类？各有哪些作用？
7．简述 MS 培养基母液和植物生长调节剂原液的配制方法。
8．列举几种常用基本培养基，并谈谈 MS 培养基的特点。
9．配制组织培养培养基时，为何将铁盐单独配制？
10．选择外植体的基本原则是什么？
11．常用的消毒剂有哪些？各有何特点？
12．简述外植体消毒的一般过程。
13．如何进行无菌操作？
14．为什么会发生污染？如何控制污染的发生？
15．影响褐变的因素有哪些?如何预防褐变？
16．什么是玻璃化现象？如何防治？
17．试管苗有哪些特点？移栽后如何管理？

第 4 章　植物脱毒与离体无性繁殖技术

植物细胞的全能性是植物离体无性繁殖的理论核心。植物的细胞全能性是指每一个植物细胞带有该植物的全部遗传信息，在适当的条件下可以表达出该细胞的所有遗传信息，分化出植物有机体所有不同类型的细胞，形成不同类型的器官或胚状体，直至形成完整再生植株。离体细胞具有生命的特征属性，在全能性的基础上，为其提供合适的营养和环境条件，离体细胞经历细胞脱分化、再分化，可再生形成植株。

植物脱毒与离体无性繁殖技术是无菌条件下利用植物体的一部分，在人工控制的营养和环境条件下繁殖植物、脱除病毒得到无毒苗株，继而在大田快速繁殖的技术。脱毒及离体无性繁殖技术是目前植物组织培养应用最多、最广泛的技术之一。可将离体无性繁殖技术应用于培育脱毒苗、新育成、新引进、稀缺良种、优良单株、濒危植物和基因工程植株，并且离体无性繁殖技术不受地区和气候的影响，比传统的繁殖方法快数万倍。目前，植物离体无性繁殖和脱毒技术已发展成为一项富有生命力的实用技术。

4.1　植物脱毒与离体无性繁殖概述

自 1943 年怀特（White）提出植物细胞“全能性”（totipotency）学说及诸多学者相继证实后，引发植物组织和细胞培养快繁技术的快速发展。我国的专家学者在 20 世纪 70 年代后也在此领域做了大量的研究和开发工作，创造了很多新方法、新技术，取得不少新成果，开拓了植物组织培养快繁技术的新局面。目前采用组织培养脱毒快繁及离体快繁生产株苗的技术已相当成熟。脱毒株苗具有无杂菌、适应能力较强、繁育较快、质量优、抗性好、分蘖性强、繁殖系数高、大批量生产、周年供应、便于运输等优点，已得到有关专家的鉴定及高度评价和种植试验区、种植产区果农的认可。例如，脱毒马铃薯、脱毒红薯、脱毒生姜、脱毒大蒜、脱毒草莓、脱毒苗木、脱毒花卉等，已成为现代农业科技致富的新宠。

植物快速繁殖技术是植物细胞工程技术的一个重要组成部分，在生产中起的作用最大、应用最广泛。该技术具有投资小、见效快的优点，也是其他生物技术应用于农业生产的途径。通过基因工程、体细胞无性变异、细胞杂交获得的新品系，常需快速繁殖技术使之应用于田间试验和生产，并及早推向市场。很多有性繁殖的作物可以借此加速育种过程。植物快速繁殖技术和脱毒株苗的生产技术直接来源于分化、脱分化、植物形态发生、植物营养、植物生长调节物质对生长发育的调控，该技术的研究和应用必将推动相关基础学科的研究。

4.1.1　植物脱毒与离体无性繁殖的概念

植物组织培养技术（**plant tissue culture**）又俗称植物克隆，是当今国内外农业领域中的一项高新技术，是一种比较常规无性繁殖植物的方法。广义的**快速繁殖**（**rapid propagation**）可包括植物组织培养快速繁殖、全光照育苗法、根茎扦插法等。平常所说的快速繁殖是指组织培养快速繁殖。**植物离体无性繁殖技术**（***in vitro*** **asexual reproduction technology**）是指利用离体培养技术，将来自优良植物的茎尖、腋芽、叶片、鳞片等器官、组织和细胞进行离体培养，在短期内获得大量遗传性一致植物的技术。

植物脱毒技术（**technology of virus-free plant**）是利用植物茎尖组织培养, 结合血清学病毒检测技术, 在防蚜传毒条件下, 将影响作物正常生长的植物病毒全部脱除的高新农业技术。通常将 1～2 个叶原基的茎尖接种在一定的培养基上，进行无菌培养，直到长成试管苗，在鉴定不带任何病毒的情况下，快速繁育脱毒苗，以供生产上的推广和应用。植物脱毒技术，实际上就是“植物克隆技术”在农业生产中的广泛应用。

4.1.2　植物脱毒与离体无性繁殖的特点及应用

植物脱毒是现代生物技术植物组织培养和细胞工程中的一项具有重要应用价值的技术。脱毒技术的应用及脱毒良种的推广，给农业带来一场新的技术革命。通过脱毒使作物恢复种性、增强抗性、生长健壮、光合作用增强，明显提高了作物的产量和品质，最高可达 300%。例如，大量实验表明，大蒜脱毒后植物株生长茂盛，株高、茎粗均比未脱毒植株明显增加，产量增加 32%～110%，且消除了病毒感染引起的病斑。甘薯脱毒后营养生长旺盛、分枝多、薯块整齐、皮色鲜艳、大中薯率高，增产幅度达到 16%～150%。马铃薯、草莓、葡萄、芋头等脱毒后产量也增加 20%～50%，且含糖量也显著增加（张大栋等 2004)。

植物脱毒种苗的应用不仅带来的是眼前的效益，还为农业的可持续发展提供了保障。脱毒苗的应用也大量减少了生化农药的使用、防止了土壤有机质的下降、有效地维护了土壤的生态环境，是土壤保质、优质种苗和效益增收的有机结合。同时，通过脱毒种苗的推广应用可进一步加快由传统农业向现代农业的转变。

植物快繁是植物组织培养技术在农业生产中应用最广泛、产生经济效益最大的研究领域。涉及植物种类繁多，技术日益成熟并程序化，繁殖速度突破了植物自然繁殖的界限，成就了工厂化育苗的梦想。

植物离体无性繁殖既是改良品种、培育新品种的一种手段；又是快速繁殖良种，以获得大量优质苗木的一种有效方法。从实践看，将组织培养当作一种繁殖方法比用作一种育种方法具有更重要的使用价值和更大的经济效益。因为植物离体无性繁殖技术的应用不仅保持了常规营养繁殖方法的全部的优点，还独具以下优点。

（1）繁殖系数高、繁殖周期短、繁殖速度快。由于不受季节和灾害性气候的影响，材料周年繁殖。生长速度快，材料能以几何级数增殖，可在短期内利用较少的空间获得遗传性稳定且一致的群体，使现有的良种在生产上早日发挥作用。特别是通过基因工程、体细胞无性系变异、体细胞杂交、原生质体培养等手段获得的新品种和优良无性系，通过植物离体快速繁殖，可在生产中迅速推广应用。

（2）繁殖材料用量少、不受季节限制，可实现工厂化生产。应用植物离体无性繁殖技术可在最佳的植株个体上经济取材，从而快速获得大量遗传性高度一致、生长整齐一致的良种壮苗，培养材料在人为环境中生长，省去了人工栽培等一些繁杂的劳动，并可利用仪器进行自动化控制，便于工厂化生产。

（3）便于种质保存和交换。通过抑制生长和超低温的方法，使培养材料长期保存，既保持其生活力，又节约了人力、物力和土地，防止了有害病虫的传播，更便于种质资源的保存和转移。

（4）离体繁殖诱变。长期无性繁殖的园艺植株，不仅存在遗传上的复杂性，而且在结构上也存在一定差异性。在不同植物生长调节剂的作用下，经过多代繁殖，可诱发分离出各种突变体。对于花卉及观赏园艺植株，这些突变体在育种上是很有利用价值的基因型。

（5）应用广泛，是推广良种的重要手段。通过植物组织培养进行快速繁殖已广泛应用于花卉、蔬菜、果树、药材和林木的生产。主要的应用方面是：①珍稀植物品种和育种原始材料的扩大繁殖；②进行经济效益高，但却难以常规营养繁殖的植物苗木生产；③繁殖和保存经过病毒鉴定的脱毒植株；④繁殖市场需求大，短时间内常规繁殖方法难以满足大量需求的植物。

离体无性繁殖技术研究与应用是 20 世纪科技进步的重大成果之一，为研究植物生长发育、抗性生理、激素及器官与胚胎发生等提供了许多良好的实验材料和有效途径。离体无性繁殖技术不断提高的同时，也相应拓宽了其应用范围。离体无性繁殖在人工控制的条件下进行，容易掌握花芽分化和开花成因；通过胚胎培养，能够得到杂种或自交种；通过分离单倍体细胞，能培育纯合的二倍体优良品系；提高育种多样性的同时缩短了育种时间；通过突变体筛选， 提高植物的品质，增强抗逆境胁迫能力，扩大植物的生长范围；将体细胞冷藏在低温下，建立基因库达到保存物种的目的；获得药用价值高和工业生产所需要的次级代谢产物，缩短药物生产的时间并且减小了单纯依靠天然植物的被动性。离体无性繁殖技术已经渗透到科研、生产和生活的各个领域，必将日臻完善。

趣 味 故 事

兰花花色鲜艳、形态各异、珍奇名贵、品味优雅，深受人们的喜爱。在 20 世纪 60 年代以前，兰花的生殖主要靠分株，繁殖很慢，导致兰花价格昂贵，堪比黄金。后来，由于植物组织培养技术特别是种子培养技术的应用，兰花的生产发生了翻天覆地的变化。例如，茎尖分生组织的培养，利用一个茎尖一年可以生产 70 万株花苗；利用种子培养技术，从一个果实一年可以得到数万至数十万个幼苗。由于植物离体无性繁殖技术的应用，兰花产量成倍增长，形成并发展为兰花工业。

加利福尼亚州是美国兰花工业最发达的三个州之一。由于得天独厚的地理条件，有 200 家大大小小的兰花公司分布在太平洋沿岸，南边从紧靠墨西哥的圣迭戈，向北经洛杉矶、圣巴巴拉、旧金山，一直到西雅图，形成了一条绚丽多彩的兰花工业带。戈利浦斯锐利兰花公司是坐落在圣巴巴拉最大的一家公司，兰花的年销售额为两三千万美元。加利福尼亚州的斯土瓦蒂兰花公司，兰花的年生产量为 150 万株。兰花工业的经济效益可观，目前加利福尼亚州的兰花年销售额已超过 2 亿 5 千万美元，兰花产业欣欣向荣。

4.2　植物脱毒的原理和方法

植物病毒是影响农作物产量和品质的一个重要因素。由于病毒侵染，破坏了植物植株的正常生理功能，致使植株衰退、株型变矮、叶片皱缩、叶面出现黄绿相间的嵌斑，甚至叶脉坏死，直至全株叶片脱落。因为制造养分的器官被病毒干扰和破坏，植株生长失常，给作物造成大幅度减产。植物病毒对以块茎繁殖为主的如马铃薯、甘薯、大蒜、生姜等作物产品影响尤为严重，一般减产幅度为 30%～75%。植物通过脱毒，可使患病的植株去掉病毒，完全恢复其原品种特征特性，其健康程度和产量水平可达到刚育成的最佳状态。

4.2.1　植物茎尖培养脱毒

茎尖培养脱毒（shoot tip culture of virus-free）就是采取茎尖分生组织离体培养获取无病毒试管苗的方法。其方法是在解剖镜下，用锋利的解剖刀进行迅速准确地茎尖剥离，由于茎尖分生组织基本不带病毒，利用植物茎尖分生组织进行离体培养，再结合病毒检测，就可以获得无病毒的植株，通过茎尖培养生产无病毒植株的程序见图 4.1。

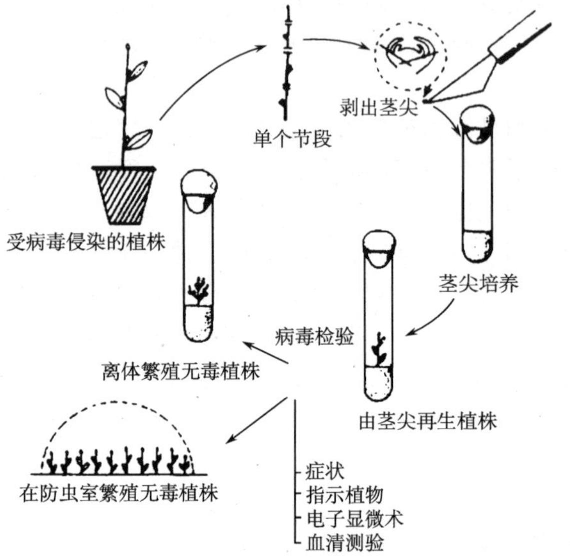

图 4.1　通过茎尖培养生产无病毒植株程序(Pierik 1989)

White 在体外培养感染 TMV 病毒的马铃薯的根，并用枯斑寄主法测定了根不同部位的病毒含量，发现根尖部位的病毒含量比其他部位少，甚至不存在病毒（陈长征 2010）。他首先发现在感染烟草花叶病毒的烟草生长点附近病毒的浓度很低，甚至没有病毒，这一发现为茎尖培养脱除病毒提供了理论依据。并且，Morel 在 1952 年首先从感染了花叶病毒和斑萎病毒的大丽花植株上切取茎尖，通过组织培养获得了无病毒的大丽花（Morel et al. 1952）。此后，人们采用茎尖培养技术相继获得了多种植物的无病毒植株。现在茎尖培养脱毒法已经成为植物无毒苗生产中应用最广泛的一种方法。

4.2.1.1　概述

茎尖培养中最主要的影响因素就是切取茎尖的大小，一般要求茎尖长度小于 1 mm。技术上通常切取茎尖越小，脱毒效果越好，但是茎尖培养成活率变低。曹为玉等研究发现葡萄茎尖长度与存活率成正相关，与脱毒率成负相关。当切取茎尖长度为 0.2～0.3 mm 时，存活率为 21%～38%，脱毒率为 91.4%～97.0%；当切取 0.5 mm 以上时，存活率为 75%～83%，脱毒率仅为 70.6%～76.5%。茎尖培养脱毒法脱毒率高、脱毒速度快，能在较短的时间内得到较多的原种繁殖材料，但这种方法存在的缺点是植物的存活率低。为了克服这一缺点，现在经常将茎尖培养与热处理相结合使用。茎尖培养与热处理相结合之所以能够提高脱毒效果，是因为热处理可使植物生长本身所具有的顶端免疫区得以扩大，有利于切取较大的茎尖（在 1 mm 左右），从而能够提高培养或嫁接的成活率。例如，大樱桃置于 45 ℃的恒温培养室内，培养 35 d，再切取 0.2～0.4 mm 的茎尖培养，平均脱毒率为 98%（曹为玉等 1993）。

由于木本植物分生组织在离体条件下难以控制其生长发育或者形成的苗不易生根，在脱毒时应采用微嫁接的方法，将分生组织嫁接到在试管中繁殖的砧木上，得到完整植株。最早成功进行微嫁接的是 Murashige 等（1972），他们用这种方法脱除了柑橘的两种病毒；Englebrecht 等（1979）将葡萄茎尖（0.1～0.5 mm）嫁接到去顶的葡萄苗维管束环上，或者扦插到无毒砧木顶端切成的凹陷中，嫁接 3 周后长出苗，获得无毒植株（李世润等 1992）。目前微嫁接成功的植物有杏、酿酒葡萄、桉树、山茶、桃、苹果和柑橘。董雅凤等在梨树苹果茎尖病毒的脱毒技术研究中发现，梨茎尖培养比较困难，且脱毒效果差，成活率仅为 32%；热处理后进行茎尖培养，成活率和脱毒率比单纯茎尖培养平均增加 11.7%～54.3%（董雅凤等 1998）。

4.2.1.2　原理

茎尖培养脱毒的原理是植物体内病毒靠维管束系统移动，分生组织中没有维管束存在，病毒只靠胞间连丝移动，速度很慢，难以追上生长活跃的分生组织，所以旺盛生长的根尖、茎尖一般都无病毒或很少有病毒分布。因此，茎尖培养时，切取茎尖的大小对脱毒效果有很大影响，茎尖越小效果越佳，但太小时不易成活，过大则不能保证完全除去病毒。不同种类的植物和不同种类的病毒在茎尖培养时切取的茎尖大小也不相同。一般来说，切取 0.2～0.5 mm 带 1～2 个叶原基的茎尖进行培养即可。

4.2.2　其他组织培养脱毒方法

4.2.2.1　热处理法

热处理法（heat treatment method）是利用病毒和寄主植物对高温忍耐性的差异，使植物的生长速度超过病毒的扩散速度，得到一小部分不含病毒的植物分生组织，然后进行无毒个体培育。热处理可通过热水浸泡或湿热空气进行。热水浸泡对休眠芽效果较好；湿热空气对活跃生长的茎尖效果较好，既能消除病毒，又能使寄主植物有较高的存活机会。热空气处理比较容易进行，把旺盛生长的植物移入到一个热疗室中，在 35～40 ℃下处理一段时间即可，处理时间的长短可由几分钟到数月不等。热处理的方法有恒温处理和变温处理，处理的材料可以是植株，也可以是接穗。

1）原理

热处理脱毒是根据病毒与寄生细胞对高温的忍耐程度不同，选择适当的温度和处理时间，植物组织中的很多病毒被部分地或完全地钝化而可控制其活动，但很少伤害甚至不伤害寄主组织，从而让植物细胞加快生长，使生长点附近不带病毒，从而达到脱毒的目的。

2）简史

用热处理脱除马铃薯卷叶病毒（PLRV）是世界上脱除已知病毒最早的例子。早在1889年，印度尼西亚爪哇人就把繁殖用的甘蔗切段放在50 ℃左右的热水中浸泡30 min来防止枯萎病（现已知是病毒病）的发生。现在世界许多国家在种植前仍使用这种方法处理甘蔗。但是，后来人们发现热水对植物的伤害大，研究表明在热水处理中，由于植物组织经过淋洗，在水中长期浸泡常会窒息死亡，并且这种处理也会打破或延长植物的休眠期（Baker 1972）。所以，现在更常用的方法是将病毒感染的植物用35～38 ℃热空气处理14～28 d或者更长时间进行脱毒。该法尤其适合处理生理干旱的材料和处于休眠状态的果树（朱德蔚 2001）。热处理法中，最主要的影响因素是温度和时间。Bhardwaj等发现在热空气处理过程中，通常温度越高、时间越长，脱毒效果就越好，但是同时植物的生存率却呈下降趋势，所以温度选择应当考虑脱毒效果和植物耐性两个方面。洪霓等在梨病毒的脱毒研究中采用两种处理，一种为恒温处理，温度控制在（37±1）℃；另一种为变温处理，温度为32 ℃，和38 ℃每隔8 h变换一次，发现变温处理比恒温处理植株死亡率低、脱毒效率高（洪霓等 1995）。

热处理脱毒法已应用多年，被世界多个国家利用。该项技术要求的设备条件比较简单，脱毒操作也比较容易。主要缺点是脱毒时间长、脱毒不完全。例如，TMV 这类杆状病毒就不能用这种方法脱除，因而该方法有一定的局限性。

4.2.2.2　抗病毒药剂法

抗病毒药剂法（antiviral agent method）是一种新的脱毒方法，运用一些抗病药剂的作用影响病毒 RNA 的复制，干扰病毒的正常生长，从而达到除去病毒的目的。常用的抗病毒化学药物有三氮唑核苷（病毒唑），5-二氢尿嘧啶（DHT）和双乙酰-二氢-5-氮尿嘧啶(DA-DHT)。这些药物常直接注射到带病毒的植株上，或者加到植株生长的培养基上。这种方法一般要与茎尖培养相结合应用。经过抗病毒药剂处理的嫩茎，切取茎尖，再进行组织培养，就会提高脱毒率和成活率。采用病毒抑制剂与茎尖培养相结合的脱毒方法，可以较容易的脱除多种病毒，而且这种方法对取材要求不严，接种茎尖可大于 1 mm，易于分化出苗，提高存活率（陈长征 2010）。

1）原理

抗病毒药剂法的作用原理是抗病毒药剂在三磷酸状态下会阻止病毒 RNA 帽子结构形成而达到除去病毒的效果。

2）简史

罗晓芳 1996 年曾在培养基中加入病毒唑，脱除了两种苹果潜隐性病毒。

除了以上 3 种脱毒方法以外，花药培养法、茎尖嫁接脱毒法、愈伤组织培养法、胚珠培养法也可用于植物组织培养快繁脱毒。

4.2.3　脱毒苗的鉴定

经过脱毒处理的植株是否还存在病毒，必须经过病毒学检测才能确定。可靠的病毒检测方法与建立有效的脱毒方法同等重要。传统上一直沿用的检测方法是目测法，但是这种方法无法剔除潜隐性病毒。后来出现的指示植物法，扩大了检测范围。近年来随着生物科学的快速发展，免疫学方法、分子生物学方法等许多先进的理化技术的应用，促进了病毒检测技术的改进与发展。

4.2.3.1　植株直接测定法

直接观察植株茎叶有无某种病毒引起的可见症状是最简单的测定方法。不过，某些寄主植物感染病毒后需要较长的时间才出现症状，且有的并不能使寄主植物出现可见的症状，因而无法快速检验。

4.2.3.2　指示植物法

指示植物法最早是美国的病毒学家 Holmes 于 1929 年发现的。利用病毒在其他植物上出现症状的特征，作为鉴别种类的标准。当原始寄主的症状不明显时，就可用指示植物法，这是因为指示植物比原始寄主更容易表现症状。具体做法是将病叶研磨，把汁液接种到寄主植物上，对于木本植物，是将原始寄主嫁接到指示植物上。指示植物法简便易行、成本低，但它灵敏性差、所需时间长、难以区分病毒种类。

4.2.3.3 血清学方法

抗血清鉴定法要进行抗原的制备（包括病毒的繁殖、病叶研磨和粗汁液澄清等），抗血清的采收、分离等。血清可分装到小玻璃瓶中，储存在–25～–15 ℃的冰冻条件下。测定时，把稀释的抗血清与未知的病毒植物在小试管内混合，这一反应导致形成可见的沉淀，然后根据沉淀反应来鉴定病毒。此法灵敏度高、获得检测结果迅速，是目前检测病毒的一种最好方法（王明霞 1996）。

4.2.3.4 免疫学的方法

酶联免疫吸附测定（ELISA）是一种免疫酶技术，是 20 世纪 40 年代在荧光抗体和组织化学基础上发展起来的一种新的免疫测定技术。它是在不影响酶活性和免疫球蛋白分子的反应条件下，使酶分子和免疫球蛋白分子共价结合成酶标记抗体。酶标记抗体可直接或通过免疫桥与包被在固相支持物上待测定的抗原或抗体特异性结合，来检测病毒的存在（周艳玲等 2000）。ELISA 方法依据支持物的不同可分为双抗体夹心法（DAS）-ELISA 和硝酸纤维素膜（NCM）- ELISA。

DAS-ELISA是以聚苯乙烯塑料管或血凝滴定板为支持物，采用直接ELISA，基本步骤是先加入第一抗体，再依次加入病毒提取液、第二抗体、底物，所以叫做双抗体夹心法。这是一种传统的植物检测技术，最早是由Clark和Adnms（1977）提出的，现在被普遍应用于各种植物的病毒检测上。仲乃琴（1998）利用此技术对马铃薯的脱毒试管苗和引进品种等进行了检测，结果表明DAS-ELISA方法检测病毒，特异性强，非常适合于大规模的检测。该方法可检测出1～10 ng/mL的抗原浓度，通过分光光度计可测定出病毒含量，对脱毒苗的确认极具应用价值。

NCM-ELISA 是以 NCM 为固相载体，通常采用间接 ELISA，基本步骤是首先将待测样品点在 NCM 上，然后依次加入病毒第一抗体、第二抗体、底物。此法与常规法相比有很多优点，Lizarrage（1989）等研究发现，NCM 对蛋白质有较高的亲和力，提供蛋白质较大的结合表面，使检测的灵敏度提高，而且反应产生鲜明的色斑，形成强烈的对比；NCM 法测定所需的最低病毒量低于常规 ELISA。运用此技术，孟清等对马铃薯脱毒苗进行了检测，结果表明这种技术比 DAS-ELISA 灵敏度高，而且经济简便、快速直观，对基层单位特别有用（孟清等 1993）。

逆转录聚合酶链反应（RT-PCR）。RT-PCR 的基本原理是以所需检测的病毒 RNA 为模板，逆转录合成 cDNA，从而使极微量的病毒核酸扩增上万倍，以便于分析检测。RT-PCR 的基本步骤是：先提取病毒 RNA，根据病毒基因序列设计合成引物，逆转录合成 cDNA，然后进行 cDNA 扩增。取出扩增产物，利用琼脂糖凝胶电泳进行检测。

RT-PCR 技术与免疫学方法相比较不需要制备抗体，而且检测所需的病毒量少，具有灵敏、快速、特异性强等优点，近年来已在病毒检测和分子生物学研究等许多领域得到迅速而广泛的应用。自 1990 年起，国外已用此技术检测了多种植物病毒，如大豆黄叶病毒、马铃薯卷叶病毒（PLRV）、马铃薯 A 病毒（PVA）等。

随着科学技术的发展，RT-PCR 技术已变得多种多样，由原来的只能检测某一种病毒发展到现在能够同时检测多种病毒。目前用于病毒检测的 RT-PCR 技术主要有以下几种。

（1）简并引物 PCR 技术。根据不同病毒间的同源保守序列，设计简并性引物，而使一次实验能够检测多种病毒。例如，根据黄化病毒组 3 个病毒成员 *CP* 基因和 17 kDa 蛋白质基因的保守序列设计的简并性引物，可检测黄化病毒组的存在；根据马铃薯 M 病毒组的同源序列设计的简并性引物，一次可检测甘薯上的两种病毒。

（2）免疫捕捉 RT-PCR 技术。在进行 RT-PCR 扩增反应前，利用病毒专化性抗体与病毒抗原相结合的原理，将目标病毒固定在微管或微板等固相上，经洗脱处理后富集病毒，再进行 RT-PCR 反应，这样不仅避免了常规 RT-PCR 的 RNA 样品制备的损失和破坏，而且捕捉 RNA 的效率达 96%以上（陈枝楠等 1997）。

4.2.3.5 电镜检测法

由于人的眼睛难以观察小于 0.1 mm 的微粒，而借助于普通光学显微镜也只能看到小至 200 μm 的微粒，所以只有通过电子显微镜才能分辨 0.5 μm 大小的病毒颗粒。采用电子显微镜（简称电镜）既可以直接观察病毒，检查出有无病毒存在，了解病毒颗粒的大小、形状和结构，又可以鉴定病毒的种类。这是一种较为先进的方法，但需一定的设备和技术。

由于电子的穿透力很低，制品必须薄到 10～100 μm，通常制成厚 20 μm 左右的薄片，置于铜载网上，才能在电镜下观察到。近代发展使电镜结合血清学检测病毒，称为免疫吸附电镜（ISEM）。新研制的电镜铜网用碳支持膜使漂浮膜到位，用少量的稀释抗血清孵育 30 min，就可以把血清蛋白吸附在膜上，铜网漂浮在缓冲溶液中除去过量蛋白质，用滤纸吸干，加入一滴病毒悬浮液或感染组织的提取液，1～2 h 后，以前吸附在铜网上的抗体陷入同源的病毒颗粒，在电镜下即可见到病毒的粒子。这一方法的优点是灵敏度高和能在植物粗提取液中定量测定病毒。

4.2.4 脱毒苗的种植与保存

4.2.4.1 脱毒苗的种植

在进行脱毒苗的快繁技术时，首先将经过茎尖培养和检测取得的脱毒苗按不同品种保存在管瓶中，需要时对脱毒苗进行切段繁殖。繁殖试管苗一般都用 MS 培养基，在 100 mL 的三角瓶接种 4～6 节段。每节含 1 个叶片，在无菌条件下进行培养。培养的节段经过 3~5 d 即可生根，幼芽也从叶腋发出，10 d 左右可形成 2～3 片叶的幼苗。20 d 左右即长成 5～6 片叶的小植株。一个三角瓶内有 4～6 株脱毒苗。这些小植株又可按上述方法进行切段繁殖，从而扩大无病毒苗株的数量。

1）脱病毒植株的继代培养快繁

继代培养快繁主要有 3 种途径，即通过愈伤组织、不定芽和丛生芽繁殖。上述途径中以通过愈伤组织繁殖最快，缺点是繁殖后代的遗传性不够稳定。通过促生腋芽不存在变异的危险，但许多植物在开始培养时产生腋芽的数量不够多，速度也较慢，但后期产生腋芽的数目快速增加，目前这种方法采用较多。通过不定芽繁殖速度较快，但有形成嵌合体的现象，以致出现性状不稳定、表现不一致的情况。根据选取的快繁途径，设计筛选出适宜的培养基，建立优化的快繁体系。将脱毒苗按要求方式，分割或切段后接种在继代培养基上，置 23～28 ℃、光照 10～16 h/d、光强 1500～3000 lx 的培养室内培养增殖。

2）快繁苗的生根及微型鳞茎的培养

将生长至 1～1.5 cm 的脱毒苗或将较长的无菌苗按茎节切段，逐段地接种在筛选好的生根或微型鳞茎培养基上，或将无根试管苗蘸上生根剂直接插入已灭菌处理的栽培基质中，减少了无菌操作步骤，降低了培养成本。

4.2.4.2　脱毒苗的保存

脱毒植株并不具备额外的抗病性，可被重新感染，一般应种植在温室或防虫罩内的灭菌土壤中。在生产上，一般原原种和原种的生产必须在专用的防虫纱网棚室或温室中进行，严禁脱毒植株的再次感染（图 4.2）。建造防虫纱网室或温室的目的是防止蚜虫等介体昆虫的侵入而导致病毒的传播，这是繁殖以脱毒为目的无毒苗木所必需的设备。防虫纱网棚室或温室以 35～400 目耐用而质轻的尼龙网作为覆盖物或窗纱。因此，防虫网棚的骨架比常规塑料薄膜大棚温室承重小、建造成本低。大规模繁育生产用种时，可在田间隔离区内进行，以减少或消除重新感染的机会。经检验的脱毒植株可通过离体培养扩繁和保存。由茎尖培养得到的植株一般很少或没有遗传变异，但仍要检查其种和遗传稳定性。鉴定脱毒苗的遗传稳定性主要有 3 种方法：农业性状观察、染色体镜检和随机扩增多态性（RAPD）分析。

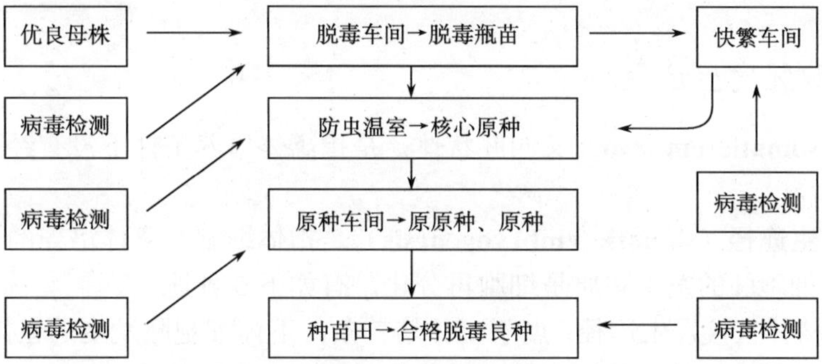

图 4.2　建立脱毒良种的繁育体系的工艺流程（张大栋等 2004）

4.2.4.3　脱毒苗繁育生产体系

无病毒苗在生产中的利用也要防止病毒的再感染。生产场所应隔离病毒感染途径，做好土壤消毒或防蚜等工作。在此种植区及种植规模小的地方，要较长时间才会感染。而在种植时间长、轮作及种植规模大的产地在短期内就可以感染。一旦感染，便会影响到产量和质量。因此，应重新采用无病毒苗，以保证生产的质量。

无病毒苗可以表现出明显的优良效果。例如，草莓可增产 20%～50%，植株结果多、单果重增加、上等果比例提高；菊花切花品种的脱毒株，表现出株高增加、切花数增多、花朵大、切花较重等特点。

4.3　离体无性繁殖技术

4.3.1　离体无性繁殖中的形态发生途径

运用离体无性繁殖技术培养再生植株可通过两条途径完成：器官发生途径和体细胞胚发生途径。

4.3.1.1　器官发生途径

植物器官发生（**plant organogenesis**）是指离体培养的组织或愈伤组织分化成不定根、不定芽等器官的过程。无性繁殖属于器官发生途径的发育方式。

植物细胞脱分化（**plant cell dedifferentiation**）是已有特定结构和功能的植物组织的细胞，在一定条件下被诱导改变原有的发育途径，逐步失去原有的分化状态，转变为具有分生能力的胚型细胞的过程。

脱分化后的细胞经过细胞分裂产生无组织、无明显极性的松散的细胞团称为**愈伤组织**（**callus**）。人工愈伤组织诱导过程的实质是分化细胞进行脱分化的过程，可获得分散的具有分裂能力的植物细胞。

植物体上切下来的进行培养的部分组织或器官叫做**外植体**（**explant**）。由外植体或单个细胞经愈伤组织再生植株一般要经过启动期、愈伤组织诱导与继代培养、分生组织的形成、器官原基和器官形成 4 个步骤，其中器官发生有先生芽后生根、先生根后发芽、同时生根发芽 3 种形式。

4.3.1.2　体细胞胚发生途径

体细胞胚（**somatic embryo**）又叫胚状体，是指离体培养条件下没有经过受精而形成的胚胎类似物。

体细胞胚发生途径（**somatic embryogenesis**）是指体细胞在离体培养的过程中经过了胚胎发育过程。体细胞胚的发生实质是细胞再分化，有如下 5 种途径。

（1）器官外植体直接发生途径：属于离体培养条件下体细胞胚发生的直接途径。茎表皮、叶、子叶、下胚轴等外植体分化细胞经过脱分化后均可产生胚状体。

（2）悬浮培养细胞发生途径：细胞的悬浮培养液中存在两种细胞，一种是自由分散的大而高度液泡化的不具有胚胎发生能力的细胞；另一种是成簇、成团的体积小而细胞致密的胚性细胞团。胚性细胞团中央的细胞具有大的液泡和小而致密的核。随着胚性细胞团外周细胞不断分裂，中央细胞体积不断增大，彼此分离，从而引起胚性细胞团解体。周围的分生细胞离散形成新的小细胞团，再发育成新的胚性细胞团。胚性细胞团在适宜的胚胎发生培养基上最终发育为类似胚柄的结构，而另一些细胞则发育成体细胞胚。

（3）愈伤组织发生途径：是球状体常见的发生方式。此途径包括诱导外植体形成愈伤组织、诱导愈伤组织胚性化、体细胞胚形成 3 个阶段。

（4）单细胞发生途径：主要指小孢子或大孢子细胞培养产生的胚状体。通过花药或花粉培养，由小孢子诱导胚状体发生的方式较为常见。

（5）原生质体发生途径：培养原生质体，再生出细胞壁后，经过分裂产生的细胞团，最终形成胚状体。

4.3.2　植物离体无性繁殖的程序

一个品种通过无性繁殖可产生在遗传上等同的多个拷贝，其中由一个个体通过无性繁殖产生的一个群体称为一个**无性系**（**clone**）。在自然界中，无性繁殖有两条途径：一是无融合生殖，即不经过减数分裂和受精而形成种子；二是营养繁殖，即由母株的营养体部分再生出新的植株。

无融合生殖只发生在少数几个物种，因此，园艺家一直采用营养繁殖的方法对入选品种进行无性繁殖。有些栽培植物，如香蕉、葡萄、无花果、菊花等的某些品种，很少产生或不产生有生活力的种子，所以营养繁殖是唯一的繁殖方法。和有性生殖相比，营养繁殖的其他优点是：①在种子休眠期很长的植物中，营养繁殖可能比种子繁殖速度快；②在某些品种的实生苗中，常会出现一个没有实效的幼年期，而在用营养繁殖方法由成年材料产生的植株中，不存在这样的幼年期。

作为植物营养繁殖的一个新手段，组织培养技术正日益普及。这种通过无菌方法进行的“快繁”和常规方法相比最显著的优点是：它可以用较短的时间和较少的空间，由一个个体开始产生大量的植株。

进行无性繁殖的整个过程分为 5 个不同的阶段，各阶段的主要任务是：阶段 0，要把供体植株在仔细监控的环境条件下栽种至少 3 个月，保持较低的环境湿度，用软管或滴灌法灌溉，并且要采取措施减少供体植株的表面污染和内生菌污染（Debergh et al. 1981）。阶段 I，无菌培养物的建立。阶段 II，茎芽的增殖。阶段 III，离体形成的枝条的生根。阶段 IV，植株的移栽。以上 5 个阶段中前 4 个都是在无菌条件下进行的，第 5 个则是在温室环境中完成（离体无性繁殖的基本程序见图 4.3）。

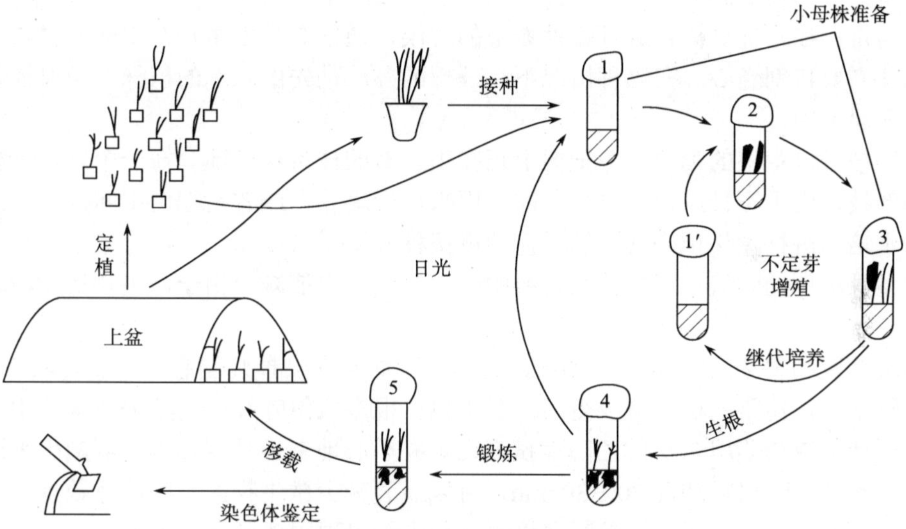

图 4.3　离体无性繁殖的基本程序

1）培养物的建立

（1）外植体。离体外植体的性质决定繁殖结果。例如，为了增加腋芽生枝的数目，就应当使用带有营养芽的外植体。为了由受感染的个体生产脱毒植株，就必须使用不足 1 mm 长的茎尖做外植体。不过，倘若母株是无毒的或是不需要脱毒，最适用的外植体则是带节的插条。这是因为，小的茎尖外植体不但存活率不高，初期生长很慢，而且还潜伏着使某些由病毒造成的特殊园艺性状消失的危险，如天竺葵品种‘鳄鱼’的透明叶脉就属于这种性状。

不同植物的外植体具有不同的繁殖能力。根据一般经验，茎尖以下的较老节段对于杀菌剂毒性的忍耐力比顶端要强得多。不过，Miller 和 Murashige（1976）在铁树和龙血树的培养中使用的是顶芽，这是因为侧芽不能产生可供再培养的枝条。在花椰菜的无性繁殖中，Crisp

和 Walkey（1974）使用了尚未展开的花序的节段，它们含有大量的分生组织，这些分生组织在培养中能恢复为营养芽，并形成带叶片的枝条。在对根状茎植物如草莓等进行离体无性繁殖时，通常是使用匍匐枝的茎尖。

切取外植体时，植物的生理状态对于芽的反应能力有明显的影响。在生长季开始时由活跃生长的枝条上切取的外植体，通常能产生最好的效果。若把供体植株种在温室或生长箱中，使它们保持在连续进行营养生长所需的光照和温度条件下，有可能把茎芽对培养反应的季节性波动减小到最低。

对于需要低温、高温或特殊的光周期才能打破休眠的鳞茎、球茎、块茎和其他器官，应当在取芽之前进行必要的处理。由经过 11 ℃冷处理 6～8 周的水仙鳞茎上切取的茎尖，比由未经处理的鳞茎上切取的茎尖在离体培养中生长快、存活率高（庄晓英等 2007）。

在通过形成不定芽进行快繁的时候，无论是否要经历愈伤组织阶段，都可用根段、茎段、珠心、叶片或花瓣等已分化组织作外植体。对于用作外植体源的器官的选择，是由其天然形成不定芽的能力决定的。

在愈伤组织培养中，正确选择外植体对茎芽的分化也起很大作用。在柠檬桉中，只有起源于木质块茎的愈伤组织才能分化茎芽，由茎或根形成的愈伤组织没有这种能力。同样，在咖啡中，茎芽和小植株的分化只发生在直生枝条节段的培养物中。

（2）消毒。在对优良树种进行无性繁殖的时候，通常必须由生长在田间的材料上切取外植体，因此需要特别当心。在这种情况下，理想的办法是先由入选的植株上切取插条，然后把它们种在温室中。

对于插枝难以生根的物种，应把树上正在生长着的枝条松松地套在一个聚乙烯袋中，此后长出的新枝，由于不带风媒污染物，即可用来进行培养。或者是把由田间采回来的枝条在室内遮光水培，进行黄化预处理，然后，消毒接种。

在准备外植体的时候，弃去植物材料的表面组织，也能减少由于微生物污染给培养带来的损失。

在顶端茎段和整芽的培养中，污染的机会很多，而若在去掉几层老叶之后切取 0.5～1 mm 的茎尖进行培养，污染的机会就少得多。对于包在很多成熟叶片中的茎尖或鳞茎中央的鳞片来说，只要把芽或鳞茎用 70%的乙醇擦拭消毒，并小心地剥掉外层结构，解剖出来即是无菌的。用自来水把植物材料冲洗 20～30 min，可以显著减少微生物区系的群体数量。消毒是进行无菌培养的关键技术，无菌培养物在培养过程中会出现很多问题，见表 4.1。

表 4.1　无菌培养物建立易出现的问题

培养物表现	症状可能产生的原因	可供选择的改进措施
培养物水浸状、变色、坏死，断切面附近干枯	表面灭菌过烈，时间过长；外植体选用部位不当；取材时期不当	使用较温和的灭菌剂，降低浓度，减少时间；试用其他部位；改在生长初、中期取材
培养物长期培养没有反应	植物激素种类不当，用量不足；培养温度不适宜；培养基不适宜	调整激素种类和浓度；调整培养温度；调整培养基组成
愈伤组织生长过旺、疏松，后期水浸状	生长素及细胞分裂素用量过高；培养温度过高；培养基渗透势低	减少激素用量；适当降低培养温度；增加琼脂用量
愈伤组织生长过紧密、平滑或突起，粗厚，生长缓慢	细胞分裂素用量过多；糖浓度过高；生长素过量也可引起	适当减少细胞分裂素和糖用量
侧芽不萌发，皮层过于膨大，皮孔长出愈伤组织	采样枝条过嫩；激素用量过多	减少生长素、细胞分裂素用量；采用较老化枝条

2）通过不定芽形成

有些植物在活体的情况下即能由不同的器官产生不定芽：根（福禄考属植物、苹果的某些无性系、悬钩子属植物）、鳞茎（风信子——基部受伤以后）和叶（秋海棠、天竺葵等）。在很多栽培植物中，通过根（黑莓、木莓）或叶（秋海棠、青锁龙、草胡椒等）形成不定芽进行营养繁殖是一个标准的园艺方法。然而在培养的条件下，这些植物产生不定芽的频率可以显著提高。例如，在秋海棠中，一般情况下芽只是沿着切口形成，但在含有 BAP（苄氧基嘌呤）的培养基中，形成的芽如此之多，以致整个外植体表面都被芽所覆盖。据 Takayama 和 Misawa（1982）报道，在用离体方法大量繁殖一种秋海棠杂种时，由幼叶的一个 7 mm×7 mm 切段在一年中产生了 1014 个植株（唐荣华等 2004）。

通过培养基中适当配比的激素的影响，就是那些在正常情况下不能进行营养繁殖的植物，如芸薹属植物、除虫菊、亚麻及番茄等，也能由叶段和茎段上长出不定芽来。

某些蕨类植物在离体条件下产生不定芽的能力十分惊人。如若把骨碎补和鹿角蕨放在无菌搅拌器中粉碎之后，由它们的组织碎片就能够产生大量的新植株。

（1）通过增强腋芽生枝能力。当把小枝条放在一种含有适当种类和适当浓度细胞分裂素的培养基（生长素或有或无）上培养时，则可增强腋芽生枝能力，使枝条的繁殖系数显著提高。由于能连续得到细胞分裂素，原来存在于外植体（节段或茎尖）上的芽所形成的枝条就会长出腋芽，这些腋芽又可以提前直接发育成枝条。这个过程可以重复发生若干次，结果原来的外植体就变成了一丛新枝，其中既有二级枝条，也有三级枝（图 4.4）。在一次培养中，枝条的增殖数目有限，之后腋芽生枝活动就停止了。不过，此时若把这些小枝条切下来，放在成分相同的新鲜培养基上，枝条的增殖又可重复发生。这个过程能够无限继续，周年保持。

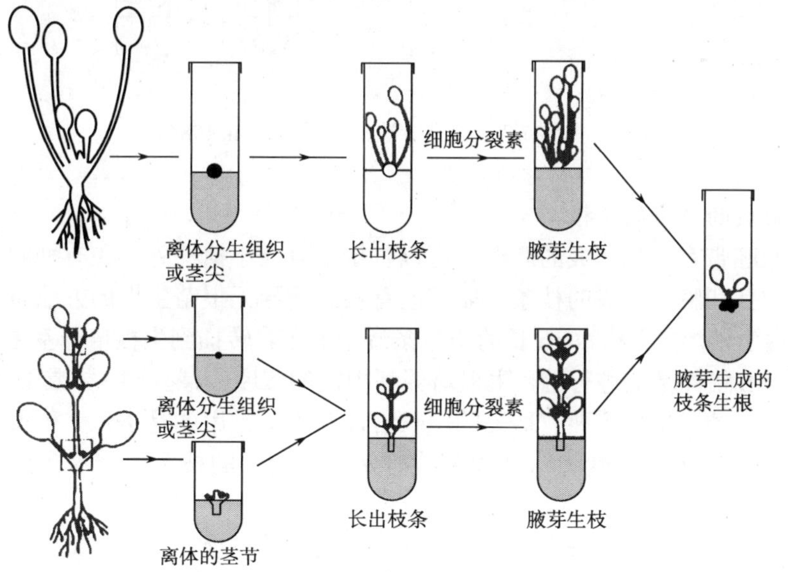

图 4.4　在不同生长类型植物中腋芽生枝快繁方法模式图（Pierik 1989）

（2）单节茎段扦插。在某些植物中，通过调节培养基中的激素组成还不能使腋芽由顶端优势下解放出来，原来存在于外植体上的芽只能长成一个不分枝的茎。在这种情况下，则需将待繁殖的枝条剪成单节茎段，接种在培养基上，过一定时间成苗后，再将它剪成单节茎段，经继代培养后又可成苗。采用这种方法，枝条的繁殖系数取决于每个培养周期之末，由茎上所能切取的单节茎段的数目。在果树中，单节茎段扦插是一种最常用的离体快繁手段，繁殖系数有可能达到每 6 周 3～4 倍（图 4.5）。

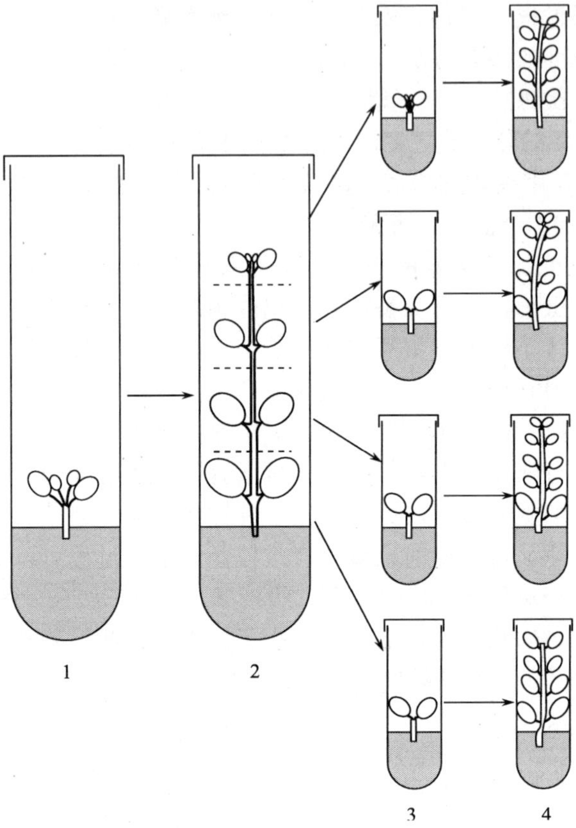

图 4.5　单节茎段快繁方法模式图（Pierik 1989）

3）离体形成的枝条的生根

除了体细胞胚带有原先形成的胚根，可以直接发育成小植株外，在有细胞分裂素存在的情况下，由不定芽和腋芽长成的枝条一般都没有根。诱导无根苗生根的方法有以下两种。

（1）试管内生根。把大约 1 cm 长的小枝条逐个剪下，转插到生根培养基中。如果茎芽增殖是在全强度 MS 培养基上进行的，生根培养基中盐的浓度应减少到 1/2 或 1/4。此外，对于大多数物种来说，诱导生根需要有适当的生长素，其中最常用的是 NAA 和 IBA，浓度一般为 0.1～10.0 mg/L，但唐菖蒲、水仙和草莓等例外，它们的枝条很容易在无激素培养基上生根。

如果有些植物的无根茎段在上述生根培养基中仍不能生根，则可尝试把它们的下端浸在高浓度生长素溶液中若干时间（由几秒到几小时）之后，再插于无激素培养基中。例如，朱登云等（1997）把杜仲无根胚乳苗切口一端在 300 mg/L 的 ABT 生根粉溶液中浸泡 3～5 s 后，再插入 1/4 强度无激素 MS 培养基中，取得了很好的生根效果。

另外，如果在诱导生根之前将离体繁殖的试管苗多次继代，在一些木本植物中会出现返幼效果，生根能力显著增强。

离体培养中的生根期也是前移栽期。因此，在这个时期必须使植物做好顺利通过移栽关的各种准备。在生根培养基中减少蔗糖浓度（如减到大约 1%）和增加光照强度（如增至 3000～10 000 lx），能刺激小植株产生通过光合作用制造有机物的能力，以便由异养型过渡到自养型。较强的光照也能促进根的发育，并使植株变得坚韧，从而对干燥和病害有较强的忍耐力。虽然在高光强下植株生长迟缓并轻微退绿，但当移入土中之后，这样的植株比在低光强下形成的又高又绿的植株容易成活。

枝条在离体条件下生根所需的时间由 10～15 d 不等。经验表明，根长 5 mm 左右时移栽最为方便，更长的根在移栽时易断，因此会降低植株的成活率。

（2）试管外生根。在有些植物中，可以把在离体条件下形成的枝条当做微插条处理，使它们在土中生根。在这种情况下，须把插条的基部切口先用标准的生根粉或混在滑石粉中的 IBA 处理，然后再把它们插在花盆中，在另外一些植物如月季中，则可先在试管内诱导枝条形成根原基，然后再移栽土中，遮荫保湿，待其生根。离体条件下长成的杜鹃花的枝条在试管内外都能很好生根。一种银花球属植物长 1 cm 的枝条在非无菌条件下能 100%生根。柑橘离体条件下长成的枝条在试管外比试管内根长得更好。除此之外，在苹果、猕猴桃、葡萄和毛白杨等的离体繁殖中，试管外生根方法也已取得成功。在可能的情况下，试管外生根减少了一个无菌操作步骤，因而可降低成本。在生根实际操作中需要注意一些问题见表 4.2。

表 4.2　生根阶段易出现的问题

培养物表现	症状产生可能的原因	可供选择的改进措施
芽苗久不生根，基部切口没有适宜的愈伤组织生长	生长素种类不适宜，用量不足；生根部位通气不良；基因型影响；苗体细胞分裂素含量高；pH 不当；无机盐浓度及配比不当等	选择或增加生长素用量，改用滤纸桥液培生根，调节无机盐浓度或配比等
愈伤组织生长过快，根部肿胀或畸形，几条根并联或愈合；苗发黄受抑制或死亡	生长素种类不适，用量过高；或伴有细胞分裂素用量过高；培养程序不适等	减少生长素或细胞分裂素用量，改进培养程序等

4）无根苗的嫁接

当在试管内难于诱导枝条生根，嫁接就成了完成离体快繁最后一步的必然选择。嫁接又可分为试管内嫁接和试管外嫁接两种情况。

试管内嫁接又叫微体嫁接，即以试管苗的 0.1～0.2 mm 长的茎尖为接穗，以在试管内预先培养出来的带根无菌苗为砧木，在无菌条件下借助体视显微镜进行嫁接，之后继续在试管内培养，愈合后成为完整植株再移入土中。这种嫁接方法技术难度高，不太容易掌握，但在苹果和柑橘脱毒苗生产中，已取得了一定进展。

试管外嫁接方法在三倍体无籽西瓜试管苗生产中应用较早，当把上述试管苗嫁接到瓠子上后，在温度为 25～30 ℃、相对湿度基本饱和的条件下，3 d 后伤口长出愈伤组织，1 周后成活并长出新叶。苹果苗试管外嫁接的主要环节是：选取苗高 2 cm，茎粗 0.1～0.2 cm 的试管苗为接穗，在室温下锻炼 1～2 d 后，劈接或皮接于大树新梢上，3 周后愈合（赵惠祥等 1994）。

5）壮苗、炼苗和移栽

移栽是离体快繁全过程中的最后一个环节，看似简单，实则充满风险，若盲目为之，轻则大量死苗，重则前功尽弃，因此对这项工作的艰巨性绝不能掉以轻心。为了保障万无一失，首先需要对试管苗的特点有所了解。

试管苗生长在恒温、高湿、弱光、无菌和有完全营养供应的特殊条件下，虽有叶绿素，但营异养生活，因此在形态解剖和生理特性上都有很大脆弱性，如水分输导系统存在障碍、叶面无角质层或蜡质层、气孔开张过大且不具备关闭功能等。这样的试管苗若未经充分锻炼，一旦被移出试管，投入到一个变温、低湿、强光、有菌和缺少完全营养供应的条件下，必定要被剧变的环境所吞噬，很快失水萎蔫，最后死亡。因此，为了确保移栽成功，在移栽之前必须先要培育壮苗和开瓶炼苗。

壮苗是移栽成活的首要条件。但培育壮苗的方法因材料和情况的不同而异，不过在培养基中加入一定数量的生长延缓剂如多效唑（PP_{333}）、B9 或矮壮素（CCC）等，在很多种植物中都是培育壮苗的一项有效措施。

壮苗之后则须开瓶炼苗，降低瓶中湿度、增强光照强度，以便促使叶表面逐渐形成角质，促使气孔逐渐建立开闭机制，促使叶片逐渐启动光合功能等。

炼苗的具体措施则因苗的种类不同而异，有些单子叶草本植物，只要苗壮，炼苗方法十分简单：拿掉封口塑料膜，在培养基表面加上薄薄一层自来水，置于散射光下 3～5 d 即可。有些植物，如霞草和刺槐试管苗极易萎蔫，封口膜在炼苗开始时只能半开，且要求炼苗环境有较高的相对湿度。喜光植物如枣和刺槐等可在全光下炼苗；耐荫植物如玉簪和白鹤芋等则需在较荫蔽的地方炼苗；萱草、月季、福禄考、油茶等可在 50%～70%的遮荫网下炼苗（李云 2001）。

移栽时先要轻轻地，但彻底地洗掉沾在根上的琼脂培养基，以免栽后发霉。要选用排水性和透气性良好的移栽介质。例如，蛭石、河沙、珍珠岩、草炭土和腐殖土等，栽苗之前须用 0.3%～0.5%高锰酸钾进行土壤消毒。移栽后，最初 10～15 d 要通过喷雾或罩上透明塑料膜以保持很高的湿度（90%～100%），这对移栽的成功是非常重要的。在塑料罩上可打些小孔，以利气体交换。在移栽时把小植株的一部分叶片剪掉也可能是有益的。在保湿数天之后，可把植株搬入温室，但仍需遮荫数日。总之，移栽苗成活的必要条件是：空气湿度高、土壤通气好、太阳勿直照。移栽后要完成上述各个步骤可能需花费 4～6 周的时间，此后即可让这些植物在正常的温室或田间生长。

4.3.3　影响无性繁殖的因素

4.3.3.1　外植体

起始的外植体状况如外植体的来源、发育阶段、大小及预处理等，是决定植株繁殖速率和再生植株质量的最重要因素。

在植物组织培养中，不是所有的培养细胞都同样分裂增殖，常常是细胞群中的一部分细胞进行旺盛的分裂形成细胞块，称为拟分生组织。尽管细胞全能性是所有植物细胞具有的特性，但全能性的表达常局限于某些特殊的细胞，即拟分生组织细胞，致使不同组织或器官的植株再生能力差异很大。具有拟分生组织的外植体如茎尖、带芽茎段等，因其形态已基本建成、生长速度快、遗传性稳定，是最佳的植物快繁外植体。当所有其他组织作为外植体的植株再生工作都失败时，茎尖培养仍然可以获得成功。无拟分生组织的外植体如叶片、根段、花器、子房、子叶等，如果在适当刺激下能产生拟分生组织，也是植物快繁的合适材料。但是，由于培养技术和条件的限制，有些植物的一些组织或器官，如厚叶莲花掌的叶、非洲菊的花梗和花瓣，仍然无法获得再生植株，对这类植物进行快繁时，确定合适的外植体来源十分重要。有的植物可从多种组织或器官中获得再生植株，如香石竹等，这类植物的外植体种类的确定应以采集和灭菌是否容易为标准。

植物生理学的基本观点是同一植株的不同器官和同一器官的不同部位都具有不同的生理年龄。沿植物主轴，越近下部生理发育年龄越小，远离发育上的成熟，不易形成花器官，但易分化，再生能力强。越近顶端的器官，生理年龄越老，接近发育上的成熟，易形成花器官，但分化和再生能力弱。嫩叶再生能力高于老叶，木本植物幼树嫩枝、老树基部萌蘖枝再生能力强。

培养成活的外植体数及其生长速率和繁殖率与外植体的起始大小密切相关。外植体越小，成活率和繁殖率就越低。茎尖离体成活的临界大小应为携带1～2个叶原基，为0.2～0.3 mm；叶片、花瓣等约为5 mm^2；茎段则为0.5 cm。因此，除非是进行脱病毒植株繁殖，否则不宜将外植体切割得太小。暗处理被广泛用于多年生木本植物母株和外植体的处理。Ballester等用黑暗处理成年栗树的枝条，使之局部黄化，有利于培养物的诱导和芽的增殖（Ballester et al. 1989）。仙客来实生苗在黑暗条件下黄化可以消除内生菌的污染。

4.3.3.2　培养基

长期以来，根据培养的植物种类、组织或器官及培养目的的不同，已设计了许多培养基配方。不同的培养材料可选用不同物理状态的培养基。以原球茎或胚状体方式增殖的材料，可选用液体培养基，但大多数材料的培养还是用固体培养基。培养基的pH一般为5.8～6.0。

MS培养基是植物组织培养中应用最广泛的一种培养基。这种培养基中的无机盐含量足以满足多种植物组织培养阶段I和阶段II的营养需求。但对某些植物，如乌饭树（*Vaccinium vitalise*）、越橘（*Vaccinium vitalise*）、捕虫堇（*Pinguicula vulgaris*）等及植物组织培养阶段III，MS培养基的无机盐含量就显得过高，应以1/4 MS或1/2 MS为好。

对多数植物来说，蔗糖和葡萄糖是良好的碳源，其浓度为2%～4%，可满足阶段I和阶段II的需求，阶段III所需糖浓度较低，为1%～3%。在植物大规模离体快繁时，常用白糖代替蔗糖，再生植株未见明显的差异，但可降低生产成本。

4.3.3.3　植物生长调节剂

植物生长调节剂是完成阶段I、阶段II和阶段III过程所必需的物质，其浓度的高低及其种类的配合决定着植物的快繁过程能否顺利进行。

高浓度（1.0～10.0 mg/L）的细胞分裂素和低浓度（0.1～1.0 mg/L）的生长素配合（或无需生长素），可以使腋芽和茎尖外植体在阶段I启动，形成丛生芽或单芽，并进行阶段II的增殖。随着继代增殖次数的增加，应逐步降低细胞分裂素的浓度，甚至在进入阶段III前，不用细胞分裂素。在含有丰富还原氮的培养基上，附加生长素，特别是2,4-D，可诱导外植体在阶段I启动，产生胚状体，将其转移到低或无生长素的培养基上使其成熟、萌发和生长。阶段III常单独使用低浓度的生长素，或与低浓度细胞分裂素配合使用。

此外，BAB、多效唑（paclobutrazol，PP_{333}）、CCC等植物生长调节剂对促进试管苗生根、壮苗、提高成活率等均有一定的作用。某些木本植物使用高浓度的6-BA（100～1000 mg/L）处理可提高茎尖培养的成功率。用CCC处理番茄，使芽的分化大量增加。Economou等（1982）将矮牵牛叶片在400 mg/L KT中浸泡5～10 min，可大大促进芽分化。一些木本植物的茎尖外植体用含BA（100～1000 mg/L）、GA_3（10～100 mg/L）的催芽溶液处理可提高培养成功率（Read et al. 1987）。

4.3.3.4　培养条件

影响植物快繁的培养条件主要有光照、温度和湿度。此外，培养瓶内的气体状况也对植株的生长和发育有一定影响。

光照强烈地影响着植物培养组织的生长和器官发育，主要是光照强度和光照时间的影响。在植物快繁的阶段I和阶段II期间，光照强度应为1000～3000 lx；而阶段III时，可将光照强度增至3000～10 000 lx。离体培养时增加光照强度可能阻滞培养材料生长，导致轻微退绿，但这种植株糖类积累多、组织充实、易适应外界环境，移栽后比在低光强度下所得的植株成活率高。大多数植物每天14～16 h的光照、8～10 h的黑暗即可满足其生长发育的需求，但连续光照对有些植物可起到促进苗增殖和健壮的作用，而块茎和其他贮藏器官的形成则可能要求较长的黑暗时期，因为它们在正常形成时是短日照。

在大规模离体快繁时，也可以考虑利用自然光进行组培苗生产，以降低生产成本。

离体材料培养和快繁的温度要求应参照植物的原产地。高温（约27 ℃）适合热带品种，低温（约20 ℃）有利于高山植物的离体培养，多数植物在（25±2）℃都能正常地被诱导、增殖和生根，低于10 ℃会停止生长，高于35 ℃会抑制正常生长和发育。

组织培养时，对外植体或试管苗进行低温或高温处理，可促进器官分化，提高诱导频率，增加无病毒植株的获得率。如先将植物原始材料置于较高温度（35～40 ℃）条件下，经不同时期处理可以提高无病毒外植体的发生率；将试管内发育的鳞茎或球茎小植株在移栽前，预先进行4～6周2 ℃的低温处理，才能使之正常生长；在试管苗培养期间，在一定范围内降低温度，减慢其生长速度，可提高试管苗质量。如香石竹在18～25 ℃范围内随温度降低，试管苗生长速度减慢，但其质量有所提高，玻璃化现象减少；但当温度高于25 ℃时，试管苗生长细弱，玻璃化或半玻璃化苗明显增加（胡庆阳等 1996）。

培养环境的湿度对组培苗生长发育的影响相对较小，因试管苗是在较密闭容器中生长，容器内相对湿度几乎达100%，可满足其生长发育。但如果培养环境中相对湿度过低，且所用封口膜为透气封口膜时，培养基易失水、干裂，故环境中的相对湿度应为70%～80%。

培养基经高温灭菌及试管苗生长，培养瓶中产生乙烯并积累，乙烯浓度过高（5～6 μL/L）时，可抑制试管苗的生长。因此，需及时转接试管苗，并选择透气性好的封口材料；进行液体培养时，培养物浸没在液体中会导致缺氧，致使生长停止、死亡。因此，需进行振荡培养，促进气体交换，达到培养物高效增殖的目的。

4.3.3.5　继代培养

阶段II以芽苗或不定芽方式增殖的植物，培养许多代后仍能保持其旺盛的增殖力，但会出现“驯化”现象，即开始继代培养时，需较高浓度生长调节物质，随继代时间延长，加入生长调节物质的量减少或不加入就可以使其生长。所以，在阶段II中，应注意调整培养基激素浓度。对生长速度快或繁殖系数高的植物，继代时间应短（15 d左右）；反之，继代时间应长（30～40 d）。阶段II以培养细胞或愈伤组织方式继代增殖的植物，形态发生能力易随继代时间延长而减弱或丧失，原因是：①愈伤组织培养时逐渐丧失了成器官中心（拟分生组织）；②内源激素减少；③染色体畸变积累。可通过增加外源生长调节物质、筛选具有形态发生能力的细胞团、缩短继代时间等措施防止其再生能力的丧失，最好的办法是重新建立细胞系。

4.4　马蹄莲试管苗的离体培养

马蹄莲属天南星科马蹄莲属植物，为多年生草本球根花卉。其花大、色艳，红、黄、粉、橙黄的大型佛焰苞艳丽多姿，是花卉市场上较受欢迎的鲜花种类之一。大多数马蹄莲的绿叶带月白色斑点或条纹，可作为具较好观赏价值的观叶材料。马蹄莲传统采用分割块茎的方法进行繁殖，其繁殖系数低，多代无性繁殖，常引起品种退化。

4.4.1　品种选择

切花种球应选抗病性强、花色艳丽、花色变化对光照不敏感、切花产量高、在市场上占有较大比率的品种。盆花种球应选择抗病性强、花色艳丽花型美观、叶片舒展、叶型奇特的品种，多采用红色和金黄色品种。

4.4.2　初代材料的处理

将彩色马蹄莲块茎刷洗干净，刮净外皮，用小刀挖取0.5 cm 的芽眼，放入洗衣粉中漂洗，然后再在0.1%的升汞（$HgCl_2$）中消毒15 min，无菌水反复冲洗几次，除去残留液，接种于诱导培养基 MS+6-BA 1.0 mg/L+NAA 0.1 mg/L 中。

4.4.3　茎尖培养和热处理脱毒

将单株栽于温室中，取单株，将外叶层层剥去，去除根系，只留心叶，用解剖针挑取0.4 mm 大小茎尖接种于 MS+BA 11.5 mg/L+NAA 0.05 mg/L+蔗糖30 g/L +琼脂6.5 g/L 培养基，pH 为5.8。培养温度25 ℃，光照强度2000 lx。

4.4.4　丛生芽快繁

以彩色马蹄莲初培养诱导分化产生的丛生芽块为供试材料，在无菌条件下将丛生芽块纵切成0.5 cm×0.5 cm 左右大小，接种于 MS+BA 1.0 mg/L+NAA 0.1 mg/L 培养基中培养。

4.4.5　继代生根培养

继代增殖时，主要通过芽生芽的方式增殖，愈伤组织也能分化为带根健壮植株。但是其效率不高，通常愈伤组织出苗需要分化培养基，增加了繁殖周期，愈伤组织增殖方式只是在建立无性系快繁体系的初期为了迅速扩大繁殖基数而采取的方式，一旦体系建立后，就要采用丛生芽增殖的方式以节约时间、提高效率。每株苗的根部都有隐芽，在条件适合时这些侧芽就要萌发，在试管中只要增加6-BA 的浓度即可让一棵苗的基部萌发出3~4个小苗来，等小苗长到2　cm 以上就可从母株上切离。繁殖时将小苗的叶片和叶鞘都剪去，只留根和根上2～3 cm 高度接种于增殖培养基中，反复这种繁殖方式就可得到健壮的优质试管苗。

彩色马蹄莲的生根通常不是难题，在增殖的同时就可生根，但是为了根系发达和炼苗的成活率，就要采取生根培养。将增殖培养基上的小苗转移到少年生根培养基上，通常在培养基中加入 NAA 浓度以0.05～0.1 mg/L 为宜，根系洁白、粗大，为了增加细根可以加入0.05 mg/L IBA 或者 IAA，ABT 3号生根粉的效果也很好。当根系长到5 cm 左右时即可出瓶炼苗（马宗新 2009）。

4.4.6 试管苗炼苗技术

以彩色马蹄莲为例，从培养瓶中拿出种苗后，在水中清洗干净根部琼脂后，在多菌灵800倍液和ABT 3号生根粉100×10^{-6}混合液中浸泡30 min，然后栽于炼苗池中，上盖塑料薄膜保湿，基质为蛭石，炼苗温度在20~25 ℃，炼苗1周后揭膜通风降湿，加强光照，喷洒百菌清800倍液促其生根壮苗。

4.4.6.1 批量化炼苗移栽和种球的批量生产

炼苗以批量化栽植为宜，因为这样可以降低维护成本、便于管理。同时，规模化生产可以做到质量控制，每批炼苗将苗分成大中小不同部分进行分类管理，这样能够尽量控制种球大小一致。炼苗成活后即可用复合肥混合液浇灌根部，促其生长，待其长到5 cm高时即可移栽入营养钵中育球，多施复合肥促其生长，在短期内营养体尽量长大，便于促使种球膨大。

彩色马蹄莲组培苗生产，大多取自块茎上芽进行增殖。由于增殖材料取自大小不同芽体，常有不同大小组培苗产生，而且各品种从生芽增殖速率不同，故除品种特性外，这些因素对种球养成效率会产生影响。组培苗依茎粗大小分为3级，即分别为直径小于4 mm、4～7 mm、7 mm以上。彩色马蹄莲在种球养成过程中，不管组培大苗（7～10 mm）或中苗（4～7 mm）于第6周开始，其地下部种球开始肥大，种球重量开始呈线性增加；而小苗（<4 mm）则在第10周才明显增加。因此利用组培苗进行彩色马蹄莲种球养成过程中，组培苗不宜过小，组培苗茎粗最好能大于4 mm，以免影响日后养球效率（李倩中等 2003）。

4.4.6.2 营养钵育球和一代种球生产

采用断水处理，促进种球进入休眠，以利于种球采收及储藏。利用营养钵育苗可以固定种苗营养面积，利于施肥。将种苗小心地从蛭石中取出，然后分级栽入营养钵中，栽植时可以先将营养钵装入1/5培养土，而后将苗垂直地放入营养钵中，然后再放入培养土直至培养土盖住根系，记住不要将芽眼埋住即可。栽后浇透水，然后上覆遮阳网遮阳，待缓苗后即可正常管理。 经常浇灌复合肥，前期多施氮肥、多浇水；后期多施钾肥及磷肥、控水。总的原则是尽量前期扩大营养体，后期促使营养体转向地下种球膨大。待营养体枯黄后即可收获地下种球，分类采收小球（种球横向直径<2 cm）、中球（2 cm<种球横向直径<4 cm）、大球（种球横向直径>4 cm）。

4.4.6.3 种球储藏播种技术

种球播种前，先放在21 ℃室温下通风场所1～2周，此间温度最好保持稳定。如果不在2周内种植，则需存放在12～15 ℃的稳定温度下，以调整种植时间，如要长期存放则应储藏在8 ℃的稳定温度下。存放时有专用冷库较好，没有冷库可以在室内用干土（含水量30%）覆盖5 cm保存。凡储藏过的种球种植之前都需在21 ℃下先适应2周后再种植。为防止种球受细菌及真菌侵害、感染，种植前采取相应措施是必需的。在搬运或触动种球时应注意避免弄伤种球，种植前若发现有不健康或感染霉菌或已软腐的球根务必捡出。种植前种球的杀菌处理非常重要，其方法为用链霉素200倍浸泡种球30 min，静置阴干过夜后再行种植，杀菌处理可与GA_3浸种同时进行，即链霉素混合GA_3同时使用。

4.5　马铃薯茎尖培养脱毒及脱毒苗的鉴定

以马铃薯为例，进行热处理加茎尖培养结合病毒检测法获得脱毒苗，简述植物组织培养脱毒快繁技术的应用。

4.5.1　研究简史

马铃薯在种植过程中易感染病毒，当条件适合时，就会在植株体内增殖、转运和积累于所结薯块中，并且世代传递，逐年加重。病毒的增殖与植物正常代谢极为密切，目前尚没有发现既能杀死病毒又不损伤植物的药剂，病毒危害一度成为马铃薯的不治之症。1953年，Nirris将孔雀石绿加入培养基中抑制病毒繁殖，并通过茎尖组织培养，获得青山品种无PVX（马铃薯X病毒）的马铃薯植株。目前，国际上用茎尖培养产生的马铃薯品种已达150个左右。研究结果证明，侵染马铃薯的病毒有20多种。这些病毒一旦侵入马铃薯植株和块茎，就会引起马铃薯退化，出现各种各样的病态，造成不同程度的减产。研究的结果还证明，病毒在植物组织中分布是不均匀的，并且受一定环境条件影响，在靠近马铃薯茎的顶端病毒浓度很低或不含病毒（齐恩芳等 2007）。根据这一特点，通过茎尖培养可以获得马铃薯无病毒苗。另外，马铃薯病毒，有的对温度比较敏感，有的不敏感，但对植株或发芽的块茎进行高温处理后再作茎尖培养，一般脱毒率都比较高。因此，在茎尖培养前，对植株和发芽块茎进行30～35 ℃、28 d的高温预处理，能收到良好的效果。

4.5.2　马铃薯茎尖培养脱毒方法

利用茎尖组织培养结合病毒检测，对马铃薯进行脱毒，进而生产脱毒种薯用于生产，可有效地防止种薯退化，大幅度提高马铃薯产量（情育林等 1994）。其主要脱毒方法如下。

（1）取材和消毒。将欲脱毒的品种块茎催芽，芽长4～5 cm时，剪芽并剥去外叶，自来水下冲洗40 min，于无菌室内用漂白粉溶液消毒后，无菌水冲洗2～3次。

（2）剥离茎尖和接种。在无菌室内，在40倍的解剖镜下，剥取带一个叶原基的茎尖，接种于MS茎尖培养基的试管中。试管中的MS茎尖培养基包括大量元素、微量元素、有机成分和生长素、细胞分裂素、蔗糖和琼脂，pH5.8，经过高压蒸汽灭菌后使用，每试管接种一个茎尖。

（3）培养基和培养条件。茎尖培养的关键是将脱毒后的茎尖诱导生成带有完整根、茎的植株，因此选择适合的培养基十分重要。对于马铃薯的茎尖培养来说，需要较多的NO^{3-}和NH^{4+}营养，MS和Miller基本培养基都是较好的培养基，而且附加少量（0.1～0.5 mol/L）的生长素或细胞分裂素或二者都加，培养的效果更好。接种的茎尖培养于25 ℃、1500～3000 lx光照条件下的培养室内，90 d长成3～4片叶的小植株在无菌条件下，进行切段扩繁一次，取部分苗进行病毒检测（杨艾茹等 1988）。

（4）病毒检测。病毒检测是茎尖脱毒不可缺少的步骤。常用鉴别寄主即指示植物或血清学方法进行检测，及时淘汰血清学阳性反应或在指示植物上有症状的茎尖苗，无任何反应的茎尖苗即脱毒苗用作大田快速繁殖。常见的几种马铃薯病毒的检测和指示植物染毒后的表现症状见表4.3。

（5）结果。通过利用茎尖组织培养结合病毒检测法获得马铃薯脱毒苗，经病毒检测，除去了马铃薯中的病毒病，脱毒率可达100%。

表4.3 几种马铃薯病毒的指示植物及表现症状

病毒种类	指示植物	表现症状
马铃薯X病毒	千日红、曼陀罗、辣椒、心叶烟	脉间花叶
马铃薯S病毒	苋色藜、千日红、曼陀罗、昆诺阿藜	叶脉深陷，粗缩
马铃薯Y病毒	野生马铃薯、洋酸菜、曼陀罗	随品种而异，有些轻微花叶或粗缩，敏感品种反应为坏死
马铃薯卷叶病毒	洋酸菜	叶尖呈浅黄色，有些品种呈紫色或红色

本章小结

植物离体无性繁殖技术是指利用离体培养技术，将来自优良植物的茎尖、腋芽、叶片、鳞片等器官、组织和细胞进行离体培养，在短期内获得大量遗传性一致的植物的技术。

植物脱毒技术是利用植物茎尖组织培养，结合血清学病毒检测技术，在防蚜传毒条件下，将影响作物正常生长的植物病毒全部脱除的高新农业技术。由于病毒侵染，破坏了植物植株的正常生理功能，致使植株衰退、株型变矮、叶片皱缩、叶面出现黄绿相间的嵌斑，甚至叶脉坏死，直至全株叶片脱落。由此可见植物脱毒技术尤为重要。植物脱毒的方法有植物茎尖培养脱毒、热处理法、抗病毒药剂法。经过脱毒处理的植株是否还存在病毒，必须经过病毒学检测才能确定。常用的鉴定脱毒植物的方法为植株直接测定法、指示植物法、血清学方法，此外，PCR 微量板杂交法、蛋白质电泳法、嫁接检测法、电子显微镜检定法、病毒症状学诊断法等也可以用来检测植物病毒。

作为植物营养繁殖的一个新手段，组织培养技术现正日益普及。这种通过无菌方法进行的“快繁”和常规方法相比最显著的优点是：它可以用较短的时间和较少的空间，由一个个体开始产生大量的植株。运用离体无性繁殖技术培养再生植株可通过两条途径完成：器官发生途径和体细胞胚发生途径。进行无性繁殖的整个过程分为 5 个不同的阶段，各阶段的主要任务是：阶段 0，要把供体植株在仔细监控的环境条件下栽种至少 3 个月，保持较低的环境湿度，用软管或滴灌法灌溉，并且要采取措施减少供体植株的表面污染和内生菌污染；阶段 I，无菌培养物的建立；阶段 II，茎芽的增殖；阶段 III，离体形成的枝条的生根；阶段 IV，植株的移栽。

起始的外植体状况如外植体的来源、发育阶段、大小及预处理等，是决定植株繁殖速率和再生植株质量的最重要因素。根据培养的植物种类、组织或器官及培养目的的不同，已设计了许多培养基配方。不同的培养材料可选用不同物理状态的培养基。以原球茎或胚状体方式增殖的材料，可选用液体培养基，但大多数材料的培养还是用固体培养基。培养基的pH一般为5.8～6.0。植物生长调节剂是完成阶段I、阶段II和阶段II过程所必需的物质，其浓度的高低及其种类的配合决定着植物的快繁过程能否顺利进行。阶段II以芽苗或不定芽方式增殖的植物，培养许多代后仍能保持其旺盛的增殖力，但会出现“驯化”现象，即开始继代培养时，需较高浓度生长调节物质，随继代时间延长，加入生长调节物质的量减少或不加入就可以使其生长。

思考题

1. 名词解释：植物离体无性繁殖技术，植物脱毒技术，茎尖培养脱毒，植物器官发生，植物细胞脱分化，外植体，无性系。

2. 简述植物脱毒与离体无性繁殖的特点及应用。

3. 植物脱毒的主要方法有哪些？请简要叙述并指明其原理。

4. 简要说明脱毒苗鉴定的意义及方法。

5. 脱毒苗如何保持及繁殖？

6. 离体无性繁殖中的形态发生途径有哪些？

7. 影响无性繁殖的因素有哪些？并提出有效的解决方案。

8. 以马铃薯或马蹄莲为例简述离体无性繁殖的全过程。

第 5 章　单倍体诱导和染色体加倍

对大多数高等植物来说，细胞内的染色体是成对出现的，而在花药、小孢子等生殖细胞（配子体）内，染色体的数目只有普通体细胞染色体数目的一半，所以称为单倍体。20 世纪 20 年代植物细胞遗传学兴起时单倍体即被植物（细胞）遗传学家、植物生理学家、胚胎学家和育种学家所关注，因为它是一种特殊的生命现象，涉及生物的起源、进化、胚胎发生与遗传变异等。但到 60 年代被发现的被子植物单倍体仅有 71 种，属于 39 属，14 科（Kimber et al. 1963）。由于单倍体植株自然产生的频率很低，严重限制了在作物改良上的应用和遗传学研究。

随着 1964 年花药培养获得首例单倍体植株的成功，各国又兴起了研究单倍体的热潮，使单倍体研究工作进展迅速。从那时起到现在大致经历了以下 3 个阶段：①20 世纪 60 年代初至 70 年代末为实验研究阶段。②80 年代初至 90 年代为作物品种育种应用阶段，许多作物小孢子培养已经成功，如十字花科、麦类、水稻、玉米等。③90 年代初则进入了单倍体，尤其双单倍体与分子生物学有机结合应用阶段。至此，单倍体为作物育种和遗传研究开辟了一条新途径。目前，已经有苹果、葡萄、柑橘、草莓、荔枝、白菜、甘蓝、番茄、马铃薯、茄子、水稻、甜瓜、四季海棠、百合、风信子和矮牵牛等 52 属，160 余种植物诱导出了单倍体。在单倍体培养研究领域，我国处于世界领先水平。单倍体培养可以缩短育种年限，尤其对于多年生的园艺植物而言意义重大。

5.1　单倍体培养及其意义

5.1.1　单倍体培养的概念和来源

5.1.1.1　单倍体的概念

正常植物的孢子体为无性世代，含有来自雌雄双亲的两套染色体，为**二倍性**（$2n$）。二倍性的孢子体经减数分裂产生配子体，其染色体是单倍的（n），故高等植物的**单倍体**（**haploid**）指的是含有配子体染色体组成的孢子体（n）。二倍体植物产生的单倍体，体细胞中仅含有一个染色体组，这种单倍体称为一倍体。由异源多倍体产生的单倍体其体细胞中有几个染色体组，称为**多元单倍体**（**polyhaploid**），如普通小麦的单倍体含 A、B、D 三个染色体组，但是，在育种学上它们都称为单倍体。单倍体的基因呈单存在，加倍后所获得的个体基因型高度纯合，称为**双单倍体**（**dihaploid，DH**）。

5.1.1.2　单倍体的来源

单倍体来源于两条途径，即自然产生和人工诱导。自然产生一般是由不正常的受精过程产生的，即由孤雌生殖、孤雄生殖、无配子生殖等方式产生的。自然产生单倍体出现的频率很低。近年来，由于组织培养技术的发展，通过人工诱导或种属间杂交产生单倍体的途径主要有以下几种。

1）花药培养

花药培养是把发育到一定阶段的花药接种到培养基上来改变花粉的发育程序，使其分裂形成细胞团，进而分化成胚状体，产生再生植株或形成愈伤组织，由愈伤组织再分化成植株的技术。正常情况下，花药中的花粉母细胞经过减数分裂形成花粉粒，开始时连在一起，外有透明的胼胝质包围。

经进一步发育，细胞体积增大，形成外壁并出现萌发孔，此时细胞核较大、居中，称为单核中央期。随着细胞体积迅速增大，细胞核由中央位置推向一边，即单核靠边期。以上均为单核期花粉。单核期花粉经第一次有丝分裂后，形成一个营养核和一个生殖核，即二核花粉。生殖核再分裂一次，产生两个精核，即三核花粉。根据细胞观察推测，双核期的花粉中开始积累淀粉，不能使花粉发育成植株。因此，在选择外植体时，一般在花粉母细胞发育的单核期，但不同植物物种的外植体选择有所不同。

2）花粉培养

花粉培养是指把花粉从花药中分离出来，以单个花粉粒作为外植体进行离体培养的技术。由于花粉是单倍体细胞，诱发它经愈伤组织或胚状体发育成的植株都是单倍体植株。花粉培养不受花药的药隔、药壁和花丝等体细胞的干扰，但在离体培养过程中，培养条件对愈伤组织的诱导频率有很大的影响，并且在分化过程中细胞染色体发生畸变的可能性较大。所以，通过花粉培养产生单倍体的关键是选择合适的培养基及严格控制培养条件。

3）异源种属花粉诱导

亲缘关系较远的花粉不易使母本的卵细胞受精而又能刺激卵细胞单性发育(又称孤雌生殖)，由此产生单倍体或经核内复制形成双倍体。

在远缘杂交情况下，产生单倍体的实例很多，尤其在烟草属、小麦属和茄属的大约 39 个种中发现了 73 例。罗鹏等用甘蓝型油菜（*Brassica napus*）品种为母本授以白菜型油菜（*B.campestris*）品种的花粉获得单性生殖单倍体，频率不到 2 %。但更有意义的是小麦与玉米远缘杂交诱导产生小麦单倍体，但是诱导频率也不高。

4）迟授粉诱导

成熟的卵细胞容易引起分裂，去雄后延迟授粉可以大大提高孤雌生殖的诱导率，而且延迟天数对诱导效果影响很大。19 世纪 40 年代中期，木原均在一粒小麦雄性不育系中发现，延迟 9 d 授粉的诱导效果最好；中国科学院遗传所用黑麦和硬粒小麦给普通小麦品种间杂种 F_1 授粉，发现去雄后 8 d 授粉效果最好；杜连恩等在普通小麦中诱导孤雌生殖，发现去雄后延迟 7～9 d 诱导效果较好。

5）化学药剂处理诱导

用药剂处理未授粉的花柱、柱头或子房，在玉米、油菜和小麦等作物中均有报道。下列药剂都曾成功地诱导了孤雌生殖产生单倍体：二甲亚砜（DMSO）、对氯苯氧乙酸（PCPA）、KT、2,4-D、NAA、GA_3、马来酰肼（MH）、DMSO+对氯苯氧乙酸、DMSO+KT、DMSO+GA_3、DMSO+NAA、DMSO+邻氯苯氧乙酸、DMSO+KT+邻氯苯氧乙酸。李朝灿用 TRTA、GA_3 和 NAA 附加 1% DMSO 诱导‘福繁 17’和‘福宁 4 号’小麦孤雌生殖，研究了不同小麦品种对三种药剂的敏感度和不同浓度 TRTA 的诱导效果。胡启德等用 0.5%的 DMSO 水溶液在小麦母本去雄后 4～10 d，于早晨或傍晚对幼穗进行喷雾，诱导产生纯合二倍体的成功率可达 2.9%。河北孙耀中等在隔离区用多种化学药剂诱导“矮败”小麦不育株孤雌生殖，发现药剂处理时间以晚上 7 时后处理的效果最好。另外，有人用甲苯胺蓝等化学药物处理过的花粉授粉来诱导孤雌生殖产生单倍体也获得了一定成效。

6）体细胞染色体排斥

Kasha（1970）用二倍体普通大麦作母本，二倍体球茎大麦作父本，进行杂交，获得了较高频率的单倍体，用秋水仙素加倍获得了纯合的二倍体。这种利用种间杂交及染色体消失产生大麦单倍体的方法，称为球茎大麦技术（bulbosum technique）。普通小麦与球茎大麦的杂交和普通大麦与球茎大麦的杂交相似，获得的几乎全是小麦单倍体，只是所用的父本是四倍体球茎大麦。目前，许多国家在从事这方面工作，其中一些国家还培育了一批品种，如我国浙江大学、江苏省农业科学院已分别成功地用球茎大麦获得小麦单倍体和大麦单倍体。

7）异种属细胞质——核替代系

木原均等(1962)报道普通小麦的细胞质被尾状山羊草（*Aegilops caudate*）的细胞质代替的一个品系，其后代产生单倍体的比率为 1.7%，常胁等（1968）进一步实验表明，只有具尾状山羊草细胞质的小麦核替代系才能高频率地产生单倍体和双生苗，其中双生苗极大部分是单倍体-二倍体类型，占双生苗总数的 94.5%。张改生（1992）也发现利用异种属花粉给黏类 1B/1R 小麦不育系授粉产生单倍体，并且产生单倍体的频率与核型有很大关系。

8）　辐射诱导

外植体在培养诱导产生愈伤组织或植物开花前至受精的过程中，用射线照射愈伤组织细胞团或将父本花粉经 X 射线处理后，给去雄的母本受粉，以影响其受精，可诱发单性生殖产生单倍体。其原因前者可能是射线照射使愈伤组织发生不同程度的损伤；后者是双核花粉被辐射时，生殖核尚未有丝分裂，经照射损伤，丧失生活力，此时如果营养核仍然有机能时，花粉能萌发，花粉管也能在花柱上生产，但因生殖核已无生活力，故只能刺激卵细胞分裂发育，而不能起到受精作用。

9）双生苗

双胚或多胚现象在裸子植物中是十分普遍的现象，然而在被子植物中仅少数几个属，如柑橘属中较常见，其他属中偶然发现。因为双胚种子长成的双生苗中有单倍体，其出现的频率显然比正常单生苗高，在棉花中分别为 87.5%和 0.025%～0.25%。

10）半配合

半配合是一种精卵核不发生融合的异常的受精类型，即当精子进入卵细胞后，并不与卵核发生融合，而是同时独立分裂，形成具有父母本性状的单倍体嵌合体植株。

在棉花单倍体育种中可以通过半配合诱导，即通过一种异常型的受精，一个减数分裂和未减数分裂的精核进入卵细胞，但未发生核配合，即精核与卵核未融合，彼此独立的分裂，多形成嵌合体的单倍体。单倍体加倍就能产生纯合的二倍体植株，与组织培养一样，比常规自交法节省时间，且比花药培养简便易行。加倍单倍体不仅纯合，而且稳定，产量、农艺性状和纤维性状一般也不比对照或亲本差。

在单倍体培养的方法中，花粉和花药培养是获得单倍体的主要方法。其他方法获得单倍体的数量有限。通过花药培养育成的各类作物品种已在生产上大面积应用。

5.1.2　单倍体培养的意义

单倍体植株经染色体加倍后，在一个世代中即可出现纯合的二倍体，从中选出的优良纯合系后代不分离，表现整齐一致，隐性基因控制的性状也能在当代表现出来。单倍体培养在遗传研究和植物育种中有重要意义。

5.1.2.1　应用与植物育种

1）可缩短育种年限

在品种间杂交育种程序中，通过F_1代花药培养得到单倍体植株后，经染色体加倍在一个世代中即成为纯合二倍体，即每对染色体都是纯合的。这种纯合二倍体在遗传上是稳定的，不会发生性状分离，相当于同质结合的纯系。这样，从杂交到获得不分离的品系只需两个世代的时间，比一般杂交育种所需时间可缩短育种年限3～4代（图5.1）。同时，单倍体育种还可以加速杂交后代纯合的速度，花粉培养产生的花粉植株不存在二倍体的选择作用，性状表达不存在显隐性干扰，不良性状当代就可表现，便于提高淘汰选择的效率。例如，单育1号烤烟品种，从1971年秋开始培养杂种花药，至1974年鉴定命名，前后仅用了3年的时间，与常规育种相比较，缩短了3年的育种年限。

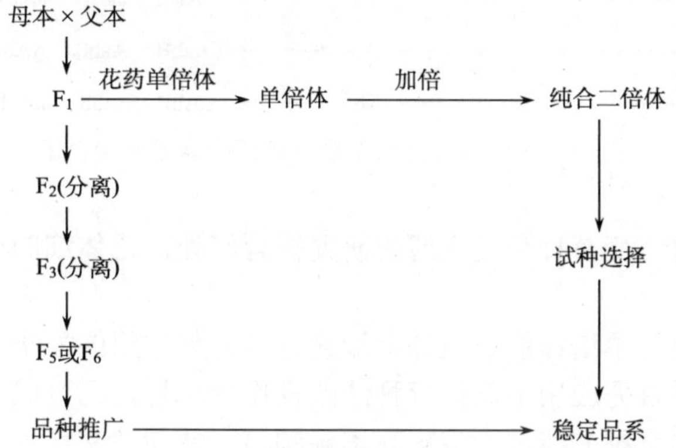

图 5.1　杂交育种与单倍体育种的关系

我国把花培单倍体育种与常规育种有机结合起来，已先后育成小麦、水稻、玉米、油菜等作物新品种。其中，京花1号是1984年我国首次育成的国际上第一个花药培养新品种，至1995年底统计，用花药培养方法已育成小麦花培新品种10个、水稻22个、玉米1个，还有油菜、甜椒、烟草和果树等作物新品种，总计种植面积超过200万hm^2，已成为世界上花培品种应用最广的国家。

2）提高了目标基因型的选择效率

如果二倍体供体植株基因型为 AaBb，若要从后代中选择基因为 AAbb 的纯合单株，在常规方法中 AAbb 出现的概率为 1/16，并且不能将 AAbb 与 Aabb、aAbb 区分开。单倍体育种获得 AAbb 的概率仅是 1/4（图 5.2）。所以说单倍体培养显著提高了目标基因型的选择效率。

3）提高突变育种和诱变育种的效率

细胞诱变筛选育种无疑为育种家提供了一条较为便捷的育种途径。利用体细胞进行诱变筛选，存在这样的问题，就是由于体细胞中染色体成对存在，要想使发生了突变的基因尽快纯合并表现出来，还需要经过一些自交过程，而利用单倍体培养则可以加快诱变突变体的表现进程。在单倍体细胞中只有一个染色体组，表现型和基因型一致，一旦发生突变，无论是显性还是隐性，在当代就可表现出来。在诱变育种中能在当代及时获得突变个体，加倍后形成稳定的纯系。单倍体植株中由隐性基因控制的性状，经染色体加倍，由于没有显性基因的

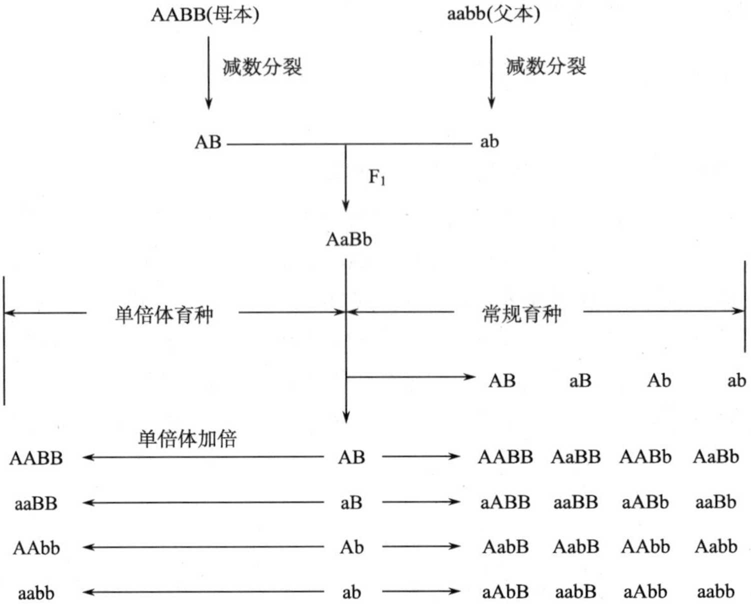

图 5.2　单倍体育种与常规育种筛选 AAbb 纯合子

掩盖而容易显现。这对诱变育种和突变遗传研究很有好处，是体细胞遗传研究和突变育种的理想材料。

在诱导频率较高时，单倍体能在植株上较充分地显现重组的配子类型，可提供新的遗传资源和选择材料。中国首先应用单倍体育种法改良作物品种，已育成了一些烟草、水稻、小麦等优良品种。单倍体育种如能进一步提高诱导频率，并与杂交育种、诱变育种、远缘杂交等相结合应用，则在作物品种改良上的作用将更显著。

5.1.2.2　用于遗传转化

单倍体培养体系如果作为转基因的受体，可保证外源基因在后代中稳定遗传，而不发生分离，且不受显隐性影响。这在玉米、烟草和小黑杨等植物中都有应用。

5.1.2.3　创造新种质

利用消除型远缘杂交获得单倍体的过程中，在异源染色体断裂、丢失和配对混乱的同时，还会发生双亲染色体配对交叉和异源重组重排事件，从而导致异源染色体整段导入或单基因渗入，最终形成导入优良外源基因的、较稳定的次生杂种。再加倍形成稳定杂种，其后代不发生性状分离，由此可固定杂种优势，使其长期保存。另外，这种方法创造的稳定杂种因不含不相关的标记基因而比较安全。

5.1.2.4　进行染色体工程的最佳材料

染色体工程的内容包括染色体附加、代换、易位、片段交换等，要进行这些工作首先需要的是单体系统或缺体系统，制备单体或缺体的基础材料是单倍体。单倍体自交或与其他的单倍体杂交可产生单体，单倍体自交还可以产生缺体。

5.1.2.5　物种进化研究

应用单倍体材料可查明其原始亲本染色体组的构成。单倍体植物减数分裂的特征、形成二价染色体的可能性及其数目和形状，能够说明有无同源染色体和染色体组参与单倍体的组成。假如在减数分裂期发现大量的二价染色体，同时单倍体植株表现出高度可育性。说明核内有相同的染色体组，产生此单倍体植物的相应二倍体类型起源于多倍体。另外，通过对单倍体孢子母细胞减数分裂时联会情况的分析，可以追溯各个染色体组之间的同源或部分同源的关系，从而对物种之间的亲缘关系和物种进化作研究，尤其是利用双单倍体（DH）群体进行RAPD、RFLP或AFLP分析等。

5.1.2.6　遗传分析

单倍体植株中基因不受显隐性的影响，每一个基因的作用均能表现出来。因此，单倍体能用来研究基因的性质及其作用，还可用于基因的剂量效应分析。目前，在许多植物上应用植物单倍体培养技术已构建出DH群体并用于遗传分析，如水稻、大麦，油菜。此外，当将二倍体与单倍体杂交时，可发生畸变类型，这些类型可用于确定连锁群及基因量的效应等遗传学研究。

5.1.2.7　构建连锁图谱

为构建 RFLP 和 RAPD 连锁图，需要建立合适的作图群体。DH 群体用于遗传图谱的构建，具有多方面优点：①DH 群体代表着一个永久性的群体，因为所有的等位基因都是固定的，可以无限地用于新标记的作图，并可在研究小组之间共享。②DH 群体可以重复进行检验，特别适合于抗性等数量性状的分析。③其分子标记基因型可以从自交产生的 10～20 个植株的混合样品的分析加以准确的分析。更为主要的是某些作物构建 DH 群体比**重组近交系群体**（**recombinant inbred line**，**RI**）省时，如景蕊莲等（1999）构建小麦 QTL 遗传图谱利用花药培养创建小麦 DH 群体。

延 伸 阅 读

构建RFLP和RAPD连锁图，需要建立合适的作图群体。常用作图群体大致分为4类：①基于单交产生F_2群体；②回交群体（backcross，BC）；③重组近交系群体（RI），即两个无关高质近交系杂交后，用其F_2代进行全同胞兄妹交配20代以上而育成的新近交系；④双单倍体群体。

5.2　雄核发育机制及其影响因素

所谓**雄核发育**（**androgenesis**），简单地说是指由植物单独的雄配子经细胞分裂形成单倍体植株的过程，即在花药和花粉离体培养时，小孢子偏离正常发育途径，不断分裂形成胚状体或愈伤组织，并最终形成单倍体植株。

5.2.1　离体条件下单核小孢子的发育途径

5.2.1.1　花粉发育的阶段

在花药和花粉培养的离体条件下，花粉的发育常常偏离体内时的正常发育（图 5.3）而转向孢子体发育，从而形成胚状体或愈伤组织。对于大多数物种来说，适于诱导雄核发育的花粉发育时期是在花粉单核时，即在第一次有丝分裂即将开始、正在进行或刚刚结束的时候，此时对于诱导雄核发育的外界刺激最为敏感。

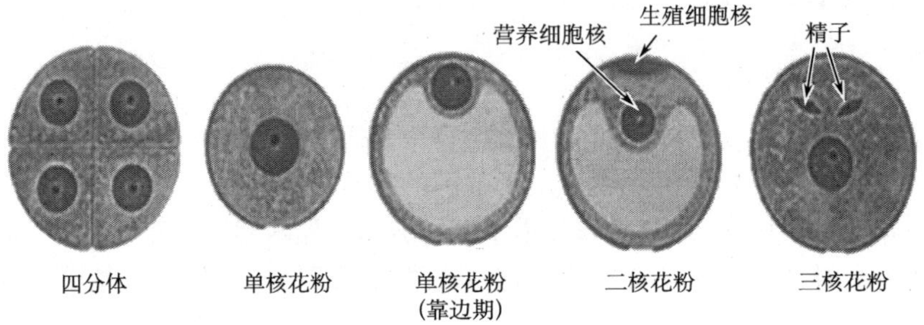

图 5.3　花粉发育的各个时期

5.2.1.2　雄核发育途径

根据小孢子第一次有丝分裂的方式的不同，可将花药培养中雄核发育的途径归纳为以下两种（图 5.4）。

1）A 途径

单核小孢子先进行一次正常的非均等分裂，形成一个大的营养细胞和一个小的生殖细胞。根据营养细胞和生殖细胞最初的几次分裂情况，A 途径中又分为 5 种不同的途径。

（1）D 途径。该途径中生殖核反复分裂形成多核体，然后由多核体直接分化形成胚或愈伤组织。但这种分裂途径还有待于进一步检验。

（2）A-V 途径。即营养细胞发育途径。雄核的这一发育途径中，营养细胞持续反复分裂，形成胚状体或愈伤组织，最后分化形成单倍体植株。而生殖细胞或者完全不再分裂，或者分裂 1~2 次后即行退化。该途径最早在烟草的花药培养中观察到。当对烟草双核期的小孢子进行培养时，其营养细胞进行均等分裂后继续分裂形成小孢子胚，而生殖细胞或者死亡或者分裂为两个精核之后再死亡。之后，在甘蓝型油菜、水稻、大麦、毛曼陀罗、小麦、小黑麦和辣椒等植物的游离小孢子培养中也发现了这种分裂途径。

（3）A-G 途径。即生殖细胞发育途径。该途径中，生殖细胞持续分裂，形成胚状体，进一步形成单倍体植株。而营养细胞可能不分裂，或只分裂数次形成一个胚柄状的细胞，附着在由生殖细胞起源的胚的胚根一端。这一发育途径在天仙子中常见。

（4）A-VG 途径（E 途径）。即生殖细胞和营养细胞共同发育途径。单核小孢子进行非均等分裂形成营养细胞和生殖细胞，两个细胞都各自独立分裂，共同形成单倍体。在天仙子中，有少量的花粉可由营养细胞和生殖细胞二者的分裂形成嵌合的单倍性胚状体。

（5）C 途径。即营养细胞和生殖细胞核融合发育途径。该分裂途径中营养细胞和生殖细

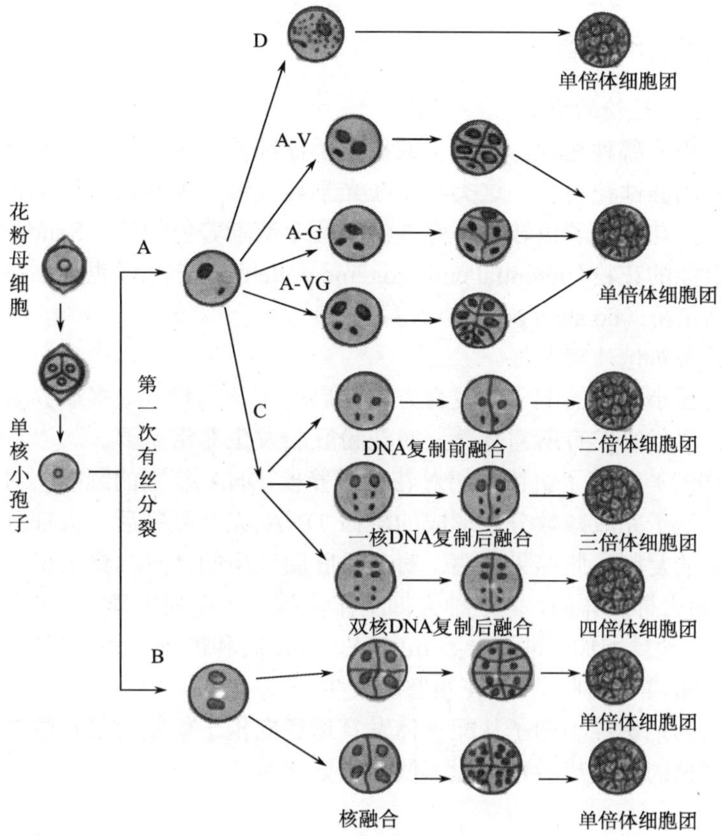

图 5.4　雄核的发育途径

胞发生核融合，导致染色体加倍或多倍体的形成。毛曼陀罗在花药培养中获得的多倍性胚状体（$2n$、$3n$ 或 $4n$），可能就是由于营养核和生殖核融合形成的。当小孢子在第一次有丝分裂时发生核融合，之后这两个已融合的核又在分裂赤道板及纺锤体的作用下同时进行下一轮的正常分裂，形成两个核。如果核融合时，即将融合的两个核的 DNA 都未复制，则融合后形成二倍体；如果其中一个核完成了 DNA 复制则形成三倍体；当核融合发生在两个核 DNA 都复制完成之后时则形成四倍体。

2）B 途径

B 途径又称为小孢子发育途径。这一发育途径中，小孢子第一次有丝分裂为均等分裂，形成大小相近的两个细胞。然后由这两细胞继续分裂形成单倍体植株，或者核融合形成多倍体植株。B 途径最早也是在烟草的花药培养中观察到的。当烟草单核期小孢子进行培养时，小孢子核进行均等分裂形成两个大小一致的核，无细胞骨架形成，两个核再继续进行反复分裂，形成一个大约 30 个核的多核合胞体。这个多核合胞体分化成多细胞团或不分化成多细胞团，如果该多核合胞体不能经分裂形成多细胞团，则最终会死掉。只有形成多细胞团才能进一步形成小孢子胚或愈伤组织，再生单倍体植株。实验证明，这种分裂方式在小孢子培养中是较常见的。

5.2.1.3 雄核发育启动机理

1）雄核发育与 P-花粉的形成

无论雄核发育采用哪种途径，小孢子或雄配子体都是偏离了正常的发育途径，形成了形态不同于正常花粉的胚性花粉粒。这类花粉在光学显微镜下表现为：核位于花粉粒的中心，醋酸洋红压片观察，花粉粒着色较浅，有液泡和两个清晰着色的核。Sunderland 认为这类花粉是具胚胎发生潜能的花粉（potential embryogenic pollen，P-花粉），也称小花粉（small pollen，S-花粉）或不染色花粉（no stain pollen，NS-花粉）。

2）雄核发育与饥饿处理

饥饿处理改变了小孢子的配子体发育方向，启动雄核发育。众多研究表明，对花粉进行短期的饥饿处理，再供给发育所需营养，对花粉胚胎发生非常重要。

Zarsky 等（1992）研究了饥饿作用对花粉营养核 DNA 复制的影响。对未成熟花粉进行一种饥饿处理，小孢子完成减数分裂形成的雄核 DNA 完全复制后，大部分花粉粒的营养核也随之开始 DNA 的复制。此结果表明，对花粉胚胎发生的诱导，最关键的过程之一是对停滞在 G_1 期营养核的去抑制作用。但这种去抑制作用需要一系列生理生化过程来实现。它首先诱发内源激素 ABA 含量增加，进而导致 mRNA、蛋白质和糖等一系列相应的生理生化变化，最终启动营养核 DNA 的复制，开始花粉胚胎发生。

外界胁迫被认为是诱导小孢子从配子体发育途径向孢子体发育途径的关键因子，目前除了饥饿处理外，常见的还有热激预处理、低温预处理等。

延 伸 阅 读

关于小孢子胚胎发生的起源有以下两种说法。

第一种以 Sunderland 为代表，认为只有 P-花粉在离体条件下才能诱导胚胎发生，而这类花粉在供体植物花药内就已经决定，但是可以通过调节供体植物的生长环境及利用某些化学物质喷洒于植物上，提高 P-花粉的数目，从而提高花药培养的效果。

第二种以 Harada 为代表，认为只有 P-花粉才有胚胎发生能力，但是认为花药在离体条件下通过不同的预处理，可以使花药内大量具有成熟能力的花粉转变成 P-花粉，所以预处理后培养效果明显提高。

5.2.1.4 雄核的晚期发育

无论小孢子早期通过哪一种分裂途径，每个反应的花粉粒最终都会变成多细胞花粉粒。当多细胞花粉粒把花粉壁撑破以后，释放出来的是一团轮廓不规则的组织。这团组织此后有两条形态发育途径形成植株。

1）胚状体发育途径

多细胞团逐渐形成球形胚的形态，接着按照正常的发育步骤经历心形胚、鱼雷形胚、子叶胚，然后子叶期胚状体萌发，形成花粉植株。通过这个途径，一个花粉粒只形成一个植株。例如，颠茄、天仙子、曼陀罗、莨菪和烟草等植物中都是通过这种途径形成单倍体植株的。

2）愈伤组织发育途径

多细胞团从破裂的花粉粒中释放出来，进一步增殖形成愈伤组织，然后在同一种或另一种分化培养基上分化形成完整植株，如拟南芥、芦笋、黑小麦。此途径产生的植株会出现变异且倍性复杂。在有些植物中，如水稻和天仙子，通过改变培养基的成分可以控制花粉植株的产生方式——经由胚状体或愈伤组织再生植株。

一般认为花粉胚是自由居于药室中，但是 Nitch（1969）在烟草中发现有些幼胚是由一个小的类似胚柄的结构连在药室壁上的。后来，Haccius 和 Bhandari（1975）使用了一种改良的石蜡切片技术，以使花粉和花粉胚在材料制作期间能保持原位不变。观察发现，大约 82% 发育良好的花粉胚都有一个基端，它连在一种支持组织上，这种支持组织可能就是花药壁，但也可能是其他花粉胚或一团死花粉。这就表明，为了确立最初的极性和花粉胚的正常发育，可能必须存在某种临时的支持组织。另外，这两位作者还发现花粉外壁的破裂点总是恰恰能使原胚细胞团的胚芽暴露出来。而且只有当花粉外壁的破裂口一端不与支持组织直接接触时，球形胚的进一步发育和原表皮层的分化才可能发生。

5.2.2　影响雄核发育的因素

花药培养工作者面临的主要问题之一就是雄核发育频率低，影响雄核发育的因素很多，主要有以下几种。

5.2.2.1　供体植物的基因型

植物基因型是影响离体诱导单倍体成功的最重要因素之一。基因型对小孢子培养的影响主要有产生单倍体的途径、发生的频率、形成的时间、植株的再生能力及在所形成的植株中单倍体和二倍体的比例等，其中研究报道最多和最需关注的是基因型对胚状体发生频率的影响。不同植物品种及同一品种下的不同基因型材料，在同样的实验条件下，花粉中小孢子的诱导频率差异很大。例如，在同样的诱导条件下的 4 种甘蓝材料，只有苤蓝有胚状体产生，而青花菜仅诱导出大量愈伤组织；17 份不同基因型的大白菜中有 16 个基因型得到了小孢子胚，产胚量最高的 2 个基因型的大白菜，其产胚量平均约为 350 个/蕾，而大多数基因型的大白菜，其产胚量在 2 个/蕾以下，最高产胚量是最低产胚量的 500 多倍。已有证据表明，小孢子胚胎发生能力具有遗传性，但基因调控的背景比较复杂。所以有可能通过有性杂交，将高反应基因型具有的胚胎发生能力转移到低的或无反应的基因型中。在单倍体培养中，还观察到不同种和栽培品种存在不同的生长反应。Gresshoff 和 Doy（1972）用 43 个番茄栽培品种和 18 个拟南芥品系，都只有 3 个栽培品种或品系能诱导单倍体组织。烟草属、茄属和黑麦的不同种单倍体的诱导百分率显著不同。同样，20 个小麦栽培品种（表 5.1），仅有 9 个的花药得到了单倍体组织。

表 5.1　基因型对小麦花药培养的影响

品种	生长反应	培养花药数/个	愈伤组织花药数/个	愈伤组织百分率/%
Maris Ensign	−	180		
Rothwell Sprite	+	120	2	1.7
Jannus	+	310	5	1.6
Chinese Spring	+	250	4	1.6
Kolibri	+	800	14	1.8
Tilli	+	421	7	1.7
Maris Freeman	+	180	2	1.1
Maris Widgeon	−	75		
Maris Huntsman	+	120	1	0.8

续表

品种	生长反应	培养花药数/个	愈伤组织花药数/个	愈伤组织百分率/%
Maris Templar	−	111		
Maris Dove	−	85		
Maris Ninrod	−	167		
Luna	−	129		
Jubilar 3	−	151		
Golden Valley	−	86		
Champlein	+	141	2	1.4
Nersee	+	175	1	0.6
Rampton Rivett	−	172		
1877	−	209		
Benno 780	−	114		

5.2.2.2　供体植株的生长条件和生理状态

根据经验，供体植株年龄和生理状态对雄核发育的效率有相当大的影响。一般来说，较老植株的新花序优于老花序，而较年轻植株的老花序优于新花序，这在天竺葵、油菜和葡萄的花药培养中都得到了很好的证明。另外，以开花初期至开花盛期进行花药、花粉培养比开花晚期合适。这主要是开花初期和开花盛期花粉中处于单核期至双核期的小孢子比例较大，此时是诱导雄核发育敏感期。

供体植物的生长条件会影响花粉的生理状态，进而对培养效果产生重要影响。若用于花粉或花药培养的供体植株生长在光照、温度和湿度可控的相对稳定的环境中，则易于诱导形成小孢子胚胎及再生植株。例如，来自生长室的油菜植株，其初花期花蕾中处于单核期至双核期的小孢子占 95%（小孢子发育基本一致），无三核期小孢子，小孢子成胚率高；而取自普通温室的供体植株，同一发育时期的花蕾中处于单核期至双核期的小孢子只占 75%，三核期小孢子占 21%；而取自大田的供体材料污染率高、小孢子发育时期不统一且活力差，小孢子培养的脱分化启动及胚状体诱导均较困难，因而能培养成功的基因型数量及其产胚频率明显降低。也就是说，光照强度、光周期、温度、营养条件和 CO_2 浓度等环境因子影响了供体植物的生理状态及花蕾中小孢子发育的一致性，从而进一步影响对离体培养的反应。在这些环境因子中，温度的影响很重要，不同的植物品种对温度的反应不同。例如，一直生长在 24 ℃下的曼陀罗属植株其雄核发育频率（45%）比生长在 17 ℃（8%）下的高。可是，培养生长在较低温度的蔓菁植株的花药得到较好的结果；供体植株——两个白菜型油菜亲本，种植在昼/夜温度为 21 ℃/16 ℃条件下，一个具有相对较高的胚产量，而另一个在多次重复实验中均对培养无反应。但是，当把其种植在低温（昼/夜温度 10 ℃/5 ℃）条件下时，两者间的差异明显缩小。这可能是天然低温对供体植株起了一定的作用，导致供体植株体内小孢子的发育，从而使其在以后的培养中偏离了向配子体发育的方向，进行脱分化形成胚状体或者愈伤组织。

5.2.2.3　花粉发育时期

在诱导花粉进行雄核发育的过程中，所取花粉的发育时期对培养的效果也有很大影响。不同种最适合的发育时期不同，选择合适的花粉发育时期可极大地提高植株雄核发育的诱导频率。例如，油菜小孢子培养的最佳时期是单核晚期（单核靠边期）和二核早期。在此之前进行培养，由于小孢子缺乏相应的机制而不能感受培养条件的诱导，因此不能启动胚胎发生途径；当小孢子发育到近成熟花粉时，由于雄配子体已过度分化，也不能诱导启动胚胎发生途径。又如，烟草和番茄需用四分体时期的花粉诱导雄核发育，大白菜游离小孢子所处的最佳诱导时期是单核后期。结球白菜游离小孢子胚胎发生的启动期大致在减数分裂后至小孢子第一次有丝分裂前。Sunderland（1971）对烟草不同花粉发育时期的培养反应进行了观察，实验结果如表5.2所示。花粉时期还会影响再生植株的倍性水平。但大多数结果表明，在小孢子发育的单核中期至单核靠边期较为适宜，在此之前或之后都不易取得成功。

表5.2　烟草花粉发育时期与胚状体诱导频率

花粉发育时期	胚状体诱导频率/%
减数分裂期	0
单核早期	14
单核晚期	40
双核早期	55

花药与小孢子发育阶段与花蕾的长度和花瓣密切相关，单倍体育种工作者通常以这两个指标或两者之一作为取材的标准。

5.2.2.4　药壁因子

许多花药和花粉培养的实验表明，花药壁组织对诱导愈伤组织和胚状体的形成，甚至绿苗的分化起着重要的作用。Pelletier 和 Ilami（1972）通过一系列的移植实验证明，即使把一个品种烟草的花粉移植到另一个品种的花药中，前者也能够顺利地发育成胚。这项工作建立了一个“药壁因子”的概念，随后又出现了花药对同一物种及不同物种离体花粉雄核发育具有看护作用的报道，甚至花药浸提液也能刺激花粉胚的形成。在大麦花药漂浮培养中，若使用曾经培养过大麦花药或子房 7 d 的条件培养基，能够显著促进花粉胚的形成。在上述条件培养基中，有 83%的花药形成了愈伤组织，每个花粉平均形成愈伤组织 38 块，而在对照培养基中只有 15%的花药形成愈伤组织，每个花药平均形成愈伤组织 1.1 块。

组织学研究也明确证实了药壁因子在花粉胚发育中的作用。在烟草中，只有原来贴靠着花药壁的花粉粒，才能顺利发育成花粉胚。在天仙子中，也只有处在药室外围紧靠绒毡层的花粉能够成胚。这些实例进一步表明，有绒毡层起源的某些重要物质的梯度变化，对于诱导花粉粒发育成胚起着关键的作用。在曼陀罗离体小孢子培养中，用谷氨酰胺、丝氨酸和m-肌醇三者一起可以取代药壁因子的作用；而在烟草花粉培养中，只用谷氨酰胺可取代这种作用。

5.2.2.5　材料的预处理

为了提高游离小孢子培养的效率，通常对实验材料进行预处理，包括低温、高温、射线、甘露醇等预处理或预培养，其目的是从生理生化上改变细胞的生理状态、改变其分裂方式和发育途径。国内外学者在低温、高温、饥饿处理等方面做了大量的研究工作，系统分析了不同处理条件下胚状体的诱导情况。

1）低温预处理

用温度操作能诱导卵细胞向孤性生殖发展。早在1922年，用低温处理受精的植株，Blakeslee等得到了曼陀罗单倍体。同样，Muentzing（1937）和Noerdenskiold（1939）用低温（3 ℃）处理得到黑麦单倍体。所有这些单倍体都来源于卵细胞。卵细胞和花粉易于遭受这种损伤。具体操作，一般是将欲接种的材料，如花粉、花蕾等置于3～6 ℃低温处理3～15 d。低温处理的时间根据所使用的温度而定，较低的温度处理的时间要短，较高的温度处理的时间宜长。例如，在4 ℃下对大白菜花蕾进行0 h（对照）及24～120 h不同时间冷激处理，采用相同的小孢子分离方法，低温预处理均能正常出胚。但随着低温处理时间增加，胚产量显著下降，低温处理24 h对产量的促进作用说明一定时间的低温处理能提高大白菜胚状体的产量。表5.3是几种植物花粉培养常用的冷处理条件。另外，不同的预处理方式对小孢子存活率影响的研究表明，4 ℃处理和无碳源处理可以较长时间地维持小孢子的存活率。

表5.3　几种植物花粉培养常用的低温预处理条件

植物	处理温度/℃	处理时间/d
水稻	7～10	10～15
小麦	1～3	2～20
玉米	7	7～14
大麦	3～7	7～14
烟草	7～9	7～14
番茄	6～8	8～12
黑麦	1～3	7～14
油菜	6～9	5～6
柑橘	3	5～10
马铃薯	4	2

低温预处理能提高花药培养花粉胚胎发生的能力，对其作用机理学者们提出了以下几个观点。Nitsch 等（1973）认为低温能够改变花粉粒第一次有丝分裂纺锤体的轴向，并且还能迫害纺锤体的微管蛋白，从而阻止纺锤体的形成，使有丝分裂的正常过程被打乱，不能进行极性分化，导致去分化过程的发生。Sunderland 等（1982）认为，低温预处理的机制不在于改变了纺锤体的轴向，而在于使花粉保持活力，使其不在数天内死亡，在此期间营养细胞得以完成细胞质的改组转向胚胎发生。主要归结于低温能使花粉保持较长的生活力，延缓花药壁组织的衰老和降低花粉的死亡率，从而增加有效存活的花粉数量；同时低温还可以激发花粉母细胞产生两个相等的核，而不是一个营养核一个生殖核；促使细胞同步分裂，激发花粉产生原胚；最终使较多的小孢子完成从配子体到孢子体发育类型的转变。徐武等（1985）报道了低温预处理过程中大麦花药内源激素的变化，推测低温预处理改变了花药内源激素的含量，阻断了花粉原来的发育方向，使其由配子体的发育途径转向孢子体的发育途径。黄斌（1987）提出低温预处理的可能作用机制为：①低温预处理引起花药内源激素发生变化，进而影响愈伤组织的形成；②引起小孢子的孤立化，花药壁细胞和绒毡层在低温预处理过程中逐渐退化解体；③使绝大多数小孢子保持其生活力。无论哪种机制正确，但结果是低温预处理能促进花粉启动，提高诱导率和再生率。

2）高温预处理

Stow（1930）和 Sax（1935）观察到了热的冲击使植物改变小孢子核的分裂方式。在一些物种（如芸薹属）中，将花芽或完整植株在 30 ℃下处理 24 h 或 40 ℃下处理 1 h，能刺激花粉的胚胎发生。高温冲击似乎可引起微管的溶解和纺锤丝的解体，从而导致小孢子核的不正常分裂。冉毅东等（1996）将马铃薯花药接种后置于 35 ℃的温度下处理 24h，然后转入正常温度下培养，发现这一措施能显著地提高花药产生胚状体的数量。将供试小麦高温 33 ℃热激处理 2 d，供试两种材料的诱导率分别为 23.9%和 23.1%。高温热激是油菜小孢子培养诱导胚状体成功的关键步骤，热激处理后油菜小孢子培养反应有明显提高，而未经高温培养的处理基本上没有胚状体发生。

关于高温预处理对提高花粉胚和愈伤组织诱导率的作用机制目前研究较少。有学者发现是由于高温预处理会导致花粉粒内源激素和蛋白质产物不同所致。

3）化学处理

现已发现有些化学药品能够诱导**单性生殖**（parthenogenesis）。例如，早期 Yasuda（1940）用化学药品 Belvitan 处理矮牵牛属的子房，观察到刺激卵细胞反复分裂。Smith（1943）和 Levan（1945） 用秋水仙素处理分别得到了郎氏烟草和甜菜的单倍体植株。在甜玉米上，用 50 mg/L 顺丁烯二酰肼使诱导单倍体的效率由 2.7‰增加到 7‰。也有人将花药置于高浓度蔗糖溶液中处理 6～8 min，对提高花药的愈伤组织诱导率有一定效果。

但目前用得较多的是乙烯利（ethrel）和甘露醇。在植物激素方面，曾使用不同的生长调节剂和激素喷施植株，结果乙烯利得到了一些有意义的结果。它对配子体发生作用，从而发生雄性不育。Bennet 和 Hughes（1972）证实在花粉母细胞正在减数分裂时，用 4 g/L 乙烯利喷施中国春小麦，因发生额外有丝分裂，使含有较少淀粉粒的 4～6 个核的花粉增多，这种多核花粉在培养中有可能被诱导而形成胚。这种方法能增加单倍体诱导数量。在苜蓿属和紫露草属、矮牵牛属、烟草属及一些小麦栽培品种中观察到了诱导额外核分裂和核群的形成。

花药在离体条件下经过一定浓度的甘露醇预处理可以提高花药的培养率。李文泽等发现：甘露醇预处理比低温预处理和对照能明显地提高大麦花粉存活频率；甘露醇预处理 3 d 能明显提高大麦花药培养愈伤组织诱导率、绿苗分化率及绿苗产量。甘露醇不能作为碳源或能源被代谢利用，这一点大多数学者已达成一致，但对甘露醇预处理的作用机制目前主要存在两种观点：一种认为甘露醇的作用是给予小孢子一个适当的渗透压，这对维持小孢子的活性是必需的；另一种观点认为甘露醇预处理的主要作用是导致小孢子短时间的营养饥饿，从而使小孢子改变其发育方向，引起小孢子的去分化过程。

4）离心预处理

离心预处理是将花药直接离心或在取出花药前将花蕾及幼穗进行短时间的离心。Tanaka 将单核后期的烟草花药以 10 000～11 000 r/min 的速度离心 30 min，产生小植株的频率从 30.5%提高到 38.2%。

5.2.2.6　培养基的类型、碳源及生长调节物

培养基成分不仅决定着花药培养的成功与否，还决定着雄核的发育方式，是影响雄核发育的最重要因素之一。

1） 培养基的类型

培养基的配方在很大程度上决定小孢子胚胎发生的诱导率，对于胚状体产生再生植株的过程也有深刻的影响。目前应用于花药培养的培养基类型主要是MS、N_6、White、Miller（即 Blaydes）、B_5、H、Nitsch等，其中应用较广泛的是MS基本培养基。培养基形态有固体、液体

和液-固双层培养基。不同的植物种类对基本培养基配方和形态的要求不同。例如，在油菜单倍体培养中采用NLN、Miller和B_5培养基效果最好，MS、N_6、Nitch的效果较差。在烟草花培中，Nitsch、H培养基效果较佳，而水稻花培常用Miller培养基。N_6培养基在水稻、玉米等作物上也有良好的效果。在小麦上，通常应用的是MS基本培养基。游离小孢子液体悬浮培养的诱导频率远高于固体培养基，除能增加胚的数量外，胚的发育也更好些。采用液-固双层培养基不仅可以提高小孢子胚胎发生率与胚产量，而且对于促进小孢子胚的正常发育效果非常显著，同时对胚胎发生较难的基因型效果也很明显。

2）碳源

离体培养中的培养基渗透压是影响植物细胞脱分化、再分化及器官形成的重要因素，因为细胞要通过细胞渗透来吸收营养。而糖类对培养基渗透压起决定性作用，也是胚状体产生的能量来源。很多研究表明，培养基中的糖类等添加物对小孢子培养的结果有影响。一般情况下，在花药培养前期糖浓度要比一般组织培养高，如番茄花药培养前期糖浓度为13%时，诱导频率最高（表5.4），这有利于愈伤组织或胚状体的诱导，分化阶段则需降低糖的浓度。有人认为这是由于花粉细胞的渗透压比花丝等体细胞渗透压高的缘故，高浓度糖不利于体细胞的生长，但不妨碍花粉的生长。高浓度的糖对某些植物游离小孢子胚状体形成有利，如高糖在初期培养能较好地维持小孢子的活力，选择前期高糖后期低糖是提高甘蓝胚状体诱导频率的关键；在玉米花药培养过程中，培养基中附加12%～15%的蔗糖，其诱导愈伤组织的效果明显优于附加9%的蔗糖培养基，蔗糖浓度过低不利于诱导培养。毛刺槐的花培中，蔗糖浓度从3%增至9%时，愈伤组织诱导率也随之增加；当蔗糖浓度增至12%时，则愈伤组织诱导率显著降低。但对某些植物来说，高糖却是有害的，如在游离小孢子的培养基中加入高浓度的蔗糖对茄科植物胚的形成会产生抑制作用。茄科植物小孢子培养所需要的蔗糖浓度都较低，为2%～9%，如3%的麦芽糖对辣椒小孢子处理效果最好。

表 5.4　番茄花药培养对蔗糖浓度的诱导反应

糖浓度	2%	3%	4%	6%	10%	13%	17%
诱导频率	5%	10%	12%	18%	25%	45%	8%

通常使用的糖类有麦芽糖、蔗糖、葡萄糖 3 种。蔗糖、葡萄糖是芸薹属植物、玉米、小麦花药培养的主要碳源。麦芽糖是大麦、烟草游离小孢子培养的主要碳源，以麦芽糖代替蔗糖、葡萄糖和果糖为碳源对离体小麦小孢子培养有较好的作用，蔗糖、葡萄糖和果糖为碳源对小麦小孢子离体培养是有毒害的，且这种毒害并不是由于渗透压不稳定造成的。Ramon比较了辣椒花培中蔗糖、果糖、麦芽糖的培养效果，得出结论，麦芽糖做碳源，胚的发生率最高。麦芽糖作碳源优于蔗糖的可能原因：①作为营养物，麦芽糖可分解为葡萄糖和葡萄糖-1-磷酸；蔗糖分解为葡萄糖和果糖，果糖可能对培养物有害。②作为渗透压稳定剂，麦芽糖分解速度显著慢于蔗糖，可使培养物保持相对稳定的渗透压环境。

3）激素

在培养基的各种成分中，激素的水平和配比非常重要，常对诱发细胞的分裂、生长和分化起决定作用。在花培中常用的激素有两类：一类为生长素，如2,4-D（2,4-二氯苯氧乙酸）、IAA（吲哚乙酸）、NAA（萘乙酸）等；另一类称为细胞分裂素，如KT（激动素）、6-BA（6-苄基氨基嘌呤）和玉米素（ZT）。一般生长素类物质对诱导细胞脱分化形成愈伤组织及生长有决定性作用，细胞分裂素对愈伤组织的分化和胚状体形成起主要作用。在花培中，广泛使用的 2,4-D 对于许多植物的花粉启动、分裂、形成愈伤组织和胚状体起着决定性的作用。例如，曹晓燕等发现，毛刺槐的花培中单独附加 6-BA 无法诱导愈伤组织的形成，单独附加 2,4-D 可诱导愈伤组织的形成，且 6-BA 与 2,4-D 配合使用比 6-BA 与 NAA 配合使用对愈伤组织的诱导效果好，2,4-D 在毛刺槐花药愈伤组织的形成过程中起着非常重要的作用。但是，由于 2,4-D 是一种其他植物激素的拮抗物质，其本身具有刺激组织形成层活性的作用；虽然随着浓度增大，诱导愈伤组织的频率也增加，由此产生的愈伤组织其分化能力都显著降低，因此不能为了追求较高的愈伤组织诱导率而在初代培养基中加入过多的 2,4-D。又如，褚云霞等在百合的花培研究中发现，2,4-D 浓度的升高将降低愈伤组织的分化能力；王玉英等研究也表明在辣椒花培中高浓度的 2,4-D、NAA 促进了愈伤组织的形成而降低了胚状体的形成。因此，在花培中，应该通过调整生长素和细胞分裂素的比例来控制花粉细胞的脱分化和再分化，以求得到大量的愈伤组织，并从愈伤组织中分化出大量花粉植株或获得胚状体。

对小孢子胚状体发生所需的植物生长调节剂，不同的研究结果不尽相同。通常的情况是不同种类的激素效果不同，不同的供体材料反应也不一致。在简单的矿质-蔗糖培养基上能诱导烟草和天仙子属花粉的胚胎发生，然而，为了进一步完成雄核发育，需添加某种生长调节剂。例如，在大白菜游离小孢子培养中，外源激素对胚形成和植株再生的影响至今没有取得一致的结果。有结果表明培养基中添加BA（0.2 mg/L）时，各基因型产胚量最高；但对难以成胚的基因型，BA的作用似乎不大。也有研究认为不含激素的培养基与加有NAA（0.5 mg/L）+ BA（0.05 mg /L）的培养基对胚状体诱导效果相同。禾谷类花药同时需要生长素和细胞分裂素，最适宜的生长反应依赖于这些内源生长调节剂的水平。可是，用低水平生长调节剂的简单培养基直接促进胚胎发生是可取的。多数研究者认为，只要适当地调整激素浓度，大多数供试品种能诱导出胚状体。

5.2.2.7　活性炭

活性炭（AC）应用于花培是 Naka-mura 等首先提出的，目前已经在油菜、马铃薯、烟草、玉米、黑麦、小黑麦、龙眼、辣椒和甜椒等花培中得到应用。AC 具有较强的吸附特性，在植物的组织培养中常用来吸附培养基中的有害物质，特别是蔗糖在高温灭菌过程中降解产生的 5-羟甲基糠醛，花药组织产生的乙烯、酚、醌类物质及琼脂中的杂质。Anagnostakis（1974）将 AC 用于烟草，观察到雄核发育的花药数由 15%增加到最大为 45%。Bajaj 等（1977）作了进一步完善，用 2%的 AC 附加到基本培养基中，烟草雄核发育的花药百分率由 41%增加到 91%。另外，每个花药产生的植株数量增加，并加速了从花药再生植株。在玉米花培中加入 0.5%的 AC 可以使愈伤组织或胚状体的诱导频率提高 1 倍左右，在分化培养基中加入 0.5%的 AC 还能促进分化的幼苗健壮、根系发达。在银莲花属、黑麦和马铃薯中观察到 AC 对雄核发育的类似刺激效应。

但是，AC 的吸附作用没有专一性，它既可吸附培养基内的有害物质，同时也能吸附培养基中的生长调节物质、Fe-EDTA、维生素 B_5、叶酸和烟酸等有益物质。例如，张玉华等在过滤灭菌的液体培养基体系中研究了甘露醇预培养和诱导过程中，AC 对大麦花培效率的影响，结果显示，AC 会降低花粉胚和愈伤组织产量和质量，影响植株分化率。在该实验中，以液体培养基代替固体培养基，用过滤除菌法代替常规高温高压灭菌法，从而排除了培养基中的蔗糖等在高压灭菌条件下产生有害物质的可能性。由此可见，AC 的使用一定要慎重。

5.2.2.8 培养条件

（1）温度。温度是花药培养的一个重要培养条件，影响花药培养的效率。早期的一些报道显示花药培养的温度一般不超过 28 ℃。现在发现不少植物（如水稻、小麦、曼陀罗等）在较高的温度下培养效果更好。目前，对小麦花药的培养温度研究较多，普遍认为：不同基因型对培养温度反应差异很大，并且此种反应是可遗传的；对大多数材料，培养的适宜温度是（28±0.5）℃；出愈率和绿苗率对温度的反映正好相反，在 25～30 ℃、温度越高，出愈率越高；反之亦然。在水稻中也同样也发现高温可以提高愈伤组织的诱导率，但愈伤组织的分化能力有下降趋势。

（2）光照。有关光照对离体花药培养的影响的研究报道很少。一般认为愈伤组织诱导期间进行暗培养或散射光培养较好。对某些烟草品种，连续的光照可以提高单倍体植株形成的频率；强光有利于小麦的绿苗分化，但会抑制愈伤组织的形成。

5.3 花药和花粉培养

在一个被子植物的典型花药中，依据细胞内染色体的倍性可将其分为两部分：一部分是单倍体细胞，即经过减数分裂形成的小孢子（花粉）；另一部分则是二倍体的细胞，如药隔、药壁、花丝等组织。花药培养的目的是改变小孢子的发育途径，所以实际上进行的是花粉培养。从严格意义上来讲，花药培养和花粉培养是不同的，前者属于器官培养的范畴，而后者与单细胞培养类似。但从培养目的上来说，两者都可以在培养中诱导形成单倍体的细胞系，甚至获得单倍体植株，因此两者又是相似的。

我国于 1970 年开始这方面的研究，并在 70 年代成为一个热点，也取得了很大的成果，培育了 40 种以上植物的花粉或花药发育成单倍体植株。其中小麦、黑麦、小冰麦、玉米、橡胶树、杨树、辣椒、甜菜、白菜、油菜、柑橘、甘蔗、大豆、葡萄和苹果等的单倍体植株为我国首创。通过单倍体育种获得了水稻、小麦、烟草、辣椒和甜椒新品种，如单育 1 号、单育 2 号、单育 3 号烟草新品种，京花 1 号、京花 2 号等 6 个小麦新品种，中花 8 号、中花 9 号等 15 个水稻新品种，总种植面积达 1000 万亩①。玉米获得了 100 多个纯合的自交系，橡胶获得了二倍体和三倍体植株。

花药培养的发现

1964 年印度新德里大学的两名植物学家 Guha 和 Maheshwari 将毛叶曼陀罗花药放在培养基上进行离体培养时，发现花药中长出了很多类似植物胚胎状的东西——胚状体，不久又证明这些胚状体是由花粉发育来的。这些胚状体在培养基上很快就分化成完整的小植物，被称为花粉植株。这一发现引起了人们的极大兴趣，不久法国人在烟草上、日本人在水稻上相继用花药离体培养的方法也得到了由花粉细胞发育来的花粉植株。花粉是植物的雄性小孢子，由花粉直接发育成植株，实际上就是孤雄生殖。由孤雄生殖得到的小植株没有“母亲”，因此，有人形象地比喻为“公鸡下蛋”。

---

① 1 亩=666.7 m^2。

5.3.1 花药培养

5.3.1.1 花药培养的概念及意义

植物的花粉是花粉母细胞经减数分裂形成的，其染色体数目只有体细胞的一半，叫做**单倍体细胞**（**haploid cell**）。用离体培养花药的方法，使其中的花粉发育成一个完整的植株，叫做**单倍体植株**（**haploid plant**）。利用雄株的花药离体培养获得的再生植株，是由不同基因型的配子发育而来的，具有十分丰富的变异类型，选择出有利的变异类型，利用茎尖培养扩大繁殖，经过经济性状鉴定后，选出优良者配制杂交组合，可获得优良杂交种子。目前，花药培养这一细胞工程技术已经成为植物育种和种子生产的重要手段，我国在花药培养和单倍体育种工作上一直处于国际先进水平。

1）花药培养的概念

花药培养（**anther culture**）是指用植物组织培养技术，把发育到一定阶段的花药，通道无菌操作技术，接种在人工培养基上，改变花粉的发育进程，诱导其分化，并连续进行有丝分裂，使其分裂形成细胞团，进而形成一团无分化的薄壁组织——愈伤组织，或分化成胚状体，进而获得单倍体植株。

2）花药培养的意义

花药培养诱导出单倍体植株，在育种工作中的意义主要表现在以下几个方面。

（1）在单倍体细胞中只有一个染色体组，表现型和基因型一致。一旦发生突变，无论是显性还是隐性，在当代就可表现出来。因此，单倍体是体细胞遗传研究及突变育种的理想材料。

（2）在品种间杂交育种过程中，通过 F_1 代花药培养得到单倍体后，经染色体加倍立即成为纯合二倍体，从杂交到获得不分离的杂种后代单株只需要两代，和常规育种相比，显著缩短了育种年限。

（3）有利于远缘杂交新类型的培育和稳定。在远缘杂交中，经常会遇到杂种 F_1 代只开花不结果，或 F_2 及其后代出现“剧烈分离”较难稳定的现象，如果通过花药培养途径再生单倍体植株，再对其染色体加倍，便有可能培养出纯合稳定的远缘杂交新类型植物。

5.3.1.2 花药培养的方法及途径

花药培养与其他组织培养一样，技术要求相对简单，基本程序是：外植体选择—外植体（花蕾）预处理—外植体消毒—剥取花药—接种—诱导培养—分化培养—植株再生。

1）花药培养材料的选择

花药培养材料的选择关键在于选取花粉处于一定发育期的花药。花药采集时期均与培养成败有很大的关系。一般来讲，外观上从现蕾初期到开花初期的成功率较高；解剖上，处于四分体时期到单核期或单核靠边期为好。在正常情况下，花药中的花粉母细胞经过减数分裂形成 4 个花粉粒，开始时连在一起，外有透明的胼胝体包围。经进一步发育后，细胞体积增大，形成外壁，并出现萌发孔，此时细胞核较大居中，称为**单核中央期**（**period of single-core central**）。随着细胞体积迅速增大，细胞核由中央位置推向一边，即**单核靠边期**（**mononuclear aside period**）。以上均为**单核期花粉**（**single core of pollen**），单核花粉经第一次有丝分裂后，形成一个营养核和一个生殖核，即**二核花粉**（**binucleate pollen**）。生殖核再分裂一次，产生两个精核，即三核花粉。最适宜的花药发育时期因植物品种而有所不同，但大多数是单核期（表 5.5）。根据细胞观察推测，双核期的花粉开始积累淀粉，不能使花粉发育成植株，通常采用醋酸洋红或碘化钾染色，再压片镜检，以确定花粉的发育时期，但是接种前不可能把所有的花粉都进行一次发育时期的镜检，通常是按照花蕾长度与花粉发育年龄的相关性，在实际操作中取一定大小的花蕾进行的。

表 5.5　不同植物花药培养适宜的花粉发育时期

植物种类	花粉发育时期					
	减数分裂中期	减数分裂晚前期	四分体	单核期	双核期	三核期
番茄	+					
拟南芥菜		+				
辣椒				+		
烟草			+	+	+	
小麦				+		
水稻				+		
玉米				+		
苹果				+		
草莓				+		
葡萄			+	+		

注：“+”表示花粉发育

2）材料灭菌

采集花蕾最好从健壮无病植株中选材，因为未开放的花蕾中的花药被花被包裹，本身处于无菌状态。花药在消毒前，应先进行预处理，将花蕾剪下放入水中，在冰箱为 4～5 ℃下保持 3～4 d。低温贮藏后，进行花药的灭菌消毒：①选好所需要的一种或几种消毒剂，如 70%乙醇、0.5%新洁尔灭、1%次氯酸钠等，备好待用；②去除花萼，滴入少许洗洁精，用自来水冲洗 2～4 h；③在无菌条件下，用 70%乙醇表面消毒 30 s 后，再用不同消毒剂继续消毒；④用无菌水清洗 4～5 次；⑤无菌滤纸吸干花蕾表面水分后，剥掉花瓣取下花药，立即接种于无菌培养基上，一个 10 mL 的试管接种 20 个花药；⑥在温度为 25 ℃的培养箱中进行暗培养，每隔 3～5 d 观察记录一次，直到结果不再变化为止。

3）接种

在无菌条件下，将花药从花蕾中取出并及时接种到培养基上。取花药时，应注意到两点：一是尽量避免损伤花药，否则接种后容易从受伤部分产生愈伤组织或胚状体；如果所遇到的是花器很小的植物，如天门冬属、芸薹属和三叶草属植物等，可能需要借助体视显微镜夹取花药，或是只把花被去掉，把花蕾的其余部分连同其中原封未动的雄蕊一起接种到培养基上，在有些情况下，甚至是接种整个花序以得到花粉单倍体，然而这种简单化的方法只适用于这样一些基因型，即其中雄核发育在只含有无机盐、维生素和糖的简单培养基上即可进行。而这种培养基上孢子体组织增殖的机会很少。当必需使用生长素才能够诱导花粉粒雄核发育的时候，应当尽可能地把孢子体去掉。二是彻底去除花丝部分，因为接种与花丝相连的花药时，往往不利于花药内小孢子的启动及愈伤组织或胚状体的形成。

4）培养基的选择与灭菌

（1）培养基的选择。花药培养所常用的培养基常为 MS、B_5、Nitsch 和 N_6 等，其基本成分都相差不多，只不过是某些成分的含量有所不同，但都能够满足花药的生长需要，附加成分主要为激素和蔗糖，添加的激素主要是生长素类（如 2,4-D、NAA、IAA、IBA 等）和细胞分裂素类（如 6-BA、KT 和 ZT）。在基本培养基中，蔗糖浓度对花粉的诱导生长有一定作用，但不同物种达到诱导率为最高时对蔗糖浓度需求会有所不同，高浓度的蔗糖不利于药壁、花丝等体细胞的生长，而利于花粉的生长。因此，设置一定的蔗糖梯度对研究诱导率是非常必要的。

培养基的种类因植物种类不同而不同，如苹果用 MS；葡萄用改良 B_5；小麦用 MS、B_5、N_6；水稻用 Miller、N_6、B_5、SK_3；玉米用 N_6；油菜用 Miller；甜椒用 NIH；茄子用 MS、H。

（2）培养基的灭菌。由于花药培养基在制备过程中带有各种杂菌，所以微生物污染开始就在培养基中存在，分装后的培养基应立即灭菌，至少应该在 24 h 之内完成灭菌工作，常规方法是采用高压蒸汽灭菌锅灭菌。在花药培养基灭菌过程中，除了杂菌死亡，还伴随着花药培养基成分的破坏，因此，必须选择既能达到灭菌目的，又能使花药培养基的破坏降至最低的温度。具体的方法是：把已装入花药培养基的培养容器直接装入锅内，上面盖几张报纸吸湿，接通电源升温后，首先要排净锅内冷空气，然后在 121 ℃（1.06 kg/cm^2 或 0.105 MPa）下灭菌 15～20 min，可完全杀死物品内外的微生物、芽孢和孢子。

5）培养方式和培养条件

（1）培养条件。

a. 温度。接种后的花药要放到培养室中进行培养，离体培养的花药对温度比较敏感，早期的工作多在 25～28 ℃下进行培养，现在经过实验发现，不少植物的花药在较高温度培养更好，特别是最初几天经过一段高温培养。例如，小麦的花药培养在开始培养的 6 d 给予 30～32 ℃的高温，然后转移到 28～30 ℃培养，出愈率有明显提高，而水稻的花药培养，一开始的温度就是 27 ℃。

b. 光照。对光照的要求在物种间差异更为明显。例如，连续光照可显著增加烟草花粉胚的产量，却强烈抑制曼陀罗的花粉胚发生。愈伤组织的分化原则上都应当在光照下进行，但对光照温度和光照时间的要求则因物种而异。

（2）培养方式。花药的培养方式主要有三种：一是在琼脂固化培养基表面培养；二是在加入 30%聚蔗糖（Ficoll）的液体培养基表面漂浮培养；三是利用液-固双层培养基培养，既能保持较高的接种密度，又使培养基不容易失水。

6）再生单倍体植株

通过花药培养诱导单倍体植株再生模式有两种途径（图 5.5）：①经胚状体的再生途径，即培养花药中的花粉在药室内侧首先分裂形成原胚多细胞团，然后经过球形胚、心形胚、鱼雷形胚等发育阶段，最后以胚状体形式突出于花药壁。例如，烟草花药培养中，首先接种花药于 MS 培养基上，一周后花粉粒明显膨大，两周后逐渐形成球形胚、心形胚和鱼雷形胚，约三周时有淡黄色胚状体形成，至光照条件下培养后再生出具根、茎、叶的完整植株。②经过愈伤组织、器官分化的再生途径，一般花药接种于含 2,4-D 1～2 mg/L 的培养基上，花药内的花粉经多次分裂形成单倍体愈伤组织，然后将其转移到分化培养基上，使单倍体愈伤组织分化出不定芽和形成不定根，从而获得单倍体植株，如苹果。但是，两条途径并不是完全独立的，许多植物可以通过改变培养基种类及其添加成分而改变单倍体的诱导形成途径或使两种途径并存。

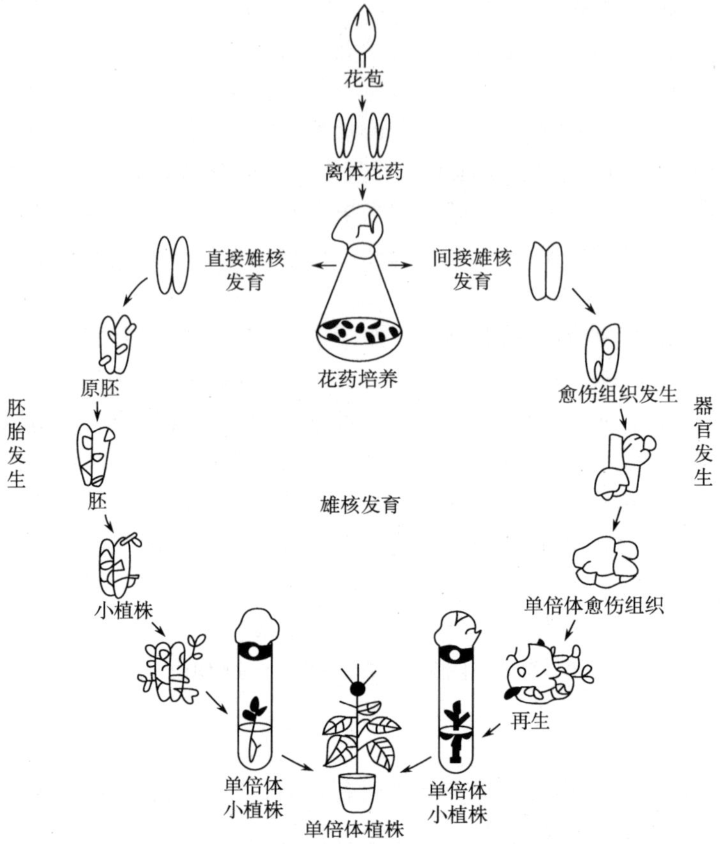

图 5.5　花药培养与植株再生（Reinert et al. 1977）

5.3.2　花粉培养

虽然花药培养和花粉培养的目的都在于获得单倍体植株。但是从严格意义上讲，花药培养是属于器官培养的范畴，通过花药培养途径所获得的植株有些是来源于花药壁、绒毡层等不同部位的体细胞。结果造成所获得的植株群体常常是一个既有单倍体又有二倍体，甚至多倍体的混合群体，这就给以后的鉴定及利用带来一定的困难。花粉培养与单细胞培养相似，花粉培养可以完全排除花药组织的干扰，使诱导形成的植株全部来源于花粉，从而省略对其鉴定的程序，培养更具有独特的优越性。在花药培养中，由于一个花药内的花粉粒在遗传上是异质的，因此，一个花药所产生的植株，将构成一个异质的群体。如果单倍体植株是经过花粉愈伤组织的途径产生的，由于从若干花粉起源的愈伤组织常常混在一起，因此，由一个花药形成的愈伤组织将会是一个嵌合体。如果在花粉愈伤组织化的同时，花药壁细胞区进行增殖，那么最终所得到的愈伤组织就不可能具有纯粹的配子体起源。解决这个问题的方法就是培养离体的花粉，并诱导它们进行雄核发育。

5.3.2.1　花粉培养的概念

当花粉发育到一定阶段，从花药中分离出单个花粉粒，为获得单倍体植株接种到特定培养基上，诱导其长出愈伤组织，再将愈伤组织移植到另一种特定的培养基上，诱导分化出根、茎和叶，成为完整植株的培养途径称为**花粉培养**（**pollen culture**）。

目前已有研究结果显示花粉的发育途径主要有以下几条。

（1）营养细胞发育途径。在花药离体培养中，花粉第一次有丝分裂形成不均等的营养核和生殖核。生殖核较小，一般不分裂或只分裂 1～2 次就逐步退化；而体积大的营养核经多次分裂且形成了细胞壁，最后变成了多细胞团，迅速生长，很快突破细胞鞘，细胞团不断分裂，穿破药壁，可以产生胚状体或愈伤组织。

（2）生殖细胞发育途径。在这种途径下，营养核只分裂 12 次就退化了，而生殖核经多次分裂发育成多细胞团。

（3）营养细胞和生殖细胞同时发育的途径。花粉第一次有丝分裂形成的营养核和生殖核同时进行多次分裂，因此最后形成的多细胞团包括两部分：一部分细胞较大的是由营养细胞分裂而来；另一部分细胞较小的是由生殖细胞分裂而来。

（4）花粉均等分裂途径。花粉进行均等分裂形成两个均等的子核，以后二核间产壁，形成两个子细胞，由两个子细胞继续分裂形成多细胞团，迅速生长、穿破药壁而形成胚状体或愈伤组织。

5.3.2.2　花粉培养的方法

由于花粉已是单倍体细胞，诱发它经愈伤组织或胚状体发育成的植株都是单倍体植株且不受花药的药隔、药壁、花丝等体细胞的干扰，但缺点是比花药培养难度大。

1）花粉的分离

花粉的分离是将花粉从花药里取出，直接培养花粉获得再生的单倍体植株的过程。由于花粉培养完全排除了花药组织的干扰，使得既可以避免花粉与花药组织在培养过程中分裂和增殖的竞争，有利于花粉植株的形成，又可以省略花药培养获得再生植株是否来自花药的鉴定程序。

用于花粉分离的方法有三种，即机械分离法、散落花粉法和挤压法。

（1）机械分离法。在无菌条件下，将花药或花蕾移入小烧杯中，加入少量液体培养基后，用注射器内筒轻轻挤压出花粉；再用约 200 目镍丝过滤网过滤，除去花药壁等体细胞组织；然后将含有大量花粉的滤液注入离心管，在约 500 r/min 转速下离心 3～5 min，使花粉沉淀于离心管底部，弃去上层含有花药组织等碎片的液体培养基，随后再注入相同培养基并离心；如此反复 3～4 次，得到纯净的花粉，最后将花粉用液体培养基调整到所需密度即可进行培养。

（2）散落花粉法。在无菌条件下，将花药直接接种于培养基中，到花药自动开裂时，移走花药继续培养或离心收集花粉后培养，这种方法可以避免因机械分离造成对花粉培养不利的影响。对于某些植物，此方法比机械分离方法较为有利，但是先必须找到合适的处理措施，使花药能在培养基中迅速开裂并释放花粉。

（3）挤压法（图 5.6）。选取花粉合适发育时期的花药，消毒后取出花药，放在装有 4～5 mL 液体培养基的小烧杯中，用玻璃棒在烧杯壁上挤压花药，使花粉从花药中解放出来。然后根据花粉粒的大小，选用孔径适宜的尼龙网（孔径 20～60 μm）过滤，除去花药壁组织，过滤后的花粉液再经过低速离心（100～1000 r/min），使花粉粒沉淀于离心管下部；再用新鲜培养基稀释，重复 2 次，可得到纯净的花粉群体。

2）花粉的预处理

花粉经过预处理不但有利于改变正常的发育途径，而且还可以促进花粉植株的形成。

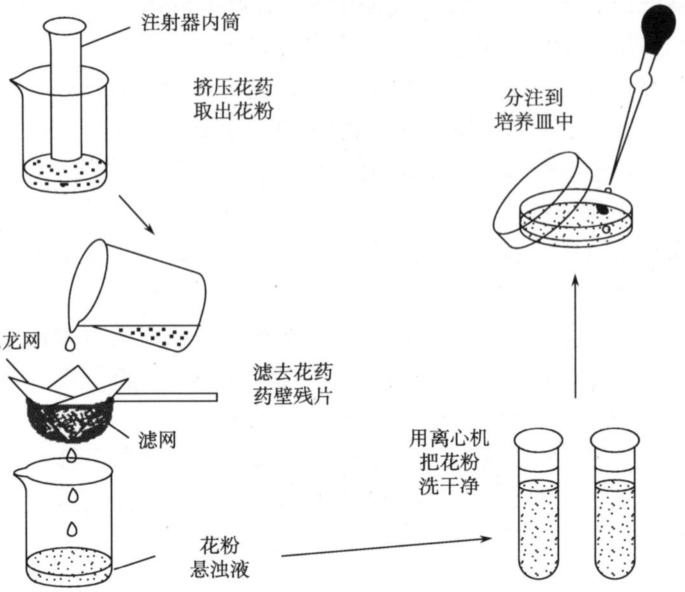

图 5.6　花粉挤压分离法

（1）低温处理。低温处理是常用也是效果比较好的一种处理办法。取花粉处于合适发育期的花蕾，放在冰箱里 4～10 ℃，进行 1～15 d 的低温处理，也有的是接种后低温处理一段时间，然后再转移到 25 ℃条件下培养，得到了较高的胚状体诱导频率。

（2）高温处理。在培养芸薹属植物的花粉时发现用较高温度（32 ℃）培养游离小孢子 3 d 后，再于 25 ℃下进行正常的培养，能大幅度提高花粉胚的获得率。刘公社等（1995）的实验结果表明，游离小孢子对高温的预培养敏感期是最初 24～48 h，更长的预培养并非必需，而在正常培养 48 h 后再给予高温也不发生作用。

（3）药剂预处理。

a. 甘露醇预处理。不同浓度的甘露醇溶液预处理虽然在诱导的胚状体数上没有较大差异，但在形成的胚状体质量上却差异明显。较高的渗透压可使诱导的胚状体结构致密、坚硬，因而再分化能力强，使绿苗产量有较大提高。在固体培养体系中，采用甘露醇预处理 3 d 完全可以取代常规 3～5 ℃条件下 21 d 的低温预处理，而且前者效果好于后者，并能缩短周期。具体是灭菌后的花药漂浮在只含有甘露醇的溶液上，预培养 2～5 d，取出花药后再分离花粉培养，郭向荣等用不同浓度的甘露醇预处理，随甘露醇浓度的增加，绿苗分化频率有显著的提高。基因型与甘露醇预处理的时间之间存在相互作用，即甘露醇预处理的最适时间因大麦基因型的不同而有所差异，其变动范围为 3～5 d。

b. 乙烯利处理。Bennet 和 Hughes 等（1972）在研究小麦化学去雄时注意到，在减数分裂前用乙烯利喷施植株，促使花粉细胞核分裂。有的花粉细胞核有 8 个之多，将这些花药放在培养基上培养可以观察到有多达 18 个核的花粉。在这一实验启发下，王敬驹等（1974）在培养基中及植株上分别施用乙烯利，以观察对花粉愈伤组织形成的影响，结果发现，培养基中较低浓度的乙烯利（40 mg/kg 及 8 mg/kg）对花粉愈伤组织的形成有明显的促进作用。用 4000 mg/kg 处理稻株也有轻微的促进作用。

c. 高糖浓度预处理。接种前用高糖浓度预处理花药一段时间，再转移到适宜的糖浓度下培养，可以大幅度提高愈伤组织和胚状体的诱导率。例如，玉米花药在 25%的蔗糖溶液中处理 6～8 min，能显著地提高愈伤组织的诱导率；石刁柏的花药浸渍在 35%的蔗糖溶液中 30 min，愈伤组织诱导率达到 29.5%，高出对照 16.4%。

秋水仙素预处理。秋水仙素的主要作用是使小孢子发生均等分裂。在添加 0.05%秋水仙素和 2%二甲基亚砜的培养基中浸泡烟草花药并暗培养 4～12 h，发现单核花粉的比例从 4.5%上升到 19%。

（4）离心预处理。在花粉培养中，在从花蕾中取出花药前 1 h，5 ℃条件下进行低温离心，可以提高单倍体的诱导率。烟草花蕾在花药取出前，5 ℃、500 r/min 冷冻离心 1 h，可明显提高单倍体植株的诱导率；Tanaka 等（1973）将单核后期的烟草花药在 10 000～11 000 r/min 离心 30 min，产生小植株的频率从 30.5%提高到 38.2%（4 次重复），每个花药产生的小植株数目从对照的平均 1.6 株提高到 5.4 株；离心处理二核期花粉无效果。

（5）其他预处理。据报道，γ 射线对小孢子也有刺激作用，其辐射处理可诱导花粉愈伤组织形成，而 γ 射线和低温处理结合效果更好。另有报道，磁场处理单核期的花蕾也有明显效果。陈震古（1999）对 18 种供试杨树的离体花药用激光照射处理，结果表明花粉愈伤组织的芽分化能力显著增强。

花粉预处理的机理

黄斌综合前人的工作，提出低温预处理的可能作用机理是：第一，引起花药内源激素发生变化，进而影响愈伤组织的形成；第二，引起小孢子的孤立化，花药壁细胞和绒毡层在低温预处理过程中逐渐退化解体；第三，使绝大多数小孢子保持其生活力。到目前为止，此观点已得到大多数学者的认可。

供体植株水平上进行的各种处理：如果对供体植株进行低温、短日照、氮饥饿及喷洒生长物质、乙烯利等预处理，能干扰或者阻止营养物质的合成或运输，从而影响母体的营养状态，尤其是在花粉发育过程中更为重要，这些因素的最终结果导致花粉粒饥饿，从而提高花药内 P-花粉的比率，表现在提高花药培养的效果。

3）培养基

在花粉培养中添加一些物质，有促进生长的作用。培养基一般选用 Nitsch 作为基本培养基，其中含有硝酸钙、硫酸、柠檬酸铁、酵母浸出液和椰乳等。

4）花粉培养途径

（1）浅层液体培养途径。通常用 3～6 cm 直径的小培养皿，其中注入 1～2 mL 含有 10^4～10^5 个/mL 的花粉悬浮液体培养液，用石蜡膜密封后让其在适宜条件下进行静置培养；也可以在小培养皿底部先加入一层固体培养基，然后再注入一薄层的花粉悬浮液体培养基进行静置培养。

（2）看护培养途径（图 5.7）。在装有 50 mL 液体培养基的培养皿中，用解剖针撕开花药释放花粉，形成花粉悬浮液，最后稀释成每 0.5 mL 培养基中含 10 个花粉粒的细胞悬浮液备用。看护培养时，把花药放在琼脂培养基表面上，然后在每个花药上覆盖一小块圆片滤纸。用移液管吸取一滴已准备好的花粉粒悬浮液，滴在每个小圆片滤纸上，在 25 ℃和一定光照强度下培养，一个月左右长出细胞群；看护培养的可能机制是完整的花药发育过程中释放出有利于花粉发育的物质，并通过滤纸供给花粉，从而促进了花粉的发育。

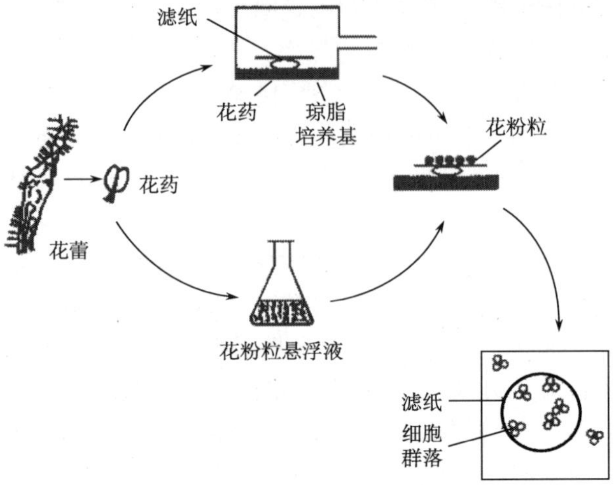

图 5.7　花粉看护培养

（3）微室培养途径（图 5.8）。微室培养途径是由 Jones 等设计的，其中用条件培养基代替看护组织，将细胞置于微室中进行培养。这个方法的主要优点是在培养过程中可以连续进行显微观察，把一个细胞的生长、分裂和形成细胞团的全部过程记录下来。具体做法是：先将悬浮培养物取出一滴只含有一个单细胞的培养液，置于一张无菌载片上，在这滴培养液的四周与之隔一定距离加上一圈液体石蜡，构成微室的“围墙”，在“围墙”左右两侧再各一滴液体石蜡每滴之上置一张盖片作为微室的“支柱”，然后将第三张盖片架在两个“支柱”之间，构成微室的屋顶，于是那滴含有单细胞的培养液就被置于微室之中。构成“围墙”的液体石蜡能阻止微室中水分的丢失，但不妨碍气体的交换，最后把上面筑有微室的整张载片置于培养皿中进行培养，当细胞团长到一定大小以后，揭掉盖片，把组织转到新鲜的液体或半固体培养基上培养。培养的花粉形成胚有两条途径：一是花粉核分裂产生营养核和生殖核，以后生殖核退化，营养核则继续分裂 23 周，形成多核花粉，由此形成多核的原胚；二是花粉核直接分裂，再形成胚。

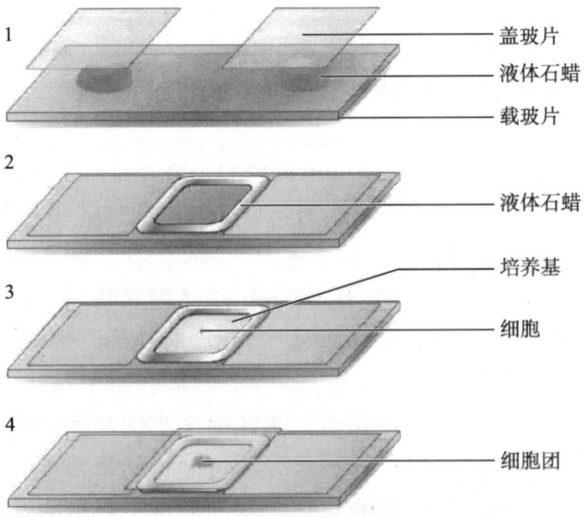

图 5.8　微室培养途径（http://nhjy.hzau.edu.cn/kech/xbgc/md/index.asp?id=2）

5）再生小植株的驯化和移植

通过花粉和花药培养所获得的单倍体植物非常娇嫩，移植关很难度过。花粉和花药培养均可产生再生单倍体植株，但花粉培养是通过胚状体阶段分化发育为单倍体植株；而花药在诱导培养基上，先形成愈伤组织，再诱导分化成植株（图 5.9）。花药培养获得的再生植株可能是花粉发育再生的单倍体也可能是来源于花药壁、绒毡层等的体细胞再生的二倍体。要想顺利通过这一关需采用逐步过渡的方式，使其适应从异养到自养。

（1）苗驯化：恢复叶绿体功能。各类试管苗的驯化期因植物种类的不同而不同，如柑橘驯化期为 40～45 d，茄子、青椒为 30～35 d，菊花为 20～30 d 等。

（2）培养基冲洗干净，防微生物侵染。

（3）从培养基到土壤，注意营养土配方的筛选。

（4）移植后保持高的空气湿度和低的土壤湿度。

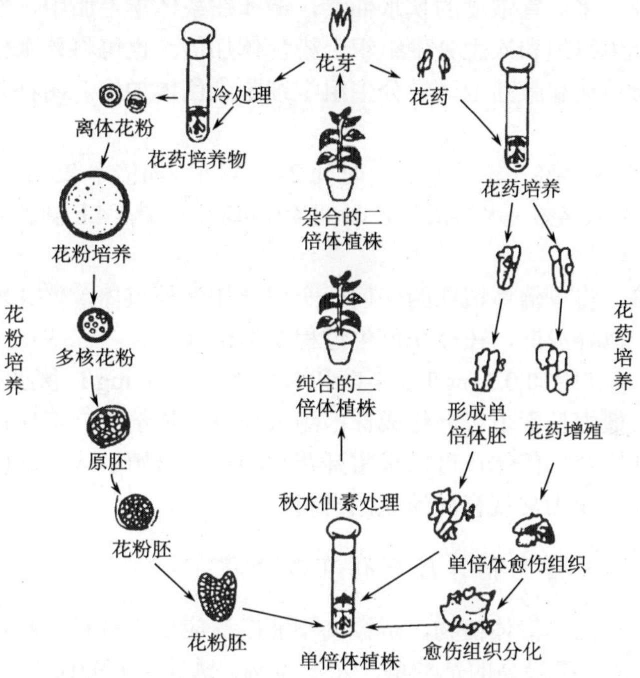

图 5.9　花药和花粉培养诱导单倍体植株的途径

5.4　单倍体植株的染色体加倍

5.4.1　染色体加倍的意义和途径

（1）意义。离体条件下，由花粉发育而来的植物，其染色体只有一套，减数分裂不能形成正常配子。故单倍体是不育的，无法传代。对单倍体植物进行染色体加倍，使其成为可育的二倍体，成为很重要的一个环节。

（2）途径。单倍体植物染色体加倍用得最多的是化学诱变法，常用的诱变剂有秋水仙素、富民农（甲苯磺硫胺基苯汞）、对二氯苯、羟基喹啉等，其中，加倍效果最好的是秋水仙素。

地中海一带生长的一种百合科植物名叫秋水仙，秋水仙素是由秋水仙的种子和球茎提取出来的物质，分子式为 $C_{22}H_{25}NO_6$；能溶于水、乙醇、三氯甲烷，可阻止细胞有丝分裂时纺锤丝的形成。

5.4.2 染色体加倍的方法

5.4.2.1 单倍体植物染色体加倍技术

（1）小苗浸泡法。将再生小植物从试管中取出，在无菌条件下用秋水仙素直接浸泡，然后再转移至新鲜培养基中培养。

烟草：浓度 0.2%～0.4%，时间 24～48 h，加倍率 35%。

大麦：浓度 0.01%～0.05%，时间 1～5 d，加倍率 40%～60%。

（2）生长锥处理。将适宜浓度的秋水仙素，调和在载体羊毛脂中，然后将羊毛脂涂抹在单倍体植物的顶端分生组织和次生分生组织上染色体加倍。也可将秋水仙素配成水溶液，用浸满溶液的棉球置于顶芽和腋芽上诱导分生组织细胞染色体加倍。两种方法均需加盖塑料布（纸）以防蒸发。

烟草：浓度 0.2%～0.4%（羊毛脂），时间 24～48 h，加倍率 25%。

茄子：浓度 0.2%～0.4%（水溶液），时间 40～42 h（每隔 4 h 滴加一次水溶液），加倍率 87.5%。

（3）培养基加倍。将单倍体植株的任何一个部分作为外植体，使其培养在附加一定浓度秋水仙素的培养基中诱导成株，在植株再生过程中加倍。

例：烟草茎、叶柄在附加 0.1 mg/L 2,4-D 和 KT 及 10～20 mg/L 秋水仙素的培养基上，经过 2 个月后时间转入低生长素下可分化成株；绝大部分可加倍成二倍体植株。单倍体植株一旦加倍成功就是一株纯合二倍体，可以正常开花、结实、繁殖后代。这样的材料可直接试管繁殖应用于生产，或者作为常规育种的原始材料。

5.4.2.2 有关花药培养及单倍体应用存在的问题

通过花药培养获得的单倍体植物，至今尚不能广泛应用于育种，存在如下问题。

（1）诱导率低。诱导率最高的是烟草，大于 30%，诱导率低的仅为千分之几，甚至更低。

（2）体细胞（花丝、药壁、药隔）干扰问题，需探索新的快速鉴定方法。

（3）倍性变异（自发加倍）。由于核内复制，核融合如何有效控制，从而达到控制不利变异和利用有效变异的目的。

（4）药壁绒毡层细胞对花粉发育的作用。如何用人工合成培养基代替绒毡层的作用还不十分清楚，目前培养基成分带有一定盲目性。

（5）白化苗问题。在禾本科作物（小麦、水稻、大麦）、百合科作物（石刁柏）、茄科（烟草、曼陀罗）均有发现白化苗现象，只不过严重程度不同而已，禾本科较为严重。

5.5　花粉植株的倍性鉴定

5.5.1　植物倍性间的差异

5.5.1.1　对花粉再生株群体进行鉴定的必要性

单倍体植物经染色体加倍处理后，一般要经过倍性鉴定才能确定染色体加倍与否及加倍的数目。倍性鉴定既可通过形态差异，也可通过仪器检测细胞内染色体数目变化来进行。

（1）体细胞干扰。目前获得单倍体主要依靠花药培养的方法。花药结构很复杂，外有药壁，内有药隔，花粉分布于药囊内，而整个花药又与花丝相连。药壁、药隔、花丝都是体细胞，具有双套染色体，在离体培养条件下，同样能够诱导成株，但都是二倍体，将会干扰对单倍体的识别。

（2）生殖细胞的自发加倍。由于核内有丝分裂不正常，形成不完全的细胞壁，造成核分裂与细胞壁形成不同步，而发生核融合的现象。由生殖核核内复制或由营养核和生殖核同时进行核内的复制，引起自发加倍。因此由花药培养所获得的植株群体，其倍性极其复杂，复杂性不仅表现在花粉和药壁、花丝体细胞间，还表现在花粉（小孢子）本身。

5.5.1.2　植物倍性间的差异比较

单倍体或二倍体经染色体加倍处理后，所形成的植株与原植株无论在形态，还是在细胞内部结构都将产生明显的差异。例如，将烟草单倍体加倍后，所产生的二倍体烟草在外部形态上发生了明显的变化（表 5.6）。

表 5.6　单倍体与二倍体烟草植株形态特征的比较

项 目	叶片大小		花的大小		花丝比	花药	气孔大小		染色体
	长/cm	宽/cm	长/cm	宽/cm	柱头	大小	长/μm	宽/μm	数目
单倍体	36.5	10.5	5.34	2.92	短	较小	28.83	19.00	24
二倍体	37.3	13.1	5.90	3.15	长	较大	39.37	33.88	48

烟草单倍体植株与二倍体植株相比，二倍体植株叶片长与宽均大于单倍体；单倍体的花药小而瘪，二倍体的则较大，且其内充满淡黄色的花粉；单倍体的花丝比柱头短，而二倍体的花丝比柱头长；从花序看，单倍体的花序比较紧，花多，而二倍体的花序疏松，花较少；气孔差异则更大，单倍体气孔平均长度为 28.83 μm，相当于二倍体气孔平均长度 39.37 μm 的 73.2%，单倍体气孔平均宽度仅相当于二倍体气孔宽度的 56.1%。可见，从形态上很容易将单倍体与二倍体区分开。

对于二倍体与多倍体来说，两者的差异也极为明显。多倍体往往呈现出巨型性，其叶、花、果实、种子、气孔、花粉粒，甚至整株均比二倍体大得多。这是由于多倍体的每个细胞的容积比二倍体增大的缘故。由于多倍体细胞内生长素含量少，细胞分裂速度慢，使其生长速度下降，导致多倍体抽穗开花期延迟。多倍体一般较二倍体具有较强的抗逆性。例如，西瓜四倍体品种对枯萎病具有很强的抗性；同源四倍体萝卜对普通根肿病的抵抗力高于二倍体。从地理分布看，二倍体蔷薇属植物主要分布于北半球的热带和亚热带，四倍体则向北推移，八倍体可分布在寒带，表明多倍体的抗寒性较强。从结实率看，多倍体的结实率均低于二倍体。例如，四倍体番茄果实内的种子仅 10～30 粒，而二倍体种子多达 100～170 粒。当然，实践证明，有的四倍体植物的结实率并不比二倍体低，而且在同一材料中其结实率也存在很大的差异。

5.5.2 植物倍性鉴定方法

植株倍性鉴定的方法主要有直接鉴定法和间接鉴定法。

5.5.2.1 直接鉴定法

直接鉴定法即染色体计数法，这是确定倍性最基本和最可靠的方法。通常以根尖、茎尖、幼叶、叶片愈伤组织或卷须为材料，采用压片法和去壁低渗法进行染色体标本制备，需用卡宝品红、醋酸洋红或铁矾-苏木精等染色液进行染色、镜检和计数。根据根尖或减数分裂中期染色体数目和染色体行为鉴定单倍体（n）、二倍体（$2n$）、三倍体（$3n$）、四倍体（$4n$）；是否有落后染色体、染色体桥等染色体异常行为等。

5.5.2.2 间接鉴定法

1）植株形态鉴定

（1）植株外貌特征（形态特征鉴别）。植株特征：株高、开展度、叶片宽窄。花器特征：花朵大小、柱头长短。单倍体：植株瘦弱、叶片窄小、花小柱头长。二倍体或二倍体以上的植株：植株健壮、叶片宽大、花大柱头短。

（2）结实性。单倍体植株：开花、不结实。二倍体植株：开花、正常结实。三倍体植株：开花、不结实。四倍体植株：开花、部分结实。非整倍体：开花、不结实。

（3）花粉粒着色和大小。单倍体和三倍体：花粉败育，不着色。二倍体：花粉正常、着色好。四倍体：部分花粉粒发育良好，着色。花粉粒大小亦不同，如茄子单倍体花粉粒径 11.06～22.20 μm，平均 16.63 μm，二倍体平均花粉粒径 23.87 μm。

（4）气孔大小数目。以茄子为例，单倍体：长 18.11 μm，宽 11.45 μm。二倍体：长 21.09 μm，宽 17.76 μm。倍性越高气孔越大，单位面积气孔数目越少。

2）杂交鉴定法

（1）自交鉴定。适用于自花授粉植物，目的是区别体细胞再生株和生殖细胞再生株。方法是各自都作自交，若是花粉自发加倍二倍体为纯合二倍体，后代群体不分离；若是体细胞来源的二倍体，为杂合的二倍体，后代群体分离。

（2）测验杂交鉴定。适用于雌雄异株植物，如石刁柏、啤酒花，猕猴桃等。例如，石刁柏雌雄异株，性别由 L_6 一对独立基因控制。自然群体中雌株和雄株的比例为 1∶1。雌株基因型为 mm，雄株基因型为 Mm。由雄株的花药培养可以得到来源于花粉的两种基因型植株（mm 和 MM）。来源于花粉的 MM 型雄株和来源于体细胞的 Mm 型雄株两者表现型没有区别，只能通过测验杂交法进行区分。方法：使雄株和雌株杂交，从 F_1 代分离比例来判断亲代雄株的基因型。若 F_1 代植株性别表现 100%雄性，证明双亲之一的雄亲来源于小孢子细胞。

3）生理生化指标鉴定

植物倍性的差异引起生理特性的改变，导致生理生化指标的相应改变，可作为鉴定植物倍性的依据，如持水量、渗透压、呼吸作用、含糖量、维生素含量、矿物质含量、氨基酸含量、光合速率、蒸腾速率及同工酶谱带变化等。张建军等在研究莳菜时发现，四倍体莳菜氨基酸含量比二倍体的高 9.35%，而四倍体番茄的维生素 C 含量比相应的二倍体的含量高。程心旻等对白术同源四倍体及其二倍体过氧化物酶的比较研究发现，与二倍体相比，白术四倍体 POD 同工酶谱带中出现了一条新谱带 Rf 0.31，而且酶谱的其他谱带也不尽相同；四倍体总过氧化物酶的比活性变化也很大。生理生化指标具有相对性，在同一倍性水平的不同品种间也存在差异，依据生理生化指标仅在一些特定植物的特定指标上进行初步判断。

流式细胞分析法倍性测定

流式细胞分析法测定原理为，细胞经荧光染料染色后，在一定波长的光照下可以发出荧光，荧光强度与细胞的 DNA 含量成正比。通过测定染过色的细胞发出的荧光强度就可测得其 DNA 的相对含量（即倍性水平）。具体的操作分为两步：①材料及细胞核准备，将新鲜材料置于含有对 DNA 特异性的荧光染料 DAPI 的缓冲液内，用剃须刀切碎，悬浮液经 20～40 μm 尼龙网过滤，调整细胞核密度至 10 万～30 万个/mL。②用流式细胞分析仪（flow cytometer）检测每个细胞核的荧光信号强度，并经仪器自动分析。DNA 含量与荧光信号强度成正比。细胞核的倍性最后以 *C* 值表示，1*C* 表示细胞核为单倍体，2*C* 表示细胞核为二倍体，以此类推。

利用流式细胞分析仪的特点是快速、简便、准确。准备好的细胞核样品在数分钟内即可完成测定和分析，所以特别适合于样品较多的倍性检测分析。

5.6　花药（或花粉）培养白化苗问题

虽然花药培养技术的操作过程并不复杂，但在实验中常常会遇到一些问题。通常在禾谷类植物花药及花粉培养产生愈伤组织分化的小植株中，除正常的绿色植株外，还经常伴有不同比率的缺绿植株，这类缺绿植株称为**白化苗**（**albino**）。缺绿的情况由完全的白色到不同程度的淡黄色，这些植株即使始终置于异养条件下，最终也不能形成正常的雌雄配子。由于花药（花粉）培养过程中出现了比例很大的白化苗，大大降低了培养功效，在一定程度上影响了新品种选育，浪费了人力和物力等。因此，研究白化苗的成因，有的放矢地寻求减少花粉白化苗发生的方法就成为花培技术中急需解决的问题之一。在花粉植株中，白化苗所占比例与接种材料的基因型有关。除基因型外，很多报道还证明培养基的某些成分、培养条件和供体植株的生理状态对白化苗产生的频率有强烈影响。

关于花培过程中白化苗的成因，目前有几种解释：①认为白化苗的出现为隐性白化基因纯合后的表现结果；②认为白化苗的产生为基因突变的结果；③认为是基因活动的交替现象；④认为是叶绿素的合成受阻。

5.6.1　培养基的影响

大量实验表明，培养基对愈伤组织分化绿苗或白化苗的影响主要发生在诱导培养基中愈伤组织发生阶段，受分化培养基的影响较少。在诱导培养基的各种成分中，对白化苗比例高低影响最大的因素是激素的水平和种类。一般而言，用 NAA 作为启动激素，愈伤组织分化白化苗的频率高于用 2,4-D 作为启动激素；但当 2,4-D 浓度高于某一限定值时，所产生的愈伤组织也可以分化成白化苗。低浓度的 Fe^{3+}可减轻白化苗的发生频率，另外也发现高浓度蔗糖培养基易导致白化苗产生，如任慧莉（2002 年）研究发现小麦花药培养，在 60 g/L、80 g/L 和 100 g/L 的培养基蔗糖浓度下，白花苗成苗率分别为 21.1%、25%和 27%。

5.6.2 培养温度的影响

花药培养时期温度的高低与愈伤组织分化白化苗频率有密切关系。在水稻上，当培养温度超过 30 ℃时，所产生的愈伤组织分化出来的小植株大部分为白化苗。用高温预处理（如 26～35 ℃）所产生的愈伤组织分化的小植株基本上是白化苗，而低温（10 ℃）预处理却成倍提高了绿苗分化率。

5.6.3 白化苗的细胞学和生理生化研究

花粉愈伤组织大多数或只分化绿苗，或只分化白化苗，只有少数同时分化白化苗和绿苗，这种特性似在早期形成，以后保持相对稳定性。在扫描电镜下，观察到分化绿苗的愈伤组织，分生组织结构致密、细胞呈圆形或椭圆形、内含物丰富；分化白化苗的愈伤组织，分生组织结构较前者疏松、细胞由于内含物较少，呈不同程度的内陷，细胞壁弯曲度较大，其上有粗细分支明显的皱纹，而且在显微结构中未看到有正常发育的叶绿体。在叶片细胞中，除质体发育受阻外，没有看到细胞器结构上的异常变化，质体发育障碍主要表现在多层结构系统不能正常形成。分子水平上的研究表明：白化苗中质体核糖体的 23S RNA 和 16S RNA 不存在或含量很少。

5.7 离体花药和花粉培养实验

5.7.1 实验目的

花药培养是将花粉粒发育到一定阶段的花药接种到培养基上进行离体培养，以改变花药中花粉细胞（粒）的发育途径而获得花粉植株的技术。由于花粉细胞（雄性细胞、小孢子）的染色体数仅为花粉母细胞或体细胞染色体数（$2n$）的一半，故称为单倍体细胞（n）。由花粉细胞产生的花粉植株即单倍体植株，经人工或自然加倍便成为纯合二倍体。将杂种一、二代（F_1、F_2）的花药（或花粉）进行培养并加倍，可获很大量无分离的纯合二倍体，从而实现对杂种后代的早代选择，缩短育种年限。同时因单倍体植株只有一套染色体，无显性性状对隐性性状的掩盖而有利于隐性基因性状的表达与选择。我国利用花药培养开展水稻新品种选育十分成功。本次实验目的是学习烟草、水稻花药接种培养技术，熟悉所需设备和实验条件。

5.7.2 实验材料和用品

1）实验材料

烟草的花蕾(花粉处于单核期)、水稻穗、小麦穗（花粉处于单核中期）。

2）试剂药品

各种 MS 母液、激素母液(2,4-D、NAA、KT、6-BA、IAA)、蔗糖、琼脂、5%次氯酸钠溶液、0.5%醋酸洋红、70%乙醇、蒸馏水、无菌水、0.1 mol/L NaOH、0.1 mol/L HCl、1% I_2-KI 溶液、0.1%升汞或饱和漂白粉上清液。

3）实验设备

超净工作台、灭菌锅、冰箱、生化培养箱、酸度计、电炉、光学显微镜、离心机、血球计数板、解剖针、接种环、剪刀、长镊子、滴管、烧杯（20 mL、500 mL）、培养皿、盖玻片、载玻片、酒精灯、移液管、滤纸、塑料袋、纱布、玻璃棒、脱脂棉等。

5.7.3　实验方法与步骤

5.7.3.1　烟草花药培养

（1）采集花蕾与预处理：摘取花冠长度为 21～23 mm 的花蕾，置于 7～8 ℃低温下预处理约 12 d。

（2）培养基配制与灭菌：分别配制以下培养基，瓶装并灭菌：MS+2%蔗糖+（0.6%～0.8%）琼脂、MS_0 和 1/2 MS+2%蔗糖+0.5%琼脂。

（3）材料消毒：将花蕾用 5%次氯酸钠溶液灭菌 10 min，无菌水漂洗 3 次，然后在解剖镜下用镊子和解剖针仔细剥开花蕾，取出花药。

（4）花粉发育时期确定及接种：每组取出一个花药，用醋酸洋红染色，压片镜检，确定花粉发育时期。若处于单核期，将其他花药在无菌条件下，用镊子将雄蕊上的花药轻轻从花丝上摘下，水平地摆放在培养基上。花药接种程序见图 5.10。接种密度宜高，以促进“集体效应”，有利于提高诱导率。

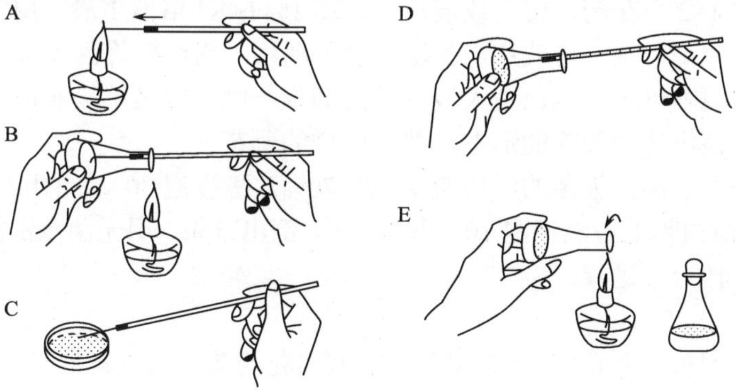

图 5.10　花药接种程序

A.接种针消毒；B.冷却接种针；C.取花药；D.接种；E.瓶口消毒及封口

（5）培养：培养基可采用 MS+2%蔗糖+（0.6%～0.8%）琼脂。若用液体培养，可采用不加琼脂的 MS_0 培养基。将花药在 25 ℃条件下培养，光培养和暗培养均可。2～3 周后可形成幼龄的花粉胚，4～5 周后花粉胚形成小植株，这时需采用光培养，连续光照。当小植株长到 3 mm 左右时，用镊子小心取出，剥去花药组织，转入生根培养基。生根培养基为 1/2 MS+2%蔗糖+0.5%琼脂。要求光照 12 h/d，光照强度 5000 lx。

（6）倍性鉴定：当植株长到适当大小时，取根尖用醋酸洋红染色观察，进行倍性鉴定。

5.7.3.2　水稻花药培养

1）培养基配制

按表 5.7 中的配方配制培养基，分装到大试管（或三角瓶）后，高压消毒灭菌，备用。

表 5.7　水稻花药培养基

培养目的	基本培养基	生长调节物质/(mg/L)	蔗糖/%	备注
诱导愈伤组织形成花粉胚	N_6	2,4-D，2.0	4～6（麦芽糖 6）	
	简化马铃薯培养基	2,4-D，2.0	6	
愈伤组织分化绿苗	N_6	KT 1.0+IAA 2.0	3	愈伤组织直径 1.5～3 mm 时诱导率最高

2）幼穗采集

水稻花药培养应采用花粉单核中晚期的花药，此时为水稻孕穗期（圆秆期），幼穗颖花宽度已达最终大小，颖壳颜色呈淡黄绿色，较幼嫩，用镊子夹取时易横向断裂；雄蕊长度达颖壳长度的1/3，花药淡绿色。按照幼嫩颖花的上述特征，从田间选取稻穗，剪去叶片，将带叶鞘的幼穗基部用湿润纱布包好，放入塑料袋，带回室内。

3）材料预处理

将装有稻穗的塑料袋口扎好，置 10 ℃下处理 2～4 d，（可放置到 14 d），以提高花粉胚和愈伤组织的诱导率。

4）花粉镜检及材料消毒

用酒精棉球擦拭处理后的材料，表面消毒，剥去叶鞘。对不同部位颖花镜检其花粉发育时期。每朵颖花取 1~2 个花药，置于载玻片上，加 1% I_2-KI 溶液 1 滴，用镊子（解剖针）捣碎花药壁去掉花丝残渣，盖上盖玻片，在显微镜下观察。花粉粒黄色（表示尚未积累淀粉），细胞核颜色较深，清晰可辨，核已被大液泡挤向细胞一侧，即是单核靠边期（花粉单核中晚期）。按照典型单核靠边期颖花的形态，剪下适合的颖花。

将剪下的颖花置于高压灭菌的广口瓶中，用 70%乙醇浸泡 30 s，再用 0.1%升汞浸泡消毒 7～8 min（或饱和漂白粉上清液浸泡 10～20 min），倒出升汞，用无菌水洗涤 4～5 次，备用。材料消毒在超净工作台上进行。

5）接种培养

超净工作台上用长（枪形）镊子刺破颖壳，取出花药放入消过毒的垫有滤纸的培养皿中，用接种环（或镊子）蘸取花药转入培养基，均匀摆放在培养基表面。每瓶（50 mL 三角瓶）可放置花药 80～100 个；若用试管盛培养基，则每试管可放约 15 个花药。每接完一瓶（管），将瓶（管）口在酒精灯火焰上旋转灼烧一下，再盖上棉塞或封口膜，标记好接种日期、培养基代号等。注意更换培养皿中滤纸，为防花药失水过快，可以无菌水浸润滤纸。

5.7.3.3　小麦花药培养

（1）用醋酸洋红染色涂片镜检，选取花粉处于单核中期的小麦穗子，其外部形态为旗叶叶耳和旗叶下一叶的叶耳间距为 10～20 cm（依品种和气候条件而异）。

（2）将叶子剪掉，只留下包裹穗子的叶鞘，用湿纱布包好，罩以塑料袋，或将穗子插入烧杯的水中。置于 3~5 ℃的冰箱中冰冻预处理 3～5 d。

（3）用脱脂棉球蘸 70%乙醇擦拭叶鞘，在无菌条件下剥取花药，按种到含 2,4-D 2 mg/L 的 N_6 培养基上，培养基的蔗糖浓度为 6%。

（4）接种好的花药置于 25～28 ℃的培养室中培养，或先在 33 ℃的温箱中培养 3～5 d 再转到 28 ℃的培养室中培养，培养室中可以不加光照。

（5）当愈伤组织生长到 0.5～2.0 mm 时，将其转移到含 NAA 0.2 mg/L 和激动素 1 mg/L 的 N_6 分化培养基上（蔗糖浓度 8%），进行根芽分化。转移后的愈伤组织置于加有人工照明的培养室中，培养室的温度以 25 ℃为宜。

（6）当再生植株长出发达的根系后（注意根不要长得太长），即可由试管移栽至土中。移栽时小心将小苗由试管中取出，用水轻轻洗去根部的培养基，栽入透气良好的土壤中。移栽后浇透水，一周内罩以烧杯保持湿度。影响小麦花粉植株移栽成活的主要因素是温度，夏天高温季节很难成活，而在秋季凉爽气候下移栽成活率很高。

本章小结

高等植物的单倍体指的是含有配子体染色体组成的孢子体（n）。单倍体可以通过自然产生和人工诱导获得。自然产生一般是由不正常的受精过程产生的，即由孤雌生殖、孤雄生殖、无配子生殖等方式产生的。自然产生单倍体出现的频率很低。近年来，由于组织培养技术的发展，人们一般采用人工诱导或种属间杂交产生单倍体，主要包括花药培养、花粉培养、异源种属花粉诱导、迟授粉诱导、化学药剂处理诱导、体细胞染色体排斥、异种属细胞质——核替代系、辐射诱导、双生苗和半配合 10 种途径获得。其中花粉和花药培养是获得单倍体的主要方法。其他方法获得单倍体的数量有限。花药培养是把发育到一定阶段的花药接种到培养基上来改变花粉的发育程序，使其分裂形成细胞团，进而分化成胚状体，产生再生植株或形成愈伤组织，由愈伤组织再分化成植株。一般选择花粉母细胞发育到单核期的花药。但不同植物物种的花药选择时期有所不同。花粉培养是指把花粉从花药中分离出来，以单个花粉粒作为外植体进行离体培养的技术。花粉培养可以避免花药的药隔、药壁和花丝等体细胞的干扰，但培养条件较苛刻。

单倍体植株经染色体加倍后，在一个世代中即可出现纯合的二倍体，从中可筛选出优良纯合系，这些优良性状后代不分离，表现整齐一致，隐性基因控制的性状也能在当代表现出来。所以单倍体培养在遗传研究和植物育种中有重要意义。

花药和花粉培养的离体条件是，花粉偏离体内时的正常发育而转向孢子体发育，从而形成胚状体或愈伤组织，再生单倍体植株，这被称为雄核发育。一般来说，在花粉单核期适于诱导雄核发育。根据小孢子第一次有丝分裂方式的不同，雄核的发育有 A 和 B 两条途径。A 途径是指单核小孢子先进行一次正常的非均等分裂，形成一个大的营养细胞和一个小的生殖细胞。B 途径中，小孢子第一次有丝分裂为均等分裂，形成大小相近的两个细胞，又称为小孢子发育途径。 A途径中根据营养细胞和生殖细胞最初的几次分裂情况，又分为 5 种不同的发育途径，即 D 途径（形成多核体）、A-V 途径（营养细胞发育途径）、A-G（生殖细胞发育途径）、A-VG（生殖细胞和营养细胞共同发育途径）和 C 途径（营养细胞和生殖细胞核融合发育途径）。无论小孢子早期通过哪一种分裂途径，每个反应的花粉粒最终都会变成多细胞花粉粒。该多细胞花粉粒通过胚状体发育途径或器官发生途径形成植株。

雄核发育受许多因素的影响，主要有以下几种：一是供体植物的基因型。二是供体植株的生长条件和生理状态。三是花粉发育时期。四是药壁因子。五是材料的预处理。六是培养基的类型、碳源及生长调节物。七是活性炭。八是培养条件，主要是温度和光照。

花药和花粉培养是人工诱导单倍体的主要途径，从严格的组织培养意义上讲，花药培养属于器官培养的范畴，而花粉培养属于细胞培养的范畴，但两者的培养目的相同，都是为了获得单倍体。离体条件下，小孢子发育途径主要有对称途径和不对称途径两种，后者又可分为生殖细胞发育途径、营养细胞发育途径和生殖细胞-营养细胞发育途径三种。影响花粉、花药培养的因素主要有基因型、植株生长条件和生理状态、花粉发育时期、预处理、培养基和培养条件等，其中基因型是关键的影响因素之一。花粉的分离与培养具有多种方式，花粉植株倍性复杂，需要进行倍性鉴定。对单倍体植株需经过加倍成为双单倍体植株，以便进一步研究利用。

在花药（或花粉）培养诱导获得的再生植株中有一定比例白化苗出现，白化苗所占的比例与材料的基因型有关，影响白化苗的外界条件主要是培养基的成分、培养温度等。

思考题

1. 名词解释：单倍体，双单倍体，雄核发育，花粉培养，花药培养。
2. 人工诱导获得单倍体的途径有哪些？
3. 单倍体培养的意义及在生产中的作用有哪些？
4. 雄核发育的机制是什么？有哪些发育途径？
5. 什么是雄核发育？影响雄核发育的因素有哪些？
6. 花药培养产生的植株染色体倍性如何?其产生的原因是什么?
7. 简述单倍体植株染色体的加倍方法。

第 6 章　植物胚胎培养

植物胚胎培养在植物育种中的应用已经有一个世纪的历史，指胚或具胚器官在离体无菌条件下发育成幼苗的技术，主要包括成熟胚培养、幼胚培养、子房培养、胚珠培养、胚乳培养和离体授粉技术。成熟胚培养是指子叶期至发育成熟期的胚的培养。成熟胚培养属于自养型，只需极简单的含无机盐和糖的培养基。幼胚培养是指胚龄处于早期原胚、球形胚、心形胚、鱼雷形胚的培养。未成熟幼胚完全是异养的，离体条件下培养要求培养基成分复杂。胚珠、子房培养是将胚珠、子房从母体植株分离，在无菌的人工环境条件下，使其进一步生长发育形成幼苗的技术。胚乳培养是指将胚乳组织从母体上分离出来，通过离体培养技术，使其发育成完整植株的技术。离体授粉是指将雌蕊、子房或胚珠置于无菌条件下离体培养，在适宜的时机进行人工授粉，使花粉萌发产生的花粉管进入胚珠从而完成受精过程，并继续无菌培养直至产生种子。

植物的胚胎培养具有重要的应用价值。在植物育种中，远缘杂交的一个难点是杂交不孕现象，不孕的原因可能是杂交不亲和，也可能是幼胚败育，对于杂交不亲和可以通过离体授粉技术解决，对于幼胚败育则可采用幼胚、胚珠和子房培养等胚培养技术进行挽救。通过胚胎培养可以对植物进行快速繁殖，还可以为植物转基因筛选受体材料。另外，通过胚乳培养，可获得被子植物三倍体植株；通过未受精胚珠和子房培养，获得单倍体植株。

6.1　胚胎培养的内容及意义

胚胎培养在植物育种中的应用已经有一个世纪的历史。1904 年，Hanning 最早在被子植物辣根菜和萝卜中进行了离体胚胎培养实验，发现离体胚可以充分发育，并证明未成熟和成熟的胚之间没有明显的差别。胚胎培养方法的进一步发展则是受了 Laibach 的推动，他首次在宿根亚麻与奥地利亚麻的种间杂交中证实了这种方法在实用上的重要价值，将败育胚培养成活。

植物**胚胎培养**（**embryo culture**）指胚或具胚器官在离体无菌条件下发育成幼苗的技术，包括成熟胚培养和幼胚培养，广义胚胎培养还包括子房培养、胚乳培养和离体授粉等技术。**成熟胚培养**（**mature embryo culture**）一般是指子叶期至发育成熟的胚的培养。成熟胚培养属于自养型，只需极简单的含无机盐和糖的培养基。**幼胚培养**（**immature embryo culture**）是指胚龄处于早期原胚、球形胚、心形胚、鱼雷形胚的培养。未成熟幼胚完全是异养的，离体条件下培养要求培养基成分复杂。

6.1.1　克服远缘杂交不亲和性和幼胚败育

远缘种间或属间杂交是植物育种的重要手段，尤其是在长期品种杂交单向选择造成基因贫乏的状况下，远缘杂交引入新的基因资源更加必要。但是远缘杂交的一个难点是杂交不孕现象。不孕的原因可能是杂交不亲和，也可能是幼胚败育，对于杂交不亲和可以通过离体授粉技术解决，对于幼胚败育则可采用幼胚、胚珠和子房培养等胚培养技术进行挽救。另外，通过胚乳培养，可获得被子植物三倍体植株，通过未受精胚珠和子房培养，获得单倍体植株，在育种工作中也具有一定意义。

植物无核、早熟等性状与胚败育是相关的，因此必须借助胚胎培养技术，挽救败育的杂交种子才能获得优良品种幼苗，如无核葡萄、早熟果树等。例如，利用胚胎拯救（embryo rescue）技术获得远缘杂种，促使发育不良或中途败育的胚发育成熟。

植物胚胎败育解剖学原因

有些植物在生殖过程中往往因为各种原因而得不到正常的胚，从而败育，这种胚胎败育现象在植物中比较常见，也是导致种子败育的直接原因。从目前对胚胎败育的解剖学研究来看，胚胎败育的原因很多，主要原因有以下几点。

(1) 雄性败育。雄性败育的主要表现形式是花粉败育。花粉败育的形式主要有没有孢原细胞的分化；造孢细胞粘连；花粉母细胞减数分裂不正常，胼胝质异常解体，不能形成正常的四分体；药壁发育异常与花粉败育有着十分密切的关系，常见的药壁发育异常现象有绒毡层细胞液化、肥大增生、提早或延迟解体，以及不能形成纤维素外壁、花药不开裂等。

(2) 雌性败育。雌性败育的情况更为复杂，形式也更为多样，从孢原细胞到胚发育成熟前的各个阶段都有可能发生败育。

(3) 授粉受精不良。授粉受精不良表现为花粉落在柱头上不萌发，或者即使形成花粉管，但生长缓慢，不能及时进入胚囊完成受精。

(4) 合子发育不良及胚乳败育。对被子植物而言胚和胚乳是双受精的产物，也是有性生殖的最终产物，但如果在合子和胚乳的发育过程中出现异常情况，最终同样会导致胚胎败育。

6.1.2　打破种子休眠、提高种子萌发率、缩短育种周期

如红豆杉属植物的种子休眠期较长，在自然条件下要 1～2 年才能萌发，且萌发率低、萌发时间不整齐，利用胚的体外培养技术对中国红豆杉和短叶红豆杉进行离体胚培养，可使其在几个月内发芽、成苗，为大规模种植提供了一条快捷途径。

6.1.3　成熟胚培养快速繁殖

许多珍稀植物具有较高的实用价值，人们对这些植物的需求量大，但野生资源的过度采集对物种的保护及多样性都有很大的影响，为了克服这一供求矛盾，加速人工繁殖是首要的选择，利用成熟胚培养是加速繁殖速度的途径之一。例如，牡丹的传统繁殖方式为播种、嫁接和分株，但分株、嫁接方式繁殖严格受时间限制，从而造成牡丹名优品种繁殖率低，限制了牡丹的繁育和育种进程及商品化生产，通过成熟胚培养技术可以快速打破种子休眠，实现该植株的快速繁殖。

6.1.4　通过胚胎培养筛选转基因受体材料

小麦、玉米是世界上重要的粮食作物，随着社会经济的发展及人们生活水平的提高，对

其抗性增加、品种改良及产量提高的研究显得尤为重要。近年来经过科技工作者的努力，生物技术已成为改良物种品质的重要途径之一，筛选出适宜的转化受体及基因型，对于提高转化率具有重大的理论和现实意义。小麦、玉米幼胚不仅具有较高的愈伤组织诱导能力和较强的植株再生能力，还具有取材方便、操作简单、污染率低等特点，是一种最有效最理想的外植体来源，可通过幼胚培养技术快速筛选出适合于转基因的材料。

6.2　合子胚培养

6.2.1　胚在离体条件下的发育途径

一个正常植株的胚胎发生过程是从合子进行第一次分裂开始，由未分化到分化，直至分生组织形成、幼胚建立的连续渐进变化的过程，此阶段胚由只能吸收营养时期过渡到可以制造营养时期，均由球形胚到心形胚、鱼雷形胚最后发育成成熟胚，直至发育到晚心形胚阶段，胚才具有各种较大的合成能力。

在离体植物细胞、组织或器官培养过程中，一个或一些体细胞没有经过受精过程，但是经过了胚胎发生和发育过程，形成与合子胚相类似的结构，此现象无论在体细胞培养还是生殖细胞培养中均可以看到，因而统称为体细胞胚或胚状体（embryoid）。胚状体发生初期的细胞分裂与合子胚的不同，但分化后的发育过程与合子胚的类似，均由球形胚到心形胚，经历鱼雷形胚直至成熟胚，可进一步发育成植株。胚状体产生的方式有 4 种：一是直接由器官上发生。二是由培养物先形成愈伤组织，由愈伤组织再分化形成胚状体。这种方式比较常见，胚状体可以在愈伤组织的表面产生，也可以在深层细胞产生。三是在花药培养中，可由小孢子发育成胚状体，当然小孢子早期发育成的多细胞团，并不都发育为胚状体，有的也可发育成愈伤组织。四是在单细胞及原生质体培养中，一个细胞先形成一个胚性细胞团，再从胚性细胞团上的细胞起源发育成胚状体。

6.2.2　胚胎培养的条件

6.2.2.1　培养基

组织培养是否成功，在很大程度上取决于对培养基的选择。不同培养基有不同特点，适合于不同的植物种类和接种材料。在离体培养条件下，不同植物要求不同的培养基，同一种胚在不同的培养基中会有不同的生长形式。

培养基的主要成分包括无机盐、有机物、植物激素、培养物支持材料和辅助物质。无机盐含有植物生长的大量元素和微量元素，有机物包括糖类、维生素、天然复合物、肌醇和氨基酸等。目前使用的培养基主要有MS、LS、B_5、White、N_6、SH、Miller和Nitsch 8种，对于不同植物或者胚胎的不同形式，再在这些基本培养基中添加相应的营养元素。

植物胚胎培养的主要培养基的特点及其应用详见3.3.2.2节内容。

在离体的成熟胚和未成熟胚培养中，一般都需要有一种适当的碳源，这种碳源以蔗糖为主，加入蔗糖有两个目的：一是为了保持适当的渗透压以刺激胚的正常生长，渗透压的保持对于幼胚培养相当重要；二是可以作为一种碳源提供胚生长所需的能源。不同的物种，对碳源的浓度要求不同，如油桃和桃的蔗糖浓度在 6%和10%效果最好，而芥蓝蔗糖的最适浓度仅为1%，最适蔗糖浓度随着胚的发育时期而降低。胚发育早期要求较高的渗透压，而随着胚的发育逐渐降低。

培养基中的pH可影响培养物对营养元素的吸收、呼吸代谢、多胺代谢和DNA合成、植物激素及其形态建成。香瓜胚的培养基pH应为5.7；对于高粱幼胚培养，pH则介于5. 8～6. 0。

在离体培养中，植物激素对不同材料的作用不同。成熟胚一般不需要外源激素即可萌发，但激素能促进休眠胚的萌发。幼胚需要外源激素，应保持外源激素与内源激素的平衡。过低则不能促进生长，过高则易导致幼胚脱分化形成愈伤组织。使用的激素主要包括生长素、细胞分裂素、赤霉素和脱落酸。在组织培养中，生长素常被用于诱导体细胞胚发生、细胞的分裂和根的分化。细胞分裂素可以促进也可以抑制体细胞胚发生，浓度常为 0.5～30 mg/L，但大多数植物适宜浓度为 1～2 mg/L。由于许多植物在无赤霉素的培养基中都能形成体细胞胚，因此，亦有人认为赤霉素对体细胞胚发生不起大的控制作用，但是赤霉素对生长素和细胞分裂素的活性有增效作用。

在培养基中，天然提取物及某些蛋白质制品对胚胎培养的作用也很关键，如银杏幼胚培养中添加银杏胚乳有促进作用；曼陀罗幼胚培养发现添加椰子乳能很好地促进幼胚的发育（200～500 μm的幼胚）。此外，大麦胚乳、麦芽提取物、酵母提取物、水解酪蛋白等都能促进幼胚的发育。常用的天然提取物有椰乳、黄瓜汁、香蕉提取物、番茄汁等。在培养三叶草杂合胚的胚珠时，在培养基中加入了15%的黄瓜汁，效果很好。也有报道表明海枣和香蕉的浸提物、小麦面筋水解物、牛奶和番茄汁能促进大麦未成熟胚的生长和抑制它们的早熟萌发，以番茄汁效果最好。若不加番茄汁，胚生长很不规则。

6.2.2.2　环境条件

胚胎培养的环境条件主要包括温度和光照。对于温度，多数为 25～30 ℃，且因植物种类有所差别。光照对于某些植物胚胎的生长并不很重要，但对某些植物胚却有很大影响，主要表现在光能抑制未成熟胚的早熟萌发。

6.2.2.3　基因型

在大多数物种中，特别是物种杂交后代，不同基因型不但对愈伤组织的诱导率有较大的影响，而且还影响愈伤组织的质量。在对玉米不同基因型的成熟胚进行离体培养的过程中，成熟胚的愈伤组织可诱导能力是较为普遍的，但诱导率因基因型的不同有明显差异，基因型是影响愈伤组织诱导率高低的一个重要因素。

6.2.3　胚胎培养的方法

植物胚胎培养可分为成熟胚培养和幼胚培养。

1）成熟胚培养（mature embryo culture）

成熟胚为子叶期以后的胚，其在简单的培养基上即可萌发生长，对营养条件要求不严格。主要用来繁殖不易萌发植物，或研究胚和胚乳及子叶的关系等。1974 年，Green 等首次报道了玉米成熟胚（胚芽）可以诱导愈伤组织，但是他们的研究未能获得再生植株。2004 年，Huang 等通过对 7 个自交系材料的研究，初步建立了成熟胚途径的胚性愈伤组织诱导和植株再生体系，其植株再生效率达到 19.8%～32.4%。

成熟胚储藏有丰富的养料，在简单培养基上就可以培养，方法比较简单。将成熟的种子用75%乙醇进行表面消毒，再用漂白粉饱和水溶液或0.1%升汞水溶液消毒，然后用无菌水冲洗，无菌操作解剖种子，将胚取出，接种于培养基上，常规条件下培养即可。当然也有将成熟胚剖开进行培养使其长出愈伤组织，然后再培养成幼苗，如玉米的成熟胚培养。

2）幼胚培养

幼胚培养（immature embryo culture）是指胚龄处于早期原胚、球形胚、心形胚、鱼雷形胚的培养。幼胚完全是异养的，离体条件下培养要求培养基成分复杂，培养不易成功。

幼胚培养也比较简单，与成熟胚的培养很接近，主要操作方法包括表面消毒，无菌解剖种子，取胚珠、去珠被、取出完整幼胚，接种培养基等步骤。添加胚乳汁液、幼嫩种子及果实提取液等天然物质可以促进幼胚的生长。胚胎取材的发育时期直接影响培养的结果。一般来说，胚胎所处发育时期越早越难培养。对于难培养的幼胚，可利用胚乳看护培养。

在幼胚培养中，常见的生长方式有三种：第一为胚胎发育（embryonic development）。幼胚接种到培养基上以后，幼胚在体积上增大甚至超过正常胚大小，仍然按照在活体内的发育方式发育，最后形成成熟的胚，然后再按种子萌发途径出苗形成完整植株。这种途径发育的幼胚一般一个幼胚将来就是一个植株。第二为早熟发育（precocious development）。幼胚接种，离体胚不继续胚性生长，而是在培养基上迅速萌发成幼苗，又叫早熟萌发。在大多数情况下，一个幼苗萌发成一个植株。但有时会由于细胞分裂产生大量胚性细胞，以后形成许多胚状体，从而可以形成许多植株，这种现象就是所谓的丛生胚现象。第三为多数植物幼胚形成愈伤组织，再分化成胚状体或形成芽苗，一般来讲由胚形成的愈伤组织大多为胚性愈伤组织，这种胚性愈伤组织很容易分化形成植株。

6.3　胚胎培养的其他类型

6.3.1　胚珠培养

胚珠培养（ovule culture）是指在人工控制的条件下，对胚珠进行离体培养使其生长发育形成幼苗的技术。胚珠培养可以解决植物成熟胚较小不易培养的问题，一方面由于幼胚分离难度大，而胚珠分离则相对容易，在幼胚培养时常采用胚珠培养；另一方面在未受精的胚珠培养中，可诱发大孢子发育成单倍体，用于单倍体育种。1942年，胚珠培养首次在兰花中尝试成功，大大缩短了从授粉到种子成熟的时间。1980年，成功培养了未授粉的非洲菊、烟草的胚珠，获得了单倍体植株。它不仅有利于克服幼胚败育及不萌发，还能缩短杂种胚珠的成苗时间，加速育种进程。胚珠培养主要应用在无核品种选育、早熟品种胚挽救和远缘杂交胚挽救等育种实践之中。

胚珠培养包括受精胚珠培养和未受精胚珠培养。在授粉或未授粉一定时间后，采下幼果，常规消毒，无菌操作取出胚珠，接种于培养基上。接种后有的胚珠可直接发育成苗，有的则先形成愈伤组织，然后再分化成苗。

胚珠的培养成功与否受培养基组成、取材时间、杂交品种基因型的影响。胚龄越长越容易成苗。在油菜中，受精 15 d 以后的胚才可培养出成苗。不同亲本组合杂交后的胚珠，其出苗率也存在明显差异，可能与杂交后胚珠的遗传物质有一定关系。在油菜的胚珠培养中，带子房壁及胎座的胚珠比单个的胚珠更容易培养成苗，这可能与子房壁及胎座能提供部分营养物质有关。随着授粉后天数的增加，胚珠会逐渐发育成熟，也会具有更高的萌发力。所以授粉后的时间越长，越接近胚成熟，胚的萌发率就会越高。

接种时期的早晚影响到胚珠培养的效果，不同品种取样时期不同。对于早熟无核葡萄品种杨格尔在花后27～33 d胚珠培养易成功，无核白肉合适的取样时间是花后26 d，无核红肉是花后35 d。对于杂交品种，最佳取样时期可以根据母本的成熟期确定，早熟品种于受精后5周取样，中熟品种于受精后6周取样，晚熟品种于受精后9周取样。取样太早，胚珠不适应离体培养，不易成活；太晚，胚珠颜色发黄、干瘪，胚已败育，过了最佳培养时期。

关于胚珠发育培养最适基本培养基，不同物种，同一物种不同品种的胚珠，培养所用的最适基本培养基不同，而对于研究中的试材，Nitsch是白木纳格葡萄败育型胚珠离体培养阶段的最适基本培养基，胚珠发育率最高。葡萄胚珠的珠被中含酚类物质较多，在进行胚珠离体培养时，胚珠珠被的酚类物质很容易被氧化成褐色的醌类物质，致使胚珠褐化。活性炭是通过吸附而发生作用的，在培养基中加入活性炭可以吸附有害物质。有研究表明，这些被吸附的有害物质还包括琼脂中的杂质，以及蔗糖在高压灭菌时产生的5-羟甲基糠醛。但过高浓度的活性炭也能吸附培养基中添加的生长调节物质。当培养基中没有添加活性炭时，胚珠发育率较低，而添加活性炭，白木纳格败育型胚珠发育率可达到80%以上，但是当活性炭的浓度高于1 g/L时，胚珠发育率开始呈下降趋势，说明过高浓度的活性炭会吸附培养基中的营养成分，抑制胚珠的发育。

在板栗胚珠离体培养过程中，胚珠经过培养可形成胚状体、胚性愈伤组织和非胚性愈伤组织。

狗枣猕猴桃与中华猕猴桃授粉杂交后，胚发育主要是停止于心形胚后期、鱼雷形胚、子叶早期，从而反映狗枣猕猴桃与中华猕猴桃存在着一定程度的杂交不亲和性。授粉后29 d，胚珠呈乳白色、饱满，其内含物呈液体透明状；但在授粉后45 d，便出现了一定程度的败育；授粉后55 d，败育种子达半数以上；授粉后60 d开始迅速落果；至65 d时，果实全部落尽，表明受精正常而受精后发育状况不良，杂种胚的败育可能是胚乳发育停止造成的。也有胚乳败育而胚体仍未死亡的现象，在这种情况下经胚珠培养后，仍能形成正常植株。因此，胚珠培养是远缘杂交中防止早期胚败育并获得远缘杂种后代的一条重要途径。

6.3.2　子房培养

子房培养（ovary culture）是将子房从母体植株上摘下，放在无菌的人工环境条件下，使其进一步生长发育形成幼苗的技术。1942 年，La Rue 首先对番茄、落地生根属等植物授粉的花连带一段花梗进行了培养，得到了正常的果实。1949 年和 1951 年，Nitsch 建立了较完整的子房培养技术，培养了黄瓜、番茄和烟草等植物授粉前和授粉后的子房。1969 年，Nitsch 等在水稻上进行了未授粉子房培养的尝试并获得了成功。1976 年，Noeum 首先在未授粉的大麦子房培养中得到了单倍体植株。以后，利用子房培养技术相继在大麦、烟草、向日葵、玉米等植物上获得了单倍体植株。

远缘杂交是作物育种的重要途径。通过远缘杂交可以获得品种间杂交难以得到的基因类型，在雄性不育系育种中，远缘杂交是获得不育源的重要途径。但远缘杂交存在杂种胚乳不能正常发育的现象，杂种胚因饥饿而死亡，导致杂种胚败育，造成远缘杂交失败，因而获得杂种的频率很低。子房培养可防止杂种胚早期败育，获得杂种植株，而且子房培养操作简便，并能获得较好的效果，因而被广泛应用于远缘杂交育种研究中。

利用子房培养的方法，较少受胚胎培养技术实验条件的限制，且可克服远缘杂交胚比正常胚弱小而较难从子房中直接剥离出幼胚等问题。对于十字花科种间或属间的杂种胚，一般在心形胚期，有的甚至在球形胚期间便解体，在这之前剥取胚或胚珠进行培养，极易损伤胚；如用受粉后不久的子房培养，不仅胚不受损伤，而且比剥胚时的幼角含有更多未解体的胚，从而可获得较多的种子。另外，对于未受精子房进行培养，可作为试管授精的基础，能培养获得单倍体植株，用于单倍体育种。

子房培养包括授粉子房培养和未授粉子房培养。对于授粉子房，于开花前 1～2 d 人工辅助授粉，授粉后选取不同发育天数的子房进行消毒，接种在合适的培养基中，培养一定天数后，在超净工作台上剥取种子，接种在适宜的培养基上，过一定时间后取发芽种子，再将芽接种在生根培养基上使其生根，然后经过炼苗后适时移栽。而未受精子房可将花被表面消毒后，在无菌条件下直接剥取子房接种。子房培养只需较简单的培养基即可形成果实，并含成熟种子。

影响子房培养成功的因素。子房的离体时间不同，其存活率明显不同。授粉后时间太短或太长进行离体培养，都不利于获得杂种种苗。这可能是因为子房与胚的早期发育对营养条件要求很严格，授粉后时间太短，简单的培养基无法满足其要求，难以离体培养；而授粉后时间过长，杂种核与卵细胞质的代谢或杂种胚胎与胚乳的发育不协调性增强，导致了杂种胚的败育，无法挽救。因此，应该适时地将杂种子房进行离体培养，提供适宜的营养环境及发育的外界环境可能有利于降低这种代谢的不协调性，提高子房培养的成功率。

另外，培养基是子房培养成功与否的重要因素。在基本培养基类型不同的培养基，以及添加激素的不同对愈伤组织的诱导效果存在着显著差异，不同亲本基因型对种间杂种离体子房培养也有影响。

6.3.3　离体授粉

离体授粉（*in vitro* pollination）也称为试管授精（*in vitro* fertilization），是指将雌蕊、子房或胚珠置于无菌条件下离体培养，在适宜的时机进行人工授粉，使花粉萌发产生的花粉管进入胚珠从而完成受精过程，并继续无菌培养直至产生种子。离体授粉是克服远缘杂交不易结实的一种有效措施。

离体授粉技术是 20 世纪 60 年代发展起来的一种新的实验技术，Kanta 于 1960 年将罂粟的无菌花粉注入离体培养的罂粟子房内，获得了正常的“试管植株”，以后又在试管内对罂粟的离体胚珠进行了直接授粉，也获得成功。至今已有麝香石竹、甘蓝、异株女娄菜、小麦、玉米、烟草等多种植物和杂交组合在试管内授精成功，其中玉米是 1977 年中国首先成功得到的试管授精的禾本科植物。根据授粉的对象不同，试管授精可分为离体子房授精和离体胚株授精。前者是将花粉授于离体培养的雌蕊柱头上，后者是直接授粉于裸露而带胎座的胚珠表面。试管授精完全是在人工控制的条件下进行的，成功的关键在于采用发育适期的花粉粒和胚珠，有合适的培养基。

离体授粉和授精技术可应用于育种工作中克服自交不亲和性和杂交不亲和性。特别在两亲本不亲和性发生在柱头、花柱或子房的情况下，离体授粉可以将花粉直接接到胚珠上，以排除柱头、花柱对花粉萌发及花粉管生长的抑制作用。杂交不亲和已在烟草（栽培烟草与野生德氏烟草）、玉米（玉米和墨西哥玉米）、小麦（小麦和小黑麦）等植物上获得杂种苗。利用试管授精可研究某些花粉的生理和受精问题，克服田间杂交所遇到的障碍。

当前世界各国培育的植物新品种大部分是通过远缘杂交育成的，在杂交过程中存在授精前、后障碍，即杂交不亲和、杂种胚夭折和杂种不育等。近年来发展了一系列的方法和技术，如引导授粉、蕾期授粉、切割花柱授粉、子房授粉、离体授粉和胚培养技术等，以克服远缘杂交授精前、后障碍。其中切割花柱授粉是克服杂交授精前障碍的有力手段，离体授粉技术因其易调控试材生长及授粉环境，可得到一个杂种种子或幼龄原胚，为采用胚培救技术克服授精后障碍提供基础。

离体授粉的方法是在超净工作台上将开花前1～2 d的花苞先用75%的乙醇浸泡2 min，无菌水冲洗，再用75%的乙醇浸泡1min，无菌水冲洗。剥去花瓣，将雌蕊接种在无菌培养基上，花药放置在垫有无菌滤纸的无菌瓶中，在培养架上培养，待花药开裂获得花粉。雌蕊在培养基中培养5～7 d后，均授以当天开裂花药的花粉。授粉方法包括离体柱头授粉、离体切割花柱授粉（在距子房顶部0.2～0.3 cm处将花柱及柱头切除）、离体子房授粉（将花柱及柱头全部切除）。接种于适当培养基，授粉后30 d观察子房膨大数和蒴果数（子房壁变黄，内含带种翅的种子）。授粉后40～50 d，从膨大蒴果中取出幼小种子，在显微镜下剥离出胚接种在培养基上培养。

6.3.4　胚乳培养

胚乳培养（endosperm culture）是指将胚乳组织从母体上分离出来，通过离体培养技术，使其发育成完整植株的技术。1933 年，Lampe 和 Mills 进行了胚乳培养的尝试，但有关胚乳组织离体培养中生长和分化的广泛研究最早是由 La Rue 进行的。1973 年，印度学者 Sruvastava 首次从自养被子植物罗氏核实木的成熟胚乳培养中获得了胚乳植株。现在，已有苹果、柚、枸杞、猕猴桃、玉米、大麦、水稻、马铃薯、梨等植物的胚乳培养得到了再生植株。

被子植物胚乳是双受精的产物，由 2 个单倍的极核和 1 个单倍的精子结合而成的三倍体组织。通过胚乳培养可获得无子结实的三倍体植株，进而可将它加倍成六倍体植株。还可以从胚乳愈伤组织中分离和筛选各种类型的非整倍体植株，虽然影响育种利用，但可用于染色体工程研究。裸子植物的胚乳在受精前就已形成，其胚乳为配子体的一部分，由大孢子直接分裂发育而成，因此是单倍体组织。

胚乳培养方法：取授粉 4～8 d 后的幼果，常规消毒后，在无菌条件下切开果实，取出种子，小心分离出胚乳。接种在培养基上，经过一定天数，胚乳开始膨大，形成愈伤组织，然后转入分化培养基，使愈伤组织长出芽。切下不定芽，插入生根培养基中，可诱导长出不定根。

被子植物胚乳的发生方式分为核型（nuclear type）和细胞型（cellular type）。其中，核型胚乳是胚乳形成的主要方式，主要存在于单子叶植物和很多双子叶植物中；细胞型胚乳主要存在于大多数合瓣花植物中。胚乳发生方式直接影响胚乳产生愈伤组织及其频率的高低。胚乳的发育进程大致可分为早期、旺盛生长期和成熟期。在胚乳培养中，产生愈伤组织或胚状体的能力和胚乳发育的时期有密切的关系。从已有的研究结果看，处于发育早期的未成熟胚乳，比较难以产生愈伤组织并分化成器官；旺盛生长期的胚乳是取材的最适合时期，胚乳培养成功的绝大多数植物都是取材于这个时期，如苹果和桃的胚乳，愈伤组织诱导频率皆高达 90%～95%。当然不同植株的表现也不一致，如苹果、柚、黄瓜等早期胚乳的培养，在任何培养基上都没有反应，比较适宜的时期是在授粉后 7～14 d，超过一定时期则不能诱导愈伤组织产生，而巴豆、麻疯树、变叶木、荷叶芹等都是在成熟胚乳时期进行培养并获得成功，不仅诱导产生了愈伤组织，还有器官的分化。成熟期的胚乳也可形成愈伤组织和持续生长，有的还分化器官并形成三倍体植株，只是诱导频率很低。

生长调节物质的种类及浓度是影响胚乳愈伤组织产生分化的重要因素。例如，诱导柑橘胚乳产生愈伤组织的激素有 2,4-D、BA 与 2,4-D 及 CH 或酵母提取液配合；诱导苹果的有 2,4- D、BA 与 NAA 配合、KT 与 2,4-D 配合；诱导桃的有 2,4-D 和 BA；诱导猕猴桃的有 ZT 和 2,4-D。

许多实验表明，胚在胚乳培养中起着一定的促进作用，当有胚存在时，可明显提高胚乳愈伤组织的频率。其他如培养基中蔗糖的浓度和 pH 等在培养中也因植物种类而异。

供体植株的基因型是影响胚乳培养的关键因素，不同基因型植株的胚乳对培养基的反应不同，表现在胚乳培养力，如愈伤组织诱导率、分化率、胚状体诱导率及植株诱导率等，有些材料对某些培养基没有反应。例如，在猕猴桃属中，不同种之间愈伤组织诱导率有明显的差异，其中硬毛猕猴桃愈伤组织的诱导率为 87.9%，中华猕猴桃的为 56%。

6.4 胚胎培养案例

6.4.1 小麦、玉米幼胚离体培养

6.4.1.1 小麦幼胚离体培养

小麦作为世界上重要的粮食作物之一，其提高产量及改良品质的研究有着重要的意义。由于传统育种技术存在育种周期长、增产潜力有限等局限性，因此探索将育种周期短、增产前景乐观的植物转基因技术用于小麦等重要粮食作物的遗传改良研究便显得十分必要和迫切。小麦组织培养是进行小麦遗传转化、快速育种等的基础工作。自1978年Shimada成功地通过幼胚培养获得小麦再生植株以来，幼胚培养已被广泛地应用于小麦遗传育种的许多方面。特别是近年来，幼胚培养对小麦转基因工程的成功起到了极大的推动作用。优良受体基因型筛选工作的欠缺限制了转基因技术在生产中的应用，因此，以栽培品种为基础扩大受体基因型范围，并建立起适合于新的受体基因型植株再生的技术体系是目前转基因工程中一个亟待解决的问题。利用小麦幼胚培养进行遗传操作的成功性与基因型有关。然而，有效的再生植株常被限制在少数几种具有很强再生能力的特定模式基因型中。余桂荣等以19个小麦品种的幼胚为材料，采用多种诱导和分化培养基进行组织培养，并于分化前对部分愈伤组织进行了冷冻、干燥和置于分化培养基上暗培养等物理处理，研究了基因型、培养基及二者的互作效应等因素对愈伤组织的诱导、分化和植株再生的影响，最终筛选出小麦89（117）为幼胚培养和转基因受体材料的优良基因型。下面以小麦89（117）幼胚培养基因型的筛选为例介绍小麦幼胚的离体培养方法。

1）材料

小麦89(117)。

2）培养基

基本培养基：MS+琼脂 8 g/L+蔗糖 30 g/L，pH调至6.0。

诱导培养基：基本培养基+2,4-D 2 mg/L +ABA 0.5 mg/L。

继代培养基：基本培养基+ 2,4-D 1 mg/L +KT 1 mg/L +ABA 0.5 mg/L。

分化培养基：基本培养基+KT或NAA 0.5 mg/L。

生根培养基：1/2 MS+琼脂8 g/L +蔗糖80 g/L，附加激素IAA 0.2 mg/L，pH调至6.0。

3）方法

于开花后10～18 d，取小麦幼穗中部大小一致的未成熟籽粒，用75%的乙醇浸泡1 min，用无菌水漂洗后再用0.1%升汞，表面灭菌8 min，无菌水冲洗4次后取出直径为0.7～1.5 mm的幼胚，盾片朝上置于诱导培养基表面。在26 ℃下暗培养20 d后，转入继代培养基，每15 d继代一次，继代2～3次后置于4 ℃ 冰箱冷冻10 d转入分化培养基，在光强3000 lx、16 h/d和26 ℃下分化培养。每15 d继代一次，将分化出的3～5 cm高的幼苗转至生根培养基。植株形成根系后，打开培养瓶在室内炼苗2～3 d，移栽至大棚栽培。

6.4.1.2　玉米幼胚离体培养

玉米是一种重要的粮食作物，玉米产业在我国农业经济中具有重要的地位。采用现代生物技术，特别是转基因技术对玉米进行遗传改良势在必行。建立适宜的组织培养体系作为遗传转化的受体在玉米遗传转化中具有重要的意义。自1975年美国学者Green等首次成功地从玉米幼胚诱导愈伤组织再生植株以来，玉米幼胚培养技术有了较快的发展。至今，虽然几乎能从玉米各个部位诱导出愈伤组织，但幼胚仍是使用最多、诱导率最高的外植体。

1）培养方法

玉米人工套袋授粉，取授粉后11～13 d 的玉米果穗，去苞叶，每剥一层用70％乙醇擦拭，剥去最后一层，迅速递入超净工作台，削去果穗中部子粒粒顶2/3胚乳，用镊子从中上部挑出幼胚（1.8～2.2 mm），盾片向上接种于诱导培养基（MS+ 2, 4-D 2 mg/L +脯氨酸500 mg/L +水解乳蛋白500 mg/L）上离体培养。15 d后挑选具淡黄色、颗粒状的愈伤组织转入诱导培养基上进行继代培养，每15～20 d 继代一次，共继5～8代。将继代中获得的淡黄色、颗粒状的愈伤组织转到不同分化培养基（MS+ 6-BA 1mg/L +水解乳蛋白400 mg/L）进行器官分化，将分化出的3～4 cm 高的试管苗接入生根培养基（N_6+6-BA 1 mg/L+NAA 2 mg/L），以上各实验的培养基均加琼脂0.4% 、蔗糖3%，生根培养基均附加活性炭0.2%。

2）培养条件

愈伤组织的诱导采用暗培养；愈伤组织的继代用散射光培养；分化和生根实验均采用光照，光强1500～2000 lx，培养温度均采用（25±2）℃。

6.4.2　子房、胚珠培养及离体授粉

6.4.2.1　甘蓝型油菜与花椰菜种间杂种子房离体培养

1）材料

甘蓝型油菜（*Brassica napus*）雄性不育系，花椰菜（*Brassica oleracea*）自交系9902。

2）培养基

M1：1/2 MS+B_5有机+IAA 1.5 mg/L+蔗糖50 g/L。

M2：MS+6-BA 0.1 mg/L＋KT 0.1 mg/L+NAA 0.001 mg/L。

3）方法

以甘蓝型油菜雄性不育系为母本，花椰菜自交系9902为父本配制种间杂交组合。于开花前1～2 d人工辅助授粉。授粉后12 d取子房进行离体培养。外植体用70％乙醇浸泡1 min，再用0.1％升汞消毒15 min，然后用无菌水冲洗4次，接种在M1培养基中，培养基加琼脂0.8％，pH5.8。接种后置于（23±2）℃下光照培养，每天12 h、40 W日光灯补充光照。培养30 d后，在超净工作台上

剥取种子，接种在无激素的MS培养基上。

一粒种子萌发后产生一株苗，为了获得较多的杂种苗，对种子苗进行了增殖。20 d后将发芽种子切去胚根，将芽接种在M2培养基上，培养25～30 d后形成丛生芽。切取单芽继代培养可以形成许多丛生芽。以丛生芽在培养室里越夏。9月中旬切取单芽接种到生根培养基1/2 MS上诱导生根，16 d后生根率达到90%。生根苗经过3 d炼苗后移栽到珍珠岩基质中过渡培养10 d，再将苗移栽到土壤中，成活率可达80%以上。

6.4.2.2 葡萄胚珠培养

1）材料

红宝石无核葡萄（Ruby seedless grape）。

2）培养基

发育培养基：Nitsch＋IAA 2.0 mg/L＋GA_3 0.4 mg/L，蔗糖2%，活性炭0.1%，pH5.8。

萌发培养基：1/2MS＋6-BA 0.5 mg/L＋IBA 0.2 mg/L，pH5.8。

成苗培养基：1/2 MS+IBA 0.2 mg/L。

3）方法

落花后35 d采回果穗，将果粒用清水冲洗数次后，在无菌超净工作台上用70%~75%乙醇消毒1 min，0.1 %升汞溶液消毒10 min，最后用无菌水冲洗3次。将消毒后的果粒切开，取出胚珠，用解剖刀轻轻切去喙，接种于直径为90 mm的培养瓶中，内装20 mL胚发育培养基，每瓶接种6～8粒。在温度（25±1）℃，光照15 h/d、光强2000 lx的条件下培养。

培养34～63 d后转入1～5 ℃低温条件下。2个月后，将绿色胚珠作为发育胚转入萌发培养基，每瓶接种3～4粒。

将萌发15 d的胚芽转移至内装25 mL成苗培养基的三角瓶中进行成苗培养。

成苗移栽：待幼苗长成3～5茎节、4～5条根时，将封口膜打上2～3个小洞，注入自来水，水面覆盖培养基即可，置于培养室中锻炼3～4 d，移入基质为草炭土的瓦盆中，在温室内用塑料膜覆盖保湿7 d，每天揭膜换气10 min，然后逐渐将膜揭开，生长1个月后移入大田。

6.4.2.3 百合离体授粉培养

1）材料

以百合杂交品种OT型黄色风暴与麝香百合系L型新铁炮植株的子房、花药为本项研究用的实验材料。

2）方法

（1）子房、花药离体培养。在超净工作台上，将两个百合杂交品种植株的成熟但尚未开放的花苞，置75%乙醇中浸泡0.5～1 min，无菌水清洗3次，再用0.1%升汞消毒4～6 min，无菌水再清洗3次。无菌滤纸吸干水分，剥去花瓣，将其子房和花药分别接入MS＋NAA 0.02 mg/L培养基中作离体培养，培养4～5 d后进行杂交授粉。其杂交组合为L×OT和OT×L。

（2）授粉。两个百合品种的杂交授粉采用常规和非常规的授粉方法。常规授粉是将花粉直接授在柱头上，非常规授粉分为切柱头授粉、柱头嫁接和子房切断。其中，切柱头授粉是将柱头切掉，直接授粉于花柱上；柱头嫁接是将两个百合品种植株的花柱切断并进行柱头对换；子房切断是将两个百合品种植株的子房切掉1～2 mm，直接授粉于切断后的子房上面，将授粉后的子房置于MS+ NAA 0.02 mg/L培养基上，培养45～50 d。

（3）胚培养。授粉培养后45～50 d，取出膨大的子房，剥出其内的种子进行离体培养，置于蔗糖浓度6%，NAA的浓度为0.02 mg/L的培养基中进行培养，培养基中琼脂的含量为7 g/L，调节其pH为5.8。待进行3周暗培养（温度为25 ℃）后，在1500 lx白炽灯下进行全天光照，培养温度仍为25 ℃，培养3周，此后再次调整培养的光照时间为晚上8时将白炽灯打开，至早晨8时关闭，使其保持12h的光照。

本章小结

植物胚胎培养指胚或具胚器官在离体无菌条件下发育成幼苗的技术，包括成熟胚培养和幼胚培养。广义胚胎培养还包括子房培养、胚乳培养和离体授粉等技术。植物胚胎培养可用于克服远缘杂交不亲和性和幼胚败育、打破种子休眠、提高种子萌发率、缩短育种周期、成熟胚培养快速繁殖、通过胚胎培养筛选转基因受体材料。胚状体产生的方式有 4 种，一是直接由器官上发生。二是由培养物先形成愈伤组织，由愈伤组织再分化形成胚状体。这种方式比较常见，胚状体可以在愈伤组织的表面产生，也可以在深层细胞产生。三是在花药培养中，可由小孢子发育成胚状体，当然小孢子早期发育成的多细胞团，并不都发育为胚状体，有的也可发育成愈伤组织。四是在单细胞及原生质体培养中，一个细胞先形成一个胚性细胞团，再从胚性细胞团上的细胞起源发育成胚状体。

胚胎培养的条件主要包括：培养基、环境条件和基因型。植物胚胎培养可分为成熟胚培养和幼胚培养两种。胚胎培养的其他类型包括胚珠培养、子房培养、离体授粉和胚乳培养。

思考题

1. 成熟胚培养与幼胚培养在技术上有何异同？
2. 植物胚胎培养有何意义？
3. 未授粉胚珠子房培养与授粉后胚珠子房培养有何不同？
4. 离体授粉的关键技术是什么？

第 7 章　植物细胞培养与次级代谢产物生产

植物细胞培养（cell culture）指从植物组织、器官或由外植体产生的愈伤组织分离单细胞或寡细胞团，对其培养使之增殖或分化，以用于代谢物生产、植株分化等不同目的的离体培养技术。由于研究目的、培养方式及培养规模等的不同，植物细胞培养可以有不同的培养方法。例如，根据研究目的的不同，可分为诱变培养、次级代谢产物生产培养、突变体筛选培养等；根据培养规模的不同，细胞培养可分为小规模培养和大批量培养；根据培养方式的不同，可分为悬浮培养、平板培养、看护培养、饲喂细胞层培养等。

1902 年，德国植物学家 Haberlandt 不仅提出了细胞全能性理论，还进行了分离和培养显花植物单个叶细胞的最早尝试。他当时就预见到，单细胞培养系统将有助于对植物细胞特性和潜力的研究，以及对多细胞有机体细胞间相互关系的了解。经过一个多世纪的发展，植物细胞培养在培养方式、培养规模、培养技术及培养理论等诸多方面都有了长足的进步，建立了用于不同研究目的的较为成熟的培养技术系统，并使之在基础理论研究和生产实践中得到广泛的应用。一方面，细胞培养是进行基础理论研究的良好技术平台。例如，在进行细胞代谢的研究及各种不同物质对细胞反应影响的研究中，使用单细胞系统比使用完整的器官或植株具有更大的优越性，使用游离细胞系统时，可以让各种化学药品或放射性物质很快地作用于单细胞，又能很快地停止这种作用。另一方面，植物细胞培养是植物生物技术中最根本的技术基础，许多生物技术的研究和应用，如基因转移、细胞次级代谢产物生产和工厂化育苗等，都是建立在细胞培养基础上的。此外，细胞培养技术还被广泛应用于突变体筛选、新品种培育、人工种子生产等领域。

7.1　细胞的分离与培养

7.1.1　细胞的分离

细胞培养首先需要分离单细胞，而植物细胞十分微小，相邻细胞间又有果胶层将其紧密地联系在一起，所以分离单细胞并非易事。用于细胞培养的细胞来源主要有两个：一是植物的组织或器官；二是离体培养产生的愈伤组织。

7.1.1.1　由植物组织或器官分离单细胞

由植物组织或器官分离单细胞通常有机械法和酶解法两种。

Ball 和 Joshi（1965，1968）及 Noggle（1967）等学者曾先后由花生成熟叶片分离得到单细胞，他们的做法是：先撕去叶表皮，再用小解剖刀把暴露的叶肉细胞刮下来，直接接种于液体培养基进行培养，进而获得能持续分裂的单细胞。这是关于由植物器官分离游离细胞，并能在人工培养基上进行培养的最早报道。不过，这些作者未能从所实验过的大多数其他植物的叶片中分离出活细胞。

1）机械法

现在用机械法从植物器官或组织分离游离细胞的通常做法是：选取无菌的或经过消毒的叶片、嫩茎等材料，将其剪碎并研磨成匀浆，然后通过过滤和离心把细胞净化，再接种于液体培养基中，或者将研碎的组织先进行液体悬浮培养（在这样的悬浮液中既有完整的活细胞，也有死细胞、细胞碎片及一些未分散的组织块），再对悬浮培养物进行过滤和离心处理，去除其中的杂质和较大的细胞团，即可获得较为纯净的游离细胞。采用这种方法，Gnanam 和 Kulandaivelu（1969）、Rossini（1969）及 Edwards 和 Black（1971）等，都由若干物种的叶片分离得到了具有活性的细胞。

采用机械法分离单细胞效率低，所以这种方法逐渐被后来所发展的酶解法所代替，但与酶解法相比，机械法具有其自身的优点：首先，用机械法分离单细胞不至于使细胞受到酶的伤害；其次是细胞无需质壁分离。这对于细胞生理生化方面的研究非常有利。但总的来说，这种机械分离单细胞的方法并不普遍适用。Rossini（1972）指出，只有在薄壁组织排列松散、细胞间的接触点很少时，用机械法分离叶肉细胞才能取得成功。

2）酶解法

利用酶解法分离游离细胞的历史由来已久，早在 1968 年，Takebe 利用果胶酶处理烟草叶片，得到了大量具有代谢活性的叶肉细胞。酶解法分离植物细胞的通常做法是：将无菌或经过消毒的叶片、子叶等材料进行适当处理，如撕去叶表皮、切成小方块或薄片等，然后投入离析酶的溶液中，并通过振荡、真空渗入等方法，使酶液尽快渗入组织内部，经过一段时间的振荡培养和定期的更换酶液后，即可分离获得游离细胞。

在用酶解法分离游离细胞时，所使用的酶有时不仅能降解中胶层，而且还能软化细胞壁。因此，在采用这种方法时，应在酶处理液中加入适当浓度的渗透压稳定剂，以维持一定的渗透压，防止细胞破裂。常用的渗透压稳定剂有甘露醇、山梨醇等。此外，在有些物种中，特别是玉米、小麦等禾谷类植物，利用酶解法很难得到游离的单细胞。按照 Evans 和 Cocking 的观点，这是因为禾谷类植物的叶肉细胞细长，用酶液处理后，细胞伸长并在若干地方收缩，造成细胞间的粘连和互锁，从而阻止它们的分离。

与机械法相比，酶解法分离游离细胞具有以下优点：①应用广。各种商品酶的出现，使得从非木质化的各种组织、器官分离单细胞成为可能，只是从不同组织、器官中分离的难易程度不同而已。②效率高。只要酶解处理得当，一次处理可获得大量的游离细胞。但是，其缺点是酶解法所用的酶类往往对细胞造成一定程度的伤害，并且容易引起细胞质壁分离。

7.1.1.2　由离体培养产生的愈伤组织分离单细胞

用于基础研究和应用研究的单细胞培养物，通常是由离体培养产生的愈伤组织分离得到的，这一途径不但方便，而且适用广泛。

由离体培养产生的愈伤组织建立单细胞培养物，一般是先将经过表面消毒的器官或组织接种于含适当种类和浓度激素的培养基上，并经诱导培养产生愈伤组织。愈伤组织经几次连续继代培养后，选择未分化的和易散碎的愈伤组织转移到液体培养基中，并置于摇床上进行振荡培养，即可获得主要由单细胞或寡细胞团组成的细胞悬浮培养物。在这一过程中，愈伤组织连续多次继代的目的，不仅使愈伤组织不断增殖，扩大其数量，还能提高愈伤组织的松散性，这对于建立充分分散的单细胞悬浮培养物是十分必要的。此外，振荡培养的作用，不仅对细胞团施加一种温和的压力和冲击，使愈伤组织块破碎成小细胞团和单细胞，还可以使单细胞和小细胞团在培养基中保持均匀地分布，并且能够促进培养基与培养容器内空气之间的气体交换。

7.1.2　单细胞培养

植物细胞培养，按培养细胞数量的多寡可分为单细胞培养和多细胞悬浮培养；按培养方法可分为悬浮培养、平板培养、看护培养和微室培养等（图 7.1）。

悬浮培养的细胞密度一般要达到 10^4 数量级，否则细胞难以进行正常的分裂增殖。但在这样一个高密度下，遗传上异质的细胞分裂形成的细胞群体常常混杂在一起，这对于研究单细胞的分裂分化及分离单细胞无性系是非常不利的。此外，悬浮培养的细胞位置不固定，难以跟踪观察某个单细胞的生命活动行为。为了克服悬浮培养的缺陷，以便能够在低密度下进行细胞培养，或是培养完全孤立的单个细胞，许多学者相继发展了若干种用于单细胞培养的有效方法，如平板培养法、看护培养法和微室培养法。

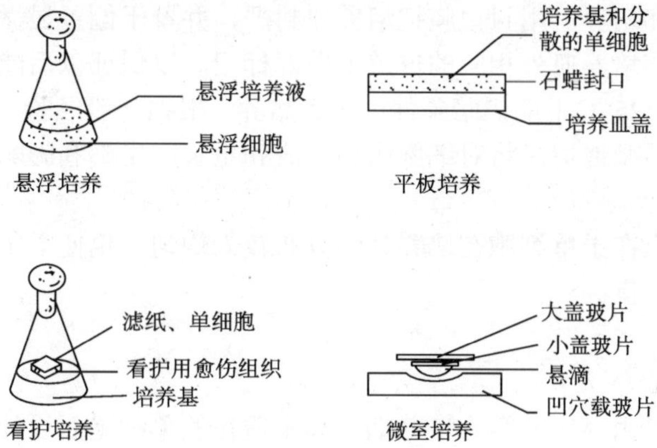

图 7.1　细胞培养的各种培养方式

7.1.2.1　平板培养法

平板培养法是把制备好的单细胞悬浮液，按照一定的细胞密度与一定量的琼脂培养基均匀混合，并倒入培养皿使之形成一薄层进行培养的方法（图 7.2）。平板培养是为分离单细胞

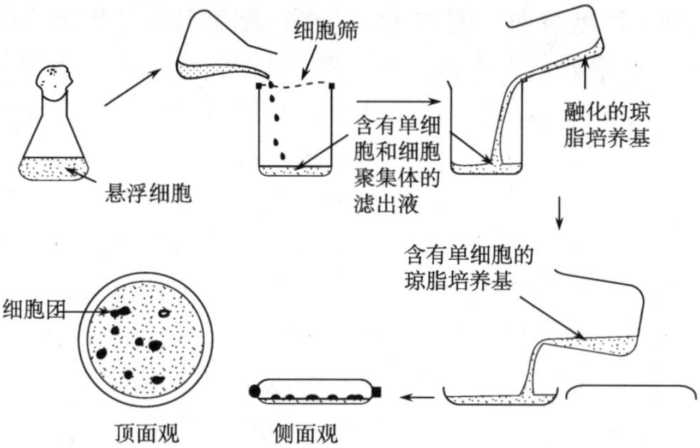

图 7.2　细胞平板培养分步图解

无性系、研究其生理生化问题而设计的一种细胞培养方法，目前已广泛应用于细胞、原生质体及其融合产物的培养。平板培养的具体方法如下。

（1）制备单细胞悬浮液。先对由愈伤组织或器官分离的细胞进行悬浮培养，并通过适当措施促使细胞均匀分散，形成游离的单细胞。然后将含有单细胞、细胞团或组织块的悬浮培养物通过过滤或低速离心的方法，弃去大的细胞团或组织块，留下仅含单细胞和小细胞团的悬浮培养液，从而建立较为纯净的单细胞悬浮液。

（2）调制悬浮培养液中的细胞密度。对上一步骤获得的细胞悬浮液进行细胞计数，然后根据平板培养所需要的细胞密度与悬浮液的实际细胞密度进行调整，或是加入液体培养基进行稀释，或是通过低速离心使细胞沉降后，吸出一定量上清液进行浓缩，最终使悬浮培养液中的细胞密度达到平板培养所要求的植板密度的 2 倍（或 2～4 倍）。

（3）倾倒平板。将已经计数并经稀释或浓缩处理的细胞悬浮液与加入琼脂的培养基等量（或 2～4 倍）混合，然后迅速注入培养皿中，使之在培养皿中形成厚度为 1 mm 左右的均匀薄层，以使细胞均匀分散并固定在培养基中。

（4）密封、标记和培养。用封口膜把培养皿封严，并置于倒置显微镜下观察，对其中的单个细胞，用记号笔在培养皿外相应的位置上做好标记，以保证以后能分离出该细胞的无性系。然后将培养皿置于25 ℃下的黑暗条件中进行培养。根据一般经验，在培养期间若频繁的在光下对培养物进行显微镜检，将对细胞团的形成和生长产生不利影响，因此镜检的次数不宜太多。

平板培养法的优点在于单细胞在培养基中分布较为均匀，也便于定点观察；缺点是容易造成培养细胞的通气不良。

7.1.2.2　看护培养法

看护培养法最初是由 Muri 等为培养烟草和金盏花的单细胞而设计的。这一方法是将通常情况下难以分裂增殖的单细胞置于一块活跃生长的愈伤组织上进行培养，在愈伤组织的哺育下，促使其正常分裂增殖，从而获得单细胞无性系的方法。

看护培养的具体做法是（图 7.3）：在适当培养容器中注入一定量的固体培养基，并接种一块活跃生长的愈伤组织，愈伤组织和所要培养的单细胞可以属于同一个物种，也可以是不同的物种。待愈伤组织分裂增殖后，再在其上放置一块大小适宜的无菌滤纸，次日或数日后，待滤纸充分吸收从愈伤组织渗上来的培养基成分和愈伤组织产生的代谢产物并变湿润后，将分离出来的单细胞接种于滤纸表面（图 7.3A）。当该细胞分裂增殖形成微小细胞团之后（图 7.3B），应将它转移到琼脂培养基上直接培养（图 7.3C），以便进一步促进小细胞团的生长和分裂，并保持这个单细胞无性系。

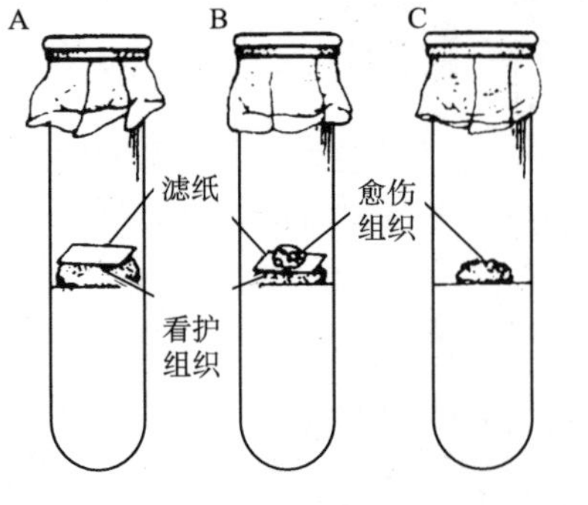

图 7.3　应用看护培养法建立单细胞无性系

直接接种于固体培养基上不能分裂增殖的单个细胞，却在看护愈伤组织的影响下发生分裂，说明看护愈伤组织不仅给该细胞提供了培养基中的营养成分，而且还提供了培养基中没有而由愈伤组织产生的促进细胞分裂的其他物质。这一推测也可以由以下实验得以证实，当把两块愈伤组织置于固体培养基上，并在其周围接种若干个单细胞时，发现首先发生分裂的都是靠近这两块愈伤组织的细胞。这也说明，活跃生长的愈伤组织所产生的某些代谢产物，具有促进细胞分裂的作用。

看护培养法的最大优点是简便易行且效果较好，易于成功；但缺点是不能在显微镜下直接观察细胞的分裂和细胞团的形成。

7.1.2.3　微室培养法

微室培养法是通过人工制造一个小室，将单细胞置于小室中的少量培养基上进行培养，使其分裂增殖形成细胞团的方法。

微室培养法最初是由 Jones 等于 1960 年设计的。其具体做法见第五章 5.3.2.2 花粉培养的方法中的“微室培养途径”（第 112 页）。

构筑微室的方法还可以有其他许多办法，如使用带凹穴的载玻片，再在凹穴上加盖盖玻片构建微室的方法（图 7.1 中的微室培养）等。但应注意的是，构筑的“微室”要保证既不易散失水分又不妨碍气体的交换。此外，微室的厚度也要适宜，载玻片、微室加上盖玻片的总厚度不宜超过 1.2 mm，否则将影响以后的显微观察。

成功的微室培养能够在暗视野（或相差）显微镜下清楚地观察到活细胞的各种变化，包括单细胞的生长、分裂、形成细胞团的全过程。但此法的缺点是培养基少，其中的营分成分和培养基的 pH、渗透压等易于波动，水分也难以保持，细胞经短期培养后，往往就不再生长和分裂。

7.1.2.4　液体浅层培养法

液体浅层培养法（liquid thin layer culture）是将含有单细胞的悬浮培养液置于一定培养器皿中，并使之在底部形成一薄层的静止液体的培养方法。其具体做法是：先制备适宜细胞密度的单细胞悬浮液，然后用吸管将其转移到培养皿中使之形成一个浅层，浅层的厚度以 1 mm 为宜，太厚不利于细胞的气体交换。最后用石蜡膜封闭器皿开口，置垫有湿滤纸的封闭容器内进行培养。

液体浅层培养的优点是培养物与空气接触面大，通气好；细胞的代谢物易于扩散，可避免有害物质的过量积累而对培养细胞造成毒害；便于转移培养物或添加新鲜培养基。但其缺点是细胞位置不固定，难以进行定点观察；培养过程中也容易出现细胞集聚，造成培养细胞分布不均，局部细胞密度过大。

7.1.2.5　饲喂细胞层法和条件培养法

饲喂细胞层法是用“饲喂层”进行细胞低密度培养的方法。其方法是：先用射线照射或其他方法处理用作饲喂层的细胞，使之失去分裂能力，但不能破坏细胞的代谢活性。然后以最适宜的植板密度与琼脂培养基混合，并注入培养皿使之铺展为一个平板，此平板即为“饲喂层”。最后将要培养的低密度细胞以液体浅层或固体平板方式铺在饲喂层上。在培养过程中，饲喂层的培养基成分和细胞代谢的有用产物就会通过扩散渗入到上层培养物中，从而促进单细胞的分裂增殖。

条件培养法原为动物组织培养所采用的方法，De Ropp 于 1955 年把这种方法应用到植物细胞培养上来，并获得成功。条件培养法最重要的是建立条件培养基，其方法是：将细胞以最适的培养密度在液体培养基中培养一段时间，然后将培养液中的悬浮细胞去除，保留下来的培养液与一定量的新培养基混合，制成的培养基即是条件培养基。最后将要培养的细胞接种于条件培养基中进行培养即可。实验表明，条件培养基对单细胞的培养，尤其是对低密度细胞的生长和分裂具有明显的促进作用。

7.1.3 细胞悬浮培养

细胞悬浮培养是指将离体的单细胞或寡细胞团，按照一定的细胞密度悬浮在液体培养基中进行大规模培养的一种方式。它是在愈伤组织液体培养的基础上发展起来的一种培养技术，目前已发展到利用发酵罐进行大规模自动化工业生产的程度。通过细胞悬浮培养能提供大量均一的植物细胞，这为细胞学的理论研究提供了理想材料，也为研究细胞的生长和分化提供了一个独特的实验系统。此外，该项技术还可以为遗传工程和遗传转化提供理想受体；利用发酵罐进行大规模培养还可以生产各种细胞次级代谢产物，这在植物产品的工业化生产上具有巨大的应用潜力。

7.1.3.1 细胞悬浮培养的特点

（1）细胞增殖速度快，适用于大规模工业化生产。在细胞悬浮培养中，培养细胞与培养基充分接触，营养供应及时，细胞不断分裂增殖，形成高密度的细胞群体。这样的细胞群体只要条件适宜，即可在大型的培养容器内不断繁殖，从而实现工业化生产的目的。

（2）能提供大量均一的植物细胞，即同步化的细胞。在愈伤组织培养中，愈伤组织细胞间的细胞分裂行为、生理特性等很难保持一致，刚分裂的和已分化的各种类型的细胞可能共存于同一块愈伤组织中；而在细胞悬浮培养中，通过一定方法的处理，可以实现细胞分裂的同步化，从而获得大量均匀一致的细胞。

（3）需要特殊的设备和技术。与一般的固体培养不同，细胞悬浮培养需要摇床或转床、连续培养装置等设施，在培养过程中还要进行通气、添加培养基、筛选细胞株等操作。因此悬浮培养相对固体培养而言，要复杂得多，技术要求也高。

7.1.3.2 细胞悬浮液的制备

将分散性好的愈伤组织或经酶处理过的组织转入液体培养基中。一般来说，用于建立生长快、易散碎愈伤组织的培养基，同样也适用于该物种的悬浮培养，只是将培养基中的琼脂去掉。为了使细胞能充分分散，培养过程中应采用摇床或转床进行振荡培养，速度以 80～90 r/min 为宜。经过一段时间的振荡培养后，液体培养基中就会出现游离的单细胞和几个或十几个细胞的集聚体及大的细胞团和组织块。然后用孔径为 200～300 目的不锈钢网过滤，去除悬浮培养液中大的细胞团和组织块，用液体培养基清洗数次后，再将得到的滤液以 1500～4000 r/min 的速度离心，使游离细胞沉降，弃去包含残渣碎片的上清液，收集下沉的单细胞或较小的细胞集聚体。最后，将收集到的单细胞浓缩液用新鲜培养基稀释到起始密度范围后进行悬浮培养，即可得到较为纯净的细胞悬浮液。

制备好的细胞悬浮液可以进行继代培养，以增加其数量。继代前，可以将细胞悬浮液先静置数秒，以便让大的细胞团沉降，然后再从上层吸取悬浮液进行继代。经过多次继代和选择后，就有可能建立起理想的细胞悬浮培养物。但应清楚的是，由于植物细胞具有集聚在一起的特性，通常情况下很难得到只有单细胞组成的细胞悬浮液，即使在分散程度最好的悬浮液中也存在着细胞团，只含有单细胞的悬浮液是没有的。一般而言，分散性比较好的细胞悬浮培养物是由薄壁细胞组成的。但是，有时在这些细胞中还存在着一些木质化的类管胞等成分，这种成分的存在是引起细胞集聚成团的一个重要原因。

7.1.3.3　细胞悬浮培养的类型

依据培养过程中采取的措施差异，细胞悬浮培养基本上可以分为两种类型，即分批培养和连续培养。

1）分批培养

分批培养是指把细胞分散在一定容积的培养基中进行培养。在培养过程中除了气体和挥发性代谢产物可以同外界空气交换外，一切都是密闭的。当培养基中的主要营养物质被消耗尽时，细胞的分裂和生长即停止。为了使分批培养的细胞能不断增殖，必须进行继代，方法是取出一部分细胞悬浮液，转移到成分相同的新培养基中。

在分批培养中，细胞数目增长变化情况表现为一条“S”形曲线（图7.4）。细胞在接种到液体培养基中的最初时间内很少分裂，处于相对停滞的生长状态，这一相对平静的时期称为滞后期或延滞期（lag phase）。经过滞后期的调整后，细胞开始大量分裂，分裂速度加快，细胞数目呈指数级迅速增加，这就是对数生长期（exponential growth phase）。经过对数生长期的细胞分裂，细胞数目增多，细胞基数增大，细胞再进行分裂，就进入了细胞绝对数目急剧增大的直线生长期（linear growth phase）。经过 3～4 个细胞世代之后，由于培养基中营养的消耗和有毒代谢产物的积累，细胞数目增长逐渐进入减慢期（progressive deceleration phase）。最后进入细胞数目不再增加、细胞停止生长和分裂的静止期（stationary phase）。滞后期的长短主要取决于在继代时原培养细胞所处的状态和转入细胞数量的多少，一般在对数期进行继代，可缩短滞后期，使细胞尽快恢复旺盛生长和分裂的状态。如果对培养细胞进行频繁的定期继代，即缩短两次继代的时间间隔（如 2～3 d 继代一次），可以使悬浮培养细胞一直保持较高的恒定生长速度，从而得到大量均一的培养细胞。此外，如果使处在静止期的细胞停留时间过长，会引起细胞的大量死亡和解体，因此，在培养细胞进入静止期或之前，应及时进行继代培养。

在分批培养中，从开始培养到进入静止期可以看做一个细胞生长周期，整个周期经历时间的长短因植物种类和起始培养细胞密度等的不同而异。悬浮培养细胞起始密度一般应在 0.5×10^5～2.5×10^5 个/mL，在培养过程中增加到 1×10^6～4×10^6 个/mL，每个细胞平均分裂 4～6 次，历时 18～25 d。此外，在分批培养中，细胞增殖一代所需的最短时间，即在对数生长期中细胞数目加倍所需的时间，也会因植物种类的不同而异。例如，烟草需 48 h，蔷薇需 36 h，菜豆需 24 h，这些时间一般都长于在整体植株上分生组织中细胞数目加倍所需的时间。

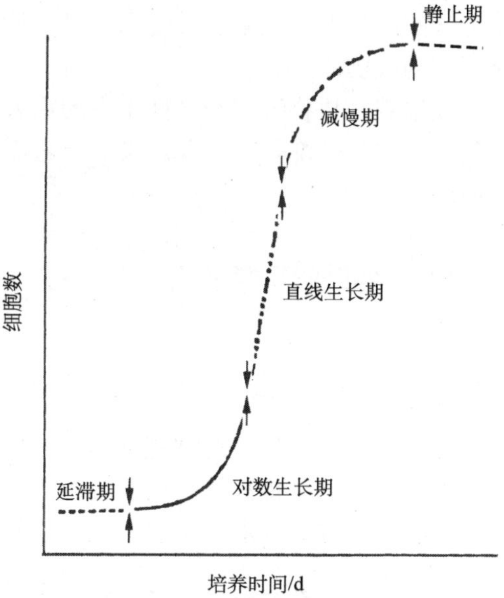

图 7.4　分批培养中悬浮培养细胞数目增长示意图（Wilson et al. 1971）

在分批培养一个周期的不同阶段，群体

细胞的大小、生长、代谢方式及其他生理特性都处于一个不断变化的状态，因此也就难以获得一个细胞分裂速率与生物合成速率两者配合一致的稳定状态，这对于细胞生长和代谢的研究及细胞代谢产物的生产都非常不利。相对而言，细胞连续培养可以在一定程度上解决以上问题。

2）连续培养

连续培养是利用特制的非密闭式的培养容器（反应器）进行大规模细胞培养的一种方式。在培养过程中，不断排出旧培养基，并注入新培养基，在培养液容积保持恒定的情况下，使其中的营养物质不断得到补充和更新，从而使细胞的生长和增殖能够持续进行。连续培养又可分为封闭式和开放式两种类型。

（1）封闭式连续培养。在封闭式连续培养中，排出的旧培养基由加入的新培养基进行补充，并且进出数量保持平衡，排出液中的细胞经收集后仍放回原培养系统中。因此，在这种培养系统内，随着培养时间的延长，细胞数目不断增加，直到氧气供应不能满足细胞进一步生长需要为止。

（2）开放式连续培养。在开放式连续培养中，对流出的培养细胞不进行回收，而是使其随旧培养基的排出流出原培养系统。在这种培养方式中，新培养基的注入速度与原培养基的流出速度相等，并通过调节注入与流出的速度，使细胞流出速率等于培养系统中新细胞的增长速率，从而使培养物的生长速度长久保持在一个接近最高值的恒定水平上。

在开放式连续培养中，对培养系统中的细胞密度和细胞生长速度的控制主要有两种方式，即化学恒定式和浓度恒定式。在化学恒定式培养中，可将新培养基中的某一营养成分的浓度调节为生长限制浓度，而生长限制成分以外的所有其他成分的浓度，均要满足或高于维持细胞正常分裂所需要的浓度。当以恒定速度注入新培养基使限制成分的浓度保持不变时，细胞生长的速率也恒定不变；而生长限制成分的任何增减都会引起细胞增长速率的增减。这样通过生长限制成分的调节，就可以有效地控制细胞增长速率的变化。在浓度恒定培养中，新培养基的注入由细胞浓度增长所引起的培养液混浊度的增加所控制，当因细胞浓度增加而使培养液的混浊度超过某一设定水平时，使细胞随培养液一起排出，并注入新培养基，从而保持恒定的细胞浓度。

连续培养是植物细胞培养技术中的重大进程，对于植物细胞代谢调节的研究及次级代谢产物的工业化生产都具有重要意义。但它需要的设备和技术较为复杂，在实际应用中还受到一定限制。

7.2　细胞培养的技术关键

7.2.1　促使培养细胞分散的措施

能够建立分散性良好的细胞悬浮液是单细胞分离和培养的基础，但植物细胞往往具有集聚成团的特性，为了提高悬浮培养细胞的分散程度，以获得仅有单细胞和小细胞团组成的较为理想的细胞悬浮培养液，常采取以下措施。

7.2.1.1　选用松散易碎、分散性良好的愈伤组织建立细胞悬浮培养物

为了获得充分分散的细胞悬浮培养液，一开始就选用松散易碎的愈伤组织非常重要。一

般而言，愈伤组织越是疏松，细胞的分散程度也就越大，越容易建立起理想的细胞悬浮液。反之，如果愈伤组织质地坚密，细胞的分散程度小，就不大适合作为建立细胞悬浮液的起始材料。为了获得比较疏松的愈伤组织，可以在愈伤组织的诱导过程中，通过调节生长素与细胞分裂素的浓度比例，适当提高培养基中的生长素水平等措施，加速细胞分裂和生长的速度，可以在一定程度上促使愈伤组织变的疏松和易于分散。此外，把愈伤组织在半固体培养基上保存 2～3 个继代周期，也可以增加其松散性。另外，在建立细胞悬浮液之前，先用果胶酶处理所选用愈伤组织，打破细胞间的连接，也可以提高愈伤组织的松散性。

7.2.1.2　对细胞悬浮培养物进行振荡培养

在建立细胞悬浮培养液的过程中，若采用振荡培养，可对大的细胞团施加一种温和的压力和冲击，使其破碎成小细胞团和单细胞，也可以提高培养细胞的分散性。

7.2.1.3　采用适宜的方法对悬浮培养细胞进行继代培养

在对悬浮培养细胞进行继代时，可使用细小的吸管或注射器，使其进液口的孔径小到只能通过单个细胞或小的细胞团（2～4个细胞），而不能通过大的细胞集聚体；或在继代前先将细胞悬浮液静止数秒，使大的细胞团沉降，再从上层吸取悬浮液；或采用过滤或低速离心的方法除去大的细胞团和组织块等，都可以有效地提高细胞悬浮液的分散程度。如果每次继代都依上述办法进行处理，经过多次继代和选择后，就有可能建立起理想的细胞悬浮培养物。

7.2.1.4　在细胞悬浮液中加入适当种类和浓度的植物激素或其他物质

悬浮液中植物激素的种类和用量常常会影响培养细胞的分散程度，一般而言，较高浓度的生长素可促使细胞得以分散。例如，在颠茄细胞悬浮培养液中加入 NAA 2 mg/L、KT 0.1 mg/L，有利于培养细胞的分散。在烟草细胞的悬浮培养中，将悬浮液中 2,4-D 的浓度由 0.3 mg/L 提高到 2 mg/L，可促进悬浮培养细胞的分散。此外，在细胞悬浮培养液中加入少量的水解酶（如纤维素酶和果胶酶），或加入酵母浸出液、草酸钙、秋水仙素等一类的物质，也能提高细胞的分散程度。

7.2.1.5　调整培养细胞的生长状态

一般而言，处于旺盛生长和分裂状态的细胞易于分散。例如，通过频繁继代或连续补加新的培养基，使悬浮培养细胞长期处于旺盛分裂的对数生长晚期，就有可能使培养细胞得到最大限度的分散。

7.2.2　悬浮培养细胞的同步化

细胞的同步化培养是指在培养中大多数细胞都能同时通过细胞周期的各个阶段（G_1、S、G_2 和 M）。

在悬浮培养中，为了研究细胞分裂和细胞代谢，最好使用同步培养物或部分同步培养物。因为和非同步培养相比，在同步或部分同步培养中，细胞周期内的每个事件都表现得更为明显。一般情况下，悬浮培养细胞都是不同步的，为了取得一定程度的同步化，常采取以下措施和方法实现悬浮培养细胞的同步化。

7.2.2.1 饥饿法

饥饿法是先对培养细胞断绝供应一种细胞进行分裂所必需的营养成分或激素，使细胞分裂停滞在 G_1 期或 G_2 期，经过一段时间的饥饿培养之后，大多数细胞就被阻止在 G_1 期或 G_2 期。当在培养基中重新加入这种限制因子时，这些静止的细胞就会同步进入分裂，同时通过细胞周期的各个阶段，从而实现培养细胞的同步化。例如，当将处于静止期的假挪威槭悬浮培养细胞以低密度接种到新鲜培养基上之后，原来处在静止期的细胞就进入了同步分裂期，这可能是在原培养基中硝酸根离子的枯竭，所有处在静止期的细胞都被阻止在细胞周期中的 G_1 期的缘故。Komamine 等（1978）在长春花悬浮培养中先使细胞受到磷酸盐饥饿 4 d，然后再把它们转入到含有磷酸盐的培养基中，结果实现了细胞分裂的同步化。此外，有些研究者通过使烟草悬浮培养细胞受到细胞分裂素饥饿，使胡萝卜细胞受到生长素饥饿，也取得了同步化的效果。

7.2.2.2 抑制法

抑制法是在细胞悬浮培养液中加入抑制 DNA 合成的抑制剂，如 5-氨基尿嘧啶、羟基脲和胸腺嘧啶脱氧核苷等，使细胞分裂所必需的 DNA 复制受阻，从而使细胞周期只能进行到 G_1 期，这样大多数细胞就被滞留在 G_1 期和 S 期的边缘。当把这些抑制剂去掉，解除抑制作用后，细胞就进入同步分裂。不过，采用这种方法取得的细胞同步化只限于一个细胞周期。

7.2.3 培养细胞生长量的分析

在植物细胞悬浮培养中，及时掌握培养细胞的生长变化状况，有助于提高细胞培养的效率和改进细胞培养的条件。细胞的生长量一般可用以下方法进行计量：细胞计数、确定细胞密实体积和细胞干（鲜）重的增加等。

7.2.3.1 细胞计数

细胞计数一般用细胞计数板（血球计数板）进行。由于在悬浮培养液中总是存在大小不一的细胞团，因而通过由培养液中直接取样很难进行可靠的细胞计数，如果先用铬酸（5%～8%）或果胶酶（0.25%）对细胞和细胞团进行处理，使其分散，可提高细胞计数的准确性。例如，Street 等用以计数假挪威槭细胞的方法是：将 1 份培养物加入到 2 份 8%三氧化铬溶液中，在 70 ℃下加热 2～15 min，然后将混合物冷却，用力振荡 10 min，再用血球计数板进行细胞计数。

7.2.3.2 细胞密实体积

细胞密实体积（PCV）是以每毫升培养液中细胞总体积的毫升数表示的。为了确定细胞密实体积，需将一份已知体积的均匀分散的细胞悬浮液加入到 15 mL 刻度离心管中，200 *g* 离心 5 min，然后测量出离心管中沉降细胞的总体积，进一步求算出细胞的密实体积。

7.2.3.3 细胞鲜重

把细胞悬浮培养物倒在下面架有漏斗的已知重量的湿尼龙丝网上，用水洗去培养基，真空抽滤以除去细胞上沾着的多余水分，再称重，即可求得细胞鲜重。

7.2.3.4　细胞干重

用已知重量的干尼龙丝网依上法收集细胞，在 60 ℃下干燥 12 h，再称重，即可求得细胞干重。一般细胞的干重是以每毫升培养物或每 10^6 个细胞的重量来表示。

7.2.3.5　细胞有丝分裂指数的测定

细胞的有丝分裂指数是指所观察的细胞总数中正在进行有丝分裂（包括细胞分裂前期）的细胞的百分率。它可以在一定程度上反映培养细胞的活力状况和细胞分裂的同步性。

细胞有丝分裂指数的具体测定方法是：取培养后 2 h、4 h、6 h 或 8 h 等不同时期的细胞，用无激素的液体培养基配制秋水仙素或对二氯苯作为预处理液，并加入到细胞悬浮培养液中，使其最终浓度与常用处理浓度相等。预处理一段时间（1～6 h）后离心，加固定液（如 Carnoy's）固定 2～24 h。固定后的材料经由高到低的梯度乙醇处理后，用 1 mol/L 的盐酸软化处理 0.5～6 h，用清水清洗后，加入铁矾苏木精染色 2～12 h，显微镜检观察分裂相，即可求出细胞有丝分裂指数。

7.2.4　培养细胞活力的测定

在细胞培养过程中，由于培养条件都是人为控制的，所以在培养过程中难免发生培养细胞死亡。因此在细胞悬浮培养液中，常常是死细胞与活细胞共存。为了提高细胞培养的效率和改进细胞培养的条件，有必要掌握培养细胞的活力状况或活细胞在悬浮液中所占的比例。

7.2.4.1　相差显微观察法

在显微镜下，根据细胞质环流和正常细胞核的存在与否，可鉴别细胞的死活。虽然利用相差显微镜可以得到更为明显的图像，但在亮视野显微镜下常常也不难进行这样的观察。

7.2.4.2　四唑盐还原法

通过 2，3，5-氯化三苯基四唑（TTC）还原成红色染料甲臜，可以测定细胞的呼吸效率，甲臜可以用分光光度计进行测定。这种方法虽然可以使观察结果定量化，但单独使用时在有些情况下不能得到可靠的结果。

7.2.4.3　二乙酸荧光素法

应用二乙酸荧光素（FDA）法可以对活细胞所占百分率进行快速的测定。具体方法是：将用丙酮制备的 0.5% FDA 储备液加入到细胞悬浮液中，加入的数量以使最终浓度为 0.01%为准，并保温 5 min。因为 FDA 既不发荧光也不具有极性，它可以自由地进出细胞。在活细胞内 FDA 被酯酶裂解，并将能发荧光的极性部分（荧光素）释放出来，由于荧光素不能自由穿越质膜，因而就在完整的活细胞内得到积累。而在死细胞和破损细胞中，由于 FDA 不被裂解，因此也就形成不了荧光素或出现荧光素的积累。当用荧光显微镜进行镜检时，就能区分开发荧光的活细胞与不能发荧光的死细胞和破损细胞，并能通过血球计数板来统计活细胞的数目及其所占比例。

7.2.4.4 伊凡蓝染色法

当用伊凡蓝（Evan's blue）的稀溶液（0.025%）对细胞进行染色处理时，只有活力已受损的细胞能够摄取这种染料，而质膜完整的活细胞不能摄取这种染料，所以死细胞被染色而完整的活细胞不被染色，据此可以判定培养细胞的活力状况。

7.2.5 影响细胞培养的因素

7.2.5.1 细胞的起始密度

1）起始密度与细胞分裂

细胞的起始密度是指在接种后开始培养时，单位体积内的细胞数目，通常以每毫升培养液含有多少个细胞来表示。

细胞起始培养密度是影响细胞培养效率高低和培养周期长短的重要因素。在正常情况下，每个物种都有一个最适宜的植板密度，同时也有一个临界密度，当低于这个临界密度时，培养细胞就不能进行分裂和形成细胞团。例如，伯格曼（1977）在烟草细胞的平板培养中，细胞密度为 90 个/mL 时，植板率为零；为 360 个/mL 时，植板率达 50%左右；而当细胞密度为 720 个/mL 时，植板率接近 100%。当然，临界密度也不是一成不变的，对同一物种的培养细胞而言，它会随培养基营养组成的变化而改变：一般培养基的组成越复杂，营养成分越丰富，植板细胞的临界密度就可以越低；反之，植板密度要求就越高。例如，在培养基中加入一些化学成分不明确的物质（如椰乳、水解酪蛋白、酵母浸出液等），或调整培养基中植物激素的种类和用量，可以有效地取代影响细胞分裂的这种群体效应。

有关细胞密度对细胞分裂影响的解释认为：培养细胞能够合成某些进行分裂所必需的化合物，并且只有当这些化合物的内生浓度达到一个临界值之后，细胞才能进行分裂。并且，细胞在培养过程中会不断地把它们所合成的这些化合物散布到周围培养基中，直到这些化合物在细胞和培养基之间达到平衡时，这种散布过程才能停止。这样，当细胞密度较高时，达到平衡所需的时间就短，细胞内这些化合物的浓度就容易达到临界值，从而开启细胞分裂；当细胞密度较低时，达到平衡所需的时间就长；当细胞密度处于临界密度以下时，将永远达不到这种平衡状态，也就使得这些化合物的内生浓度无法达到临界值，细胞也就不能进行分裂。不过，通过丰富培养基成分，满足培养细胞对这些化合物的要求时，细胞在相当低的培养密度下也能发生分裂。在细胞培养实验中也曾发现，采用条件培养基能够促进低密度下的细胞发生分裂，这可能与条件培养基中含有能促使细胞分裂的化合物有关；相反，在纯合成培养基中之所以难以培养单个细胞，正是由于对细胞分裂有关的这些物质的精确性质缺乏了解所致。

2）不同培养方式与细胞起始密度

在细胞悬浮培养中，为了促使细胞分裂增殖，细胞起始培养密度一般为 0.5×10^5～2.5×10^5 个/mL。不同植物的有效细胞起始密度不同，但均有其最适宜的起始密度。例如，烟草细胞的起始培养密度为 0.5×10^4～1.0×10^4 个/mL，茄子为 4.0×10^5 个/mL（花粉），假挪威槭为 9.0×10^3～15.0×10^3 个/mL。

在平板培养中，平板培养的效果常用植板率来衡量。而植板率的高低又受培养时的细胞起始密度影响，一般细胞起始密度越低，培养细胞的植板率就越低。此外，植板率的高低还与所用细胞的活力有关，一般选用处于对数生长期的细胞进行培养，具有最高的植板率，而选用处于静止期的细胞，植板率最低。

在采用微室培养、看护培养等方法进行细胞培养时，起始细胞密度也很重要。例如，用微室培养烟草细胞，每个微室中细胞接种量需达到 30 个才能诱发细胞发生分裂形成细胞团。在培养单个细胞时，培养液滴的大小是个关键因素，液滴越小，相当于单位体积的培养液中细胞的密度越大；相反，增大液滴的体积将会降低细胞的有效培养密度。

7.2.5.2　培养基

1）条件培养基

利用生长过愈伤组织或悬浮细胞的液体培养基培养植物细胞，能够有效地促进细胞的生长和分裂，这种液体培养基一般称之为条件培养基。条件培养基之所以能够促进低密度培养细胞的分裂，可能源于愈伤组织或悬浮细胞在培养过程中向培养液释放了一些特殊代谢产物，而这些代谢产物能够促进单细胞的分裂和生长。条件培养基一般没有特异性，由某一植物组织或细胞制备的条件培养基，往往也能促进其他种的植物细胞的生长和分裂。在条件培养基能促进细胞培养的这一启示下，不少学者在某些植物的组织培养中，常向培养基加入某些植物的汁液，有时也会收到良好的效果。

2）培养基的基本成分

能用来建立生长快、易散碎愈伤组织的培养基，一般来说也同样适用于建立该物种的悬浮培养。但在有些情况下，适于愈伤组织培养的培养基，不一定就适用于该物种的细胞悬浮培养，这时还需要进行培养基调整。调整时，一般是以诱导愈伤组织形成的培养基或以预培养的培养基为基础进行的。

常用于细胞悬浮培养的培养基有 MS、B_5、ER 等，但这些培养基的 pH 缓冲能力较弱，在细胞悬浮培养过程中，培养基的 pH 很容易迅速上升变为中性。为了避免 pH 大的波动，常在培养基中加入一些固态缓冲物，如磷酸氢钙、磷酸钙、碳酸钙等，以稳定培养基的 pH。在活跃生长的悬浮培养物中，无机磷酸盐的消耗很快，不久就变成了一个限制因子。例如，Noguchi 等（1977）证实，若把烟草悬浮培养物保存在含有标准 MS 无机盐配方的培养基中，在培养起始后的 3 d 内，磷酸盐的浓度几乎下降为零，即使将培养基中磷酸盐的浓度提高到原来水平的 3 倍，5 d 之内也会被细胞全部用光。因此，为了进行高等植物细胞的悬浮培养，特别设计了 B_5 和 ER 两种培养基。

MS、B_5 和 ER 及其他一些合成培养基，一般来说，也只有在细胞的起始培养密度约 5×10^4 个/mL 或更高时才是适用的，当细胞密度较低时，在培养基中还需补加一些其他成分，使培养基组成更为全面和丰富，才能用于细胞的培养。这是因为，培养基成分与起始细胞密度是决定细胞培养成败的关键，起始细胞密度越高，越容易诱导细胞发生分裂，对培养基成分的要求越为宽松；随着细胞培养密度的降低，细胞对培养基成分的要求就变得越复杂。例如，当以低密度培养假挪威槭细胞时，必须在基本培养基中加入一种细胞分裂素、赤霉素和几种氨基酸，而对于该种植物的愈伤组织培养来说，单是基本培养基就能产生良好的培养效果。Kao 和 Michayluk（1975）配制的 KM8P 培养基，里面含有无机盐、蔗糖、葡萄糖、谷氨酰胺、丙氨酸、谷氨酸、半胱氨酸、14 种维生素、6 种核酸碱和 4 种三羧酸循环中的有机酸。这种培养基因成分全面而又丰富，使得细胞培养密度低到 25～50 个/mL 时也能发生细胞分裂，若以水解酪蛋白（250 mg/L）和椰乳（20 ml/L）取代各种氨基酸和核酸碱，有效植板密度则可进一步下降到 1～2 个/mL。

7.2.5.3　植物生长调节物质（激素）

在细胞培养中，培养基中补加一定种类和数量的植物激素是非常必要的，它不仅影响到培养细胞的植板率，也影响培养细胞次级代谢产物的合成。例如，以低密度培养的旋花属植物细胞，需要补加适量激动素才能启动细胞的分裂和生长。培养基中含有一定量的 2,4-D 能够显著提高人参培养细胞的人参皂甙产量。此外，在使用植物激素时，除考虑到其促进细胞分裂的作用外，还应考虑到植物激素对悬浮培养细胞分散性的影响。例如，在颠茄的细胞悬浮培养中，KT 的浓度与培养细胞的分散性有关：在 NAA 2 mg/L 的浓度下，KT 的使用浓度由 0.5 mg/L 降低到 0.1 mg/L 时，可提高悬浮培养细胞的分散性。

7.2.5.4　其他因素

1）CO_2

培养容器中 CO_2 的含量影响到细胞的培养。有研究表明，降低培养瓶内 CO_2 的浓度（0.03%以下），细胞的分裂就停止或不能发生；若将 CO_2 浓度提高到 1%，则促进细胞的生长；但当其浓度进一步提高到 2%时，反而会抑制细胞的生长和分裂。Stuart 和 Street（1971）的研究表明，在低密度细胞培养中，CO_2 对于诱导细胞分裂也可能具有重要作用。在假挪威槭和其他一些植物的悬浮培养中，若在培养瓶内的空气中保持一定的 CO_2 分压，可使有效起始细胞密度由原来的 1×10^4 个/mL 下降到 600 个/ mL。

2）O_2

在细胞悬浮培养中，充足的 O_2 供应对细胞的分裂和生长是必需的。此外，培养液中 O_2 的含量还会影响培养细胞的形态发生途径。例如，在胡萝卜细胞悬浮培养中，当培养液中的氧气浓度低于某一临界水平时，有利于胚状体的形成；而氧气浓度高于这一临界水平时，则有利于根芽的形成。

7.3　细胞规模化培养与次级代谢产物生产

植物不仅为人类的生存和发展提供必要的食物、纤维和建筑材料，同时其次级代谢产物萜类、生物碱、酚类等天然化合物被人类广泛利用，制成药品、食品添加剂、香料、色素、化妆品、生物杀虫剂等。据不完全统计，在人类已知的 30 000 种天然产物中 80%来源于植物，至少有 20%的药物是由植物衍生而来的，并且每年都从许多植物中发现大量新的化合物。因此，多年来植物天然产物的开发利用一直是人们研究的热点。

目前，许多植物来源的化合物还不能人工合成，而是直接从栽培或野生植物中分离提取。然而，这些天然化合物在植物体内一般含量很低，直接从植物中提取不但占用大量耕地，而且还可能造成一些珍贵植物种类的灭绝。例如，为了获得抗癌药物紫杉醇，原始的做法是从红豆杉的树皮中提取。但红豆杉自然条件下生长缓慢，提取 1 kg 紫杉醇需要 1000 棵 100 年树龄的红豆杉。因此，面对世界人口的急剧增长、耕地减少及人们对天然化合物需求的增加，开发新的天然化合物生产途径代替传统的从植物中直接提取化合物成为当务之急。

自 20 世纪 40 年代后期，Bonner 报道可利用银胶菊组织培养物生产橡胶以来，采用组织培养方法生产有用化合物的研究得到迅速发展，并取得巨大的成就。据不完全统计，迄今为止，全世界已经有 1000 多种植物进行过细胞培养的研究，对近 300 余种植物培养物中的 400 多种代谢物进行了研究，超过 30 余种代谢物在培养物中的积累达到或超过原植物中的含量。目前，利用植物细胞培养技术生产的次级代谢产物已被人类广泛应用，一些天然成分如紫杉醇、紫草宁、迷迭香酸和人参皂苷等已进入工业化生产阶段（图 7.5）。例如，日本三井石油化学公司生产紫草宁和小檗碱（750 L）、日东电工株式会社生产人参皂苷和花色素（500 L）、德国的迷迭香酸生产（75 000 L）、英国的辣椒素生产等。近年来，我国在人参、红豆杉、毛地黄和长春花等植物细胞规模化培养领域也取得了长足进展，有些已进入中试阶段并有一定的产品投放市场。

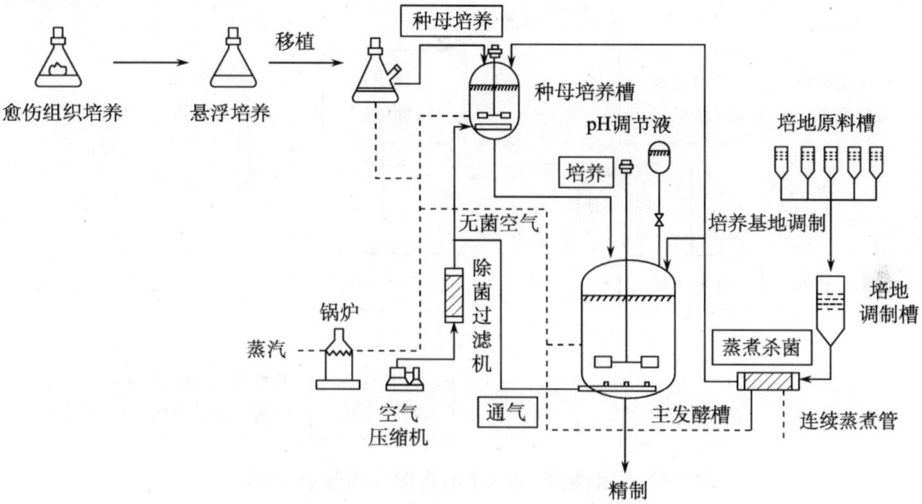

图 7.5　细胞大规模培养的工程体系（周维燕 2001）

7.3.1　细胞规模化培养体系的建立

植物细胞规模化培养的目的是进行植物次级代谢产物的生产，因此，细胞培养技术的设计与优化的关键是提高代谢产物的产量。为此，必须在建立培养体系的起始就要选择高生产潜力的细胞系，然后通过一系列技术控制，全面提高培养细胞进行次级代谢产物的合成能力。植物细胞规模化培养体系的建立通常包括材料选择与初始培养、细胞系筛选、增殖与扩大培养及鉴定和提取等几个环节（图 7.6）。

7.3.1.1　材料选择与初始培养

不同植物产生的天然产物种类与含量不同，因此，在确定通过细胞培养生产某种天然产物以后，首先必须准确选择能够产生目的天然产物的植物种类及其品种或单株。此外，由于天然产物一般为植物细胞的次级代谢产物，而植物次级代谢产物的合成与积累往往具有组织器官特异性。因此，在建立细胞规模化培养体系时，应选择自然状态下高效合成天然产物的器官、组织为外植体。

在选择好起始培养材料后，首先应建立培养细胞系，初始培养细胞的来源可以是外植体离体培养产生的愈伤组织，也可由植物的组织、器官等通过酶解获得细胞。由愈伤组织建立悬浮培养细胞系是目前细胞培养中广泛采用的一种方法。在诱导愈伤组织时，一般是选取幼嫩的组织或器官为外植体，如茎尖、幼叶、胚轴、幼胚等。将所选择的外植体经消毒后接种

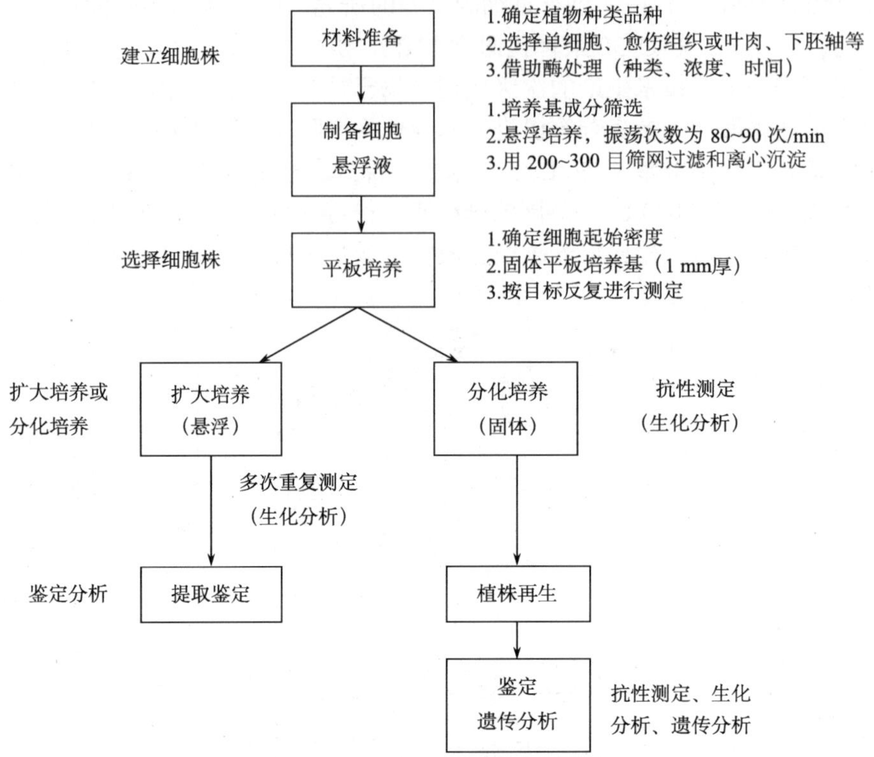

图 7.6　单细胞培养程序示意图（周维燕 2001）

于适宜的培养基，并附加适当种类和数量的植物激素，在适宜的培养条件下，一般经过 3～4 周的培养即可产生愈伤组织。然后选择颜色浅、生长快、疏松易散碎的愈伤组织进行多次继代，以增加愈伤组织的松散性和扩大愈伤组织的数量。在继代培养中要注意生长素、细胞分裂素及其他附加物的种类和数量，以培养出生长旺盛且质地疏松易于分散的愈伤组织。

在建立悬浮培养细胞系时，细胞来源除由愈伤组织获得外，也可以选择易于分散的花粉为起始材料；或选择叶片、根尖、髓组织等为起始材料，再经酶解得到游离的单细胞。

7.3.1.2　细胞系筛选

在组织培养中，一般将来自于同一个单细胞的细胞团称为细胞株或细胞系（cell line）。用于生产次级代谢产物的细胞，应当具有生长快、遗传稳定、有效成分含量高、适合悬浮培养等特点。但在大多数情况下，由起始材料建立起来的培养细胞通常是一个异质的细胞群体，不同细胞间在次级产物合成和积累的能力上存在很大差异。李志勇等（2002）比较研究了 10 个稳定的大蒜细胞悬浮系各自的 SOD 合成能力，发现不同细胞系间 SOD 合成能力存在显著差异，合成能力最高的细胞系是合成能力最低细胞系的 4.56 倍。因此，在细胞规模化培养中，依据细胞合成次级代谢产物能力的不同，筛选高合成能力的细胞系是非常必要的。

高产细胞系的分离通常采用平板培养的方法，即将制备的较为纯净的细胞悬浮液，以一定的培养密度接种在 1 mm 厚的薄层固体培养基上，然后在倒置显微镜下找出周围没有其他细胞的单细胞，并在培养皿外相应的位置做好标记，放置适宜条件下培养。待标记的各个单细胞分裂形成细胞团后，将各细胞系分离出来进行分别培养，然后根据不同的培养目的对各细胞系进行鉴定和测定，从中筛选出高抗、高品质、高产，即对某种氨基酸、生物碱、酶类、萜类、甾体类、天然色素类等合成能力强的细胞系。

筛选高产细胞系的方法很多，较为常用的有以下几种。

（1）筛选法。目测法是从培养物的形状、颜色、大小等外部形态特征来初步判断其次级代谢产物含量高低的一种筛选方法。该法简单、快速，但比较粗放，适用于含色素的细胞系的筛选，如花青素、萘醌、类胡萝卜素、叶绿素等。

梅兴国等（2001）在红豆杉愈伤组织的诱导培养中，发现愈伤组织的生长速率和紫杉醇含量与其颜色和质地存在一定的关系，颜色浅、质地松散的愈伤组织生长快、含水量高，但紫杉醇含量低；相反，颜色深、质地密实的愈伤组织生长较慢、含水量较低，但紫杉醇含量较高。赵德修等（1998）以水母雪莲的茎叶为外植体诱导愈伤组织，采用目测法得到浅黄色系和红色系两个不同株系，前者中总黄酮的含量是后者的 2.3 倍。

（2）流式细胞仪筛选。流式细胞仪是对细胞进行自动分析和分选的装置。它可以快速测量、存储、显示悬浮在液体中的分散细胞的一系列重要的生理生化方面的特征参量，并可以根据预选的参量范围把指定的细胞亚群从中分选出来。Adams 借助流式细胞仪，成功地筛选出了万寿菊噻吩含量高的细胞系。

（3）抗性筛选法。抗性筛选也是高产细胞系筛选的常用方法之一。例如，很多植物细胞能利用庚二酸和丙氨酸合成生物素，但高浓度的庚二酸对细胞却有很大毒性，以这类物质作为选择剂，往往可以筛选出具有很好抗性的高产细胞系。L-苯丙氨酸是合成紫杉醇的前体，梅兴国等（2001）利用苯丙氨酸为选择剂，筛选出抗苯丙氨酸的红豆杉细胞系，这些抗性细胞系的紫杉醇含量高出原型细胞系的 3～5 倍，并且抗性细胞系的生长速率、细胞活性、胞内可溶性糖含量等均较原型细胞系高。

（4）直接分析筛选法。直接分析法是建立在分析细胞提取物的基础上来评估一个细胞系的合成能力的。由于要从大量细胞系中进行筛选，检测分析细胞代谢产物的技术手段应当快速、高效，并且采用的组织样品尽量要少。在筛选高产细胞系时，可将每个单细胞克隆形成的组织培养物分成两份，一份留作保存，另一份进行成分含量分析。当筛选出高产细胞系后，即对相应的保存愈伤组织进行增殖培养，再进入细胞悬浮培养程序，为进一步规模化培养提供种子细胞。放射免疫分析法（radioimmunoassay，RIA）被认为是比较敏感和精确的方法，它可以从无数微量细胞样品中迅速地定量测定特殊的成分。但由于仪器昂贵、合成放射性标记抗原困难、安全性差等，未能得到广泛使用。酶联免疫免疫吸收分析（enzyme linked immunosorbent assay，ELISA）是一种将酶化学反应的敏感性和抗原抗体反应的特异性结合起来，通过 ELISA 检测仪进行定量测定的免疫分析技术。该方法测定方便、快速、灵敏，在细胞系的筛选中应用前景广阔。Robin 等（1984）应用此技术进行美洲苦木（*Picrasma quassioides*）细胞中苦木素的含量测定及高产细胞系的筛选，并指出此法能检测低至 0.1 mL 样品仅有 5 pg 的物质。另外，薄层色谱分析（thin layer chromatography，TLC）、高效液相色谱（high performance liquid chromatography，HPLC）等技术手段在细胞次级代谢产物的分析测定及高产细胞系的筛选中也得到了广泛的应用。

为了提高筛选效率，也可以加一些物理或化学的诱变因素，以便提高细胞突变的频率、丰富细胞变异的程度和种类，进而提高高产突变细胞系筛选的成功率。罗建国等（1995）采用化学诱变剂 MNNG（*N*-methyl-*N*′-nitro-*N*-nitrosoguanidine）处理人参细胞，成功筛选到了人参寡聚糖高产细胞系，其平均寡糖含量是供体亲本的 1.5 倍。梅兴国等（2001）采用紫外诱变，从大量红豆杉细胞系中筛选出了高产紫杉醇的红豆杉细胞系 C42B-09，紫杉醇含量是亲本的 6.25 倍。李耀维等（2000）采用 He-Ne 激光照射雷公藤（*Tripterygium wilfordii*）愈伤组织诱导突变，筛选出一个次级代谢产物高产细胞系，其次级代谢产物产量较对照提高 45.2%，且遗传性状稳定。

7.3.1.3　细胞系的增殖与扩大培养

在筛选获得高产细胞系后，需要通过细胞系的增殖与扩大培养以获得一定数量的细胞群体，为细胞的规模化培养准备种子细胞。在种子细胞系的增殖初期，一般采用液体振荡培养的方法来扩大种子细胞的数量，培养体积一般从几百毫升到几升逐级放大。在细胞系不断地扩大培养过程中，应不断检测因为培养体积的增大所引起的细胞生长特性和目的产物含量的变化情况。当种子细胞数量增殖到一定数量后，可将其转入体积较小的生物反应器进行模拟培养，进一步明确规模化培养下的细胞生长特性、次级代谢产物合成规律及培养条件的控制等情况，为利用大体积的生物反应器进行工厂化生产提供技术参数。

根据对单细胞系的鉴定和测定结果，选择相应的细胞系也可用于其他培养目的，如诱导细胞分化形成植株，或用于细胞分裂分化过程的机制研究等。要使单细胞或小细胞团形成再生植株，首先应使其分裂增殖形成愈伤组织，可采用液体悬浮培养、平板培养、看护培养等方法继续培养筛选出来的细胞系，以获得大量具有分化能力的愈伤组织。当愈伤组织直径达到 1.5～2.5 mm 时，便可转移到分化培养基上，调节好植物激素的种类和浓度，使其通过器官发生途径形成芽、根或经胚胎发生途径形成胚状体，并经进一步培养获得完整的再生植株。

7.3.1.4　鉴定和提取

在细胞规模化培养过程中，虽然有一些高产细胞系的产量可以长期保持稳定，但在多数情况下经过连续的长期继代培养，细胞变异是不可避免的。因此，在通过细胞培养生产次级代谢产物时，应及时提取和测定细胞中的生化产物，以确定培养细胞是否合成或是否高效率合成某些有效成分。在细胞的大规模连续培养中，培养细胞在遗传上和后生遗传上常存在不稳定性，为了保证次级代谢产物生产，应对能够合成有效生化产物的细胞进行不断的选择，并淘汰不能合成或合成效率低的细胞。另外，采用超低温保存高产细胞系也是有效的措施之一，在–196 ℃的超低温保存条件下，细胞系的生活力和高产特性可以长期得以保持。

7.3.2　培养细胞次级代谢产物的类型

现代植物生理学根据细胞代谢活动与其生命活动的关系，将植物代谢分为初级代谢（primary metabolism）和次级代谢（secondary metabolism）。细胞初级代谢及其产物（如糖、氨基酸、脂肪酸类、核酸及由它们形成的聚合物）是维持细胞生命活动所必需的，初级代谢受阻将直接影响细胞的生存、生长与发育。而次级代谢产物（secondary metabolite）一般认为是由次级代谢产生的一类细胞生命活动或植物生长发育正常运行的非必需的小分子有机化合物，其产生和分布通常具有种、属、器官、组织及发育阶段的特异性。在植物的某个发育时期或某个器官中，次级代谢产物可能成为代谢库的主要成分，如橡胶树产生大量橡胶和甜菊叶中甜菊甙的含量可达干重的 10%以上。

植物细胞产生的次级代谢产物多种多样，按照用途可以分为色素类、香精类、医药类、酶类等；根据代谢途径和化学结构，次级代谢产物可分为醌类、黄酮类、生物碱、萜类、甾体及其甙类、单宁类等；还有人根据次级代谢产物的生源途径分为酚类化合物、类萜类化合物、含氮化合物（如生物碱）三大类。据报道每一大类的已知化合物都有数千种甚至数万种以上（表 7.1）。

表 7.1　植物细胞培养生产的一些次级代谢产物

次级代谢产物名称	来源植物细胞	主要用途及作用
紫草宁	紫草细胞	色素，消炎
人参皂苷	人参细胞	调节免疫功能，保健
紫杉醇	红豆杉细胞	抗肿瘤
地高辛	毛地黄细胞	强心药
小檗碱	黄连细胞	消炎，止泻
利血平	萝芙木细胞	降血压，镇静药
花青素，花黄素	紫苏细胞，玫瑰茄细胞	食用色素，抗氧化
长春花碱	长春花细胞	抗肿瘤
奎宁碱	金鸡纳细胞	抗疟疾
鱼藤酮	鱼藤细胞	杀虫剂
银杏黄酮	银杏细胞	疏通血管，抗氧化
银杏内酯	银杏细胞	治疗心血管疾病
白果内酯	银杏细胞	治疗大脑和神经系统疾病
蒽醌	巴戟天细胞	抗菌消炎，抗肿瘤
胡萝卜素	胡萝卜细胞	色素
青蒿素	黄花蒿细胞	抗疟疾，退烧
超氧化物歧化酶（SOD）	大蒜细胞	抗氧化，抗辐射，抗衰老
木瓜蛋白酶	番木瓜细胞	消炎
香豆素	胡桐细胞，薰衣草细胞	抗病毒，香精
辣椒素	辣椒细胞	消炎、止痛、治疗肌肉酸痛
薄荷醇	薄荷细胞	食用香精，抗菌消炎
迷迭香酸	鼠尾草细胞，迷迭香细胞	消炎，抗氧化

7.3.2.1　黄酮类化合物

黄酮类化合物（flavonoid）是植物中分布最广泛的一大类次级代谢产物，自从发现至今已鉴定的黄酮类化合物接近 10 000 种。黄酮类化合物是指具有两个芳环（A 环与 B 环）通过三碳链相互连接而成的一系列化合物，其基本母核具有 C_6-C_3-C_6 的结构，如图 7.7 所示。根据 B 环的连接位置的不同，黄酮类化合物可分为 2-苯基衍生物，包括黄酮（flavone）、黄酮醇（flavonol）；3-苯基衍生物，如异黄酮（isoflavone）；以及 4-苯基衍生物，如新黄酮（neoflavonoid）。

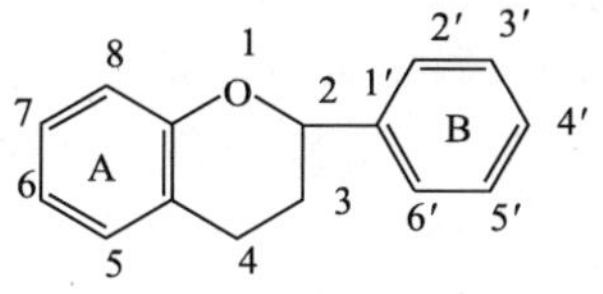

图 7.7　黄酮类化合物母核的基本结构

黄酮类化合物不仅种类繁多，而且具有广泛的生物活性，在医药、食品等领域被广泛应用。黄酮类化合物具有扩张血管、调节血管渗透性的功效，在心脑血管疾病的防治方面具有重要作用，如槐米中的芦丁和陈皮中的陈皮苷，能降低血管的脆性、改善血管的通透性、降低血脂和胆固醇，用于防治老年高血压和脑溢血。由银杏叶制成的舒血宁片含有黄酮和双黄酮类，用于冠心病、心绞痛的治疗。许多黄酮类成分具有抗菌、抗病毒活性，如木樨草素、黄芩苷、黄芩素等均有一定的抗菌作用；槲皮素、二氢槲皮素、桑色素、山柰酚等具有抗病毒作用。此外，黄酮类化合物还具有清除自由基、抗氧化、止咳、祛痰、平喘等药理活性。

除医用外，黄酮类化合物还在食品、农业等领域得到应用。例如，花青素等黄酮类在不同条件下，可以呈现多种不同的颜色，可用作天然食用色素和染料；一些二氢查尔酮是一种安全、无毒、低热量、高甜度的天然甜味剂；鱼藤酮等异黄酮化合物是高效杀虫剂，可以防治蚜虫、蓟马、黄守瓜、猿叶虫、菜青虫等多种害虫。

7.3.2.2　萜类化合物

萜类化合物（terpenoid）是指以异戊二烯（C_5）为基本单位，首尾相接而成的一类化合物。在植物体内通过异戊二烯途径产生，广泛分布于各类植物中，现在已鉴定的萜类化合物有 20 000 多种。根据其组成的不同，萜类化合物可以分为单萜（C_{10}）、倍半萜（C_{15}）、二萜（C_{20}）、二倍半萜（C_{25}）、三萜（C_{30}）、四萜（C_{40}）及甾类化合物等。

萜类化合物有许多的生物活性，如植物生长激素脱落酸和赤霉素就属于萜类化合物；许多萜类化合物是中草药中的有效成分，具有诸如祛痰、止咳、抗炎、祛风、发汗、驱虫、镇痛等多种功效，如目前抗疟疾的最佳药物青蒿素即是一种倍半萜；丹参酮（二萜类化合物）具有抗菌、消炎、活血化瘀、促进伤口愈合等多方面作用，可用于改善动脉循环，治疗冠心病；三萜类化合物人参皂苷具有调节机体代谢、增强免疫功能的功效。萜类化合物也是一类重要的天然香料，是化妆品和食品工业不可缺少的原料。薄荷醇（单萜化合物）即是一种常用的食用香精；三萜类化合物中的甘草皂苷、罗汉果苷都可用作高甜度、低热值的甜味剂。一些化合物还是重要的工业原料，如多萜化合物橡胶是反式连接的异戊二烯长链化合物，是汽车工业和飞机工业的重要原料。

7.3.2.3　生物碱

生物碱（alkaloid）是一类含氮的碱性化合物，已知的生物碱已达 10 000 种以上，主要分布在双子叶植物中，如毛茛科、罂粟科、防己科、茄科、夹竹桃科、芸香科、小檗科等。根据结构的不同，生物碱类化合物可分为：喹啉类（奎宁、喜树碱、茵芋碱等）、异喹啉类（罂粟碱、小檗碱、原小檗碱、吗啡、粉防己碱等）、吡咯啶类（古豆碱、党参碱、菸碱、槟榔碱、半边莲碱等）、有机胺类（麻黄碱、益母草碱、秋水仙素）、吲哚类（吴茱萸碱、利血平、长春新碱、麦角新碱）、莨菪烷类（莨菪碱、阿托品、东莨菪碱等）、咪唑类（毛果芸香碱）、喹唑类（常山碱）、嘌呤类（咖啡碱、茶碱）、甾体类（茄碱、浙贝母碱、澳洲茄碱）、二萜类（乌头碱、飞燕草碱）及其他（加兰他敏、雷公藤碱）。

生物碱具有多种生物活性，其中许多生物碱是药物有效成分，在医药领域具有重要用途。例如，黄连中的小檗碱用于抗菌消炎，麻黄中的麻黄碱用于平喘，萝芙木中的利血平能降低血压和减慢心率，是一种很好的镇静药和降压药；喜树中的喜树碱与长春花中的长春新碱可用于抗肿瘤；苦参碱可以降低血脂、扩张血管，对急慢性心肌缺血有保护作用，可用于治疗冠心病。

7.3.2.4　蒽醌类化合物

蒽醌类化合物（anthraquinone）是存在与茜草科、鼠李科、蓼科、玄参科、百合科等植物中的次级代谢产物。常用作染料，并具有抗菌、抗肿瘤、催泻等多种医用功效，如茜草中的茜草素是一种常用的天然染料；大黄中的蒽醌甙及双蒽酮甙是其止泻作用的主要成分；大黄酸、大黄素、芦荟大黄素等蒽醌类化合物具有广谱抗菌活性。

7.3.2.5　甾体类化合物

甾体类化合物（steroid）又称为固醇类化合物，是一类以环戊烷多氢菲为基本母核的化合物（图 7.8）。由图 7.8 可见，甾体的“甾”字是形象地描述甾体化合物基本结构的象形文字，甾体化合物的母核由 A、B、C、D 4 个稠合环组成，这个母核像“田”字，并且在 C-10 和 C-13 处各有一个甲基侧链，在 C-17 处有一个含 8～10 个碳原子的侧链，这样在母核上的 3 个侧链像“巛”字，“甾”字十分形象的表示了这类化合物的基本碳架结构。

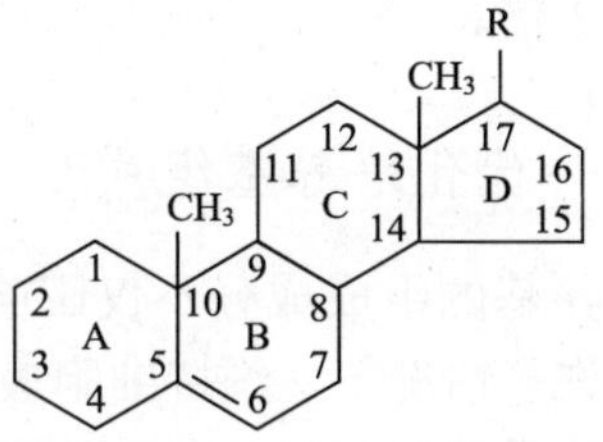

图 7.8　甾体类化合物的基本母核

甾体类化合物是一种常用的药物，目前临床上使用的甾体药物超过 200 种，包括维生素 D、植物甾醇、甾体激素、强心苷、甾体皂苷、蟾毒配基等。许多动物激素都属于固醇类。例如，性激素中的孕甾酮、睾丸甾酮、雌二醇及肾上腺激素中的皮质甾酮等。维生素 D 属于变性甾体衍生物，多达 10 余种，具有调节钙、磷代谢的作用，是常用的预防软骨病的药物。强心苷属于甾体皂苷类化合物，主要存在于百合科、十字花科、毛茛科、豆科、玄参科等植物中，是临床上治疗心力衰竭的重要药物。此外，有些甾体类化合物还具有抗肿瘤、抗菌、降低胆固醇、降低血糖等多种功效。

7.3.2.6　其他

除以上几类次级代谢产物外，植物还产生多炔类、有机酸及蛋白质类等次级代谢产物。多炔类是植物体内发现的天然次级代谢产物，主要分布在菊科和伞形科植物中，现已发现 1000 种左右。有机酸是广泛分布于植物中的次级代谢产物，如茉莉酸、水杨酸等，这些有机酸在植物代谢活动的信号传递中起重要的作用。在植物中，大多数蛋白质属于初级代谢产物；但有些蛋白质是在特定条件下合成的，并非植物基本生命活动所必需，因此这一类蛋白质属于次级代谢产物，如苦瓜胰岛素、海藻抗菌肽、木瓜凝乳蛋白酶、蓖麻毒素、抗菌肽、酶和蛋白毒素等。

7.3.3　提高培养细胞次级代谢产物产量的途径

目前，利用细胞培养生产次级代谢产物还存在一些问题，如细胞系不稳定、细胞生长缓慢、不耐剪切力及代谢物产量低等。在已经研究过的植物中，仅有 1/5 左右种类的培养物中目的产物的含量接近或超过原植物，多数情况下，细胞合成次级代谢产物的能力在离体培养条件下会降低甚至消失。因此，筛选高产细胞系、深入研究特定代谢产物的生物合成途径、优化培养条件、改进培养方法与技术，是提高培养细胞次级代谢产物产量的重要途径。

7.3.3.1 筛选高产细胞系

选择目的产物合成能力强的高产细胞系是利用细胞培养技术高效生产目的产物的基础。植物次级代谢产物的合成和含量具有种属及组织器官特异性。因此，在建立次级代谢产物生产的细胞系时，首先必须选择高效合成目的产物的植物种类和品系。其次是选取自然状态下能够高效合成和积累次级代谢产物部位的细胞，这样的细胞在离体培养中往往具有合成目的产物的能力，或比较容易诱导合成目的产物。由红豆杉嫩茎、叶片和芽诱导产生的愈伤组织，紫杉醇含量以叶片诱导产生的愈伤组织最高，其紫杉醇含量是其他两种外植体形成的愈伤组织中的 3 倍。

7.3.3.2 优化培养基组成

培养基的组成成分不仅影响细胞的增殖与生长，也影响细胞次级代谢产物的合成与积累。在许多情况下，维持细胞最大生物量生长的细胞生长培养基，不一定是目的产物的合成与积累的最佳培养基。在这种情况下，需要通过调整培养基组成或培养技术，以获得尽可能高的培养效率。

（1）糖类。培养基中的糖类不仅作为培养细胞的碳素来源与能量物质，对细胞次级代谢产物的合成也有重要影响，一般适当增加糖浓度有利于次级代谢产物的合成，如在长春花的细胞培养中，使用8%的蔗糖浓度有利于吲哚生物碱的积累；在红豆杉细胞培养中，向培养基中添加果糖和前体物质，可获得较高的紫杉醇产物积累；葡萄细胞培养实验也表明，低氮、高蔗糖浓度有利于酚类化合物的积累。

（2）氮盐。培养基中硝酸盐和铵盐的总氮水平及铵盐与硝酸盐的不同比率对目的产物的合成均有重要影响。例如，成浩等（1994）的研究结果表明，当培养基中 NO_3^- / NH_4^+ 的比值为 7∶3 时，茶愈伤组织的生长最快；当培养基中添以全硝态氮时，有利于儿茶素的积累；总氮浓度为 15 mmol/L 时，愈伤组织生长量最高，提高氮浓度则导致儿茶素含量急剧下降。减少培养基中的总氮水平将有利于观赏辣椒中辣椒素、葡萄中花青素含量的提高。

（3）磷酸盐。多数情况下，高水平的磷酸盐对细胞的生长有积极的作用，但对细胞代谢产物的积累却有消极的影响，如在长春花细胞的培养中，减少磷酸盐的水平能提高阿吗灵和酚类的产量，而增加磷酸盐的含量会刺激毛地黄毒苷的合成。

（4）金属离子。培养基中 K^+、Ca^{2+}等离子的含量也影响到细胞次级代谢产物的合成。成浩等（1994）研究发现，在茶愈伤组织培养中，添加 K^+可促进愈伤组织的生长，但会使儿茶素含量降低。在不含 K^+的培养基中，儿茶素积累量最高，当 K^+浓度增加到 10 mmol/L 时，儿茶素含量只有对照的 64%。儿茶素的积累对 Ca^{2+}较敏感，1 mmol/L 的 Ca^{2+}对儿茶素的形成最为有利，过高或过低都不利于儿茶素的积累。

（5）生长调节物质。在植物细胞培养中，生长调节物质的种类和浓度对细胞的分裂、分化及次级代谢产物的合成起着十分重要的作用。值得注意的是，植物生长调节物质对细胞代谢产物合成的影响是复杂的，一方面，不同类型的生长调节物质对次级代谢产物的合成有着不同的影响；另一方面，由于次级代谢产物的种类与培养细胞来源不同，对生长调节物质种类与浓度的需求也不一样。因此，对植物生长调节物质的使用一定要慎重，必须通过一系列严格的实验进行验证分析后才能使用。司徒琳莉和李振山（2001）的研究表明，培养基中添加一定量的 2,4-D 可促进东北红豆杉细胞的分裂与生长；而添加适当浓度的 6-BA 与 KT，可促进紫杉醇的合成。不过，2,4-D 在许多植物细胞培养生产次级代谢产物的事例中被证实起着消极的作用，如烟草培养细胞中的烟碱、紫草培养细胞中的紫草宁，消除或用 IBA、IAA 取代 2,4-D 能增加目的产物的产量。细胞分裂素依据代谢类型和相应植物种类的不同其作用也存在差异。F. Constabel（1988）研究发现，KT 对纤细单冠菊（*Haplopappus gracilis*）中花青素的合成有促进作用，但对杨属植物中花青素的形成却有抑制作用。GA 和 ABA 被证实在细胞合成花青素的过程中起抑制作用。

7.3.3.3　添加前体物质

在培养体系中添加前体（precursor）物质，已成为植物细胞培养中增加次级代谢产物产量的有效手段，其原理是对于任何一种前体物质，它都是生物代谢途径中的中间产物，在培养体系中加入这种外源中间产物（或类似物）往往有利于终端产物的合成。如在东北红豆杉细胞培养体系中，加入苯丙氨酸作为前体物质，对紫杉醇的合成具有明显的促进作用。在香草兰（*Vanilla planifolia*）的培养体系中，添加阿魏酸有利于香兰素的积累。值得注意的是，植物细胞次级代谢是一个复杂的生理生化过程，对于某一目的代谢产物而言，在其合成代谢途径中可能有多种前体物质；而对于某一前体物质，在细胞体内可能有多条代谢途径，从而通过不同的代谢途径形成各异的代谢产物。因此，在添加前体物质时，应当充分了解目的产物的代谢途径，找出其合成的关键生化过程，然后进行严格系统的实验研究，摸索出有效前体物质的种类、适宜的添加浓度及添加时间等一系列指标。许多外源前体物质的加入有时会抑制植物细胞的生长，最终影响次级代谢产物的产量，因此，就多数前体物质而言，存在一个前体物质的适宜添加浓度，过量的底物在一些次级代谢途径中反而会产生反馈抑制。李树梅等（1990）在人参细胞培养体系中加入苯丙氨酸，在浓度为 5～20 mg/L 时，花青素的含量随苯丙氨酸的增加而增加。前体物质的添加时间也常常影响目的产物的合成效率。吕东平等（2001）在水母雪莲细胞培养中发现，在培养细胞进入快速生长期（培养 6 d）时加入前体物质，最有利于细胞的生长和黄酮的合成。陈永勤等（2000）在云南红豆杉细胞培养的第 12 d 加入苯丙氨酸、丙酮酸钠和牛儿醇，可显著提高细胞中紫杉醇的含量，而在细胞培养的其他时间添加效果均不理想。此外，前体添加物的种类与数量对细胞代谢物的合成也有重要影响。如在水母雪莲细胞悬浮培养体系中，同时加入苯丙氨酸和乙酸钠两种前体物质，对于雪莲细胞中黄酮合成的促进作用强于单独添加一种前体物质。

7.3.3.4　使用诱导子

植物在受到一些外界不良环境胁迫或病原微生物侵袭时，外界压力会触发细胞次级代谢途径的启动，细胞的次级代谢活动会显著增强。如果外界刺激引发的细胞代谢及其形成的产物恰是需要的目的产物，在细胞培养时就可以人为地合理应用这些诱导因子，从而提高目的产物的产量。这类能够诱导植物细胞产生特征性防御反应的刺激因子称为诱导子（elicitor），也称激发子。

在植物细胞培养中应用的诱导子包括生物诱导子（biotic elicitor）和非生物诱导子（abiotic elicitor）两大类。生物诱导子根据其来源的不同又可分为外源性诱导子（exogenous elicitor）和内源性诱导子（endogenous elicitor）。前者主要来自于微生物，如菌丝、微生物机体浸出物、微生物产生代谢物等。内源性诱导子来源于植物本身的物质，如降解细胞壁的酶类、细胞壁碎片、多糖、水杨酸、寡聚糖等。非生物诱导子包括辐射、重金属盐（如硝酸银、硝酸铈等）等物理或化学诱导因子。目前应用较多的为生物诱导子，如张长平等（2001）在南方红豆杉细胞悬浮培养体系中加入真菌诱导子（尖孢镰刀菌的胞壁组分粗提物），可提高 PAL 的活力，促进紫杉醇的合成。徐亮胜等（2005）通过向肉苁蓉悬浮培养体系添加茉莉酸甲酯和水杨酸，可促进细胞合成苯乙醇苷和松果菊苷。Constabel（1990）用葡萄孢菌素的菌丝体匀浆处理罂粟悬浮培养的细胞，可促进血根碱的有效积累，其含量达到细胞干重的 3%。关于诱导子的筛选与应用是目前植物细胞次级代谢产物生产研究的热点，但难度较大且具有盲目性。

诱导子促进细胞次级代谢产物的积累与其种类和浓度有关。研究表明，不同的细胞次级代谢产物的积累可能需要不同的诱导子，同时，不同诱导子的诱导效果及其使用浓度也会因植物材料等因素的不同存在较大差异。施中东等（1999）在南方红豆杉的细胞培养中发现，硝酸铈铵、硝酸银、花生四烯酸、水杨酸及甲基茉莉酮酸均能促进紫杉醇的合成，但它们的促进效果存在差异，并且不同诱导子的使用浓度差别很大，其中水杨酸和硝酸银对使用浓度尤为苛刻，过高浓度不仅不能促进紫杉醇积累，反而严重影响细胞的正常生长。

7.3.3.5 使用抑制剂

利用抑制剂适当地限制初级代谢，促进初级代谢向次级代谢转变，或利用某些代谢旁路抑制剂抑制一些与目的产物生物合成无关或相竞争的代谢途径，可以实现将细胞的能流和物流导向次级代谢产物的生物合成途径，进而提高次级代谢产物的产量。

青蒿素的合成途径是植物固醇合成途径的分支途径，如果在培养体系中加入固醇生物合成途径的抑制剂咪康唑和氯化胆碱，可使代谢向合成青蒿素的途径偏移，致使青蒿素的合成量明显提高。通过抑制剂抑制紫杉醇生物合成途径中的一些支路，或与紫杉醇合成途径相竞争的一些代谢途径，可以促进紫杉醇的生物合成。甘烦远等（1996）对云南红豆杉的细胞培养研究表明，向培养基中添加矮壮素（CCC）作为抑制剂能提高紫杉醇的含量 60%以上。周忠强等（2001）在中国红豆杉细胞培养实验中也证实了 CCC 的促进作用。CCC 作为一种甾体合成代谢抑制剂可以使紫杉醇的合成支路被抑制，有利于代谢朝着紫杉醇合成途径方向进行，从而促进紫杉醇的生物合成。梅兴国等（2002）在东北红豆杉细胞培养生产紫杉醇的实验中用赤霉素（GA_3）和 CCC 作为抑制剂，也提高了紫杉醇的含量，并且发现 GA_3 和 CCC 能够相互抑制以减少抑制剂对细胞生长的抑制作用。在中国红豆杉悬浮培养细胞体系中加入单萜抑制剂 α-蒎烯、松油醇、樟脑，除单独使用松油醇外，其他两种抑制剂单独使用或搭配使用，对紫杉醇的生物合成都有促进作用。三者同时添加将全面阻止能量和物流过多流向单萜 3 个旁路途径，使更多的能量和物流集中到由单萜合成二萜的途径中来，从而可以提高紫杉醇的产量。

7.3.3.6 优化培养环境

细胞培养的环境条件，如温度、光照、pH、氧浓度等，对次级代谢产物的积累也有重要的影响。

（1）温度。在愈伤组织与细胞悬浮培养中一般培养温度在 25 ℃左右，不过，细胞生长所需要的适宜温度可能与适宜于次级代谢产物生产的温度并不完全一致。如温度对红豆杉细胞的生长与紫杉醇的合成都有显著影响，红豆杉细胞的最佳生长温度是 24 ℃，而在 29 ℃培养对紫杉醇的合成最有利。悬浮细胞先在 24 ℃培养 21 d，然后升温到 29 ℃培养，到 42 d 收获时紫杉醇产量可达 137.5 mg/L。在烟草的悬浮培养体系中 32 ℃ 较 28 ℃ 和 24 ℃ 更有利于泛醌的形成。而在长春花细胞培养中 16 ℃相对于 27 ℃，可使生物碱产量提高十几倍。

（2）光照。不同植物对光照条件要求不同，有些植物在暗培养的环境下能促进次级代谢产物的生产，如在黑暗条件下，红豆杉细胞不仅生长速度快，紫杉醇的产量也高（约是光照条件下细胞紫杉醇含量的 3 倍）；有些植物则相反，如在胡萝卜细胞培养中，光照能强烈刺激花色苷的积累。此外，不同光质、光强和光周期对细胞次级代谢产物的生产也有着不同的影响。赵德修等（1999）研究了光质、光强和光周期对水母雪莲愈伤组织生长和黄酮生物合成的影响，发现红光可明显促进水母雪莲愈伤组织的生长，但却强烈抑制黄酮的合成，蓝光的作用与之相反，白光的作用介于二者之间。每天 16 h 蓝光加 8 h 白光或 16 h 白光加 8 h 蓝光的组合，可获得最高的黄酮产量。

（3）pH。一般适宜于细胞培养的 pH 介于 5～6。培养液的 pH 在灭菌前后及培养过程中处于动态变化中。在整个培养过程中 pH 的变化与细胞生长曲线呈平行关系，即随着培养时期的延长而提高。Fett-Neto 等（1994）对红豆杉细胞培养的研究表明，在培养初期 pH 有所下降（5.1～5.2），而后略升（升高 0.6 左右），到后期则波动于 5.5～5.7。pH 的变化同培养基中的碳源密切相关，当以蔗糖为碳源时，pH 的波动甚微；而以果糖或葡萄糖为碳源时，pH 将会波动 1～2 个单位。pH 在 5～7 时，对细胞产量影响不大；但当 pH>8 时，细胞产量则明显降低。

（4）通气状况。振荡与通气对于细胞悬浮培养尤其是大规模生产是至关重要的。根据紫杉醇的产量，当向培养体系运输如下混合气体时，即 10%（体积分数）O_2+0.5%（体积分数）CO_2 和 5×10^{-6} 乙烯，紫杉醇的含量达到最大，培养 21 d 时紫杉醇的含量达到 6.5 mg/L。研究认为，这可能与气体比率影响细胞对营养成分的吸收有关。

7.3.3.7　改进培养技术

采用有利于次级代谢产物合成、积累与释放的细胞培养技术是进行目的产物高效生产的前提。这里所指的细胞培养技术是一个成熟完善的培养技术综合体系，这样的培养技术体系不仅要有利于细胞的分裂与生长，目的产物的合成、积累、释放及收集，还应考虑技术基础和生产成本。

1）两步培养法

一般而言，无论是在细胞培养还是在整体植物中，细胞生长和次级代谢产物的合成都是不同步的，所需要的条件也存在差异。一般有利于细胞生长的条件往往抑制次级代谢产物的合成。例如，亚欧唐松草（*Thalictrum minus*）细胞培养的 7～10 d，生物产量增加即达到高峰，但小檗碱的合成却在 10 d 后才表现开始积累。为了同时满足细胞生长和产物合成的需要，利用细胞培养生产次级代谢产物的策略最好采用“两步培养法”，即先在细胞增殖的最适培养基上（生长培养基）获得较高的细胞生物产量，再把生活细胞转移到有利于代谢产物合成的培养基上（生产培养基）生产次级代谢产物。这样，细胞在生长培养基上快速分裂、增殖，在生产培养基上大量合成代谢产物，从而达到提高次级代谢产物生产效率的目的。在大多数情况下，两个不同阶段的培养基的添加成分存在一定差异，如在长春花细胞的生长培养阶段，培养基中添加 2,4-D 以促进细胞的生长，但在生物碱合成的产物生产阶段，则使用 6-BA 以利于目的产物的合成。

2）固定化培养技术

一般而言，次级代谢产物的含量与细胞组织的分化程度成正比，往往细胞集聚与分化程度越高，次级代谢产物的含量就越高。愈伤组织培养较接近整体植物的组织结构，有利于代谢物的合成与积累，但愈伤组织培养不便于规模化的连续培养。细胞悬浮培养虽便于连续化培养，但生长迅速且高度分散的细胞所处的环境既无极性，又无梯度，不利于目的产物的合成与积累。综合而言，细胞只有在缓慢生长阶段、或已分化或部分分化的组织块或细胞团中，才能积累较多的次级代谢产物。

细胞的固定化培养（immobilization culture）是指将细胞固定于适宜的载体上，在固定化反应器中进行规模化培养细胞的方法。该技术源于酶和微生物固定化培养。相比愈伤组织培养和细胞悬浮培养，利用固定化细胞培养生产次级代谢产物具有以下优点：①固定化细胞的集聚化和组织化水平与植物体内细胞所处的理化环境相似，有利于细胞进行正常的代谢；②通常固定化细胞的生长速度低于悬浮培养细胞的生长速度，且许多证据表明，生长速度的降低与次级代谢产物产量的提高之间有相关性， 固定化的植物细胞既达到组织化要求，又限制了生长，因此提高了次级代谢产物的产量；③固定化培养可以最大限度地减少剪切力的损伤，便于连续培养和延长植物细胞寿命，从而提高培养细胞的利用率；④固定化培养的植物细胞的培养密度高，可提高次级代谢产物的产量；⑤固定化培养生产的次级代谢产物可直接分泌到培养液中，可简化分离过程，提高生产效率。不过，要想实现细胞固定化培养必须满足以下先决条件：①目的产物合成与细胞生长属于半偶联或非偶联；②细胞的生长要被抑制，即生长缓慢，防止培养体系中基质的衰变，造成对培养进程的破坏；③被固定的细胞应保持持久的生活力和生物合成能力；④目的产物能从细胞中释放出来而进入介质中。

就目前的技术基础而言，固定化培养是植物细胞规模化生产较为理想的培养系统，在条件允许的情况下，可优先考虑。但由于目前用于固定化培养细胞材料的限制，利用固定化细胞培养生产次级代谢产物的生产成本较高。此外，由于该方法增加了处理固定化过程的费用，增加了设计过程和操作的复杂性，这也使得该技术的推广应用受到限制。对于那些在悬浮培养体系条件下即能取得理想培养结果的植物而言，就没必要采取固定化培养。

3）两相培养技术

植物细胞次级代谢产物在培养系统中的积累，有时对产物合成具有反馈抑制，或是有些目的产物由细胞分泌到培养基中后出现降解。为此，最好的办法是将细胞分泌的代谢产物及时的从培养系统中分离出来，由此促使了两相培养技术的诞生。所谓两相培养技术（two-phase culture），是指在培养体系中加入水溶性或脂溶性有机物，或者具有吸附作用的多聚物，使培养体系由于分配系数的不同而分为两相，细胞或组织在其中一相（水相）中生长并合成次级代谢产物，而次级代谢产物分泌出后转移到有机相或吸附物中， 然后再从其中分离植物次级代谢产物的技术。两相培养技术可以实现产物的不断释放与收集，减少由于产物积累在胞内形成的反馈抑制，有利于提高目的产物的产量，并有可能真正实现植物细胞的连续培养，从而大大降低生产成本。

两相培养技术主要由培养相和提取相（或吸附相）组成，其技术关键是选择合适的提取相。一般而言，提取相应满足以下几个条件：①对培养细胞不会产生毒性作用，对细胞生长和次级代谢产物的合成无影响或影响甚微；②能特异性的溶解或吸附次级代谢产物，分离能力强，但不吸收培养基中的有效成分；③不影响代谢产物的化学稳定性；④两相能比较容易分离；⑤能耐受高温消毒，或能通过其他无菌方式加入培养体系中，并能重复使用。实际上，要找到完全能够符合以上条件的提取相并非易事，在实际应用时，应根据培养材料及所合成次级代谢产物的性质加以选择完善。

目前，两相培养技术已应用到不少植物的细胞培养中。所加入的提取相种类虽然较多，但根据其在水相中的溶解情况及分布的不同，大致可分为液-液两相系统和固-液两相系统两大类。液-液两相系统是在培养体系中加入水溶性或脂溶性物质作为提取相，如聚乙二醇、葡聚糖、液体石蜡、正十六烷、全氟化合物、甘油和 miglyol 等，借助提取相与培养基之间在化学性质和密度等特点的不同，使之在培养系统中形成可区分的两相，从而便于代谢物的分离。固-液两相系统是指在培养系统中加入固态吸附相，主要是通过吸附作用达到分离目的产物的目的。目前使用的主要有活性炭、硅酸镁载体、硅胶、沸石、蚕丝和大孔树脂等。

大量的研究结果表明，两相培养法不仅便于代谢产物的分离和提取，还可以显著提高次级代谢产物的产量。例如，Kim 和 Chang（1990）在紫草悬浮细胞培养中加入正十六烷后，紫草色素含量比对照提高 7.4 倍，但正十六烷加入的时间很重要，在培养的前 15 d 加入效果较好，15 d 以后加入则强烈抑制紫草色素的合成。陈士云（1995）在新疆紫草细胞生长的高峰期，加入 30～40 g/L 的 XAD-2 大孔树脂，不仅吸附效果好，还可以使紫草色素含量提高 27%～30%；长春花细胞培养中加入 XAD-7 大孔吸附树脂，可使吲哚生物碱含量明显提高。应当注意的是，另有研究表明培养体系中提取相的加入，会对培养系统的理化特性产生影响，致使培养过程中的技术控制更加复杂和困难。此外，对一些合成后储藏在细胞内而不是分泌到细胞外的次级代谢产物，在建立两相培养体系时，应采取有效措施促使产物释放到培养系统，以便于次级代谢产物的分离与提取。

7.4 植物细胞培养生物反应器

生物反应器（bioreactor）是利用酶或生物体（如微生物、动植物细胞）所具有的生物功能，在体外进行生物反应的装置系统，包括酶反应器、固定细胞反应器、各种细胞培养器和发酵罐等。自 1956 年 Routies 和 Nickell 等利用生物反应器培养植物细胞生产有用次级代谢产物以来，利用生物反应器大规模培养植物细胞成为生产次级代谢产物的有效生产途径和生产方法。例如，日本的三井石油化学公司采用搅拌式反应器二步法培养紫草细胞，实现了紫草宁的工业化生产；Ulbrich 等分别用气升式与搅拌式反应器二步法大量生产迷迭香酸；Schiel 等利用批式进料技术生产显著提高了肉桂酰丁二胺在细胞中的积累。

7.4.1 植物细胞培养的特点及对生物反应器的要求

用于植物细胞培养的生物反应器是从培养微生物细胞反应器改进、发展而来的，但是植物细胞培养过程的操作条件与微生物培养存在很大的不同。由于植物细胞的固有性质，如细胞容易集聚、细胞的脆弱性、代谢途径和代谢产物形成与细胞生长关系的复杂性，用于植物细胞培养的生物反应器，如反应器构造与操作方法，应当符合植物细胞培养的特点。

相对于微生物细胞，植物细胞在培养过程中具有以下特点。

1）植物细胞的基本特性

植物细胞的平均直径通常是微生物的 10～100 倍，由于受到重力的影响，在培养液中通常很难混合均匀。植物细胞的一个特点是一般包含一个或多个液泡，这使得细胞对渗透压及物理压力变化很敏感。植物细胞的另一个特点是具有含纤维素的细胞壁，它有较高的拉伸强度，但与微生物相比，它对剪切力更为敏感。此外，植物培养细胞代谢缓慢、生长速率低，因而培养周期漫长，长时间保持无菌状态给培养带来难度。与微生物相比植物细胞次级代谢途径非常复杂，并且代谢产物生产通常与细胞变形分化有关，从而使不同细胞的生产速率常常不一致。

2）培养细胞的集聚与黏附

植物细胞在悬浮培养过程中有集聚成团的倾向，通常很少以单细胞的形式悬浮生长，而是由 2～300 个细胞形成大小不均一的细胞团存在于培养体系中。由于细胞团的细胞数量及细胞状态的差异，容易在培养系统中形成非均匀相。植物细胞的集聚有两种形式：第一种发生在培养前期，迅速分裂的细胞不能及时分开，导致细胞集聚在一起；第二种发生在培养后期，主要在对数生长后期，由于细胞分泌的多糖及蛋白质等的影响，细胞容易相互黏附在一起。此外，细胞还可能黏附在容器的壁表面、电极上，这种形式的集聚体较大，往往给培养带来不利的影响。细胞集聚体的大小与植物种类、培养条件、反应器构型等有关。例如，烟草细胞的集聚体大小为 350～400 μm；水母雪莲细胞的集聚体为 1～5 mm，大部分为 0.5～3 mm，并且随着细胞的生长，较大集聚体的含量会增多。

细胞的集聚对于细胞次级代谢产物的合成既有有利的一面，也有不利的一面。大细胞团的形成会导致细胞由于位置的不同而产生各项异性，致使构成细胞团的细胞间其分化与生理状态存在较大差异。此外，由于外围细胞及其分泌的多糖和蛋白质的阻碍，氧与营养物难以扩散到内部细胞。不过，细胞团内的扩散受限制可导致中心细胞的分化，中心细胞的分化可刺激集聚体周围的细胞，从而有利于细胞代谢产物的合成与积累。值得一提的是，集聚体的有利影响通常与集聚体大小联系在一起，集聚体过大反而会使产量降低。

3）溶氧与通气

所有植物细胞都是好气性的，在悬浮培养过程中需要连续不断地通气。植物细胞培养对氧需求量较微生物低，一般植物细胞的最大氧摄入速率为 1～3.5 mmol/h，而微生物细胞是 5～90 mmol/h。另外，植物细胞对溶氧的变化非常敏感，过高或过低均会对培养细胞产生不利的影响。由于植物细胞培养的高密度及高黏度特性，氧的传输往往会受到阻碍，因此，在细胞的规模化培养过程中，对培养体系的供氧和尾气氧的监控十分重要。溶氧量通常与搅拌强度、气泡分散程度、培养基的溶氧度、容器内水压有关。培养系统中溶氧量的大小影响到培养细胞的生长与代谢产物的合成。Schlatmann（1993）在长春花细胞培养中发现阿吗碱合成受溶氧量的控制，当将溶氧量从 15%提高到 85%时，阿吗碱浓度提高了 19 倍。Spieler（1985）利用气升式反应器培养毛地黄细胞，培养基中氧浓度从 10%上升到 30%时，细胞生长速率上升，但当氧浓度继续升至 40%时，细胞生长速率反而下降。

与供氧一样，二氧化碳对细胞的生长同样相当重要。Scragg（1987）研究发现植物细胞能非光合地固定一定浓度的二氧化碳，在高通气速率下若混以 2%～4% 的二氧化碳，能消除高通气速率对长春花细胞生长和代谢的不利影响。总之，在植物细胞大规模培养体系中，氧、二氧化碳等气体应当维持在一个合理的平衡状态，只有使植物细胞生长在各种气体成分相协调的培养环境中，才能达到理想的培养效果。

4）剪切力

在大规模的培养中，植物细胞对剪切力的敏感性一直是力求解决的重要技术问题之一。许多实验证明，在植物细胞培养过程中，抑制细胞生长和损伤细胞的主要是剪切力，而不是氧供应不足。流体剪切力对植物细胞的影响并非单一或单方面的，适当的剪切力可以增加培养系统的通气性，保持良好的混合状态和分散性，在适合的条件下，甚至可以提高细胞的生物量和增加次级代谢产物的积累。但在多数情况下，剪切力的影响呈现副作用，它可能造成细胞机械损伤，细胞活力下降，影响细胞的形态、代谢及集聚状态等，进而影响整个培养系统的细胞生长和产物积累。但在细胞能够忍受的剪切力范围内，生物反应器增加剪切力的设计往往比降低剪切力要容易。因此，目前细胞的研究大多集中在剪切力对植物细胞的伤害这一问题上。提高混合程度、减低剪切力，是目前设计适于植物细胞培养反应器的主要原则。但如果能提高植物细胞对剪切力的耐受程度，将大大简化反应器的选择和设计问题。

7.4.2　植物细胞培养生物反应器的类型

植物细胞培养生物反应器的设计，不仅要考虑有利于细胞的生长，有利于代谢产物的积累和分离，同时还要考虑生物反应器的技术基础和生产成本。一般而言，适合植物细胞培养的生物反应器应该具有适宜的氧传递、良好的混合性和较低的剪切力。根据不同植物细胞生长和代谢产物积累的特点，目前已研究设计出搅拌式、气升式、转鼓式等多种类型的反应器用于植物细胞培养。

7.4.2.1　搅拌式生物反应器

搅拌式生物反应器（stirred-tank bioreactor）是在植物细胞培养的初期，在微生物培养使用的搅拌式发酵罐的基础上改造而来的。搅拌式生物反应器具有较大的操作范围，混合程度高，适应性广，反应器内的温度、pH、溶氧及营养物质浓度较其他反应器更易控制等优点，因而在细胞大规模培养中得到广泛使用。

尽管搅拌式生物反应器已成功用于许多植物细胞的培养中，但是机械搅拌造成的剪切力通常较大，对植物细胞会造成较大的损伤，对次级代谢产物的合成也会产生较大影响，同时还会带来染菌和机械上的诸多问题。对于那些抗剪切力差的植物细胞的培养，传统的搅拌式生物反应器并不适用。因此，利用搅拌式生物反应器进行规模化细胞培养时，需要筛选出抗剪切力的细胞系，或者对生物反应器进行改造，包括改变搅拌形式、叶轮结构与类型、空气分布器等，使其具有缓和、充分的搅拌效果，既能减小产生的剪切力，同时又能满足供氧与混合的要求。

一般来说，在搅拌桨较薄而面积较大，或搅拌角较大而搅拌速度较低的情况下，可显著降低剪切力。Tanaka（1987）等进行了几种不同搅拌器的实验，结果显示桨形板搅拌器既能满足植物细胞的溶氧需求，其搅拌剪切强度又不致对植物细胞造成伤害，适合植物细胞培养。Kreis 等比较了使用不同搅拌式生物反应器和气升式生物反应器对金花小檗（*Berberis wilsonae*）细胞合成小檗碱的影响，结果显示平叶型搅拌器加挡板的反应器，其培养效果与气升式生物反应器相当，但培养成本可显著降低，是比较适合植物细胞培养的。邢建民等（2000）在水母雪莲的悬浮愈伤组织培养中，发现搅拌式生物反应器采用倾斜叶片形搅拌桨，在低通气和低转速下就可以满足细胞对氧的需要，且对植物细胞的剪切力伤害很小。另有方框型桨式搅拌、蝶型涡轮搅拌等不同形式的机械搅拌式反应器用于植物细胞培养的生产和研究，结果表明，反应器的不同叶轮产生的剪切力大小存在差异，一般认为涡轮状叶轮>平叶轮>螺旋状叶轮。由此可见，单就剪切力对细胞造成伤害、抑制植物细胞生长和次级代谢产物合成而言，对搅拌器加以改进，可以降低剪切力的影响，提高搅拌式生物反应器的应用范围和应用效率。此外，搅拌式生物反应器搅拌轴和罐体间存在轴缝，往往容易因泄漏而造成污染，这也是制约搅拌式生物反应器广泛应用的一个限制因素。

7.4.2.2　非搅拌式生物反应器

植物细胞的培养比较多地采用各种非机械搅拌生物反应器。相对于传统搅拌式生物反应器，非搅拌式生物反应器所产生的剪切力低、结构较简单、氧传递效率高、对细胞的损伤小，在长期的植物细胞培养过程中容易保持更好的无菌状态，较适用于植物细胞培养。在非搅拌式生物反应器中，常用的是气体搅拌生物反应器。气体搅拌生物反应器没有活动的搅拌装置，在很大程度上减小了剪切力，并能在长期操作中保持无菌。气体搅拌生物反应器包括气升式和鼓泡式生物反应器等类型。

气升式生物反应器主要依靠大量通气向培养体系中输入动力和能量，通过上升液体和下降液体的静压差实现气流循环，从而保证反应器内培养液良好的流动性，并且具有较好的氧传递效果。因而从 20 世纪 70 年代后期开始，气升式生物反应器被广泛应用于植物细胞培养的研究和生产。气升式生物反应器的缺点是操作弹性较小，在高密度细胞培养时，低气速其混合效果差，植物细胞生长慢；过量供气会导致产生泡沫和较高的溶氧，也易于驱除培养液中的二氧化碳和乙烯，反而对细胞的生长和次级代谢产物的合成不利。气升式生物反应器的搅拌效果由通气速率、气体喷射器的位置和构型、容器的高度与直径比、升降速率比、培养液的黏度和流变性等因素决定。为加强气升式反应器的混合效果，将气升式反应器与慢速机械搅拌结合使用，可弥补低气速时混合性差的弱点。另外，采用分段的气升管，也有利于氧的利用与混合。因此，必须结合植物细胞的生理特性对气升式生物反应器加以改进，才能使其更好地适应植物细胞悬浮培养的要求，进而更广泛地用于工业化生产。

鼓泡式生物反应器结构简单，它没有活动的搅拌装置，整个系统密闭，气体通过反应器底部的喷嘴或孔盘输入，气体穿过液池实现气体的传递和物质的交换。鼓泡式生物反应器培养过程中无需机械能的消耗，适宜于培养对剪切力敏感的细胞。但是，鼓泡式生物反应器的混合性能差，对氧的利用率较低，对于密度高与黏度较大的培养体系，反应器的培养效率会降低。研究表明，使用鼓泡式生物反应器时，如果加大通气量，较大气泡或较高气速会产生较高剪切力，从而对植物细胞有害。因此，鼓泡式生物反应器的应用不尽理想。

转鼓式生物反应器是一种较为新型的反应器，已用于长春花细胞、紫草细胞的培养。转子的转动促进了培养液中溶解气体与营养物质的混合，因此，转鼓式生物反应器具有悬浮系统均一、低剪切力环境、供氧效率高、防止细胞粘壁等优点，适合于高密度植物悬浮细胞的培养。转鼓式生物反应器用于烟草细胞悬浮培养的研究证实，与气升式生物反应器相比，相同条件下转鼓式生物反应器中细胞的生长速率高，其氧的传递与剪切力对细胞的伤害水平等方面均优于气升式生物反应器。

7.4.2.3　固定化细胞生物反应器

细胞固定化培养是指将细胞固定在适宜的载体上，如多糖或多聚化合物，然后在不同类型的反应器中进行培养的一种方法。固定化培养有利于细胞之间的接触、信息传递及分化，因而有利于细胞合成次级代谢产物。固定化培养有利于细胞生长和产物形成过程相耦合，尤其是当代谢产物为外泌型时，固定化培养容易实现产物与细胞的分离，从而简化下游提纯工艺、提高生产效率。

根据载体的不同，可将固定化细胞生物反应器分为胶粒固定生物反应器（gel-entrapped

bioreactor）和膜生物反应器（membrane bioreactor）。而胶粒固定生物反应器又可分为填充床生物反应器（fixed-bed bioreactor）和流化床生物反应器（fluid-bed bioreactor）。

在填充床生物反应器中，细胞可以固定于支撑物表面或包埋于其中，培养液流经支撑物颗粒，不断被细胞利用。填充床反应器比气升式反应器和流化床反应器更容易实现高密度培养。但是，由于颗粒间的挤压，容易造成颗粒破碎，使填充床阻塞。此外，填充床反应器还存在混合效果差，床内氧传递效率低，pH、温度及气体产物的排除较难控制等缺点，从而影响细胞的培养。

在流化床生物反应器中，利用流质的能量使支撑物颗粒处于悬浮状态，因此混合效果较好。颗粒呈流化状态所需的能量与颗粒大小成正比，因此常采用小固定化颗粒，这些小颗粒良好的传质特性是流化床反应器的优点。但流体的切变力和颗粒的碰撞常造成颗粒破损及细胞的破坏，同时流体力学的复杂性也使其放大较困难。

膜生物反应器是采用具有一定孔径和选择透性的膜来固定植物细胞，营养物质可通过膜渗透到细胞中，细胞产生的次级代谢产物通过膜释放到培养液中。相对于其他两种固定化反应器，膜生物反应器具有容易控制、易放大、产物易分离、膜可重复使用等优点。但由于膜材料的限制，构建膜生物反应器的成本较高。中空纤维反应器属于膜生物反应器的一种，它通过将植物细胞限制在具有半透膜性质的中空纤维内，实现细胞的培养与次级代谢产物的生产。Fukui 和 Tanaka（1995）把植物细胞装入具有非常好的氧、氮和二氧化碳透性的半透膜做成的培养袋中，在培养袋中培养的烟草和紫草细胞表现出与摇瓶培养相当的生长速率和次级代谢产物的合成能力。

7.4.2.4　光照生物反应器

植物细胞内的多种酶类，往往需要光照的刺激和诱导才能合成或表现较高的生理活性，因此，许多植物细胞的培养过程中需要光照。在利用生物反应器进行细胞培养时，往往需要考虑在普通反应器基础上增加光照系统。但在实际中存在很多问题，如光源的安装、保护，光的传递，还有光照系统对反应器供气、混合的影响等。小规模实验可将光源固定在反应器外部，采用外部光照。但大规模生产时，反应器透光窗的设置，内部培养物对光的均匀接受等问题常常难以解决。目前，研究者一般是在搅拌式或气升式反应器的基础上，对采用内部光源的反应器进行了研究。例如，Ogbonna 等（1995）研制的内部光照搅拌式生物反应器，是由每个单元都包含光源的多个单元组成，每个单元中心固定一个玻璃管，光源插入其中，旋转式的搅拌桨不接触玻璃管，实现培养液的混合。

7.4.2.5　其他类型的生物反应器

根据植物细胞的特性，研究者开发出了许多有别于传统微生物反应器的新型反应器，正用于植物细胞的研究与生产。Wang 等（1996）结合生物过程剪切力敏感的特点，设计了离心桨生物反应器，该反应器采用了离心导流筒式搅拌装置，具有流质混合时间短、液体提升能力强、剪切力低等特点，可广泛应用于植物细胞和高等真菌发酵培养。Viala 等（2002）在气升式内循环反应器的基础上，设计了外循环生物反应器，该反应器具有设计独特的气液分离装置，使得气液分离更加完善，单位气体对液体的提升能力得以加强，促进了反应器内流质的整体循环。Morita 等根据对日光照射条件和反应结构的分析，研制出了螺旋管光照气升式生物反应器，其创新之处在于受光结构为锥角 60° 的圆锥形螺旋盘管，从而大大提高了光照利用率。此外，其他类型的生物反应器，如泡床式搅拌生物反应器（Sucher et al. 1994）、脉冲混合式生物反应器（Monahan et al. 1993）、多孔筛导流管生物反应器（Fu et al. 2003）、螺旋导流筒生物反应器（Merchuk 2000）等，在细胞培养与次级代谢产物生产中也得到研发和应用。

7.4.3 生物反应器的选择与设计

不同植物细胞的特性，如对剪切力的耐受性、结团情况、倍增时间、对氧和光的需求等各不相同，没有哪种生物反应器能满足所有植物细胞的培养要求，在具体的实验中，应根据所培养细胞的特性选择合适的生物反应器。进一步研究各种植物细胞和不同反应器中流体力学的性质，可为选择和设计植物细胞培养用生物反应器提供可靠的依据。

植物细胞培养用生物反应器的选择和设计主要考虑以下几点：①供氧能力和气泡在液体中的分散程度；②反应器内流变液体的压力强度、剪切力及其对植物细胞系统的影响；③高细胞浓度下混合的均匀性；④控制温度、pH、营养物浓度等的能力；⑤控制细胞集聚体及黏附的能力；⑥放大培养的难易程度；⑦长时间维持无菌状态的能力（Panda 1989）。此外，反应器的技术基础与生产成本、工业化应用的可行性等都是反应器设计与选择时需要考虑的问题。Tanaka（1981）比较了鼓泡式、气升式及搅拌式反应器培养拓树（*Cudrania tricuspidata*）细胞的效果，发现在细胞密度大于 2%（*m/V*）时，三种反应器的氧传递效率都随着细胞密度的增大而下降，其中气升式反应器中营养物质循环较差，氧传递下降幅度明显大于搅拌式生物反应器。在鼓泡式反应器中，由于细胞沉淀，底部有 1/3 体积的培养液没有进行循环流动，传质效率很差。使用传统的搅拌式反应器时，发现细胞易在搅拌器和底部通气装置之间堆积，常导致细胞由于营养缺乏而褐化死亡。在改进后的桨叶型反应器中，即使在高生物量时培养液也能得到充分混合。因此，不同类型的生物反应器具有不同的特点（表 7.2），而且不同种类植物细胞的氧需求、剪切力敏感性、培养液流体性能和细胞集聚体大小也存在差别。在选择和设计生物反应器时，不仅要考虑植物细胞本身的特性及其在培养过程中的变化，还要考虑不同类型生物反应器的特点和特性，在有条件的情况下，还可能需要对选择的生物反应器进行适当的改进。

表 7.2　不同类型生物反应器的性能比较 (黄艳等 2001)

反应器类型	氧传递能力	流变压力高低	流质混合效果	放大培养难易度	主要限制因素
搅拌式	高	高	完全均一	困难	细胞死亡、易污染
低速搅拌和改进搅拌桨	中等	低	基本均一	困难	高密度下混合不均
鼓泡式	中等	低	不均一	容易	存在死区，导致细胞堆积
气升式	高	低	均一	容易	高密度下出现死区
转鼓式	高	低	均一	困难	在大规模时混合不均一

7.5　体细胞无性系变异与突变体筛选

7.5.1　体细胞无性系变异的概念与特点

现在的研究表明，植物组织培养是遗传变异的一个丰富来源，在植物改良及增加植物多样性等方面具有巨大的应用潜力。一般来说，培养细胞所发生的变异，除外植体细胞中的既存突变在离体培养条件下得以表现外，培养条件也会诱发培养细胞发生新的变异（图 7.9）。有时对培养细胞施加物理或化学的诱变因素，也可达到提高变异频率和增加变异幅度的目的。

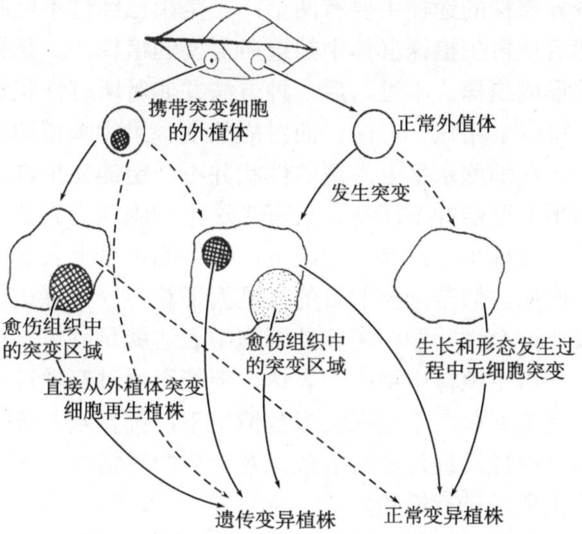

图 7.9　离体培养细胞遗传变异的来源（何忠效等 2001）

培养细胞所表现出来的表型变异，既有遗传性变异，也有非遗传性变异。如果变异的发生涉及遗传物质的改变，如核苷酸的取代、插入、缺失或染色体节段的重复、倒位、易位及染色体数目的增加、减少等，变异性状能够由亲代传给子代，属于遗传性变异；如果变异是在细胞的发育和分化过程中，仅仅是由于基因表达调控发生了变化，而不是基因结构的改变引起的，这种变异就不能通过有性过程进行传递，属于非遗传性变异，也称后生遗传变异。后生遗传变异虽然在诱发条件不复存在后，还能通过细胞分裂在一定时间内继续存在，但这种稳定性只是相对的。一般情况下，后生遗传变异不能通过再生过程传给植株，更不会通过有性繁殖传递给后代。

在组织培养中，所有从植物器官、组织、细胞和原生质体培养发生的可遗传性变异统称为体细胞无性系变异。有人将配子体细胞培养来源的变异又称为配子无性系变异，以区别于体细胞无性系变异。无论是体细胞无性系变异，还是配子无性系变异，都是培养细胞的变异，因此可将其统称为培养细胞无性系变异。

与自然条件下的细胞变异相比，培养细胞具有较高的变异频率。在自然条件下，生物的基因突变率一般为 10^{-10}～10^{-4}，而培养细胞的突变率要远远高于这一数值。例如，Evans 和 Shaop（1983）认为组织培养中细胞变异频率一般为 15%～20%；Lark 等（1984）报道了在离体培养中，再生小麦可育植物的变异频率为3%～26%；Evans（1988）发现在每20～25株再生植株中就有一株发生单基因突变；Orton（1987）指出100%的芹菜（*Apium graveolens*）再生植株无性系的染色体与亲本不同。

7.5.2 突变体筛选

培养细胞的无性系变异是一个丰富的变异来源，如果通过一定的方法将特定的变异细胞筛选出来，并使其分化形成植株，就有可能培育出高抗、高产、优质的品种或育种的种质资源。并且这种方法只需投入较少的人力、物力，就可以在很小的空间内实现对数以百万计的细胞进行筛选，效率非常高。

由培养细胞获得变异植株的途径主要有两个：一是由已经过不同时间培养的组织或细胞诱导得到再生植株，然后从再生植株群体中筛选所需要的植株；二是先筛选具有目标性状的变异细胞，再使其分化形成植株。不过，后一种方法并非对所有性状都适用，如对抗逆、抗病、抗除草剂等特性，可以采用这一方法，而对成熟期、果实味道和籽粒产量等性状，这一方法就难以奏效。此外，在细胞水平上入选的性状并不一定能在植株水平上表现出来；或者是有些基因在单细胞水平上可能并不活跃，只有当这个细胞成为完整植物体的一个组成部分时，特定的组织功能才能表现出来。有些情况下，在细胞水平上入选的性状能否在再生植株中表达是无关紧要的。例如，假若选择的目的只是为了获得一个标记性状，以便用于以后的细胞杂交实验，那么只要这个性状能在培养的细胞中表达就足够了。在另外一些情况下，虽然要求突变性状必须能在再生植株中稳定地表达，但能否通过有性过程传递则无关紧要，如在无性繁殖植物中情况就是如此。不过在大多数情况下，都要求入选的性状不仅能在再生植株中表达，而且还能通过有性过程传递给后代。对于后两种情况，在细胞水平上入选的性状还需要在整体植株水平上重新进行检验。

在进行突变体选择的时候，虽然使用包括单细胞、原生质体和愈伤组织在内的各种培养系统都能获得成功，但在可能的情况下，最好还是使用单细胞或小细胞团的培养系统。这是因为在大的外植体中，并非所有细胞都能均匀一致地受到选择压的作用，因而野生型细胞有可能逃脱选择压的作用而存活下来。此外，要想从培养细胞中分离出真正的突变体，需要进行一系列的研究，主要包括：①对分离出的突变细胞系的特性进行鉴定；②目标性状在组织培养中的表现型；③由突变细胞产生再生植株；④检验组织培养中的突变能否传给再生植株；⑤再生植物产生种子和后代；⑥对于突变能否通过种子而传递进行组织培养的检验；⑦检验突变在种子后代的植株水平上的表达；⑧遗传研究并建立突变系的种子储备；⑨突变性质的研究。

7.6 细胞悬浮培养与细胞生长量计量实验

7.6.1 实验目的

掌握建立细胞悬浮培养物进行细胞悬浮振荡培养的方法和技术关键；掌握培养细胞活力测定和生长计量的方法。

在愈伤组织和单细胞培养中，随时监测细胞的增殖和细胞团的生长状态是非常必要的，通过对培养细胞和细胞团生长的计量技术，来达到如下目的：①筛选最适宜于培养细胞增殖和生长的培养基化学组成、渗透压和酸碱度（pH）。②监测培养组织和悬浮培养细胞。在整个培养世代中，细胞数目的增长情况和一个培养世代（培养周期）所需要的时间，以确定继代培养和注入新鲜培养基的依据。

7.6.2　实验用具及试剂

1）仪器

超净工作台、带照相设备及相差设备的光学显微镜、可变速离心机（配备若干刻度离心管）、恒温水浴锅、玻璃过滤器（配备各种规格尼龙网）、吸管、试管（10 mm×100 mm）、注射器、显微镜（带目镜和物镜测微尺）、荧光显微镜、0.0001 g 分析天平、血球计数板、细胞计数器（手动或自动）、酸度计、载玻片、盖玻片、刀片等。

2）试剂

培养基（MS、B_5、N_6）、5%三氧化铬、8%三氧化铬、70%乙醇、0.1%升汞、1 mol/L HCl、1%果胶酶、二乙酸荧光素（FDA）、洋红（0.005%～0.01%）、甲基蓝（0.005%～0.01%）、伊文思蓝（0.005%～0.01%）、0.1%烟酰胺水溶液、乳酰丙酸苔红素、65%甲酸、45%乙酸、封片胶及孚尔根染色系列药品等。

7.6.3　实验材料

植物愈伤组织、悬浮培养细胞、小孢子细胞和原生质体，均可为试材。本实验是以小麦种子为实验材料，经愈伤组织诱导建立细胞悬浮培养系。

7.6.4　实验方法与步骤

7.6.4.1　细胞悬浮培养

1）愈伤组织的诱导、继代培养

（1）外植体的表面消毒。挑选籽粒饱满的小麦种子，充分浸泡后，先用70%的乙醇表面消毒 1 min，再用 0.1%升汞溶液浸泡并不时摇动，灭菌 10 min，最后用无菌水冲洗 5 次。

（2）愈伤组织的诱导。将消毒后的种子，按每瓶8粒接种于琼脂培养基表面，置于暗室培养。3周后，将形成的愈伤组织切割，并转移继代培养。

（3）疏松愈伤组织筛选。诱导形成的愈伤组织，其质地和物理性状有明显的差异。有的很坚实，有的很松散，需进行继代筛选。同时应考虑基本培养基中铵态氮与硝态氮的比例、培养基中激素的含量及不同激素的比例，以及某些天然有机附加物对愈伤组织生长和形态的影响。培养基中加入酵母提取物（3～5 g/L），将有利于获得生长好、质地疏松的愈伤组织。

（4）愈伤组织继代培养。由于愈伤组织的生理状态将直接影响以后的细胞悬浮培养，故应及时挑选幼嫩的部分继代转移。一般继代培养的时间间隔以 2 周为宜。

2）单细胞的分离

（1）单细胞的分离。参照所测得的愈伤组织细胞数，称取适量的愈伤组织，放入含适量液体培养基的 125 mL 三角瓶中，置于 110 r/min 旋转式摇床上振荡，暗培养，室温 25～28 ℃。

（2）悬浮液的过滤。连续振荡 3 周后，用 148 μm 尼龙网过滤（根据培养所用的材料选定尼龙网的规格），以除去愈伤组织碎片及较大的细胞集聚体。经过滤后，可获得 95%左右的单个游离细胞。

（3）单细胞的收集。过滤液用 200 *g* 离心 5 min，收集单细胞及小的集聚体。

3）细胞悬浮培养

（1）计算细胞起始密度。离心后将约 2/3 的上清液倒掉；剩下的 1/3，大部分移入一个预先消毒的 125 mL 三角瓶中待用。离心管中最后剩余 1 mL 上清液，摇动离心管，使沉淀悬浮，吸取 1 滴于血球计数板上，以游离单细胞为基数计算细胞的密度。

（2）细胞悬浮培养。将上述（1）中剩余的近 1/3 的培养液倒入离心管中，并根据需要的起始刻度，补充加入新鲜培养基。接种的三角瓶置于 110 r/min 的旋转式摇床上连续振荡培养，暗室室温保持在（29±1）℃。培养期间对悬浮培养的细胞定期计数细胞密度。

4）细胞团和愈伤组织的再形成

悬浮培养的单个细胞在 3～5 d 内即可见细胞分裂。经过 1 周左右的培养，单个细胞和小的集聚体不断分裂而形成肉眼可见的小细胞团。

5）植株的再生

大约培养 2 周后，将细胞分裂再形成的小愈伤组织团块（直径为 1.5～2.5 mm）及时转移到分化培养基上，连续光照，室温（25±1）℃。3 周左右即可分化出试管苗。待试管苗长至试管顶端时（大约在愈伤组织转至分化培养基后 40 d），取出洗掉琼脂，将根在 0.1%烟酰胺水溶液中浸泡 1 h，然后移栽在塑料钵中，放入可照光和通入蒸汽的塑料罩中 1 周，再移入玻璃温室。

7.6.4.2　细胞计数

采用血球计数板测定细胞数目，但在选购血球计数板时，一定要注意血球计数板凹槽深度，其深度一定要大于被检细胞的直径。血球计数板是一个特制的载玻片。每个画线区由“井”字形粗线分成 9 个区域。每个区域长 1 mm，宽 1 mm，面积 1 mm^2。“井”字形中央的一个区域由双线画出 25 个中格，每个中格又用单线画出 16 个小格，即每个区域分成 400 个小格（25×16=400）。每个小格的面积为 1/400 mm^2。计数板上凹槽深度为 0.1 mm。细胞计数时，一般每次计 25 个中格中的细胞数目。这个区域中，液体的体积是 $0.1\ mm \times 1\ mm^2 = 0.1\ mm^3$（即 1×10^{-4} mL）。在每 25 个中格中，细胞数不应少于 50～100 个。

1）悬浮培养细胞的计数

操作步骤如下：①吸取细胞悬浮液一滴至血球计数板上；②将盖玻片由一边向另一边轻轻盖上，再用两只拇指紧压盖玻片两边，使盖玻片和计数板紧密结合，以防形成气泡；③数分钟后，细胞沉降至载玻片表面，即可在显微镜下计数；④每个样品计数 6 个重复，然后平均，最后算出单位体积中的细胞数目。

2）愈伤组织细胞的计数

愈伤组织鲜重和细胞数目有一定的关系，故愈伤组织鲜重可以作为测量细胞数目的一种间接方法。但由于测量时地来回搬动，很容易造成污染，从而造成材料的损失。可以先将愈伤组织离析软化成单细胞，然后再进行统计。

方法步骤如下：

（1）愈伤组织先用 1 mol/L HCl 在 60 ℃下水解预处理，需注意愈伤组织的取样时间，通常是在细胞数目急剧增加时，每个细胞平均重量或体积急速下降，愈伤组织一旦建成时取样，才有较好的准确性。

（2）加入 5%三氧化铬，2 倍于细胞体积的溶液。在 20 ℃下离析 16 h，也可以增加三氧化铬浓度，提高温度来缩短离析时间。如用 8%三氧化铬在 70 ℃条件下，离析 2～15 min。值得注意的是：愈伤组织细胞在取样时，处于不同生长周期，故离析时间有长短之区别，只有靠经验确定。三氧化铬浓度过高，处理时间过长，会导致细胞分解，从而减少细胞数目。

（3）将离析软化的细胞，迅速冷却，然后强力振动10 min，使其分散，最后用蒸馏水洗3次备用。

（4）用含 0.03 mol/L 的 EDTA、1%结晶紫水溶液（pH10）对上述离析后的细胞进行染色 10 min。然后用蒸馏水仔细洗涤数次。

（5）将洗涤后的细胞放入装有 2 mL 蒸馏水的小试管中，用玻棒搅动，使细胞分散，形成悬浮液。

（6）用血球计数板计数每块愈伤组织的细胞数目。

每块愈伤组织细胞数目=（离析液总体积/血球计数板上格子的总体积）×（计数板上所测各个外植体细胞平均数的总和/所测外植体的数目）

采用自动计数器统计数目时，为了便于识别，需用结晶紫将细胞染成紫色。

愈伤组织离析软化的方法有多种，除上述介绍的外，还可以用 0.1%果胶酶（*m/V*），在 pH3.5 室温条件下 16 h，可使地棉 *Parthenocissus tricuspidata* 冠瘿组织细胞得到很好的游离。再有，采用 pH8.0 的 EDTA，在 40 ℃下，保温 2 h 来离析软化愈伤组织细胞。

愈伤组织经过各种方法游离软化后，如若细胞悬浮液细胞密度太高，可以作适当稀释。然后用吸管或注射器，吸出一定体积，在血球计数板上计数。

7.6.4.3　培养细胞体积的测定

细胞体积在一定范围内，反映了悬浮培养细胞数目的增殖状态。一般培养细胞增殖速度越快，细胞体积（重量）越小。培养细胞体积的测定，最简便的方法是取 15 mL 悬浮培养细胞，放入刻度离心管中，200 *g* 离心 5 min。以每毫升培养液中，细胞体积的毫升数来表示。这种方法虽然简便，但太过于粗放。

显微测微尺直接测量法：用此法计量细胞体积精确度高。显微测微尺分接物测微尺和接目测微尺。接物测微尺，是一块特制的载玻片，其中央有刻度，每格长度为 10 μm。用来校准并计算出，在某一物镜下，接目测微尺每小格的长度。接目测微尺是可放入目镜内的圆形玻片，其中央刻有 50 等分或 100 等分的小格。每小格的长度随目镜、物镜的放大倍数而变动。

操作步骤如下：

（1）放置接目测微尺。旋开接目透镜，将接目测微尺放在目镜的光阑上，注意刻度面向下，然后将接目透镜插入镜筒。

（2）放置接物测微尺。将接物测微尺放在载物台上，然后调节焦距，使之通过目镜能看清接物测微尺的刻度，并清晰地辨认接物测微尺的刻度。

（3）校准接目测微尺长度。在低倍显微镜下，移动接物测微尺和转动接目测微尺，使两者刻度平行，并使两者间某段的起、止线完全重合。数出两条重合线之间的格数，即可求出接目测微尺每格的相应长度。接目测微尺与接物测微尺，两者重合点的距离越长，所测得的数字越准确。用同样方法分别测出高倍物镜和油镜下，接目测微尺每格的相对长度。

（4）计算接目测微尺每格的长度。例如，测得某显微镜的接目测微尺 50 格相当于接物测微尺 7 格，则接目测微尺每格长度为（7×10 μm）/50 格=1.4 μm/格。

（5）细胞体积测量。取下接物测微尺，将悬浮细胞或原生质体或组织切片（染色涂片）放在载物台上，通过调焦使物象清晰后，转动接目测微尺（或移动载玻片），测量细胞的长与宽各占几格。将测量得到的格数乘以接目测微尺每格长度，即可求得细胞的直径。

注意事项：①载物台上接物测微尺刻度是用加拿大树胶和圆形盖玻片封合的。当除去松柏油时，不宜使用过多的二甲苯，以避免盖玻片下的树胶溶解；②取出接目测微尺，将目镜放回镜筒，用擦镜纸擦去接目测微尺上的油腻和手印。如用的是油镜应按油镜使用方法处理镜头。

7.6.4.4　培养细胞重量测定

（1）鲜重测定。采用直接称量法。①来自固体培养基的材料，取出后洗去琼脂并用滤纸吸干水分，然后直接用分析天平称重；②来自液体悬浮液培养基的细胞，可放入已知重量的尼龙网上过滤。过滤后用水冲洗，除去培养基，然后离心除去水分。称量后的重量，减去尼龙网重量即为悬浮培养细胞鲜重。

（2）干重测定。①将愈伤组织从琼脂培养基取出，放入称量瓶内，于 60 ℃烘箱内烘 12～24 h 后（因材料大小、厚薄而定）取出，冷却后立即称量；②悬浮培养细胞，经抽滤法去除培养基并收集在预先称好重量的抽滤器上。再用水洗数次，用抽滤器抽干细胞表面水分。然后置于 60 ℃烘箱内烘 12～24 h，取出冷却后立即称量；③细胞鲜重和干重的称量，一般用 0.0001 g 分析天平。干重和鲜重的表示方法，一般以每 10^6 个细胞或每毫升悬浮培养物重量来表示。最后获得的结果需减去称量瓶、尼龙网（或抽滤器）的重量。

7.6.4.5　细胞活力测定

采用荧光法或染色法，两者可择其一。

1）荧光法（二乙酸荧光素法，即 FDA 法）

二乙酸荧光素（FDA）本身无荧光、无极性。可自由透过原生质膜进入细胞内部。进入后由于受到活细胞中内酯酶的分解，而产生有荧光的极性物质——荧光素，则不能自由出入原生质膜。故在荧光显微镜下，可观察到发荧光的具活性的细胞。

操作步骤如下：

（1）吸出 0.5 mL 细胞悬浮液放入 10 mm×100 mm 小试管中，加入 FDA 液，使最后浓度达到 0.01%。混匀并在常温下作用 5 min。

（2）荧光显微镜观察。激发滤光片为 QB_{24}，压制滤光片为 TB，经观察发出绿色荧光的细胞为有活力的细胞，不产生荧光的细胞为无活力的细胞。

（3）活力统计。细胞活力是用有活力的细胞数占观察细胞总数的百分数来表示。

$$细胞活力=（活细胞数/观察细胞总数）\times100\%$$

注意：叶肉细胞由于受叶绿素的干扰，有活力的细胞可发出黄绿色荧光而不是绿色荧光；无活力的细胞，则发出红色荧光。

2）染色法

有活力的细胞具有选择性吸收外界物质的特性，当用染色剂处理时，活细胞拒绝染色剂的进入，因此染不上颜色。死细胞可吸附大量染色剂而染上颜色。统计未染上颜色的细胞数，就可计算出细胞活力。

操作步骤如下：

（1）材料准备：制备原生质体和悬浮单细胞材料。

（2）配制染色剂，如洋红、甲基蓝或伊文思蓝等，择其一配制成 0.005%～0.01%。

（3）将染色剂滴入材料上染色，数分钟后，即可观察统计。注意染色时间不可过长，否则有活力的细胞也会染上颜色，从而影响统计的准确性。

（4）统计未染色细胞，可按公式计算细胞活力。

细胞活力=（未染色的细胞数/观察细胞总数）×100 %

7.6.4.6　植板率测定

用平板法培养单细胞或原生质体时，细胞的增殖状况常以植板率来表示，即能长出细胞团的细胞占接种细胞总数的百分率。可用下面公式计算：

植板率=（每个平板上形成的细胞团数/每个平板上接种的细胞数）×100 %

每个平板上接种的细胞数，可根据铺板时，加入细胞培养液的毫升数和每1 mL培养液中含有的细胞数来计算，即两者的乘积即为每平板上的细胞总数。

7.6.4.7　有丝分裂指数的测定

有丝分裂指数是指在一个细胞群体中，处于有丝分裂的细胞数占细胞总数的百分率。分裂指数越高，说明细胞分裂速度越快；相反则越慢。有丝分裂指数，只反映群体中每个细胞分裂所需时间的平均值。

有丝分裂指数的测定方法：

1）愈伤组织细胞有丝分裂指数的测定

最简便的方法是孚尔根染色法。方法是：①先将愈伤组织用 1 mol/L HCl 在 60 ℃下水解后染色；②在载玻片上，按常规作镜检，随机调查 500 个细胞，统计其中处于分裂间期及处于有丝分裂各时期的细胞数；③根据调查有丝分裂各时期细胞数，计算出有丝分裂指数。

2）悬浮培养细胞有丝分裂指数的测定

①取一定体积的悬浮培养细胞，离心后将细胞吸于载玻片上；②加一滴丙酸苔红素于细胞上；③将载玻片在酒精灯上微热后，再盖上盖玻片，轻击盖玻片；④将盖玻片用力轻轻揭下，用乙醇将盖玻片和载玻片上的细胞洗一下，然后将盖玻片安放在一片新的载玻片上。而原来的载玻片上，则盖上一片新的盖玻片，片子上匀放优派若（Euparal）。

也可以先将悬浮培养细胞用 65%甲酸固定 24 h（按 1∶1 的体积悬浮液加入固定液）。固定后将悬浮细胞离心后吸于载玻片上，加一滴丙酸苔红素，微热，加盖玻片后放 10～15 min，再制片。制片过程除细胞放于 45%乙酸及片子用褐色胶接剂封固外，其他步骤同上（此种片子可放置两周，以作观察用）。

由上述方法制成的片子，用油镜观察（约 1250 倍），检查 1000 个细胞，随后计算出分裂指数。

本 章 小 结

植物细胞培养首先需要获得适宜离体培养的植物细胞。用于培养的细胞来源主要是植物的叶片和离体培养产生的愈伤组织，其中由愈伤组织建立细胞系是较为常用和普遍的方法。在建立细胞悬浮培养系时，为了提高细胞的分散程度，获得理想的细胞悬浮系，需要采取诸如筛选愈伤组织、振荡培养、适宜方法继代等措施。对细胞进行培养时，可采用固体培养方法，也可采用液体培养方法。每种培养方法各有优缺点，在细胞株的筛选上，一般采用固体平板培养方法；而在植物细胞代谢调节的研究及次级代谢产物的工业化生产等领域，多采用液体培养方法；为了在低密度下培养植物细胞，可采用看护培养、微室培养、条件培养等方法。

细胞的起始植板密度是影响细胞培养的重要因素，每个物种都有一个最适的植板密度，同时也有一个临界密度，当低于这一临界时，培养细胞就难以进行分裂和形成细胞团。不过，通过改善培养基的组成、丰富培养基的成分，可以有效地降低细胞的植板密度。在进行细胞的大规模培养时，及时了解培养细胞的生长量变化和活力状况意义重大。细胞生长计量可采用细胞计数、测定细胞密实体积和干（鲜）重等方法。

细胞培养不仅在基础理论研究上具有重要意义，在实际生产上也有重要价值，如利用细胞的大规模培养生产次级代谢产物，利用培养细胞的变异进行突变体筛选、培育植物新品种及制备人工种子等。其中，利用植物细胞规模化培养生产次级代谢产物是细胞培养技术应用的主流之一。这是因为，离体培养的植物细胞一般也能合成和积累人类所需要的黄酮类、萜类、生物碱、甾体类等天然化合物，这些物质在医药、食品、化妆品、农业等领域具有广泛而重要的用途。不过，同微生物和动物细胞的规模化培养相比，利用植物细胞规模化培养进行代谢物的生产其发展仍然缓慢，还有许多理论与技术问题需要进一步研究和解决。今后，应当深入研究特定代谢物的生物合成途径及其合成机制，通过筛选高产细胞系、优化培养条件、改进培养方法与技术，特别是设计和开发适用于植物细胞规模化培养的生物反应器，是提高培养细胞次级代谢产物产量的重要途径。

思考题

1. 名称解释：植物细胞培养，细胞悬浮培养，条件培养基，微室培养，单细胞培养，细胞固定化培养，次级代谢产物，诱导子，生物反应器，体细胞无性系变异。

2. 用于建立悬浮细胞系的愈伤组织有何要求？

3. 一个好的悬浮细胞系有哪些特征？

4. 悬浮细胞系在继代培养中，其群体生长有何规律？

5. 简述细胞平板培养的方法及存在的优缺点。

6. 简述细胞看护培养、微室培养、液体浅层培养的方法及其优缺点。

7. 在细胞培养中，采取哪些措施可以提高细胞的分散性，制备均匀分散的细胞悬浮培养物？

8. 在利用植物细胞进行次级代谢产物生产时，采取哪些途径可以有效提高细胞次级代谢产物的产量？

9. 同微生物相比，植物悬浮培养细胞有哪些特点？为什么用来进行微生物发酵培养的反应器不能直接用于植物细胞培养？

10. 什么是细胞的同步化？植物细胞培养中可采取哪些措施实行培养细胞的同步化？

11. 用于植物细胞规模化培养的生物反应器主要有哪些？它们在用于植物细胞培养时，各自的优缺点是什么？

第 8 章　植物原生质体培养和细胞融合

原生质体是指除去植物细胞壁后得到的裸露的球形细胞。去了壁的高等植物原生质体具有 3 个特性，即仍然具有植物细胞的全能性；没有了细胞壁，容易实现外源遗传物质（如 DNA、细胞器或病毒颗粒等）的导入和吸收；不同来源的原生质体具有彼此融合的能力。正因为具有这些特性，原生质体是植物细胞工程和细胞壁合成等许多理论研究的理想材料，在理论研究和实践上都有重要的作用。第一为细胞融合提供培养方法，用于远缘体细胞杂交育种。第二为遗传转化提供培养方法。电穿孔法、聚乙二醇（PEG）诱导融合法等基因转化方法是以原生质体作为受体细胞。第三利用培养变异选育新品种，原生质体培养中细胞突变频率高于组织培养，且无细胞壁的保护，易受外界因素影响，可用于突变育种研究。第四用于细胞器的分离与转移。原生质体由于没有细胞壁的障碍，可以进行许多遗传操作研究，如叶绿体、线粒体、细胞核、染色体等的摄取，摄取后，再进行培养，再生植株。根据再生植株及后代的表现，进行遗传分析，研究某种细胞器功能或控制的性状等，或通过转移以上细胞器，培育新品种。用于细胞壁的生物合成、原生质膜的结构与功能、细胞分裂及单细胞发育、激素的作用机制、病毒的侵染机制等理论研究。

目前体细胞杂交是其最重要的应用。自从 1971 年烟草原生质体培养获得再生植株，人们就幻想能将不同优良性状的作物融合，获得具有双亲优良性状的新品种。1972 年，Carlson 首次获得粉蓝烟草和郎氏烟草的细胞杂种，这也是第一个植物体细胞杂种；1974 年，Kao 将聚乙二醇诱导融合法应用于植物细胞融合并建立了相应的融合技术；1978 年，Melchers 获得了第一个属间细胞杂种（番茄＋马铃薯），并再生了完整植株，虽然该属间杂种植株并未如科学工作者预期的一样，具有双亲的优良性状。但原生质体能够有效克服不同物种细胞之间的有性不亲和障碍，实现远缘物种间的体细胞杂交，为培育新品种开辟了新的途径。自 20 世纪 70 年代至今，不少科学工作者一直致力于这方面的研究。原生质体融合成功的前提是双亲原生质体培养的成功，而原生质体培养又包含原生质体分离、原生质体培养和原生质体再生完整植株三大步骤。

8.1　原生质体的分离与纯化

早在 1892 年 Klercher 用机械法获得了原生质体，但因此法原生质体产量和效率极低，故原生质体的研究一直无重大进展。Cocking 在 1960 年用酶法首次从番茄根尖中游离出大量有活性的原生质体，通过培养再生出细胞壁。自此，20 世纪 60 年代，人们对原生质体的游离和培养条件进行了广泛的探索，虽未能获得再生植株，但为以后植物原生质体培养的成功奠定了基础。Takebe 等（1971）首次利用烟草叶片游离原生质体，经培养获得再生植株，使原生质体的研究和应用进入了一个新的阶段。之后，多种植物的原生质体再生植株都相继取得了成功。并且再生植株的数量逐年增加，不仅公认难培养的大豆、棉花等可获得再生植株，甚至连以前认为不可能通过原生质体培养再生植株的水稻、玉米、小麦等禾本科植物都相继获得了再生植株。由此表明，原生质体培养技术已日臻完善，为利用原生质体培养进行细胞工程研究和理论研究打下了基础。目前原生质体培养的趋势仍以农作物和经济作物为主，但从一年生向多年生、草本向木本、高等植物向低等植物扩展。

8.1.1　原生质体的分离

迄今知道几乎从植物体的每一部分都可以分离得到原生质体。其过程包括材料的来源、预处理和分离方法 3 个方面。

8.1.1.1　材料的选择

原生质体材料的选择影响原生质体的游离效果，也是原生质体培养成功与否的关键因素。虽然目前几乎能从植物体的每一部分分离得到原生质体，但不同的植物甚至同种植物的不同基因型易于获得原生质体的外植体不同。如豆科和茄科一般用叶片可获得原生质体细胞；但禾本科植物叶片却难以获得原生质体，需采用愈伤组织、悬浮培养细胞和胚性愈伤组织游离，除此外，有些植物还可采用无菌试管苗的子叶、下胚轴及茎尖和根尖等幼嫩材料。无论采用哪一种材料，保持材料的培养条件相对稳定是十分重要的，因为材料的生长环境、年龄及生理状态能影响原生质体的得率、质量及以后的培养，同时也影响实验的重复性。

1）叶片

由于叶肉组织细胞排列疏松，酶液可以容易地到达细胞壁，从叶片可以得到大量比较均一的原生质体（图 8.1），所以叶片是植物原生质体来源最广泛和取材最方便的材料。许多资料报道双子叶植物分离原生质体的最佳材料是叶片。叶片细胞酶解时一般要撕去表皮细胞层，但有些植物叶表皮难以撕去，这种情况下，将叶片材料切成细条状（1～2 mm 宽），再结合真空渗入，使酶液充分浸入叶片细胞间隙。一旦停止抽真空，叶切片下沉，最后释放叶肉原生质体。通过这种途径，在相对较短的时间内能获得高产量的原生质体。对于多数植物来说，苗龄和叶龄与原生质体的产量和活力有很大关系。实验证明刚刚平展开的叶片是最合适游离原生质体的材料。但即便是刚展开的嫩叶，叶肉细胞也是分化细胞，在许多材料中叶肉细胞游离的原生质体的分裂频率低于脱分化的愈伤组织。

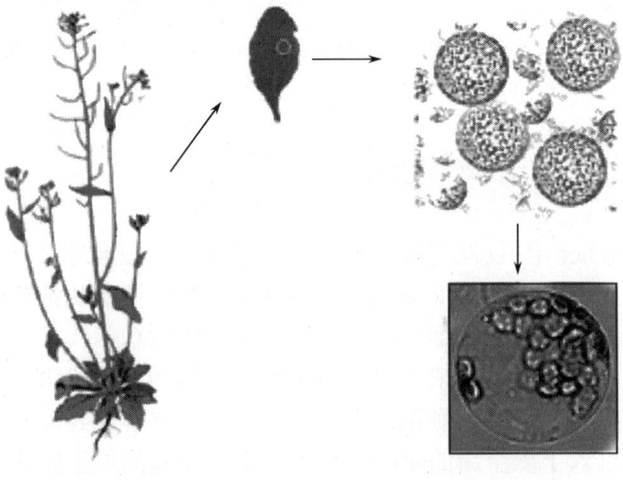

图 8.1　叶片游离的大小均一、富含叶绿体的原生质体

2）愈伤组织或悬浮细胞系

利用植物的各类器官、组织、细胞建立的细胞无性系——愈伤组织、悬浮细胞，特别是胚性愈伤组织，因具有培养条件易于控制、分离的原生质体分裂频率高、实验重复性好的优点，受到科学工作者的青睐。单子叶植物，特别是禾谷类植物的叶表面通常含有硅质，不易被酶液降解，因而常用幼穗和胚获得的疏松易碎的愈伤组织或悬浮培养的细胞制备原生质体。愈伤组织的状态对原生质体的产量和活力至关重要，一般选用结构疏松并处于对数生长期的愈伤组织或悬浮细胞系分离原生质体效果较好。而愈伤组织要达到这种分离原生质体的状态，往往需要经若干次的继代培养。另外，对于单子叶植物和双子叶植物，质地松脆的胚性愈伤组织和胚性悬浮细胞禾本科植物更容易获得高质量高浓度的原生质体。但这类培养物存在经长期继代培养后会产生细胞染色体倍性的改变，进而影响原生质体的分化率的缺点。

3）植物花粉

花粉原生质体兼具花粉、单倍体和原生质体 3 方面的特性，是花粉生物学与植物细胞工程中有特色的实验体系。可以通过花粉原生质体离体培养获得单倍体植株或通过花粉原生质体和体细胞杂交获得三倍体植株。但迄今，花粉原生质体的离体研究尚未能获得再生植株。花粉的发育时期影响着花粉原生质体游离效果，杨宏远院士早期用酶法分离出青菜、紫菜薹和甘蓝型油菜幼嫩花粉（单胞中期至二胞早期）的原生质体。

8.1.1.2　预处理

在制备原生质体前，对供体材料进行预处理往往有助于获得优质的原生质体。预处理的作用可能是改变细胞和细胞壁的生理状态，增加细胞膜的强度；也可能是改变细胞壁的化学成分，以提高细胞壁酶解的效率。主要的预处理方法有以下几种。

1）暗处理

在原生质体分离前，将材料置于黑暗条件下培养一段时间将有利于游离出大量有活力的原生质体。例如，在温室内生长 5～7 周的豌豆，原生质体分离前，其枝条取下后，置于维持一定湿度的暗室中培养 1～2 d，这样从叶片获得的原生质体存活率较高，并能持续分裂。而甘蓝型油菜（*Brassica napus*）种子苗暗处理 5 d 有利于提高原生质体的产量和活力。霸王子叶和下胚轴愈伤组织继代后暗培养 14 d，游离原生质体产量和活力最高。

2）预培养

预培养是将要游离原生质体的外植体放入诱导愈伤组织培养基上预培养一段时间，然后再用酶液脱壁。例如，羽衣甘蓝叶肉细胞游离原生质体时，将其叶片撕去下表皮，置于诱导愈伤组织的培养基上预培养 7 d，与未经处理的对照组相比，酶解获得的原生质体虽然产量较低，但培养时分裂频率显著提高。

3）预萎蔫

预萎蔫主要针对叶片为外植体游离原生质体。将叶片置于日光或灯光下 2～8 h 使叶片稍萎蔫，则有利于撕除下表皮和酶解叶肉细胞壁，分离原生质体。

4）预质壁分离

把材料先放到与酶溶液中糖浓度相同或略高的糖溶液中预培养 1 h 左右，使细胞质壁分离，然后再放入酶液去壁，可加快原生质体的释放，提高原生质体的活力。

5）预低温处理

低温预处理对某些植物的原生质体分离很有帮助，如龙胆试管苗只有用低温处理原生质体才能分裂。骆驼刺 A_4 转化系毛状根产生的愈伤组织，4 ℃低温处理 3～8 h，分离的原生质体第一次分裂的启动时间虽然比对照晚了一些，但分裂频率都明显提高，其中处理 5 h 的分裂频率为最高。

8.1.1.3　分离方法

1）机械分离法

机械分离法（machanical isolation）是采用高渗溶液使细胞发生质壁分离，然后借助利器（如刀等）或机械磨损等措施切开细胞壁释放出原生质体的方法。1982 年，Klercker 第一次用机械分离法从 *Stratiots aloides* 中获得原生质体。该方法的特点是原生质体产量很低、方法繁琐费力、局限性大，只能用于可以发生明显质壁分离的组织作材料（图 8.2）。

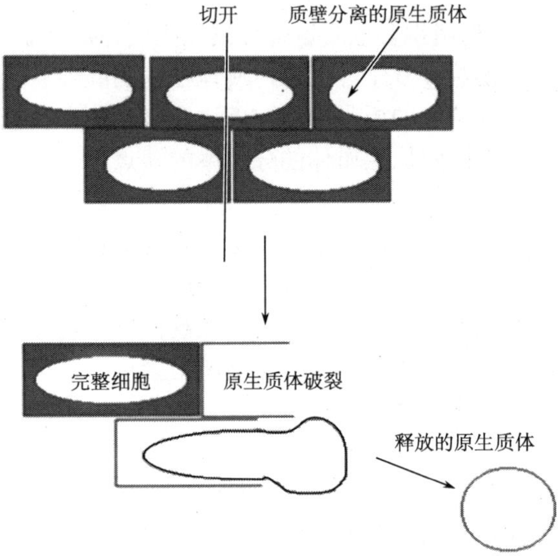

图 8.2　机械分离法游离原生质体示意图

2）酶分离法

酶分离法（enzymatic isolation）是指用不同种类和浓度的酶溶液处理细胞，将细胞的壁解离，以获得原生质体的方法。

植物细胞壁主要由纤维素（占细胞壁干重的 25%～50%）、半纤维素（平均约占细胞壁干重的 53%）、果胶质（一般占细胞壁的 5%）构成，但因不同植物种类、不同器官和组织的细胞壁的组成和结构不尽相同，所以在制备原生质体时应选用相应的酶种类和浓度进行处理。有的植物材料，尤其是叶片，用纤维素酶和果胶酶就能分离出原生质体；但有的植物和材料要添加半纤维素酶或离析酶才能得到较多的原生质体，如愈伤组织。

（1）常用商品酶的种类。

a. 纤维素酶（cellulase）。纤维素酶主要来自于绿色木霉，作用是降解构成细胞壁的纤维素。常用且效果较好的有 Onozuka R-10（Yakult Honsha Co. Ltd., Tokyo, Japan）、Cellulysin（Calbiochem., San Diego, CA 92037, USA）和国产 EA3-867（上海植物生理研究所）。EA3-867 是从野生型绿色木霉的各菌种中提取制成的粗制品，是多种酶的复合物，含有纤维素酶（包括 C1、Cx、B-葡萄糖苷酶等）、果胶质、半纤维素酶等，分离细胞壁的效果较好。这种复合酶使用时，不需加半纤维素酶和果胶酶等就可以分离出植物原生质体。

b. 果胶酶（pectinase）。果胶酶是从根霉或黑曲霉中提取的，作用是降解连接细胞的中胶层，使细胞从组织中分开，以及细胞与细胞分开。常用且效果较好的有 Macerozyme R-10（Yakult Honsha Co. Ltd.,Tokyo, Japan）、Pectinase（Sigma Chemical Co., St. Louit, MO 63178, USA）和 Pectolyase Y-23 （Seishin Pharm. Co. Ltd., Tokyo, Japan）。其中 Macerozyme R-10 从根霉中提取，又称离析酶，除含果胶酶外还含有较多杂酶，使用浓度不宜超过 2%，处理时间不宜过长，否则有毒害作用。后两种从黑曲霉中提取，活性高且纯，使用浓度较低。

c. 半纤维素酶（hemicellulase）。半纤维素酶是从黑曲霉中提取的，可以降解半纤维素为单糖或单糖衍生物。常用且效果较好的有 Rhozyme HP-150（Rohm and Hass Co., Philadelphia,

PA 19105, USA）和 Hemicellulase（Sigma Chemical Co.,St. Louis, MO 63178, USA）。若从愈伤组织游离原生质体时，往往需要添加半纤维素酶制剂。

d. 蜗牛酶（snailase）。蜗牛酶主要用于从花粉母细胞、四分体细胞和小孢子等中分离原生质体。

e. 崩溃酶（driselase）。崩溃酶是一种活力很强的酶的粗制剂，同时具有纤维素酶、果胶酶及地衣多糖酶和木聚糖酶等几种酶的活性，对于从培养细胞等中分离原生质体特别有用。

（2）酶溶液的配制。配制分离原生质体的酶溶液需考虑使用酶制剂的种类、使用比例和浓度。在原生质体分离时细胞壁一旦去除，裸露的原生质体若处于内外渗透压不同的条件下，就可能破裂。因此，在酶溶液中必须加渗透压稳定剂、细胞质膜稳定剂，有时还要加入少量缓冲剂或其他药品。

a. 酶制剂的种类与用量。酶制剂的种类和用量因材料和酶制剂活性高低不同而异。大多数植物分离原生质体时，纤维素酶浓度为1%～3%，果胶酶为0.1%～1%，但也有很多例外。应该注意的是任何酶制剂都不是绝对纯的，一般都不同程度地混有酯酶、蛋白酶甚至核酸酶，而这些酶类对原生质体的存活是不利的，因此使用酶制剂时应遵循使用最少的酶制剂种类、最少的用量，获得大量完整、健康的原生质体的原则。有些酶制剂活力不低，但含有较多的杂质或杂酶，为防止对原生质体产生不利影响，需要对酶溶液进行离心除杂。

b. 渗透压稳定剂。植物细胞壁对细胞有良好的保护作用。去除细胞壁之后如果溶液中的渗透压和细胞内的渗透压不同，原生质体有可能涨破或收缩。因此在酶溶液、洗液和培养液中渗透压应大致和原生质体内的相同，或者比细胞内渗透压略大些。渗透压大些有利于原生质体的稳定，但也有可能阻碍原生质体的分裂。故在分离原生质体的酶溶液内，需加入一定量的渗透稳定剂，来保持原生质体膜的稳定，避免破裂。

常用的渗透压稳定剂有糖溶液系统和盐溶液系统两种。糖溶液系统包括甘露醇、山梨醇、蔗糖和葡萄糖等，浓度为0.40～0.80 mol/L。该系统还可促进分离的原生质体再生细胞壁并继续分裂，因此比较常用。盐溶液系统包括 $CaCl_2$、KCl、$MgSO_4$ 和 KH_2PO_4 等，其优点是获得的原生质体不受生理状态的影响，因而材料不必在严格的控制条件下栽培，不受植株年龄的影响，使某些酶有较大的活性和原生质体稳定。近年来，将合适浓度的甘露醇溶于CPW 中作为渗透稳定剂获得原生质体培养成功的例子不少，如一些十字花科植物和番茄、大豆等。另外，添加牛血清蛋白可减少或防止降解细胞壁过程中对细胞器的破坏。近年来多采用在盐溶液内进行原生质体分离，然后再用糖溶液作渗透稳定剂的培养基中培养。此外，酶溶液里还可加入适量的葡聚糖硫酸钾，它可提高原生质体的稳定性。这种物质可使 RNA 酶不活化，并使离子稳定。

c. 细胞质膜稳定剂。$CaCl_2 \cdot 2H_2O$（0.1%）可增强质膜的稳定性；葡萄糖硫酸钾（0.5%~1%）能抑制酶溶液内某些杂酶和 RNA 酶的活性，也有助于细胞质膜的稳定。这些膜稳定剂除了能防止细胞质膜破坏、提高原生质体的稳定性与活性，还能促进细胞壁形成及细胞分裂。

d. pH。酶溶液的 pH 对原生质体的产量和生活力影响很大。用菜豆叶片作培养材料时，发现原始 pH 为 5.0 时，原生质体产生得很快，但损坏较严重，并且培养后大量破裂。当 pH 提高到 6.0 时，最初原生质体却产生少，但与 pH 为 5.0 时处理同样时间后相比，原生质体数量显著增加。原始 pH 提高到 7.0 时，生活的原生质体数量进一步增加，损伤的原生质体也少得多。一般酶溶液的 pH 为 5.4～6.0。不同植物材料对酶溶液 pH 的要求略有差别。2-(*N*-吗啉)乙烷磺酸[2-(*N*-morpholino) eth-anesulfonic acid，MES]常作为酶溶液 pH 缓冲调节剂，提高原生质体的稳定性。表 8.1 是 3 种不同材料的酶溶液组成成分。

表 8.1　3 种不同材料的酶液组成成分

材料	酶液成分
水稻悬浮细胞	$CaCl_2·2H_2O$ 1470 mg/L，KH_2PO_4 95 mg/L，MES 600 mg/L，甘露醇 0.4 mol/L，pH 5.6 Onozuka R-10 1%，Onozuka RS 0.5%，离析酶 R-10 1%，Pectolyase Y-23 0.1%
玉米悬浮细胞	$CaCl_2·2H_2O$ 1470 mg/L，KH_2PO_4 95 mg/L，MES 600 mg/L，甘露醇 0.5 mol/L，pH 5.6 Onozuka RS 3%，离析酶 R-10 0.5%，Pectolyase Y-23 0.1%，半纤维素酶 0.5%
哈密瓜子叶	$CaCl_2·2H_2O$ 1470 mg/L，KH_2PO_4 95 mg/L，MES 600 mg/L，甘露醇 0.4 mol/L，pH 5.6 Onozuka R-10 1%，离析酶 R-10 1%

由于酶制剂不能采用高压高温灭菌，所以配制成的酶溶液常用微孔滤膜过滤除菌，然后置于冰箱中备用。

知 识 点

在原生质体分离过程中，可用实验的方法诱导原生质体裂解成不同类型的亚原生质体，即核质体和胞质体。**亚原生质体**（subprotoplast）是指在原生质体分离过程中，有时会引起细胞内含物的断裂而形成一些较小的原生质体就叫做亚原生质体。它可以具有细胞核或没有细胞核。**核质体**（nuclearplast）是由原生质膜和薄层细胞质包围细胞核形成的小原生质体，也称为**微小原生质体**（miniprotoplast）。**胞质体**（cytoplast）则指不含细胞核而仅含有部分细胞质的原生质体。

（3）分离原生质体。酶解法分离原生质体有两种方法，即两步酶解法和一步酶解法。前者是首先把植物材料在果胶酶或离析酶内处理一段时间，使单个细胞分离出来，然后再在纤维素酶中除去细胞壁，最后获得原生质体；后者把一定量的纤维素酶、果胶酶和半纤维素酶组成混合酶液，对材料进行一次性处理，得到分离的原生质体。两步酶解法效果优于一步酶解法，但考虑到操作环节增多会增加污染机会，目前多采用一步酶解法。

酶解时，材料和酶溶液的质量体积比一般为 1∶10～2∶10，即 10 mL 酶液中加入材料鲜重 1～2 g。材料和酶溶液混合后，一般在黑暗中静止进行游离，在游离过程中偶尔轻轻摇晃几下，有利于原生质体从组织中解离下来，对于悬浮细胞、愈伤组织等难游离原生质体的材料，可置于摇床上，低速（60～100 r/min）振荡以促进酶解。酶解的时间因材料和酶浓度不同而异，从几小时至几十小时不等，以原生质体游离下来为准。但时间过长对原生质体有害，所以一般不应超过 24 h。酶解温度要从原生质体和酶的活性两方面考虑。对于这几种酶来说，最佳处理温度在 40～50 ℃,但这个温度对植物细胞来说太高，所以一般都在 25 ℃左右进行酶解。

以叶片为例。取刚展开的幼嫩叶片，用 2%次氯酸钠和 70%乙醇进行表面灭菌，然后切成 2 cm^2。把幼叶切块置于含有 200 mL 不加蔗糖和琼脂的培养基的三角瓶（500 mL）中。在 4 ℃黑暗条件下培养 16～24 h，之后，叶片转入含有纤维素酶、果胶酶、无机盐和缓冲液的混合液中，pH 为 5.6，酶溶液中添加渗透压稳定剂为 0.55～0.60 mol/L 的甘露醇。然后，抽真空，使酶溶液渗入叶片组织。在 28 ℃条件下，40 r/min 的旋转式转床上培养 4 h 后，叶片组织可完全分离（图 8.3）。若用悬浮培养细胞，可不经过果胶酶处理，因为悬浮细胞液主要由单细胞和小细胞团组成。取悬浮细胞放入 10 mL 的酶液中（3%纤维素酶，14%蔗糖，pH5.0~6.0），在 25～33 ℃条件下酶解 24 h。原生质体–酶混合液用 30 μm 的尼龙网过滤，通过低速离心收集原生质体。

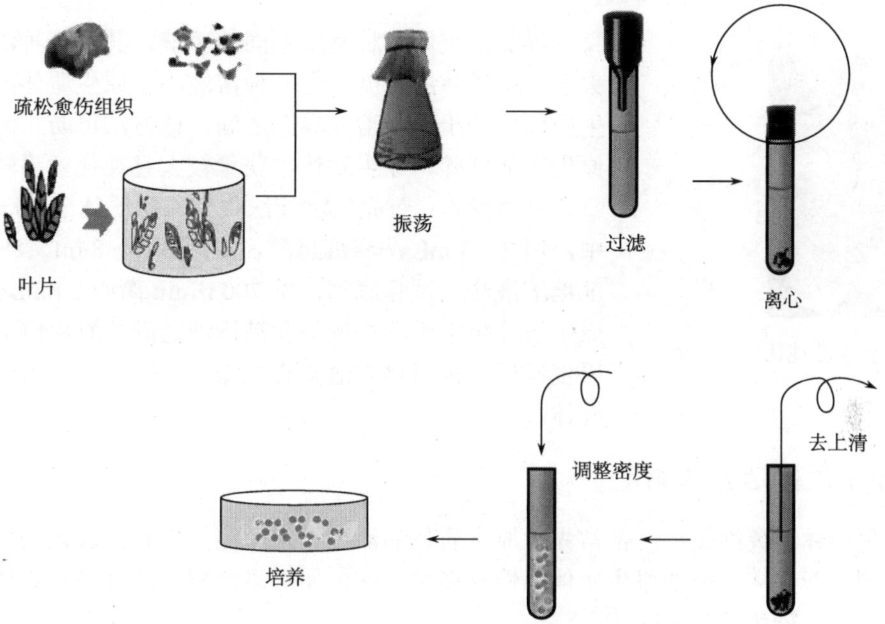

图 8.3　原生质体一步酶解和沉淀纯化游离流程

8.1.2　原生质体的纯化

经酶解处理后得到一个由原生质体、亚细胞碎片、维管束成分、未解离细胞和破碎的原生质体等组成的混合液，这些混杂物的存在会对原生质体产生不良影响，需要进一步纯化。此外，还需去掉酶溶液。常用的原生质体纯化方法有以下几种。

8.1.2.1　离心沉淀法

离心沉淀法是利用比重原理，在具有一定渗透压的溶液中，先行过滤再低速离心，使原生质体沉淀于试管底部。该方法比较简单，但由于原生质体沉淀在一起相互挤压，易引起原生质体破碎。

经酶溶液处理的原生质体悬浮液用 300 目网筛过滤后，滤液经 500～1000 r/min 离心 5～6 min，吸去上清液，用一般洗涤液（如一定浓度的甘露醇）或专用洗涤液（0.4 mol/L 甘露醇，10 mmol/L $CaCl_2·2H_2O$，0.7 mmol/L KH_2PO_4，pH5.6）重新悬浮离心，如此重复 2～3 次。最后收集沉积于试管底部的原生质体（图 8.3）。

8.1.2.2　漂浮法

漂浮法则应用渗透剂含量较高的高渗溶液使原生质体漂浮于液面。该方法能够获得比较纯净的原生质体。由于存在高渗溶液对原生质体的破坏作用，仅能获得少量完好的原生质体。

具体操作：首先离心沉淀收集原生质体，然后将沉淀用洗涤液（3%蔗糖、0.4 mol/L 甘露醇，10 mmol/L $CaCl_2 \cdot 2H_2O$）或用 11%～23%蔗糖液洗涤离心（400～800 r/min，3～10 min）2～3 次，收集漂浮在溶液表面的原生质体，最后用培养液洗涤一次。

8.1.2.3　界面法

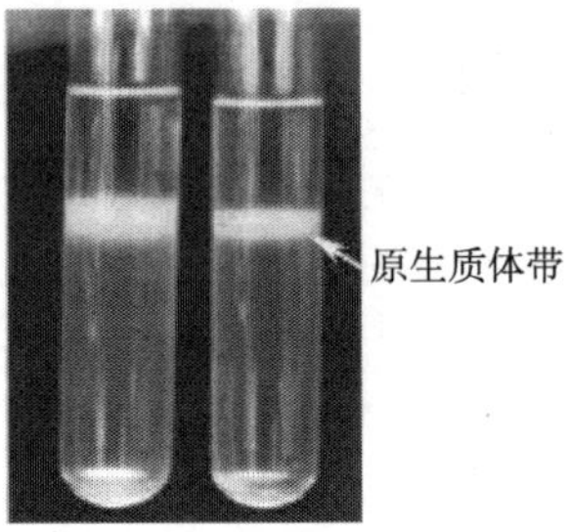

图 8.4　界面法纯化原生质体

界面法采用两种密度不同的溶液，其中一种溶液的密度大于原生质体的密度，另一种溶液小于原生质体的密度，原生质体即处于两种溶液界面之间。该方法可防止因挤压引起原生质体破碎，原生质体收获量较大且纯化效果较好。

具体操作：首先依沉淀法收集原生质体于 10 mL 离心管中，用 2～3 mL 洗涤液悬浮，然后取 7～8 mL 18%～23%的蔗糖溶液注入试管底部，以 700 r/min 离心 2 min，此时大量原生质体集中于洗涤液与蔗糖溶液之间（图 8.4），轻轻吸取原生质体，再用培养液离心洗涤一次，即可获得纯净的原生质体。

8.1.3　原生质体活力的测定

在原生质体游离纯化后，常常先对原生质体的活性进行检测并调整好起始密度后才能进行培养。测定新分离出来的原生质体活性有多种方法，如形态观察、活性染料染色、二乙酸荧光素（FDA）染色等。

8.1.3.1　形态识别

形态识别即是在显微镜下，通过观察原生质体的形态判断原生质体的活性。形态上完整、细胞质浓厚、颜色新鲜透亮的原生质体有活力（图 8.5）。若将形态上正常的原生质体放入低渗洗液或培养基中，可见到分离时缩小的原生质体又恢复原态。一般正常膨大的原生质体都是有活力的原生质体；而活力低或无活力的原生质体颜色发暗或呈土黄色。

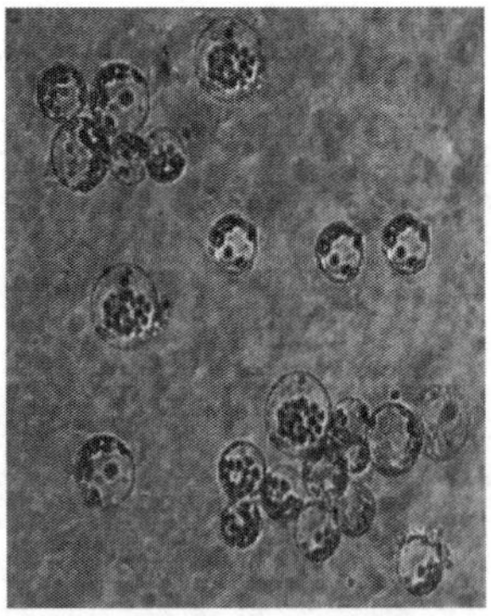
图 8.5　高活力的叶肉原生质体

8.1.3.2　染色法

用于原生质体活力鉴定的染料常用的有酚藏花红、伊凡蓝（Evan's blue）和二乙酸荧光素（FDA）。下面介绍这几种染料的染色方法。

（1）酚藏花红染色法。酚藏花红配制浓度为 0.1%，能使无活力的原生质体染成红色，有活力的原生质体不着色。

（2）伊凡蓝染色法。伊凡蓝配制浓度为 0.025%，有活力但受损伤的细胞和死细胞能摄取这种染料，活细胞不能摄取。

（3）二乙酸荧光素（FDA）活体染色法。又叫荧光显微观察法。FDA 本身无荧光、无极性，可透过完整的原生质体膜。用 FDA 对原生质体进行染色，染料可自由透过原生质体质膜进入内部，进入后由于受到原生质体内酯酶的分解，而产生有荧光的极性物质荧光素，它不能自由出入质膜，并在膜内堆积。在荧光显微镜下可根据产生的荧光，判断原生质体的活力。FDA 染色测活性的方法如下：取洗涤过的原生质体悬浮液 0.5 mL，置于 10 mm×100 mm 的小试管中，加入 FDA 溶液使其最终浓度为 0.01%，混匀、置于室温 5 min 后用荧光显微镜观察。激发光滤光片用 QB24，压制滤光片用 JB8。发绿色荧光的原生质体为有活力的，不产生荧光的为无活力的。由于叶绿素的关系，叶肉原生质发黄绿色荧光的为有活力的，发红色荧光的为无活力的。

8.1.3.3　其他

原生质体还可以用氧电极测定呼吸或测定原生质体的光合活性（绿色细胞）等方法来确定其生活力。但是，真正确定原生质体的活力还是要看原生质体能否进行持续有丝分裂并再生植株。

8.1.4　影响原生质体产量和活力的因素

虽然已有许多植物原生质体分离取得成功，但并不是在任何情况下均能得到大量活力好、质量高的原生质体。原生质体分离受到较多因素的影响，包括供试材料的基因型和外植体，酶的种类、浓度与酶解时间，渗透压稳定剂，质膜稳定剂，酶解方式等。

8.1.4.1　基因型和外植体

原生质体的产量很大程度上取决于基因型和外植体。基因型对原生质体分离好坏与否具有较大的影响，这方面的研究在甘蔗、香蕉等作物中均有报道。Assani 等（2002）分离 7 个基因型的原生质体，只有 2 个基因型原生质体分离效果较好。Cao 等（1996）分离皇家嘎啦、新乔纳金和短枝富士 3 个品种的原生质体，尽管所分离的原生质体活力相同，但在产量上却表现出显著的差异，皇家嘎啦的产量最高，其次分别为新乔纳金和短枝富士。

外植体影响原生质体分离表现为多方面，如外植体来源、外植体生理状态等。取自同一植物的不同组织或器官，其原生质体产量不尽相同。在山桃原生质体游离时发现，从悬浮培养物中游离得到的原生质体的产量和活力显著高于从无菌苗叶片和种胚愈伤组织中游离得到的原生质体的产量和活力。植物及器官、组织的年龄不同，其生理状态也不相同。对于多数植物来说，苗龄与原生质体的产量和活力有很大关系。研究表明，小麦幼苗分离原生质体时，生长 5 d 的幼苗比生长 4 d 和 6 d 的幼苗容易分离原生质体；决明子叶与下胚轴分离原生质体时，14～15 d 的决明子无菌苗的子叶和下胚轴可作为游离原生质体的最佳材料。不同叶龄的叶肉细胞原生质体产量也有较大差异，在花生和草木樨状黄芪叶片原生质体游离时发现，刚刚完全平展开的幼叶是游离叶肉原生质体的最佳材料。悬浮细胞和愈伤组织的继代时间对原生质体的产量和活力有很大影响。多数植物愈伤组织和悬浮细胞系在继代 8～15 d 细胞处于旺盛分裂期，原生质体的产量和活力最好。而马铃薯悬浮细胞游离原生质体时，从继代 3 d 的悬浮细胞中获得了的产量高、活力达 90%的原生质体。

8.1.4.2　预处理

采用某些手段对外植体进行预处理会影响到原生质体的得率。如有些植物叶片游离原生质体时，撕掉表皮细胞，并进行抽真空处理，细胞与酶液充分接触，才能获得高产量的原生质体。如 8.1.1.2 所述，有些原生质体供体材料需要黑暗、低温、质壁分离等预处理有利于获得高产量高活力的原生质体。林俊芳等（1996）用 PEG 处理甘蔗胚性愈伤组织可以成倍地提高分离原生质体的产量。

8.1.4.3　酶解条件

许多研究表明，酶溶液成分、浓度和 pH 等均能影响原生质体的分离。

1）酶溶液组成及浓度

酶的种类和浓度的选择应根据植物材料的来源而定。一般来说幼嫩的叶片、下胚轴等器官为材料游离原生质体时，去壁相对容易，应选用较少的酶种类，如只添加纤维素酶和果胶酶，而愈伤组织和悬浮细胞分离原生质体时，往往还要添加半纤维素酶。对于酶溶液浓度，通常情况下，酶溶液浓度越高，分离效果越好，但高浓度的酶溶液对于分离出的原生质体具有一定的毒害作用，影响其活力；酶溶液浓度不高，但酶解时间过长也会影响到原生质体的活力。因此，在酶解时应尽量避免高酶溶液浓度与短时间酶解或低酶溶液浓度与长时间酶解。

2）酶解时间

原生质体酶解时应根据酶解液的组成和浓度选择合适的酶解时间。在同一酶解条件下，酶解时间越长，原生质体的产量越高，但原生质体的活力可能下降。应尽量降低酶对原生质体的毒害作用，短时间酶解，获取大量有活力的原生质体。草木樨状黄芪 A_4 转化系再生植株叶片游离原生质体时发现，4 h 游离的原生质体产量较高、活力最强；延长酶解时间，产量虽然有所增加，但活力开始下降。草莓花药愈伤组织原生质体游离时，在同一酶解条件下，发现酶解 13 h 效果最好。猕猴桃愈伤组织游离原生质体时也发现以 8～10 h 为宜，获得的原生质体不仅产量高，而且活力强；酶解 10 h 以后，再延长酶解时间，原生质体产量不再增加，且酶解液中碎片不断增多。

3）酶解方式

一般在游离植物原生质体时，采用在摇床上振荡酶解有利于原生质体的释放。进行野大麦原生质体游离时以 80 r/min 摇床上酶解，随着振荡时间的延长，原生质体得率不断提高，振荡酶解 4 h 时得率达最高，为 $8×10^6$ 个/g；而在静止条件下酶解 4 h 时，其原生质体得率为 $3.4×10^5$ 个/g，仅为振荡酶解 4 h 时的 1/24；在振荡酶解 2 h 后，再静止酶解 2 h，其得率为 $7.1×10^5$ 个/g，为振荡酶解 4 h 时的 1/11。在其他的植物原生质体游离时，也发现振荡酶解有利于原生质体的释放。原因可能是低速振荡增加了酶解液与进行酶解材料的接触，同时还增加了氧气的供应，对原生质体的释放有利。但振荡速度不宜超过 100 r/min，否则原生质体会破碎。

4）酶解渗透压

在游离原生质体时必须注意反应液的渗透压调节，否则游离的原生质体会胀裂。渗透压的调节一般是通过在酶解液中加入渗透剂。不同植物材料游离原生质体时所用的渗透压稳定剂种类和浓度不尽相同。不同种类的渗透压稳定剂对游离同种植物的原生质体产生不同的效果。在枇杷原生质体游离时发现，甘露醇优于山梨醇。苹果无菌苗幼叶原生质体游离时要求酶液甘露醇浓度为 0.7 mol/L。哈密瓜子叶原生质体游离时则要求 0.4 mol/L 甘露醇的渗透压条件。取同一植物不同部位作为供体，渗透压稳定剂浓度仍不相同。Diaz 利用辣椒无菌芽游离原生质体时，适宜渗透压为 0.7 mol/L 甘露醇；而何晓明等进行辣椒子叶原生质体游离时，要求的渗透压为 0.5 mol/L 甘露醇。

5）酶溶液附加成分与 pH 等其他因素

原生质体酶解过程中，还应注意酶液附加成分、pH、酶解温度等对原生质体游离的影响。

有研究表明，添加较高浓度的 Ca^{2+}有利于原生质体分离；加入抗氧化剂（如聚乙烯吡咯烷酮，PVP）对原生质体的分离具有较为明显的促进效果，并且原生质体的活力也得到了增强。

分离原生质体时，酶液的 pH 是值得注意的问题。因为降解酶的活力和细胞活力最适 pH 是不一致的。如制备菜豆叶片原生质体时发现：低 pH（<4.5），酶的活力强，原生质体分离速度快，但细胞活力差，被破坏的细胞较多；而 pH 偏高（7.0），酶活力差，原生质体分离速度慢，完整的原生质体数目较多。娄和林等（1990）研究 8 种不同 pH 的酶液对樱草原生质体分离的影响，结果发现 pH 为 5.6 的酶溶液效果最好。Zieg 和 Outka（1980）比较了一步酶解法、两步酶解法和混合酶解法分离大豆原生质体的效果，以两步酶解法分离效果最好。但现在更多倾向于采用一步法，可以减少污染。

8.1.4.4　分离条件

制备原生质体时，离心次数、离心速度、纯化方法和分离持续时间决定了原生质体的损失率的高低及对原生质体活力的影响。

8.1.4.5　光照与温度

制备原生质体时，在细胞中加入酶液、渗透压稳定剂、质膜稳定剂后，还需在一定时间内保持一定的温度，原生质体方能释放。脱壁的原生质体对光非常敏感，分离原生质体一般是在黑暗条件下进行的。在 28 ℃条件下，40 r/min 的旋转式转床上暗培养 4 h 后，去掉下表皮的叶片组织可完全分离。悬浮细胞需在 25～33 ℃条件下酶解 24 h。

8.2　原生质体的培养

获得有活力的原生质体后，应用合适的方法，在适当的培养条件下，可使原生质体再生出新的细胞壁，接着细胞进行持续分裂形成细胞团，并培养形成愈伤组织或胚状体、分化或发育成苗，最后形成完整的再生植株。

8.2.1　培养基

原生质体培养基的基本成分通常与愈伤组织和悬浮培养细胞所需要的营养成分相似。

8.2.1.1　无机盐营养成分

一般认为原生质体培养基中的大量元素通常比植物组织培养基中的低，尤其是铁、锌和氨盐浓度。由于钙离子有利于保持细胞膜的完整性，所以原生质体培养基中钙离子浓度比细胞培养基中的高 2～4 倍。NO_3^- 和 NH_4^+ 的比例也会影响到原生质体的分裂，高浓度 NH_4^+ 对原生质体有毒害作用，用有机氮（如谷氨酰胺等）代替 NH_4^+ 中的无机氮，在许多实验中都取得了良好的结果。现有的培养基中 MS 培养基和 B_5 培养基无机盐成分进行修改后，大都适合于原生质体培养。

8.2.1.2　有机营养成分

通常含有丰富有机物质的培养基有利于细胞分裂，如高国楠等（Kao et al. 1975）提出的 KM8P 培养基，含有丰富的维生素、氨基酸、糖及糖醇等，在许多研究中都取得了良好的结果。但该培养基中有机成分过于复杂，我国植物遗传学家、植物生物技术专家李向辉（1982）建立一种能广泛适用的D2a植物原生质体培养基，适用于茄科、玄参科、豆科、藜科等植物。当再生细胞形成细胞系后进入旺盛分裂时，除去葡萄糖并及时补充蔗糖，即形成D2b培养基，适合多数植物的原生质体培养。在培养基中添加天然有机物质如椰汁、酵母提取物和水解酪蛋白等对原生质体的生长有利。除了KM8P和D2培养基外，用于原生质体培养的还有DPD培养基。

8.2.1.3　植物激素

不同种植物的原生质体培养对激素的要求不同，甚至同种植物不同细胞系来源的原生质体培养对激素的要求也不尽相同，这主要是由于细胞本身内源激素的合成能力不尽相同造成的。原生质体培养中，植物生长激素，尤其是生长素和细胞分裂素总是必不可少的。其中，2,4-D被认为是细胞分裂所必需的，但根据Uchimiya和Murashige（1976）报道，对于烟草悬浮细胞原生质体培养来说，NAA效果比2,4-D和IAA更好。在细胞分裂素中最常用的是BAP、激动素和异戊烯基腺嘌呤（2iP）。活跃生长的培养细胞分离的原生质体一般要求较高的生长素和细胞分裂素配比才能进行分裂，但由高度分化的细胞如叶肉细胞等得到的原生质体，常常需要较低的生长素和细胞分裂素配比才能进行脱分化。另外原生质体培养时，不仅要考虑激素对分裂频率的影响，还要考虑激素对培养后期分化的影响，所以生长素和细胞分裂素要有一个适合的配比并及时加以调整。例如，2,4-D对原生质体的分裂有促进作用，但对分化却有抑制作用，应在小愈伤组织形成后及时调整激素的种类与浓度。

8.2.1.4　渗透压调节剂

原生质体培养时，在还没有生长出坚韧的细胞壁之前，像在酶溶液中一样，需要有一定浓度的渗透压稳定剂来保持原生质体的稳定。培养基中的渗透压一般是以500～600 mmol/L甘露醇或山梨醇调节的。除此之外常用的渗透压稳定剂还有蔗糖、葡萄糖、木糖醇和麦芽糖等，其中糖类同时又是培养基中的碳源。近年来有报道表明，葡萄糖作为原生质体培养基的渗透压稳定剂，有利于细胞分裂和细胞团的形成。糖醇类不能作为碳源被利用，但可以作为渗透压稳定剂和糖类混合使用。不同植物的原生质体对渗透压稳定剂的要求不同。例如，雀麦草原生质体培养中，纯蔗糖的培养效果要比葡萄糖或甘露醇好；而对于禾谷类植物原生质体来说，蔗糖和葡萄糖不能取代甘露醇或山梨醇用作培养基中的渗透压稳定剂。

培养开始后7～10 d，大部分有活力的原生质体已经再生了细胞壁并开始细胞分裂，此后定期添加培养基时，只需添加不含渗透压稳定剂或渗透压稳定剂很低的新鲜培养基，从而使培养基中的渗透压逐渐降下来，才有利于原生质体的进一步分裂。

8.2.2　培养方法

8.2.2.1　液体培养法

液体培养法（liquid culture）是指培养基中不加凝胶剂，使原生质体悬浮在液体中进行培养的方法。原生质体液体培养常用的是液体浅层培养法（liquid thin layer culture）。液体浅层培养法是将原生质体悬浮在液体培养基中，取少许于培养皿底部形成很薄的一层，封口进行培养的方法。这种方法的优点在于原生质体在液体环境中有较强的吸收营养物质的能力，表现出较强的细胞分裂能力；操作简便，对原生质体伤害较小，且便于添加新鲜培养基和转移培养物，是目前原生质体培养工作中广泛应用的方法之一。其缺点是原生质体在培养基中分布不均匀，容易造成局部密度过高或原生质互相粘连而影响进一步的生长和发育；并且难以定点观察，很难监视单个原生质体的发育过程。

液滴培养是由液体培养法发展起来培养方法，即取少许（如 0.1 mL）置于培养皿中，每个培养皿放 5～7 滴（悬滴培养与此类似，只是将培养皿翻转过来的一种培养方法）。此法有利于对原生质体的生长和发育过程中进行观察；但原生质体容易集聚于液滴的中央，并且培养基容易蒸发，不利于原生质体的生长。

微滴培养法是另一种较为精细的液体培养方式。其做法是将悬浮有原生质体的培养液用滴管以 0.1 mL 左右的液滴接种在无菌且清洁干燥的培养皿中，由于表面张力的作用，液滴以半球形保持在培养皿表面，然后用 Paratilm 封口，防止干燥和污染。如果把培养皿翻转过来，则成为悬滴培养。由于液滴的体积小，在一个培养皿中可以做很多种培养基的对照实验。如果其中一滴或几滴发生污染，也不会殃及整个实验。同时也容易添加新鲜培养基。其缺点也是原生质体分布不均匀，容易集中在液滴中央。此外由于液滴与空气接触面大，液体容易蒸发，造成培养基成分浓度的提高。解决蒸发问题最简单的办法就是在液滴上覆盖矿物油。

有些研究工作需要进行单个原生质体培养，如选择出特定的原生质体和经融合处理后数量很少的融合体等。已有实验证实，单个原生质体单独培养的关键在于培养基原体积要特别小。如油菜单个原生质体需培养在 5 μL 的培养基中，这种比例相当于每毫升培养基有 2×10^4 个原生质体，在这种条件下，原生质体的再生细胞可以持续分裂直到形成愈伤组织。这样小体积的微滴是极易蒸发的，为此，Koopt 设计了一个特殊的装置：首先，在一个长度为 3350 μm，并绝对洁净的盖玻片上滴 50 滴 2.0 mol/L 蔗糖液滴，每滴 1 μL，分布成 10 行，每行的距离为 3.4 μm。然后把盖玻片在硅溶液中浸一下，使得蔗糖液滴占领的圆点外的全部盖玻片被硅化。硅化的目的是防止以后的矿物油滴相互连通。硅化后，用水小心地把蔗糖液滴洗去，然后使盖玻片干燥并灭菌。在原来蔗糖液滴占领的圆点区域加上 1 μL 的矿物油滴，再把已悬浮有原生质体的培养液用注射器注到矿物油滴中。这样制备好的盖玻片放到一个双环培养皿中，培养皿的外环加满 0.2 mol/L 的甘露醇溶液，最后封口。由于有矿物油并且盖玻片相当于保持在一个湿润的小室中，保证了微小培养基不会蒸发，从而可以达到单个原生质体培养的目的。

8.2.2.2　固体平板培养法

固体平板培养法（solid plate culture）又叫琼脂糖平板法（agarose plate culture），指将原生质体悬浮于一定液体培养基并调整密度后，与等体积的处于 45 ℃的琼脂或低熔点琼脂糖（LMT agarose）培养基混合，在培养皿底部形成一薄层，凝固后封口培养的方法。该方法的优点是使原生质体处于固定位置，避免了原生质体的漂浮游动，有利于对单个原生质体的细胞壁再生及细胞团形成的全过程进行定点观察。缺点是培养基温度对薄层质量和原生质体分布有一定影响；另外，固体中单细胞生活能力弱，通气状况不良，第一次细胞分裂时间会推迟 2d 左右。

8.2.2.3　双层培养法

双层培养法又分为液-固双层培养（solid over liquid culture）和固-固双层培养（solid over solid culture）。将一定浓度原生质体悬浮液涂布在固体琼脂培养基表面的培养方法为液-固双层培养法。这是液体培养与固体培养的结合，优点是既利于原生质体的生长，又利于固体培养基中的营养物质可以缓慢释放到液体培养基中，如果在下层固体培养基中添加一定量的活性炭，则还可能吸附培养物产生的一些有害物质，促进原生质体的分裂和细胞团的形成。缺点同液体浅层培养，不易观察细胞的发育过程。固-固双层培养法是指在培养皿的底部铺一层琼脂糖固体培养基，再将等体积的琼脂与一定浓度的原生质体悬浮液混合，涂布在固体琼脂培养基表面的方法。该培养法的优点是下层固体培养基中的营养物质可以逐渐向上层释放，而被原生质体利用。其缺点是原生质体较易缺氧，且固体培养基不利于原生质体的分裂增殖。

8.2.2.4　琼脂糖珠培养法

琼脂糖珠培养法（agarose embedding culture）是用适温的琼脂糖液与提纯的原生质体液混合均匀，然后将 0.5 mL 左右的液滴滴入培养液中，待形成琼脂糖珠后，再震荡培养的一种方法。培养过程中，通过调整液体培养基的渗透压来调节培养物的渗透压以利于其进一步的生长和发育。这种方法由于改善了培养物的通气和营养环境，从而促进了原生质体的分裂和细胞团的形成。

8.2.2.5　饲喂层培养

植物原生质体对培养密度较为敏感，如果低于 10^4 个/mL 可能不分裂。为了解决低密度培养的问题，一些学者在双层培养的基础上发展起来饲喂层培养和看护培养。饲喂层培养（feeder layer culture）是将射线照射处理不能分裂的同种或不同种原生质体用培养基包埋制作成平板，此平板即“饲喂层”，待培养的原生质体在液体层中培养。这种方法培养的原生质体密度可以比正常的密度低。看护培养也称共培养，是将生活力正常的待培养原生质体与其同种或不同种的射线杀死原生质体共同培养，以提高其培养效率的一种方法。主要用于低密度原生质体培养、原生质体培养难以再生的植物。研究表明，这两种方法可以提高原生质体培养的植板率(即形成愈伤组织的原生质体数量占所培养原生质体总数的百分比)，其可能的机制是饲喂层细胞或看护细胞为待培养原生质体提供了促进生长的物质，或是吸收了待培养原生质体释放的有毒物质，减轻对它的影响。

8.2.3　培养条件

1）湿度

湿度是培养的关键因子。因为培养基的用量很少，水分稍微蒸发就会引起渗透压提高，原生质体就受影响。因此培养皿必须严密封住，并放在能保持湿度的容器内。

2）温度和光照

各种植物原生质体要求不同的最适温度，一般可在 25 ℃上下。在光照方面，多数原生质体适合在暗淡的散射光下或黑暗中生长。

3）植板密度

原生质体培养要求有较高的密度，具体密度因植物材料、物种及基因型不同而异。一般培养密度是 10^4～10^5 个/mL，太密太疏都不好。例如，大豆子叶原生质体培养最适密度是 1×10^5 个/mL 左右，当密度达到 5×10^5 个/mL 时，原生质体分裂明显受抑制，逐渐破碎解体；但密度较低时（0.5×10^5 个/mL），不利于快速得到愈伤组织。

4）新鲜培养基的添加

原生质体培养了一段时间后，要添加新鲜培养基，并且逐步用较低渗透压的细胞培养基代替，以便适应新细胞团或愈伤组织的生长。

8.2.4　原生质体再生植株的过程

原生质体再生过程是指原生质体在适当的培养方法和良好的培养条件下，先形成新的细胞壁，然后再生细胞持续分裂形成细胞团，最后经愈伤组织通过器官发生途径或胚状体发生途径获得再生植株的过程（图 8.6）。

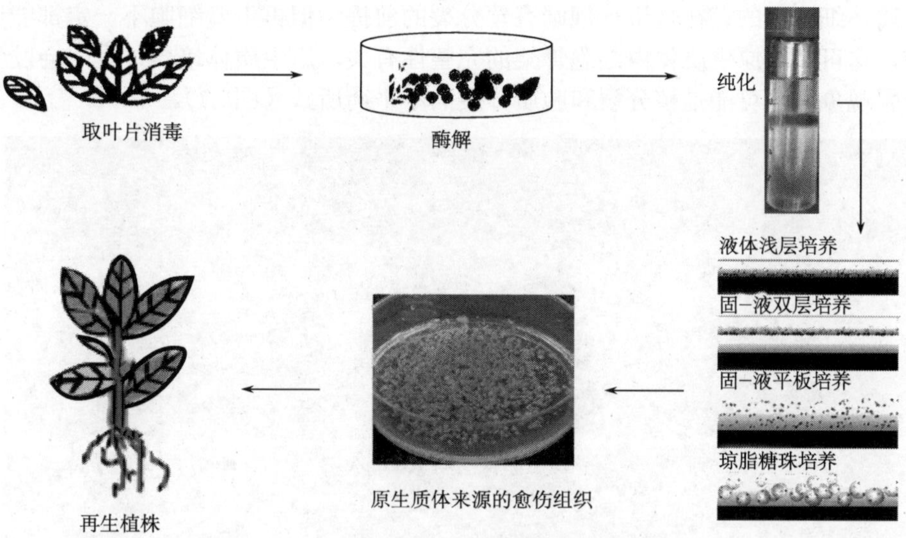

图 8.6　原生质体游离、培养及再生植株流程

8.2.4.1　细胞壁再生

具有活力的原生质体都具有再生细胞壁和分裂的潜在能力，而细胞壁的再生是细胞分裂的先决条件。原生质体培养经过一段时间会再生出细胞壁，原生质体在培养初期仍然为圆球形，随着培养时间的延长，逐渐变为椭圆形。原生质体失去特有的球形外观的变化被视为再生新壁的象征。不同植物原生质体培养再生细胞壁所需时间不同，从几小时到几天。多数的原生质体经培养数小时后开始再生细胞壁，两天至数天细胞壁再生完成。鉴别细胞壁再生的方法有卡氏白染色（荧光增白剂，calcofluor white，CFW）或电镜观察法证明细胞壁的再生。卡氏白能与细胞壁物质 β-葡萄糖苷键结合，发出荧光，因此可在荧光显微镜下观察细胞壁的合成情况。电镜观察法发现新形成的细胞壁是排列松散的微纤丝组成的，微纤丝的合成发生在质膜的表面。原生质体培养数小时后，新壁开始形成，先是质膜合成形成细胞壁主要成分的微纤丝，然后转移到质膜表面进行聚合作用，产生片层的结构，以后在质膜与片层之间或在膜上产生纤维丝，逐渐形成不定向的纤维团，最后形成完整的细胞壁。再生完整细胞壁的原生质体进一步进行正常的细胞有丝分裂，而细胞壁发育不全的原生质体常会出现芽或体积增大。关于特定细胞器是否参与细胞壁的合成目前没有一致的看法，但有人指出内质网与细胞壁物质的合成有关，高尔基体没有参与细胞壁的合成。活跃生长的悬浮细胞原生质体中微

纤丝的沉积比叶肉细胞原生质体快得多。例如，蚕豆培养细胞原生质体 10～20 min 中就开始了细胞壁的合成；但是叶肉原生质体要到 8～12 h 才开始合成细胞壁。

8.2.4.2　细胞分裂与生长

一般原生质体培养 2～7 d 后，开始第一次分裂，但开始第一次分裂的时间随植物的种类（在黑麦中需要 14 d）、分离原生质体的材料、原生质体的质量、培养基的成分和培养条件而异。用幼苗的下胚轴和子叶、幼根、悬浮培养的细胞、未成熟种子的子叶等为材料分离的原生质体，一般比用叶肉分离的原生质体容易诱导分裂，第一次分裂出现的时间较快。

原生质体细胞壁的存在是进行规则有丝分裂的前提，但再生壁细胞不一定都能进行细胞有丝分裂，这可能与原生质体内细胞骨架的完整性有关。原生质体培养过程中会发生不正常的有丝分裂现象，这可能是核分裂和胞质分裂的不平衡所致（图8.7）。

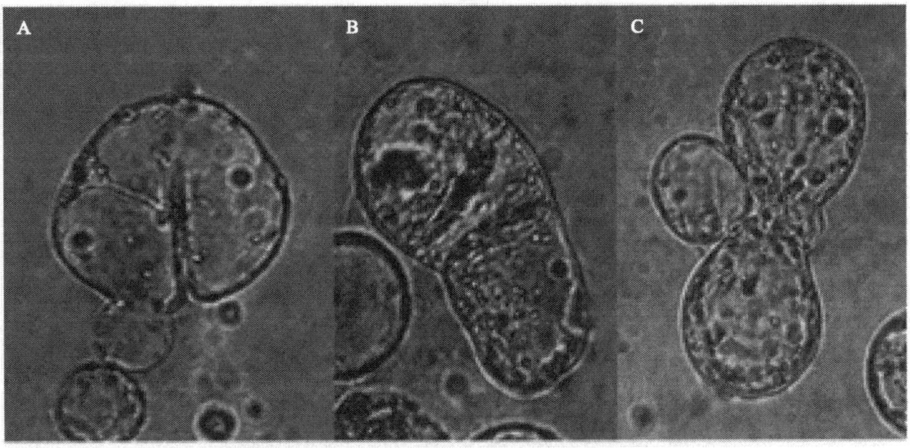

图 8.7　霸王原生质体的特殊分裂方式（张改娜等 2009）

A. 霸王原生质体的横裂与芽裂(×280)；B. 霸王原生质体的不对称分裂(×300)；
C. 在第一次分裂的两个细胞相邻细胞壁间的芽裂（×300)

8.2.4.3　愈伤组织形成与分化

大多数情况下，原生质体培养 2 周后，形成多细胞的细胞团；3 周后形成肉眼可见的小细胞克隆；大约 6 周后形成直径为 2 mm 的小愈伤组织。原生质体培养 7～10 d 后必须及时添加新鲜培养基，否则形成的细胞团不继续生长。待小愈伤组织长至 1 mm 左右时应及时转移到固体培养基上进一步生长。

原生质体的**植板率**（**plating efficiency**）即形成愈伤组织的原生质体数量占所培养原生质体总数的百分比。它受原生质体培养方式、植板密度、光照和培养温度等物理因素的影响。如果原生质体的植板密度过低，原生质体细胞间不能建立联系；或植板密度过高，原生质体间相互竞争营养，均会影响原生质体的分裂，进一步影响植板率。一般原生质体的培养密度为 5×10^3～5×10^5 个/mL。因脱壁细胞对光照敏感，一般原生质体首先在暗处培养 1 周利于壁的形成和细胞再生，然后移到光照条件下培养。照光的早晚、每天时间和光照强度及培养温度等直接影响着植板率。原生质体培养温度通常 22～25 ℃。

除了上述物理因素外，原生质体材料来源的基因型、外植体、培养基和渗透压等也是影响原生质体植板率的重要因素。基因型与原生质体培养及形态分化有一定的关系，同一植物不同基因型的原生质体脱分化与再分化所要求的条件不一样，造成不同品种在相同条件下的再生能力也不同。分离原生质体所用外植体的生理状态与原生质体的质量和其后的分裂频率有着密切的关系。如在小麦原生质体培养中，3～6 月龄的悬浮细胞系分离的原生质体分裂率比 1 月龄的原生质体分裂率高。

即使来源于同一种基因型的原生质体，在不同培养基中的再生能力也不一样。许智宏等（1982，1984）发现在形成细胞团的数量上，KM5P 和 KM5 都不如 B5P 培养基，但对细胞的持续分裂来说，KM5P 和 KM5 又优于 B5P 培养基。培养基中的附加物质也会影响到原生质体培养效果，如培养基中的激素、无机盐组成、氨基酸、有机酸等。已经证实有机酸（丙酮酸、苹果酸、柠檬酸、延胡索酸）可以提高烟草原生质体的植板率。一些研究证明多胺类物质对原生质体发育有影响，培养基中添加腐胺、精胺、亚精胺及精氨酸可以促进巴旦杏原生质体发生分裂。生长素的使用量一定要小心确定，因为它很易使液泡长大或增加新液泡，从而使细胞破裂。

另外，培养的原生质体随发育进程需要不断降低渗透压，以促进细胞分裂。有些植物的原生质体培养基中，以蔗糖和果糖作碳源和渗透压稳定剂时，细胞不能持续分裂；而用葡萄糖时，原生质体能持续分裂并形成细胞团。现在一般是将蔗糖或葡萄糖与甘露醇结合作为稳定剂，一旦糖被降解，培养基渗透压降低，有利于细胞分裂。

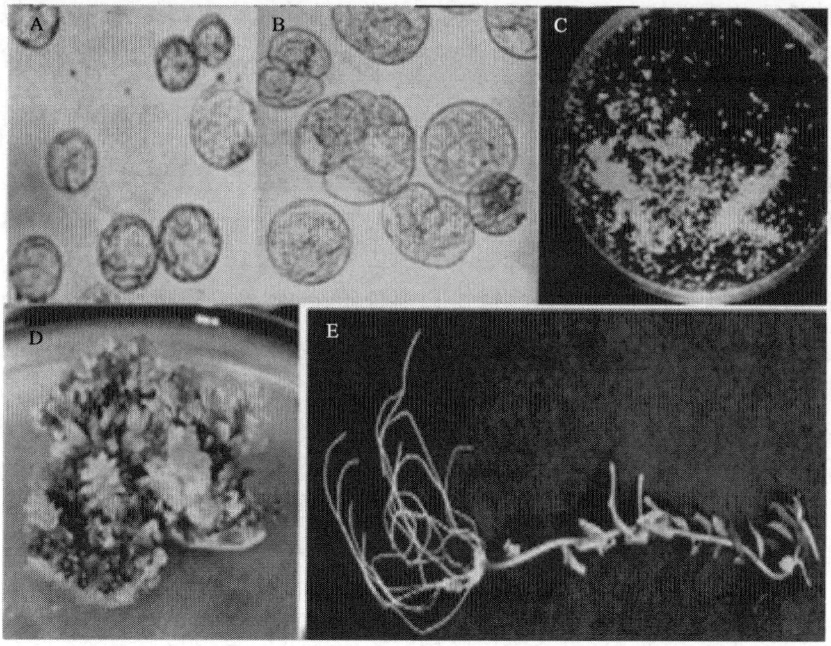

图 8.8　原生质体形成的愈伤组织及再生植株（Barakat 1983）

A. 亚麻根来源的原生质体；B. 亚麻原生质体来源的细胞克隆； C. 原生质体来源的微愈伤组织；D. 原生质体来源的愈伤组织分化的不定芽； E. 原生质体来源的完整植株

8.2.4.4 植株再生

原生质体培养形成的愈伤组织可直接转移到分化培养基中，可形成不定芽和不定根或形成胚状体结构后一步发育成植株。分化培养基与原生质体培养基的区别在于：不加渗透压稳定剂，只加蔗糖作为碳源；提高细胞分裂素的浓度，降低生长素浓度。然而越来越多实验证明，先将愈伤组织培养于含低浓度生长素培养基上，让其增殖和调整状态，再将其转移到分化培养基上分化成苗，更适合大多数植物的原生质体再生植株（图 8.8），这种方法又称两步成苗法。

8.3 原生质体融合

原生质体融合（protoplast fusion）即细胞融合（cell fusion），也叫做体细胞杂交（cell hybridization），是将分离出来的不同亲本的原生质体，通过一定的诱导技术使质膜接触，从而发生膜融合、胞质融合和核融合形成杂种细胞，并进一步发育成杂种植株的技术。为了与有性杂交区别开来，原生质体融合常写作“a (+) b”，其中 a 和 b 是 2 个融合的亲本，（+）表示体细胞杂交。

由于原生质体无细胞壁，所以易于用原生质体进行离体的细胞融合。原生质体融合在育种上有重要意义。第一，可以克服有性杂交不亲和和生殖障碍。例如，原生质体融合可作为无性或不育植株遗传重组的工具。在不能进行有性生殖的植物中，体细胞融合似乎是 2 个不同亲本基因组重组的唯一途径。1988 年，Fish 等就报道了来源于双单倍体的马铃薯无性系原生质体与野生马铃薯（*Solanum brevidens*）原生质体融合，获得了具有实际育种价值的杂种。如植物育种计划中，由于杂交不亲和的障碍，种间或属间水平上的有性杂交常不能获得杂种。理论上说细胞融合过程不存在种间、属间，以至界间水平上的不亲和障碍，为远缘物种间的遗传物质交换提供有效途径。第二，可转移有利的农艺性状，创造新的种质材料。作物栽培品种常缺乏某些抗性性状，在栽培中处于不利地位，而野生种中具有很多优良的抗性，通过体细胞杂交可以将野生种的有益抗性转移进栽培种中。第三，可以转移胞质基因，为研究体细胞遗传提供途径和材料。现有研究显示，植物的细胞质控制着很多优良的性状，如线粒体控制胞质雄性不育，叶绿体控制着抗除草剂特性等。由于有性杂交的胞质成分主要为母系遗传，不可能实现杂交亲本的胞质杂交，但体细胞杂交可以达到此目的。例如，在农业生物工程中直接应用细胞质杂交，将细胞质雄性不育基因、及胞质基因编码的如光合效率、低温或高温耐受度和抗病或抗除草剂等许多重要性状，从一种植物转移到另一种植物中去。体细胞杂种含有来自双亲的核外遗传系统，在分裂和增殖过程中，双亲的叶绿体和线粒体 DNA 亦可发生重组，从而产生新的核外遗传系统。这对于种质资源的开发和利用具有深远的意义。故体细胞杂交可以克服实现有性杂交难以做到的基因重组，达到利用远源基因改良植物性状的目的，在植物遗传育种等方面有着重要作用。

目前原生质体融合的类型有 3 种：①对称融合（symmetric fusion），即 2 个完整的细胞原生质体融合。②非对称融合（asymmetric fusion），部分或者全部排除 1 个亲本染色体的融合。③配子体与体细胞杂交形成三倍体植株。对称融合和非对称融合是根据融合时细胞的完整程度来分的。对称融合，即 2 个完整的细胞原生质体融合，其结果可能获得含有来自双亲的全部染色体组成的对称性细胞杂种，也可能由于双亲细胞排斥作用，染色体丢失而获得非对称细胞杂种甚至胞质杂种（cybrid）；而非对称融合是指利用物理因子（常用的有X射线、γ射线、紫外线等使细胞核失活）或化学因子[常用碘乙酰胺（IOA）和碘乙酸（iodoacetate），它们能引起细胞核失活；或者罗丹明（R-6-G，它是一种亲脂染料，能够抑制线粒体的氧化磷酸化过程而达到细胞失活作用）]，来处理供体原生质体，使亲本供体一方仅以胞质基因或部分核基因转移到受体一方，从而直接获得胞质杂种或不对称核杂种，为在远缘不亲和的种间或属间的体细胞杂交创造了有利的条件，增加了获得可育再生植株的可能性。一般来说，对称融合多形成对称杂种，其结果是在导入有用基因（或优良性状)的同时，也导入了亲本的全部不利基因（或性状），而非对称融合在一定程度上克服了体细胞不亲和性，可以得到只转移部分核基因或者胞质的非对称细胞杂种，缩短育种时间。

8.3.1　原生质体的选择

适宜的植物原生质体是决定原生质体融合成功的重要因素。只有那些容易融合、有利于杂种筛选，还能形成稳定遗传重组体，并能再生植株的原生质体亲本组合，才能期望获得有效的研究结果。另外，除了原生质体一对一融合外，任何其他融合方法都不可能达到 100%异源亲本融合的目的，双亲原生质体融合后还需要从各种混合细胞中筛选出杂种细胞，因此原生质体融合时对亲本的选择需考虑以下几个方面：①游离获得的原生质体要数量多、活力强、遗传上尽量保持一致。只有融合亲本的原生质体浓度和活力达到一定的水平，才能获得较高的融合频率。②若是以育种为目的，选择的原生质体融合亲本应较易再生完整植株，或者至少有一方原生质体经培养易再生植株。③选择的亲本原生质体尽可能携带有可供融合后识别异核体的性状，如大小、颜色及染色体差异等。④若进行对称融合，又无直接识别异核体的性状，则在异核体发育中要有能选择杂种的筛选标记性状，如营养突变体或对某药物敏感等，而且最好亲本原生质体在相应方面能互补。从而有利于筛选出异核体。⑤根据需要，可使用不对称融合，即含有部分遗传信息或部分染色体的亚原生质体和正常原生质体融合。也可采用通过辐射处理某亲本原生质体，使其细胞核失活，从而只含有该亲本胞质的原生质体和另一正常亲本原生质体融合。

8.3.2　原生质体融合的方法和过程

8.3.2.1　原生质体融合的方法

原生质体融合可以分为**自发融合（spontaneous fusion）**和**诱发融合（induced fusion）**两类。自发融合是由于去壁的裸细胞具有彼此融合的能力，在制备原生质体的酶解保温处理过程中，相邻的原生质体彼此融合形成同核体，这种自发融合仅限于同一物种内，与胞间连丝有关，融合频率极低。但小孢子来源的原生质体融合频率高，可达 50%～70%。诱发融合指制备出原生质体后，通过诱发剂使两个彼此相邻的原生质体相互融合的过程，诱导融合可以是种内的，也可以是种间的，甚至是属间、科间的融合。诱发的原生质体融合方法是经历了一个逐步改进和完善的过程。在早期原生质体融合的方法有 $NaNO_3$法、高 pH 高 Ca^{2+}法、PEG (聚乙二醇) 法，后来逐渐发展为 PEG 与高 Ca^{2+}、高 pH 相结合的方法，这些都属于化学融合法； 20 世纪 80 年代初又开始探索使用电融合法，并发展出一些其他方法，这些方法各有特点。目前诱发融合主要有化学融合法与物理融合法。但目前广泛使用的是 PEG 法和电融合法。

1）化学融合法

（1）无机盐诱导融合法。1909 年，Kuster 观察到用低渗 $NaNO_3$ 溶液能够引起发生质壁分离的洋葱表皮细胞原生质体的融合。1972 年，美国学者 Carlson 等用 $NaNO_3$ 融合方法获得植物中的第一例体细胞杂种，即郎氏烟草与粉蓝烟草体细胞杂种。$NaNO_3$ 的作用是中和质膜的负电荷，使原生质体不再相互排斥，而紧密结合在一起，从而促进细胞融合。此后进行原生质体融合研究的学者还采用了多种无机盐进行原生质体融合，主要包括 3 类。①硝酸盐类：$NaNO_3$、KNO_3、$Ca(NO_3)_2$。②氯化物类：NaCl、$CaCl_2$、$MgCl_2$、$BaCl_2$。③葡聚糖硫酸盐类：葡聚糖硫酸钾、葡聚糖硫酸钠。总体来说无机盐融合的优点是盐类融合剂对原生质体的活力破坏力小；缺点是融合频率低，尤其对液泡化发达的原生质体不易诱发融合，故该方法一般不再用。

（2）高 pH 高 Ca^{2+}融合法。高 pH 高 Ca^{2+}法是受动物细胞融合研究的启发而产生的。用 pH9.5～10.5 大于 0.03 mol/L 浓度 Ca^{2+}处理原生质体，融合效果较好。1973 年，Keller 等在原生质体沉淀中加入含有 0.05 mol/L $CaCl_2$ 和 0.4 mol/L 甘露醇，pH 调整到 10.5，在 37 ℃下保温 0.5 h，诱发烟草叶肉原生质体融合，融合频率达到 10％左右。高 pH 能导致质膜表面离子特性的改变，有利于原生质体的融合。钙能稳定原生质体，也起联系融合的作用。这种方法的优点是杂种产量高，缺点是高 pH 对细胞有毒害作用。

（3）聚乙二醇（PEG）融合法。1974 年，Kao（高国楠）和 Michayluk 用聚乙二醇(PEG)作融合剂，明显提高了异核体的形成率，且对细胞的毒性很低。因此，该方法迅速展开。 1978 年，用 PEG 法成功获得了西红柿与马铃薯体细胞杂种。聚乙二醇（PEG)是一种多聚化合物，分子式为 $H(OCH_2CH_2)_nOH$，水溶性，pH 从 4.6 到 6.8，因聚合程度不同而异。PEG 平均相对分子质量为 200～20 000，一般用作细胞融合剂的相对分子质量为 1500～6000，使用浓度范围为 25%～40%。关于 PEG 融合机理有两种观点：①Kao 等认为，PEG 分子具有轻微的负极性，与具有正极性基团的水、蛋白质和糖类等形成氢键。当 PEG 分子链足够长时，它在相邻原生质体表面之间有分子桥、改变膜表面物理化学性质和增加类脂膜流动性作用，引发原生质体的粘连。当 PEG 分子被洗脱后，膜上的电荷便重新分布，从而导致原生质体融合。②也有人认为，PEG 带有大量的负电荷，和原生质体表面的负电荷在 Ca^{2+}的连接下，形成静电键，促使异源的原生质体间的黏着和结合。另外，PEG 能增加类脂膜的流动性，也使细胞核、细胞器发生融合成为可能。

PEG 诱导融合的优点在于融合频率高、可重复性强、诱发融合无特异性。除了能使完全没有亲缘关系的植物原生质体融合，形成如大豆-烟草、大豆-玉米和霸王-鹰嘴紫云英等异核体外，PEG 还能诱导植物原生质体和动物细胞、动物细胞间的融合甚至植物细胞和酵母细胞融合。缺点是融合过程繁琐。

PEG 融合法进行原生质体融合的程序，简单地说，首先把两种选定植物刚游离出来的原生质体按适当的比例混合，滴加在直径为 60 mm 的平皿中，每皿滴 7～8 滴，每滴约 0.1 mL。静置 10 min，让原生质体沉淀到底部，然后用 28%～58%的 PEG（相对分子质量为 1500~6000）溶液处理 15～30 mim，然后用液体培养基再洗涤 3 次。最后加入 2 mL 培养基，密封后放置在 26 ℃下进行 24 h 暗培养，然后转到弱光条件下培养。

（4）PEG 结合高 pH 高 Ca^{2+}融合法。高国楠等（1974）发现，在用 PEG 诱导原生质体融合后，采用含有高浓度 Ca^{2+}（50 mmol/L 的 $CaCl_2·2H_2O$）的强碱性溶液（pH9～10）清洗 PEG，比用培养基清洗能产生更高的融合频率。这实质上是高国楠和 Michayluk（1974)原来提出的

PEG 法与 Keller 和 Melchers（1973）的高 pH 高 Ca^{2+}法的结合，目前认为，该方法对于植物原生质体融合来说是最成功的方法。使用这个方法最多可以形成 50%的豌豆-大豆异核体，而单独使用高 pH 高 Ca^{2+}法只能形成 4%～5%。

该方法的融合原理是 PEG 带有大量的负电荷，和原生质体表面的负电荷在 Ca^{2+}的连接下，形成静电键，促使异源的原生质体间的黏着和结合，在高 pH、高 Ca^{2+}的溶液的作用下，将 Ca^{2+}和与质膜结合的 PEG 分子洗脱，导致电荷平衡失调并重新分配，使两种原生质体上的正负电荷连接起来，进而形成具有共同质膜的融合体。

PEG 结合高 pH 高 Ca^{2+}融合法的一般操作程序如下。

a.将两亲本新分离出来的原生质体（仍提留在酶溶液中）1∶1 混合，使悬浮液通过 1 个 40～150 μm 孔径的滤网，将滤出液收集在 1 个离心管中，清洗并纯化原生质体，制备成 4%到 5%（*V/V*）的悬浮溶液。或双亲原生质体分别纯化后，将收集的 2 种不同材料的原生质体分别悬浮在 0.16 mol/L 的 $CaCl_2·2H_2O$（pH5.8～6.2）中，原生质体密度调整为 $2×10^5$ 个/mL 左右，调整密度（用血球计数板统计原生质体密度）后等体积混合。

b.用刻度吸管将混合的原生质体悬液滴在直径为 60 mm 的平皿中，每皿滴 7～8 滴，每滴约 0.1 mL。然后静置 10 min，使原生质体沉在皿底上，形成一薄层（应有 3～5 个平皿的重复）。

c.用吸管将等量的 PEG 溶液缓慢地加在原生质体液滴上，再静置 10～15 min。此时可取一个平皿在倒置显微镜上观察原生质体间的粘连。

d.用刻度吸管向原生质体液滴慢慢地加入高 pH 高 Ca^{2+}洗液[0.2 mol/L $Ca(NO_3)_2$ 配于 pH10.5 的 50mmol/L NaOH-甘氨酸缓冲液中或者 0.6 mol/L 甘露醇溶于 50 mmol/L $CaCl_2·2H_2O$，pH10.5]。第一次加 0.5 mL，第 2 次 1 mL，第 3、4 次各 2 mL，每次之间间隔 5 min。

e. 将平皿稍微倾斜，吸去上清液，再缓缓加入 4 mL 稀释液。5 min 后，再倾斜平皿，吸去上清液。注意：吸去上清液时勿使原生质体漂浮起来。

f. 用 DPD 培养基如上述方法换洗 2 次。

g. 每平皿中加培养基 2 mL，轻轻摇动平皿。

h. 用蜡膜密封平皿。置 26 ℃下进行 24 h 暗培养，然后转到弱光条件下培养。

具体作法：在无菌条件下混合双亲原生质体→滴加 PEG 溶液，摇匀，静置→滴加高 pH 高 Ca^{2+}溶液，摇匀，静置→滴加原生质体培养液洗涤数次→离心获得原生质体细胞团→筛选→再生杂合细胞。

2）物理融合法

（1）电脉冲融合技术。电脉冲融合技术是用细胞融合仪产生交变电压和高压脉冲电场诱导动植物细胞融合的技术，是现代生物技术在细胞水平上进行遗传操作的一个重要手段。电融合指利用改变电场诱导原生质体彼此相连成串，再施以瞬间强脉冲电压促使质膜发生可逆性电击穿，达到原生质体融合的方法。

1979 年，Senda 首次报道了植物原生质体可以在电脉冲作用下进行融合的。Zimmemenn 等又进一步发展了动植物细胞电融合的方法和仪器。由于电融合较之化学融合有操作简便、易于控制、副作用小、融合率高、应用范围广等特点。从 20 世纪 80 年代中期起，国外对动植物细胞电融合的方法和条件进行了大量研究，细胞杂交成功的例子相继报道。Damiani 等用电融合法诱导 *Medicago sativa* 和 *M. arborea* 的原生质体融合，产生 9%的异核体，并发育成愈伤组织。Sherral 等用电融合法诱导野生型番茄和耐盐系双单倍体土豆融合，得到再生植株，并得到介于双亲中间型的叶片和地下果实，杂种的耐盐性降低了 50%。Brewer 等用电融合法诱导了植株矮小但可富积重金属锌和镉的 *Thlaspi caerulescens* 和植株较高大的 *Brassica napus* 融合，并得到在含高锌和镉的土壤中存活的再生植株，使通过体细胞杂交将高积累重金属品系的基因转移到其他植物中成为可能。20 世纪 80 年代末，我国也开始采用电激法进行体细胞杂交。郑强等对不同品种的白菜间进行了电融合；华中农业大学作物遗传改良国家重点实验室通过电融合法对属间柑橘进行融合，得到体细胞杂种。

电融合的原理：将双亲本原生质体以适当的比例悬浮混合后，插入微电极，接通一定的交变电场（AC）。由于溶液电导率极低，两级间的粒子受到瞬间改变中电场影响（从几十万到几百万分之一秒），将诱导粒子产生短暂的偶极现象，即使是中性粒子，在 AC 内也会产生偶极，从而就近向电极移动。植物原生质体，当处于适当频率的 AC，将形成短暂偶极，细胞表面一边是负电荷，另一边是正电荷，这与原生质体是否有电荷无关。随着 AC 场极性改变，细胞表面的偶极也发生转变，如图 8.9 所示；原生质体极化后被拉到较高的电场强区域（紧靠电极区），顺着电场排列成紧密接触的珍珠串状。此时瞬间施以适当强度的直流电场（DC），则使原生质体质膜被击穿而发生融合。

由此可知，采用电场法融合原生质体分为两个步骤（图 8.9）。第一步是细胞膜的接触：当原生质体置于电导率很低的溶液中时，电场通电后，电流即通过原生质体而不是通过溶液，其结果是原生质体在电场作用下极化而产生偶极子，从而使原生质体紧密接触排列成串。第二步是膜的击穿：原生质体成串排列后，立即给予高频直流脉冲就可以使原生质膜在接触处被击穿，从而导致两个紧密接触的细胞融合在一起。原生质体融合的频率直接受电压大小、场强、脉冲强度和幅宽及脉冲次数等融合参数的影响，对于不同的植物材料，需要经过实验来找出这些参数的适当值。de Filippis 等比较豌豆原生质体的电融合和化学融合（PEG 法）后发现，电融合操作方便，在保持原生质体的活力，减少细胞膜的损害，在原生质体的畸变、破裂及细胞器的融合等方面都要好于化学融合。但是电融合法需要昂贵的电融合仪，因此目前仍不如化学法适用普遍。

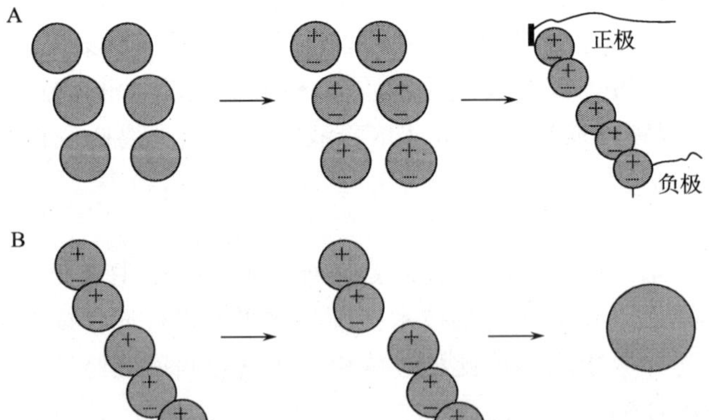

图 8.9　原生质体电融合示意图

A.在交变电场（AC）中原生质体表面电荷偶极化，形成串珠；B．形成串珠后，施加直流电场，串珠中原生质体在质膜接触处发生穿孔，融合形成一个细胞

Schweiger 把电融合法与微培养法相结合，建立了单对原生质体融合技术程序，这是融合技术上取得的最突出的成就，不仅改进了融合方法，而且是两亲本间一对一融合，有可能解决融合细胞的选择问题，是一种有前途的技术体系。目前正在研究用电脑控制进行自动化操作，以提高操作效率。Li 等建立的激光融合法在融合烟草原生质体时避免了亲本原生质体中叶绿体分布的影响，是近年来比较新的一种方法，但目前研究不多。

电诱导融合注意事项：①对介质要求高，一般用高纯度的蒸馏水并选用适当的非电解质溶液，如甘露醇等配制的等渗性介质。②注意控制高频交流电压和直流脉冲电压的强度和时间，以防止细胞连接成串或发生可逆性降解。

物理融合除了电脉冲融合技术外，目前还有激光融合技术、空间细胞融合技术和粒子束细胞融合技术等正在研究中。图 8.10 为霸王和鹰嘴紫云英原生质体电融合及再生全过程。

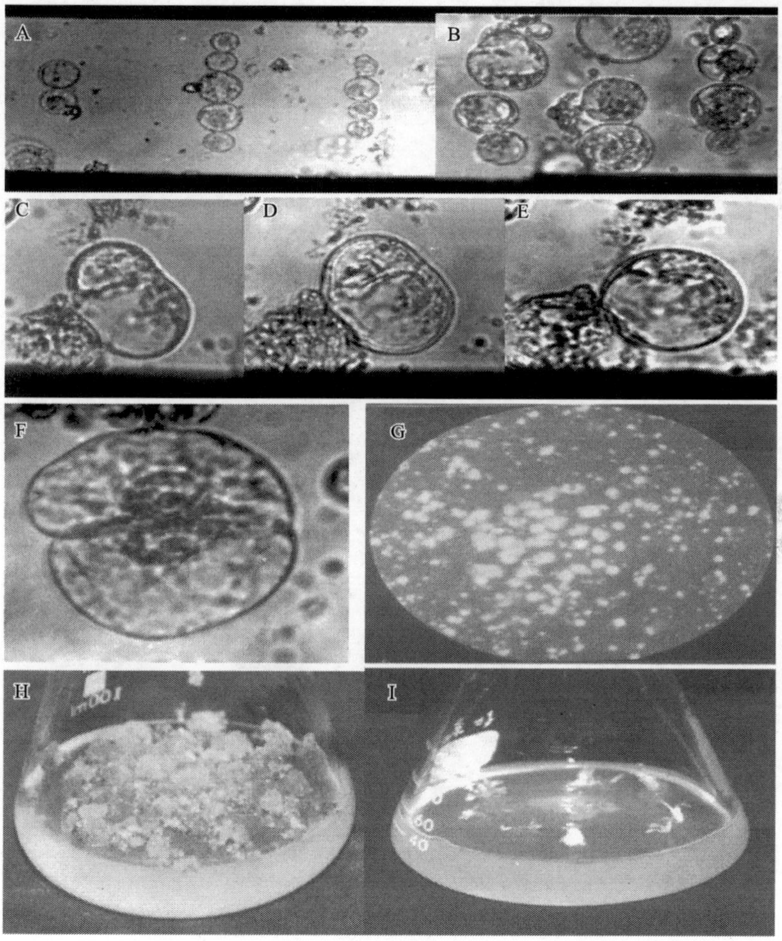

图 8.10　霸王和鹰嘴紫云英原生质体电融合过程（张改娜等 2010）

A，B. 在电场中形成原生质体串珠；C. 直流脉冲后细胞膜已融合的2个细胞；D. 直流脉冲后，1 min时正在融合的2个细胞；E. 融合后变大的原生质体（核未融合）；F. 融合细胞的第一次分裂；G. 液体浅层培养条件下，融合原生质体形成的愈伤组织；H. 筛选培养基上生长的愈伤组织；I. 杂交愈伤组织分化的幼苗

（2）激光融合技术。1987 和 1989 年，德国海德堡理化研究所采用准分子激光器使油菜原生质体融合，从开始照射到完成融合仅需几秒钟。该法可选择任意 2 个细胞进行融合，易

于实现特异性细胞融合，作用于细胞的应力小，定时定位性强，损伤小，参数易于控制，操作方便，可利用监控器清晰地观察整个融合过程，实验重复性好，无菌无毒性，但它只能逐一处理细胞。

（3）空间细胞融合技术。植物细胞融合过程中由于地球重力的存在，有无液泡的原生质体密度差很大，异源细胞融合率低。为了排除地球重力的影响，20 世纪 80 年代以来，在空间材料科学的启发下，试图利用空间微重力条件改进细胞融合技术。

（4）离子束细胞融合技术。20 世纪 80 年代，证实了离子注入生物效应和粒子沉积生物效应的存在，建立了质量、能量、电荷三因子作用机制体系，据此原理发展了该技术。离子束的可操纵性高，可用微束对细胞进行超微加工，有目的地切割染色体，通过消除部分染色体或染色体的某些片段达到细胞非对称融合的目的。该项研究一旦成功，将改变传统的一对一细胞融合的弊端，减少供体细胞导入的染色体范围，使融合更具目的性，大大减少筛选的工作量，将是细胞融合研究的一大进步。

8.3.2.2　原生质体融合过程

植物原生质体融合的基本过程包括 4 个阶段：①凝聚作用阶段，其间两个或两个以上的原生质体的质膜，在诱融剂或正弦电场作用下彼此靠近。②两个相邻原生质体之间在很小的局部区域质膜紧密粘连，彼此融合，在两个原生质体之间细胞质呈现连续状态，或是出现桥。③由于细胞质桥的扩展，融合完成，形成球形的异核体或同核体。④两个亲本原生质体质膜上的受体、糖蛋白、糖脂等成分也在融合后的质膜上重新分布，开始生壁，完成细胞质和细胞核的融合，形成单核融合细胞（图 8.11）。

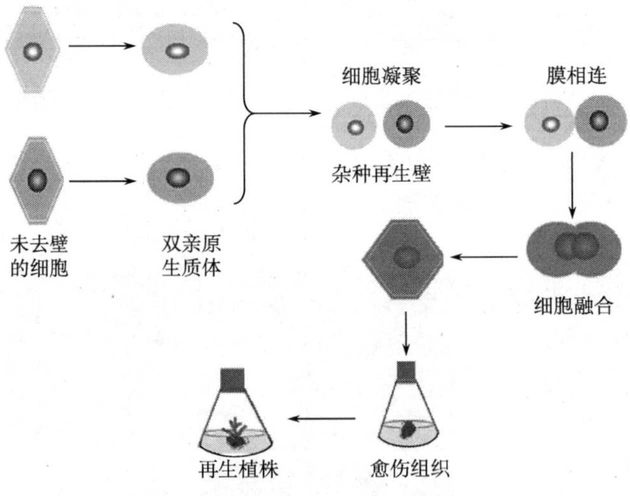

图8.11　植物原生质体融合过程示意图

张改娜等（2004）通过电融合发现，从双亲体细胞原生质体膜彼此靠近到双亲细胞膜融合，形成球形细胞，发生在 1.5 min 之内。有人通过电镜技术、荧光显微术及共焦激光显微术等研究植物离体的精卵细胞融合，发现精卵细胞融合迅速，在 1 s 内即可完成；细胞融合后 30 s 开始合成细胞壁，20 min 内完成壁的再生，35～60 min 完成核融合。

延伸阅读

在原生质体技术发展初期，人们试图通过原生质体融合（对称体细胞融合）将2个亲缘关系较远的物种的基因组结合在一起，创造新的植物类型。1978 年 Melchres 等第一次得到的番茄与马铃薯属间体细胞杂种；Kasaka 和 Kamega （1994）报道将番茄叶肉原生质与胡萝卜悬浮培养细胞原生质体进行电融合，经选择获得科间杂种。然而，融合产物虽得到再生植株，但未能如期望的那样，而是其可育性及形态特征趋于不正常化，且双亲染色体出现不可控性排斥与丢失，或者获得的体细胞杂种愈伤组织难以分化。而携带受体全部染色体和供体少数染色体或染色体片段的不对称杂种成为培育新种质的更有价值的材料，因此近年来不对称体细胞杂交已成为原生质体融合的热点。Phaduivk 等（1977）建议用超致死剂量辐照供体细胞或原生质体，使其染色体被击成“小片段”，然后与一个正常受体细胞或原生质体融合。在部分同源的适宜条件下发生重组，使供体染色体碎片“掺入”受体染色体中，从而形成具有受体整套染色体组，而仅有少量供体染色体片段的不对称杂种。即使用同一种辐射处理，辐照剂量因物种不同差异很大，X 射线和 ^{60}Co γ 射线一般在 100～1000 Gy。如 Bates 等（1987）用 100 Gy 辐照蓝茉莉叶烟草原生质体与普通烟草原生质体融合获得了含 1 条供体染色体的不对称体细胞杂种。Forsberg 等（1998）在进行 *Brassica napus* 与 *Arabidosis thalliana* 不对称体细胞杂交时使用了 70 Gy、800 Gy、1350 Gy 3 个剂量，结果 1350 Gy 对获得不对称杂种最有效。

影响原生质体融合的因素有：①原生质体质量对细胞的融合起着至关重要的作用，高质量的原生质体是细胞融合的首要条件。②融合方法：因电融合对原生质体无化学毒害且融合频率高，所以应首选电融合。如果没有条件进行电融合，可以考虑PEG融合。③融合参数：PEG融合法中，影响融合频率的融合参数包括双亲原生质体的比例与浓度，PEG的相对分子质量与浓度、融合时间和洗涤剂及洗涤次数等。电融合中的主要参数包括交流电压、交变电场的振幅频率、交变电场的处理时间，直流高频电压、脉冲宽度、脉冲次数等。

8.3.3　杂种细胞的筛选和鉴定

8.3.3.1　杂种细胞的筛选

无论化学融合还是电融合，目前都是将一定浓度的双亲原生质体混合后进行诱导融合的，存在诱导频率和双亲原生质体对应问题，所以不可能所有的细胞都能刚好和另一亲本的细胞融合。在经过融合处理后，原生质体群体内，既含有未融合的双亲原生质体，也存在同核体（相同原生质体融合产生）、异核体（异源细胞核融合产生的）和各种其他核质组合体。而且异核体在混合细胞群中只占到很小的比例（0.5%～10%），如何从含有双亲单细胞和同源融合细胞中筛选出杂种细胞是体细胞杂交成功的关键技术。目前杂种细胞的筛选主要有 3 种方法。

1）*互补选择法*

互补选择法是利用两个亲本具有不同的遗传和生理等特性，在特定培养条件下，只有能产生互补作用的杂种细胞才能生长的选择方法。又分为营养缺陷型互补选择法、抗性突变体互补选择法、白化互补选择法、代谢互补抑制选择等。

（1）营养缺陷型互补选择。该方法是根据双亲原生质体和异核体细胞对营养的要求不同而建立的方法。营养缺陷型突变体的种类很多，最早被用于体细胞杂种选择的是硝酸还原酶缺陷突变体（NR^-），这种突变体缺少硝酸还原酶活性，只有在培养基中提供还原态氮的条件下才能存活。但硝酸还原酶缺陷型突变体，根据突变位点不同（非等位基因）分为两种类型：一种为nia型（NR脱辅基酶缺失突变体），另一种是cnx型（钼辅助因子确实突变体）。Glimelius等（1978）采用这两种不同类型的硝酸还原酶缺陷型突变体烟草进行原生质体融合，然后在硝酸盐作为唯一氮源的培养基中进行筛选。双亲由于突变不能在该培养基上生长，杂种细胞由于两个突变体融合后互补作用，恢复了正常硝酸还原酶活性，可以在只有硝酸盐的培养基上正常生长而被筛选出来。

（2）抗性互补选择。该方法利用亲本细胞原生质体对抗生素、除草剂及其他有毒物质抗性差异选择杂种细胞。很多情况下，植物对抗生素、除草剂或其他有毒药物的抗性为显性。当2个融合亲本各有1个显性等位基因控制他们对不同药物的抗性表现时，单抗的双亲细胞融合后将会产生1个双抗的融合杂种，即其中每一个亲本对药物的敏感性会分别被另一个亲本对该药物的抗性所掩盖。因此，同时在培养基中添加这两种药物可把融合体选择出来。例如，以抗5-甲基色氨酸（5-MT）的胡萝卜和抗S-氨乙基半胱氨酸的烟草原生质体作亲本，融合处理后，在添加了5-甲基色氨酸和S-氨乙基半胱氨酸的培养基中筛选获得杂种细胞。再如，Samoylov（1996）在进行番茄与茄子不对称体细胞杂交时，供体抗卡那霉素，但辐照使之钝化，不能分裂，而受体对卡那霉素敏感，只有具受体全套基因组和供体抗卡那霉素基因杂种才能在含卡那霉素的培养基上生长。

（3）叶绿体缺失互补选择（白化突变体）。两个非等位基因突变产生的叶绿体缺失型突变体产生的杂种，利用每一亲本贡献一个功能正常等位基因，纠正另一亲本的缺陷，通过互补产生恢复绿色表型的杂种愈伤组织和植株。如将茎无毛的绿色颠茄和茎有毛的曼陀罗白化突变体进行原生质体融合，最终获得的绿色有毛的植物为杂种植物。再如，Sidorov等(1987)最早利用叶绿素缺失突变体（白化突变体）作受体，以愈伤组织有无叶绿素为选择标记，将绿色愈伤组织再生植株，经鉴定为不对称体细胞杂种。

（4）代谢互补选择。利用双亲原生质体和杂种细胞对培养基成分要求与反应的差异选择杂种细胞的方法。美国科学家Carlson等（1972）培育的粉蓝烟草和郎氏烟草的体细胞杂种就是采用该方法筛选的异核体。这两种烟草的细胞在无外源激素的培养基上不能分裂，杂种细胞在有激素的培养基上生长一段时间转入无激素培养基能够继续分裂，此时双亲细胞则不能分裂而死亡。

也可采用双步选择的方式进行选择培养。首先将杂种细胞培养在只有甲亲本原生质体适应的培养基上，使乙亲本死亡。再转接到只有乙亲本适应的培养基上，又导致甲亲本死亡，从而筛选出异核体细胞。

（5）抗光性互补选择。现在许多作物获得了光敏感突变体，两个非等位基因突变产生的光敏感突变体，因对光敏感而无法正常生长，只有融合细胞通过互补作用，能够正常生长，从而可将杂种筛选出来。

2）*机械选择法*

机械选择法就是利用两种亲本原生质体的某些可见标志，如形态色泽上的差异等，在倒置显微镜下，用微吸管将融合细胞吸出来进行单个微培养的方法。

（1）利用天然形态差别分离杂种细胞。这是研究人员最早用来判断异核细胞的方法。该方法由 Kao（1974）设计，根据叶肉细胞有明显的叶绿体和培养细胞有较浓密的细胞质来鉴别杂种细胞，并在倒置显微镜下用微吸管将它们吸出来进行单个微培养。如大豆根尖具有浓厚细胞质的非绿色悬浮培养细胞与粉蓝烟草叶肉细胞的绿色、液泡化的原生质体进行融合，异核体从形态上很容易和亲本区别。

（2）双荧光标记选择法。难以用肉眼观察到差别的原生质体可用不同活性荧光染料标记（如异硫氰酸荧光素产生绿色荧光和碱性蕊香红荧光素产生红色荧光），然后进行融合，在荧光显微镜下根据两种染料的存在，把异核体与双亲和同核体区分开来。或者应用荧光激活细胞仪自动筛选杂种细胞，即利用流式细胞仪可将荧光染色后的原生质体融合细胞高效率地自动分离出来，但由于仪器昂贵，使用并不普遍。

（3）人为处理的核质失活筛选法。通过化学试剂如 IOA、Rodamine 6-G 等处理受体原生质体、物理辐照处理供体原生质体使之失活，融合后的杂种细胞由于亲本都不能再生而被筛选出来。该筛选法对亲本原生质体形态特征无要求，又无需突变体（突变体筛选往往需要很长时间），获得的杂种植株由于都是亲本基因，不存在不安全因素，同时该筛选法融合了非对称融合技术，已被推广使用。

3）根据生长和再生能力的差别选择

（1）根据愈伤组织生长差别选择。在曼陀罗和烟草种间体细胞杂交及在小麦和某些其他禾谷类植物属间体细胞杂种中，发现杂种愈伤组织表现出生长优势等现象。因此，融合处理只要挑选哪些生长最快、长的最大的愈伤组织，就会从中分化出体细胞杂种植株。

（2）根据植株再生能力的差别选择。在现有的实验条件下，不同来源的原生质体分化再生植物的能力有很大差异，有些植物的原生质体完全不能再生植株。然而，在种内、种间或属间的所有体细胞杂交实验中，只要有一个亲本的原生质体能够再生植株，融合产生的杂种细胞就能再生植株，另一亲本的融合细胞若不具有再生能力，最终就会自行淘汰。在这种性状下，只要通过某种选择策略再将具有再生能力亲本的未融合细胞淘汰，即可得到体细胞杂种。因此，原生质体再生潜力的差异在体细胞杂种的选择中具有广泛的应用价值。如夏光敏实验室利用经多年继代的、丧失再生能力的小麦愈伤组织作为受体亲本，供体亲本采用高剂量辐照后也失去增殖能力，融合后获得许多再生的植株，经鉴定确定为不对称杂种。

8.3.3.2　异核体的培养

异核体一经筛选，就需要按照原生质体培养和再生的程序进行杂种植株的诱导。异核体一般在第一次有丝分裂期前后即发生核的融合，两核间的互作往往导致染色体的丢失，亲缘关系越远丢失越严重，有时甚至亲本一方的染色体全部丢失。理论上体细胞杂交可以不受亲缘关系的限制（甚至于动植物细胞之间），但原生质体再生植株困难限制了这一范围。

8.3.4　杂种植株的鉴定

尽管对融合细胞处理后的细胞群体经过了巧妙的筛选，但筛选“过关”的细胞及再生植株也只是推测中的体细胞杂种，仅仅是提供了细胞杂种真实性的间接证据。因而要确定它们的杂种性质，还必须对获得的杂种进行严格的鉴定。用来鉴定体细胞杂种的方法大致可分为 4 类，即形态学鉴定、细胞学和分子细胞学鉴定、生物化学鉴定和分子生物学鉴定。除形态学比较（花的颜色、形态，叶子的形态和大小等）、细胞学观察（染色体、叶绿体数目和形态等）和生化分析（同工酶和次级代谢产物等）外，最直接的杂种证据来自于分子生物学鉴定。

8.3.4.1 形态学鉴定

在多数体对称融合的细胞杂交组合中，两个亲本为二倍体，杂种预期应为双二倍体，它们在株型、叶形、花形及某些更细微的性状上，如茎、叶上茸毛的有无等，或多或少应同时具有两个亲本的特点或中间类型，而且像通过有性过程合成的双二倍体一样，取决于双亲的亲缘关系的远近。根据双亲的形态学性状观察比较再生植株的形态特征、特性，可对杂种植株作出初步鉴定。即使是不对称融合的杂交组合，供体亲本提供了部分染色体和细胞质，再生的杂种植株在某些形态特征上也会表现出双亲的特征或者中间类型。

8.3.4.2 细胞学和分子细胞学鉴定

传统的细胞学鉴定方法包括在显微镜下对细胞器鉴定和染色体鉴定，其中染色体鉴定是通过根尖压片确定杂种的染色体数和染色体形态。如果原生质体融合亲本的关系较远，2 个亲本的染色体形态差异很大，也可根据染色体的形态和大小加以区别。这种方法比较直接，但若有些植物的染色体数目较多或太小，就难以鉴别。在典型的对称融合的情况下，杂种染色体数应为两个亲本染色体数之和。但是若两个亲本关系较远、染色体组不能和谐共处的情况下，杂种最终的染色体组成将存在各种可能性，常见的情况是产生各种非整倍体组合，极端情况下，亲本之一的染色体被完全淘汰。在非对称融合的体细胞杂种中，供体亲本的染色体只有部分甚至只有一些染色体片段在杂种细胞中保留下来。那么在这两种情况下，唯有采用染色体分带技术或基因组原位杂交（genomic *in situ* hybridization，GISH）技术才能揭示特定染色体或一定长度的染色体片段的来源。

GISH 是根据核酸分子碱基互补配对原则，首先取杂种植株幼嫩根尖压片并酶解除去细胞壁和细胞质，制备用于杂交的核 DNA 样品；然后用经过放射性或非放射性标记的被打断的某一亲本（或供体）总基因组 DNA 为探针，同时用受体总基因组 DNA 作封阻，通过探针变性为单链，二者复性，成为杂合双链核酸，再经一定检测手段将供体核酸在染色体上的位置快速、直观、准确地显示出来。夏光敏（2006）应用 GISH/FISH 染色体组型分析技术将一抗旱基因定位在小麦与茅草杂交新品种——Shanrong No.3 的 5A 染色体的短臂上。

近年来又发展了多色荧光原位杂交（Mc GISH）技术，可鉴别体细胞杂种植株中的不同基因组。方法是用亲本的总 DNA 作为探针，与杂种细胞分离出的完整细胞核中的 DNA 进行杂交，通过显色反应把杂种核内分子组成上有差异的基因组区别开来。首先仍是取杂种植株幼嫩根尖压片并酶解除去细胞壁和细胞质，制备用于杂交的核 DNA 样品；其次分别提取亲本的总 DNA，剪切至一定长度并进行不同的荧光标记，制备成为探针；最后在载玻片上进行基因组原位杂交，荧光显微镜观察照相（图 8.12）。

GISH 技术更直接简便，可与整条染色体杂交，而且杂交位点可以在细胞分裂任何时期观察到，所以在体细胞杂种鉴定中已经成为鉴定供体染色体及染色体片段最为有效而直观的方法。但操作技术难度大、成本高。

8.3.4.3 生物化学鉴定

常用的生物鉴定方法有两种，分别是同工酶谱分析法和可溶性蛋白图谱分析法。

1）同工酶谱分析法

同工酶是指催化同一生物化学反应而分子结构不同的酶。在杂种鉴定中常用的同工酶有

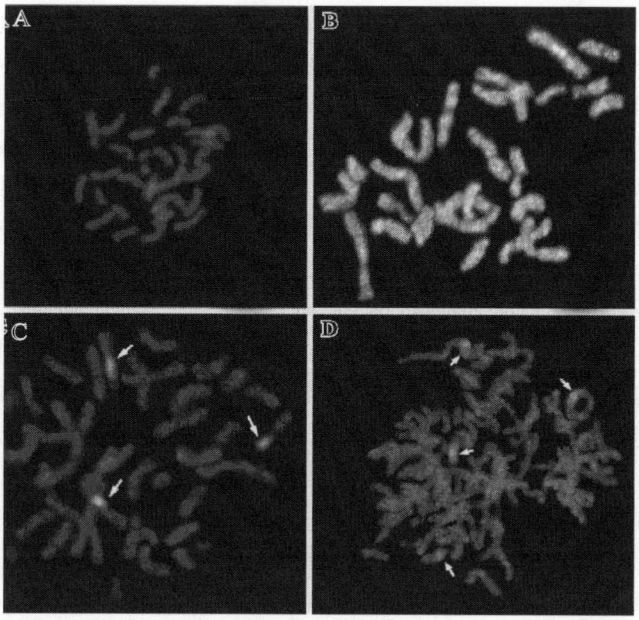

图 8.12 小麦和高羊茅体细胞杂种 GISH 照片（Xiang et al. 2007）

A.高羊茅染色体，$2n = 28$；B. 小麦染色体，$2n = 25$；C.可再生杂种克隆 No.3 的染色体，$2n = 37+2$；D.不可再生的杂种克隆 No.2，$2n \geqslant 62$。箭头指示的是小麦染色体重组片段

酯酶、过氧化物酶、苹果酸脱氢酶和 6-磷酸葡萄糖脱氢酶等。如果将体细胞杂种的同工酶谱与其双亲的酶谱进行比较，可以看到杂种植株的酶谱可能是双亲酶带的总和，也可能只出现双亲的部分酶带，或缺少双亲的某些酶带而出现新的杂种带。根据酶谱的这些表现不仅可以对杂种做出鉴定，还可以判断同工酶位点是否出现重组。不过，在采用同工酶法进行杂种鉴定时必须注意，同工酶谱会随着植物的发育时期、组织类型和生理状态而改变，取材时只有保持这些因素的一致性，才能得到正确的鉴定结果。

2）可溶性蛋白图谱分析法

植物发育的不同时期都有许多可溶性蛋白存在，许多可溶性蛋白有多个亚基组成。可溶性蛋白图谱分析法可以分析植株中总的可溶性蛋白或某些特定的可溶性蛋白。分析总的可溶性蛋白，是通过 SDS-聚丙烯酰胺凝胶电泳对比杂种植株和双亲植株中可溶性蛋白多肽图谱，结果可能存在杂种中可溶性蛋白条带是双亲可溶性蛋白条带之和，或者出现缺失部分亲本条带，也或者产生异于双亲的新的条带 3 种情形。对特定可溶性蛋白分析，如部分 I 蛋白（faction I protein）是叶绿体中含量最丰富的可溶性蛋白，具有 1,5-二磷酸核酮糖羧化酶（RuBPcase）和加氧酶的双重酶活性。部分 I 蛋白由 2 个亚基组成，其中小亚基多肽是由核 DNA 编码的，大亚基是由叶绿体 DNA 编码的，因此通过它的亚基多肽图谱分析，即可鉴别杂种，又可鉴别胞质杂种。

8.3.4.4 分子生物学鉴定

分子生物学的发展为人们提供了在 DNA 水平上对体细胞杂种的遗传结构进行精确鉴定的手段。这些方法包括 RAPD（random amplified polymorphic DNA，随机扩增多态性 DNA）、RFLP（restriction fragment length polymorphism，限制性片段长度多态性）、AFLP（amplified fragment length polymorphism，扩增片段长度多态性）、SSR（simple sequence repeat，简单重复序列）标记、SRAP（Sequence-related amplified polymorphism，相关序列扩增多态性）及CAPS（cleaved amplified polymorphism sequences，酶切扩增多态性序列）标记等，其中RAPD还特别适合于对原生质体融合处理后大量再生植株的初步筛选鉴定，SRAP与CAPS两种方法常用来对叶绿体和线粒体DNA进行检测，了解体细胞杂种中，胞质互作情况。上述几种方法在体细胞杂中的鉴定研究中可以单独使用，有些还可以和Southern杂交（Southern blotting）结合使用。

1）DNA的限制性片段长度多态性（RFLP）

RFLP是由于核酸序列不同而造成DNA限制性片段之间产生等位基因差异的结果。具有种的特异性和遗传稳定性，是一种非常丰富的遗传标记。它能直接发现同源染色体上核苷酸碱基序列的差异，与传统的形态学与生物化学标记不同的是，RFLP 分析与基因表达无关。RFLP数量多，受环境和遗传背景影响小，在发育过程中稳定，通常以简单的孟德尔式遗传，等位基因常常是共显性的，是检测个体间、品种间、种间DNA水平上的等位基因变异最敏感的方法。但目前已构建的RFLP遗传图谱的基因较少，主要有番茄、玉米、马铃薯和某些油菜等，所以用RFLP鉴定的体细胞杂种主要是番茄属（*Lycopersicon*）和茄属（*Solanum*），以及芸薹属（*Brassica*）的一些种间和属间体细胞杂种。另外，由于植物基因组DNA较大，RFLP片段在一块胶板上难以完全分开，所以常常利用外源基因作探针，将RFLP转移到尼龙膜上进行Southern 杂交。

2）随机扩增多态性DNA（RAPD）

RAPD即一段与某一单一引物（一般为10聚体寡核苷酸引物）同源的DNA序列，有可能在DNA模板另一链上的不同位置出现，这些位置之间的距离又处于可通过PCR进行扩增的长度范围，因此，当条件满足时，单个寡核苷酸引物就可以在PCR反应中介导DNA呈几何级数扩增。实际操作中，每个10聚体寡核苷酸引物，通常可产生几个（3～10）不连续的DNA 产物。这些产物是由不同的遗传位点产生的。多态性的产生是由突变或重排造成的。RAPD通常作为显性标记，虽然RAPD的重复性较差，但是用RAPD检测容易，非专业人员也能操作，又易于实现自动化，所以在体细胞杂种的鉴定中，比RFLP应用广泛。金红等（2004）应用RAPD分析沙打旺与苜蓿属间体细胞杂种，发现杂种细胞从双亲获得的遗传信息不等，杂种细胞的核遗传信息较多的来自于苜蓿。

3）扩增片段长度多态性（AFLP）

首先利用可产生黏性末端的限制性内切酶酶切研究对象的基因组序列，产生不同长度的酶切片段。然后，将这些酶切片段与含有与其有共同黏性末端的人工接头连接，形成模板。为达到选择扩增的目的，再在模板末端添加具有选择性核苷酸（1～3个）的不同引物，然后PCR扩增，结果只有那些两端序列与选择性核苷酸配对的酶切片段被扩增。最后将被扩增的片段在高分辨率的测序胶上电泳，这样其多态性即根据扩增片段的长度与数量的不同而被分开。由于AFLP扩增可使某一品种出现特定的DNA谱带，而在另一品种中可能无此谱带产生，因此，这种通过引物诱导及DNA扩增后得到的DNA多态性可作为一种分子标记。

4）Southern 杂交

在体细胞杂交的运用中，Southern杂交是一种非常重要的方法。杂交所需的探针有RFLP片段、种特异性重复序列，目前运用较多的是外源标记基因（尤其是不对称杂种中供体所携带的基因）或18S rRNA基因。如Vlahova等（1997）用供体中的NPT II基因和18S rRNA

基因作探针分别获得了在杂种细胞中存在供体的这两种基因。在不对称体细胞杂交检测中，以供体总 DNA 为探针，受体 DNA 为封阻进行 Southern 杂交可成功地鉴定不对称杂种(Liu, 1999)，结果该方法简便易行，不需要改的。Moriguchi 等(1997)采用地高辛标记水稻的 rDNA 和线粒体 DNA 鉴定了假定杂种胞核杂种的真实性。

5）简单重复序列（SSR）标记

SSR 标记是另一种非常有用的分子标记技术，在生物体基因组内存在许多重复的简单序列小片段，在不同种内小片段的重复数不同，这种不同的重复数，是由其遗传基因所决定，有种属特异性，这种差异经 PCR 扩增后，被放大到可检测程度。目前被有效地应用于体细胞杂种的分析，如核糖体 5S rDNA 间隔序列 DNA，5S rDNA（即 5S rRNA 基因）属于简单多基因家族，在至今研究的所有真核生物中是一串联重复单位组成，与卫星 DNA 类似，120 bp 的编码区之间是随不同生物而长度不同的非编码区，基因本身表现出很高程度的序列保守性，但由于非转录间隔区未受到基因本身同样严酷的选择压力，因而变异较大。高等植物的间隔序列长度为 90～400 bp，同一属的不同种植物之间及同一种植物之间间隔序列的碱基序列和长度不同。因此以保守的 5S rDNA 编码区的一致序列为基础设计 PCR 引物，用来扩增变异较大的非编码区，区别融合双方的核基因，以鉴定体细胞杂种。

对于 mtDNA 和 cpDNA 的鉴定，主要通过直接分离出 mtDNA 和 cpDNA，可进行 RFLP 分析或进一步用种特异基因序列作探针，进行 Southern 杂交分析。或者用叶绿体及线粒体特异性重复序列探针或非特异重复序列探针对杂种总基因组进行 RFLP 分析。此外，还可以通过纯化的 cpDNA（Gressel et al. 1984）、mtDNA 获得的限制性图谱分析鉴定叶绿体和线粒体。

6）酶切扩增多态性序列（CAPS）标记

在两个序列中存在单碱基（也可能多碱基）的差异而引起酶切位点的差异时，通过 PCR 将差异序列进行扩增，再用在两个序列中具有差异的酶进行酶切时就形成了多态性，这样的标记就是 CAPS 标记。

除了上述分子检测外，目前应用于体细胞杂种检测的还有相关序列扩增多态性聚合酶链式反应（SRAP-PCR）和甲基化敏感扩增多态性(methylation sensitive amplification polymorphism，MSAP)等。

7）种特异重复 DNA 序列

重复 DNA 序列的进化速度很快，而且在不同植物中间存在着高度的序列变异，用种特异重复DNA序列作探针对酶解的基因组DNA进行Southern杂交是一种确定体细胞杂合体的核杂种性可靠的方法。压片印迹和斑点印迹都是用种特异序列来确定体细胞杂种核杂种性的方法，其中斑点印迹可使各个亲本基因组对体细胞杂种相对贡献量化。用种特异性的探针与杂种的染色体涂片进行原位杂交，还可以鉴定出亲本的染色体、染色体片段及易位。但是这两种方法都必须找到种特异性重复 DNA 序列，而种特异性重复 DNA 序列的分离，也较为复杂、费时，所以目前运用较多的是基因组原位杂交技术。

8.3.5　体细胞杂种的遗传特征

8.3.5.1　细胞分裂与染色体丢失

原生质体对称融合后，一般双亲原生质体相继发生胞质融合和细胞核融合。随着细胞分裂，发生核质重组和细胞器重组。根据双亲亲缘关系的远近，核质重组的结果，可能是杂种含有双亲染色体的总和，或一方染色体部分被排斥，或双亲染色体出现交换重组。而细胞器的重组，目前主要研究的有线粒体和叶绿体，刘继红等发现线粒体多发生单亲遗传，叶绿体则存在单亲遗传和共存两种情况，也有极少数胞质基因组重组的报道。如果细胞分裂而核不发生融合，在以后的发育过程中就会有两种结果，一是细胞分裂几次以后即停止生长从而导致死亡；二是在发育过程中某一亲本的细胞核部分或全部丢失。如果这样就会产生几种情况：A细胞＋B细胞质、A细胞＋B细胞质和B细胞部分染色体或基因。

8.3.5.2　基因转移与性状表达

由于染色体的部分丢失，或不对称融合，常使某个亲本的部分或个别基因与另一亲本的染色体发生整合，其结果是实现了亲本间的基因转移。基因转移通常使在后代中某些性状得以表达，有时由于基因的重组也可能产生双亲均没有的新性状。

8.3.5.3　体细胞杂种遗传上的不稳定性

体细胞杂种在形态上往往表现出趋中性、双亲性状的共显性，但偏向某一亲本（偏亲现象）。其后代在遗传上常常不稳定，这可能涉及多方面的因素，如亲缘关系的远近，培养过程中的染色体变异，细胞核、细胞质遗传物质的重组等。

8.4　向日葵原生质体的游离和融合

8.4.1　向日葵原生质体的游离

8.4.1.1　材料与试剂

（1）材料：向日葵（*Helianthus annuus* L.）种子。

（2）酶液：纤维素酶 Onozuka R-10[0.1% (*m/V*)]、崩溃酶 (driselase) [0.05% (*m/V*)]和离析酶 (macerozyme) [0.02%（*m/V*）]，溶解在 13%（*m/V*）的甘露醇溶液中，pH5.7，经 0.45 μm 滤膜过滤灭菌。

（3）原生质体培养基：DPD 培养基，附加 NAA（2 mg/L）、6-BA（0.5 mg/L）、蔗糖(2%)和甘露醇(0.3 mol/L)，pH5.8。

8.4.1.2　方法和步骤

1）取材和表面消毒

将向日葵种子置于 5%（*V/V*）的次氯酸钠溶液中消毒 25 min，无菌水冲洗 3 次。然后将种子接种于含有蔗糖（2%）和 0.7%的琼脂的 MS 培养基（pH5.7）中，23 ℃黑暗培养。

2）原生质体分离

（1）取培养瓶中的 7～8 d 苗龄的向日葵种子苗 10 株，切下 4～6 cm 长的下胚轴。

（2）将下胚轴切成 2 mm 长的小段，置于装有 20 mL 酶溶液的培养皿中，然后用封口膜封口，在摇床上 60 r/min，室温下温育 16～18 h。

3）原生质体的纯化

（1）酶解后，将含有原生质体的酶溶液用一个孔径为 83 μm 的不锈钢网过滤，去除未酶解的组织、成团的细胞和细胞壁碎片。

（2）用移液管将滤出液收集在 10 mL 离心管中，以 120 *g* 离心 10 min，用吸管或移液枪弃上清（注意不要把收集的原生质体吸走）。

（3）用 $CaCl_2 \cdot 2H_2O$ （约 2 mL）悬浮下面的原生质体，并将 8 mL 20%的蔗糖溶液加入到试管底部，以 120 *g* 离心 10 min，界面法纯化原生质体。

（4）用移液管将漂浮的原生质体转移到另外一个试管中，或者用无菌针头将原生质体界面上下的液体和杂质去除，用原生质体培养基洗涤 2 次。原生质体纯化过程中，尤其是形成原生质体界面时，必须十分小心，倘若原生质体带被打散，很难重新收集。

（5）显微镜观察提纯后的原生质体，若杂质较多可重复(2)～(4)操作。

4）原生质体密度和活力的测定

在对游离原生质体进行培养之前，必须用二乙酸荧光素法或伊凡蓝染色法等（见 8.1.3.2 节）测定原生质体的活力，用血球计数板或特制的细胞计数板确定原生质体的密度。向日葵最适的植板密度因不同培养方法有不同的报道。Berrios 等（2000）采用琼脂糖珠培养，植板密度为 5×10^4 个/mL；采用液体浅层培养时，原生质体植板密度约为 2×10^5 个/mL。

5）原生质体植板

通过加入悬浮培养基，将原生质体密度调节到 2×10^5 个/mL。将悬浮好的原生质体溶液 5 mL 加入到直径为 60 mm 的培养皿中，用封口膜密封后，液体浅层培养。

6）原生质体培养和植株再生

（1）将悬浮密封号的原生质体置于 25 ℃、黑暗条件下培养。

（2）3 d 后部分原生质体重新形成细胞壁并开始分裂；5～10 d 统计原生质体分裂频率，同时向培养基中添加甘露醇减半的新鲜培养基，细胞持续分裂形成细胞团。

（3）3～4 周后形成肉眼可见的小愈伤组织。

（4）待愈伤组织长到一定大小，转移到含1.0 mg/L NAA、0.5 mg/L 6-BA、250 mg/L水解酪蛋白和30 g/L蔗糖的MS固体培养基上，在1000 lx，16 h/d日光照射下增殖，随后改变激素分化形成植株。

8.4.2　向日葵和菊苣原生质体融合

8.4.2.1　材料与试剂

（1）材料：向日葵（*Helianthus annuus* L.）下胚轴和菊苣（*Cichorium intybus* L.）叶片。

（2）融合剂：PEG溶液（30 g PEG3350、150 mg $CaCl_2 \cdot 2H_2O$、10 mg KH_2PO_4溶于100 mL双蒸水中，pH5.5）。

（3）培养基：同8.4.1节。

8.4.2.2　方法和步骤

（1）依照 8.4.1 介绍的方法，分别由向日葵下胚轴和菊苣幼叶制备原生质体悬浮液。其中菊苣的叶肉原生质体浓度为 2×10^4～3×10^4 个/mL，4 mmol/L 的碘乙酸（IOA）20 min，向日葵原生质体采用 30 Grays γ 射线照射处理。

（2）双亲原生质体处理后分别采用 13%和 20%的蔗糖漂浮纯化，然后再用 PM 液体培养基洗涤 2 次，调整密度到 2×10^5 个/mL。

（3）将菊苣和向日葵原生质体悬浮液按照 3∶1 的比例混合，并逐滴滴加到培养皿底部，静置至原生质体沉入底部，每滴原生质体上滴加 3 滴 PEG 融合液，1 min 后，加入 3.5 倍体积的 Kao 溶液（735 mg $CaCl_2·2H_2O$、375 mg 甘氨酸和 8 g 甘露醇溶于 100 mL 双蒸水中，pH10.5）2 次，每次间隔 1 min。然后滴加 DPD 培养液 3 次，每次间隔 5 min。添加完毕，室温下温育 15 min。

（4）15 min 后，融合混合物收集于离心管中，100 g 离心 10 min。再用 DPD 培养液洗涤 2 次。

（5）原生质体重新悬浮后于 28 ℃暗培养 2 d，在显微镜下观察。向日葵下胚轴原生质体胞质透明无色，菊苣叶肉原生质体富含叶绿体，比较溶液辨别异核体。因双亲原生质体分别进行了胞质和细胞核的预处理，所以未融合细胞和同核体细胞在培养过程中会被淘汰，只有异核体可以持续分裂形成细胞团。

本章小结

植物原生质体去除了细胞壁仍然具有再生植株的全能性，是植物细胞工程实践和理论研究的理想材料，对体细胞杂交、育种和理论研究有重要作用。原生质体培养的意义在于：①用于细胞壁再生、细胞分裂及单细胞发育等理论研究；②通过导入外源遗传物质（如 DNA、细胞器）进行育种或细胞与外源细胞器互作研究；③用于远缘体细胞融合，进行体细胞杂交育种；④原生质体培养中细胞突变频率高于组织培养，且无细胞壁的保护，易受外界因素影响，可用于突变育种研究。

原生质体培养的步骤包括原生质体分离、纯化、活力测定，原生质体培养和再生。原生质体分离时按照下列步骤进行，即选择材料（悬浮细胞系、胚性愈伤组织或叶片等）、预处理，然后酶解分离。原生质体材料的来源和状态是影响原生质体质量的重要因素，材料的选择根据植物种类及其基因型而异。无论哪种材料，采用适当的预处理会显著提高游离原生质体的产量和质量，预处理的方法目前主要有暗处理、预培养、预萎蔫、预质壁分离和预低温处理 5 种。原生质体分离方法有机械分离法和酶解分离法两种，前者基本废弃，目前主要采用后者。酶解分离原生质体有一步酶解法和两步酶解法，虽然两步酶解法效果优于一步酶解法，但考虑到环节增多会增添污染的机会，所以绝大多数实验采用的都是一步分离法。分离时常用的酶类有纤维素酶、半纤维素酶、果胶酶、崩溃酶和蜗牛酶等。根据原生质体游离材料的不同选择不同的酶组合、酶浓度及酶解时间。原生质体经酶解，从材料中释放出来，需要进一步纯化，纯化方法有离心沉淀法、漂浮法和界面法 3 种。原生质体纯化后可进行形态识别或染色法判断染色体的活力。原生质体分离材料的基因型、取材外植体、前处理、酶解条件、分离条件和光照与温度是影响原生质体的产量和活力重要因素。培养前需用液体培养基调整密度，培养方法主要有液体浅层培养法、固体平板培养法、双层培养法、琼脂糖珠培养法和饲喂层培养法等。一般情况下原生质体 2～7 d 开始第一次细胞分裂，2 周后形成细胞团，而形成肉眼可见的小愈伤组织需要到 3 周以后，小愈伤组织转移至固体培养基扩增后进行分化培养，形成完整植株。

植物原生质体融合又叫植物体细胞杂交，是原生质体培养的重要应用之一。原生质体融合方法有早期的无机盐诱导融合法、高 pH 高 Ca^{2+}融合法、PEG 融合法、PEG 结合高 pH 高 Ca^{2+}融合法及电融合法。无机盐诱导融合法因诱导率低，现在极少应用；电融合法虽无化学试剂对原生质体产生毒害且诱导频率高，但仪器昂贵，所以目前多采用 PEG 融合法和 PEG 结合高 pH 高 Ca^{2+}融合法。原生质体融合后，液体中除了存在期望获得的异核体，还有双亲原生质体和同核体等多种细胞，所以需要将异核体从中筛选出来。筛选方法有互补选择、机械选择法或者根据原生质体生长和再生能力的差别选择。通过上述途径筛选的异核体或再生植株，仅仅是提供了细胞杂种的间接证据，还需要对它们进行进一步的鉴定，鉴定方法包括形态学鉴定、细胞学与分子细胞学鉴定、生物化学鉴定和分子生物学鉴定。体细胞杂种在形态上往往表现出趋中性、双亲性状的共显性，具有偏亲现象。细胞学和分子细胞学上，根据双亲亲缘关系的远近和融合方法，体细胞杂种染色体或者为双亲染色体数目之和；或者部分染色体被排斥，甚至一方染色体全部被排斥形成胞质杂种；或只有少数片段存在于杂种细胞中，通过基因组原位杂交可以直观看到双亲染色体及它们重组的情况。分子生物学检测方法有 RAPD、RFLP、AFLP、SSR 标记、CAPS 标记、SRAP 及 CAPS。这些分子生物学检测方法通过整个基因组或部分基因或位点多态性，检测杂种细胞中基因是否来自双亲，是否发生重组和排斥。

思考题

1. 名词解释：原生质体，异核体，同核体，亚原生质体和原生质体融合。
2. 为什么原生质体要培养在等渗培养基中？
3. 影响原生质体活力和产量的主要因素。
4. 原生质体的培养方法有哪些？各有何优缺点。
5. 为什么说原生质体培养系统是现代生物技术的载体？
6. 植物体细胞杂交的类型。
7. 对称融合和非对称融合的概念及非对称融合的作用。
8. PEG 融合法与电融合法的原理及影响因素。
9. 杂种细胞的选择方法。
10. 如何用分子生物学方法鉴定杂种植株？
11. 通过哪些途径可以进行原生质体的遗传饰变？
12. 体细胞杂交技术的应用及还需要进一步研究解决的问题。

第 9 章 种质离体超低温保存与人工种子

随着生态环境的破坏，许多优质和珍贵种质资源正在逐渐消失，因此，保护生物多样性成为全世界关注的问题，种质资源的保存也被植物育种工作者所重视。种质离体超低温保存是种质资源保存的一种方法。本章将分别从种质离体超低温保存的概念、原理、方法和影响因素等方面进行介绍。人工种子是当前体细胞胚胎学及遗传学研究中的一个重要课题，它是植物某些组织、器官或植物体的一部分，在离体条件下培养的胚状体和人工合成的胚乳及种皮一起构建的一种发芽出苗的结构。本章将从人工种子的繁殖体类型、来源、制备及发展现状等方面进行介绍。

9.1 基本概念

9.1.1 种质离体超低温保存

种质是决定生物种性并将其丰富的遗传信息从亲代传给子代的遗传物质的总称，是物种进化、遗传学研究和植物育种的物质基础。**种质离体超低温保存**是指利用植物细胞全能性的原理，用离体植物材料（愈伤组织、分生组织、花药、茎尖、胚胎、悬浮细胞、原生质体等）在超低温环境中保存的方法。将植物从超低温环境中取出后，植物仍能保持较高的存活率，并且再生出的新植株仍然保持原有的遗传特性。英国国家种质库曾在20世纪90年代对苹果种质采用离体超低温的方法进行保存实验，结果发现产自世界北部地区的苹果芽苗复活率可高达100%，其他地区的苹果芽苗复活率也保持较高的存活率，从10%～100%不等。证明种质离体超低温保存是一种较成功的种质保存方法。

9.1.2 人工种子

人工种子又称合成种子，是指将植物组织离体培养产生的胚状体包裹在含有营养成分和保护功能的人工胚乳及人工种皮中，从而形成能够发芽出苗的结构。人工种子包括人工种皮、人工胚乳和胚状体 3 个部分。**人工种皮**位于最外层，保护水分免于丧失和防止外界机械损伤；**人工胚乳**充填于人工种皮和胚状体之间，其中含有胚状体所需的各种营养成分和植物激素；**胚状体**位于最内层。在适宜的条件下，人工种子能够发芽成苗，发育成完整植株。

1978 年，美国生物学家 Murashige 首次提出“人工种子”的设想。1981 年，Lawrence 用芹菜和莴苣研究出了体细胞胚的包埋技术，从此，对人工种子的研究不断深入。日本科学家 Kamada 在 1985 年首次对人工种子的概念进行了延伸，他认为，使用适当的方法包埋组织培养所获得的具有发育成完整植株能力的分生组织（芽、胚状体、愈伤组织和生长点等），可取代天然种子播种的颗粒体均可称为人工种子。中国科学家陈正华等（1998）将人工种子的概念进一步扩展为任何一种繁殖体，无论是涂膜胶囊中包埋的、裸露的或经过干燥的，只要能发育成完整植株的均可称为人工种子。

人工种子具有以下优点：

（1）繁殖速度快，胚状体可以通过组织培养的方法大量繁殖，1 L 培养基中可产生 10 万个胚状体。

（2）可根据植物对生长的不同要求配置不同成分的“种皮”和“胚乳”。

（3）人工种子属于无性繁殖体系，可固定杂种优势，保存珍贵稀有品种。

（4）解决了有些作物品种繁殖能力差、结子困难或发芽率低等问题。

9.2　种质的超低温保存

9.2.1　超低温种质保存的原理

通常将–80 ℃以下的温度称为超低温。超低温冷冻保存一般以液氮为冷源，使温度维持在–196 ℃。将离体植物种质保存在其中，这时，活细胞内的一切生命活动几乎完全停止，这样细胞也就不会产生遗传变异，保存了原材料的遗传特性。但是必须避免在冷冻过程细胞内水分的结冰和在解冻过程中细胞内水分的次生结冰，这是由于在冷冻和解冻过程中会有冰晶形成，造成植物细胞结构的不可逆性破坏。因此，为了成功地在超低温环境下保存植物种质，必须采取如下措施：①提高植物材料的抗冻能力；②选择细胞内自由水少的植物材料；③在冷冻和解冻过程中尽量减少冰晶的形成，避免对细胞的损伤。

9.2.2　超低温种质保存的方法

传统的步骤分为材料的选取、预处理、超低温保存、解冻和洗涤、再培养。

9.2.2.1　材料的选取

植物的离体材料，如愈伤组织、分生组织、花药、茎尖、胚胎、悬浮细胞、原生质体等，均可作为超低温种质保存的材料，其中悬浮细胞和愈伤组织是较早采用的材料，但是研究表明这两种材料并不是最好的超低温保存材料，因为它们具有遗传不稳定的现象，而且在长期保存过后再生能力较差。现在较理想的材料是茎尖、幼芽、胚胎等，相较于前两种材料，这些材料具有遗传稳定性好、再生能力强等优点，另外，这些细胞的液泡体积小，能在一定程度上减小冷冻和解冻过程中细胞内冰晶形成的概率，使细胞抗寒能力相对提高。

为了提高细胞的抗寒能力，还可以在保存前对其进行加速传代，提高分裂细胞的比例。这是由于分裂旺盛的组织，细胞内自由水含量较少，有较高的抗寒能力。

9.2.2.2　预处理

常用的预处理方法有两种：低温预处理和加入冷冻保护剂。

低温预处理的方法是先将材料置于一个低温环境中，提高其抗寒能力，随后再将材料投入液氮中保存。低温锻炼可以激活植物体内的抗寒机制，如提高膜磷酸酯的不饱和程度、诱导抗冻蛋白质的产生等，进而提高冷冻后的成活率（马千全等 2007）。Niino等（1992）在对苹果、梨和樱桃茎尖进行超低温保存时，将材料放在低温下（4 ℃）保存一段时间，可以大大地提高成活率。紫花苜蓿的悬浮细胞在2 ℃低温锻炼10 d后的冷冻存活率大大提高。

加入冷冻保护剂的方法是用一定浓度的甘露醇、脯氨酸、糖醇、二甲基亚砜（DMSO）

等试剂预处理材料，提高材料的存活率。该方法在许多植物中获得成功。冷冻保护剂可以降低冰点温度，促进过冷却和玻璃化的形成。在玻璃化状态下，能提高细胞溶液的黏滞度、阻止冰晶的生长、防止细胞因脱水而瓦解、维持大分子物质的结构（肖凝洁等 1999）。作为冷冻保护剂的物质需要具备以下特征：①易溶于水；②在一定浓度下对细胞无毒；③化冻后容易从组织细胞中清除。目前冷冻保护剂的种类很多，按其是否渗透到细胞内，分为渗透性保护剂（如DMSO、甘油、丙二醇、乙酰胺等）和非渗透性保护剂（如蔗糖、葡萄糖、聚乙二醇等）。实际操作时常将几种保护剂混合使用，降低其对细胞的毒性效应。使用保护剂处理的时间一般为20～60 min，浓度一般为5%～10%，用量为与材料等体积混合。

9.2.2.3 超低温保存

传统的降温冷冻方法有4种，即快冻法、慢冻法、预冻法和逐级降温法。快冻法是将预处理的材料以100～1000 ℃/min的速度快速降温后直接投入液氮中保存，这种快速冷冻的方法使细胞内形成的冰晶不至于达到损伤细胞的程度。慢冻法需要严格控制降温速度：先以1～5 ℃/min的速度降温至–30～–40 ℃，平衡1 h左右，再继续降温。这种方法既能有效地阻止细胞液或液泡结冰,又能防止细胞质中溶液浓度过高、有害物质积累太多，破坏细胞膜的结构。预冻法是慢速降温到一定温度（–30～–50℃），一段时间后再投入液氮中保存。逐级降温法即以一定的速度逐级降温至–196 ℃进行保存。

现在又研究出一些新的降温冰冻的方法，如脱水干燥法（dehydration/desiccation）、玻璃化法（vitrification）、胶囊化/脱水法（encapsulation/dehydration）、胶囊化/玻璃化法（encapsulation/vitrification）等。需要指出的是，尽管各种冷冻方法各有自己的优缺点，但目前为止还没有一种方法普遍适用于所有的植物材料，所以必须根据不同材料来确定冷冻方法。

由于液氮会不断挥发，种质保存时需要定时补充液氮。

知 识 点

脱水干燥方法就是将离体培养的材料经处理，含水量降到一定程度，再放入液氮中。现在培养材料脱水的主要方法有直接干燥脱水、高浓度蔗糖预处理等，再用无菌空气流或硅胶等干燥脱水。

玻璃化方法是Sakai等建立的一种简单而高效的方法，即待保存材料经冷冻保护剂处理（一般是由低毒性高浓度的大分子化合物混配而成），直接放入液氮中后，平均冷冻速率可达1800 ℃/min，能避免细胞内结冰晶，消除了常规慢冻法和逐级降温法需要控制性能好的程序降温设备和复杂的冷冻程序，可以使材料直接放入液氮中。

9.2.2.4 解冻和洗涤

解冻是种质离体超低温保存的关键环节，如果操作不当，会使细胞内再结成冰晶，对细胞造成严重损伤。目前常采用快速解冻法，将种质材料从液氮中取出后在 30～40 ℃下迅速解冻，这时细胞内的水分来不及形成冰晶时就会融化，不会对细胞造成伤害。

解冻后的洗涤也很重要，洗涤的主要目的是除去高浓度的冷冻保护剂和有毒的保护剂（如DMSO），以免影响超低温保存后的再培养。最常用的洗涤方法是用含1.2 mol/L蔗糖的

MS基本培养基25 ℃洗涤10 min。

9.2.2.5 再培养

在对种质进行再培养之前需要对其活力进行测定，用TTC还原法或FDA染色法进行检测，然后剔除失去活力的细胞，以便测定其存活率。再培养中，细胞会逐渐恢复分裂能力并进行器官分化和植株再生。

9.2.3 影响超低温保存效果的主要因素

9.2.3.1 种质材料的特性

材料的基因型、抗冻性、器官组织和细胞的年龄、生理状态等均影响超低温保存的效果。不同的种质材料进行超低温保存有不同的优势。

含水量是影响植物种质超低温保存的重要因素。含水量多的细胞冷冻和解冻时容易结成冰晶，对细胞造成机械损伤，影响其生活力。高细胞质、无液泡、薄壁的小分生细胞抗寒能力较好，因此，为了防止细胞内结冰晶，可以在保存前对其进行加速传代，提高分裂细胞的比例，使细胞内自由水含量降低，提高抗寒能力。

此外，材料的成熟程度也影响其超低温保存效果，如梁立等（1993）在紫菜薹花粉超低温保存研究中对比了幼嫩花粉(开花前7～8 d，单核后期至二核早期)、近成熟花粉（开花前2 d，三核期）和成熟花粉（开花当天）3个发育时期，结果认为成熟花粉的保存效果与近成熟花粉相近，幼嫩花粉较差。

目前还发现对原生质体进行超低温保存优于冷冻细胞，这是由于原生质体没有细胞壁，排除了冷冻期间细胞产生的张力，所以受伤害较小、存活率较高，同时能筛选出抗逆性强、生长处于优势的细胞系。但原生质体的超低温保存操作复杂、技术难度大，故成功的例子不多。

9.2.3.2 冷冻保护剂

不同冷冻保护剂类型也是影响超低温保存效果的关键因素之一。冷冻保护剂不仅能够保证细胞内水分的及时脱出，而且还能降低溶液的凝固点，从而使保存材料有更多的时间将细胞内的水分脱出，避免细胞内形成冰晶对细胞造成危害。另外，不同冷冻保护剂种类及其不同浓度的组合也会影响保存材料的冷冻效果。例如，在水稻的超低温保存中，Bajaj使用10%DMSO+4%蔗糖和7%DMSO+5%甘油+5%蔗糖分别成功地保存了水稻合子胚和花粉胚；10%DMSO+20%葡萄糖保存水稻细胞悬浮培养物获得成功；唐定台等则采用10%DMSO+10%蔗糖的混合液使水稻原生质体获得了最佳的冰冻保存效果。

9.2.3.3 温度控制

在冷冻和解冻过程中必须严格按照所需的温度进行操作，否则容易使细胞内发生冷冻时结冰和解冻时次生结冰。在解冻过程中，尽管选择较高的解冻温度会使冻存材料在很短的时间内解冻、冰晶迅速融化，但也会出现细胞壁吸水膨胀过快，而使原生质体尚未来得及吸水膨胀，最终造成细胞原生质体被撕毁损伤，从而最终导致细胞死亡。因此，根据冻存材料的特性，应该选择适宜的解冻温度。

9.2.3.4 保存时间

种质离体保存时间的长短不仅影响植物的生活能力，还会影响农作物的结实能力，Cornejo等（1995）发现水稻愈伤组织培养时间长短对保存效果影响很大，8个月的愈伤组织保存效果和冻后植株再生力明显不如4个月的愈伤组织。

超低温种质保存为长期稳定地保存植物种质资源提供了有效的方法，而且保存材料来源多样，所需设备相对也比较简单、经济，因而在种质保存研究中已取得很大进展。但是由于存在液氮的稳定供应、不同物种和不同种类材料（如热带和寒温带种质、细胞、组织和器官等）耐脱水能力不同、冷冻过程中如何防止冰晶的形成、理想的冷冻保护剂组分及浓度、保存材料冷冻前及冷冻后的遗传稳定性及保存后的再生能力等问题，目前大多是基于方法的研究，离实际应用还有一段距离。

我国虽然在超低温保存方面有一定进展，但至今未见有关超低温种质资源库方面的报道。我国是一个种质资源十分丰富的国家，如何有效地保存和利用好这些资源，尤其是一些珍稀或濒危种质资源是一项意义重大的课题。超低温保存技术的建立和发展无疑为这些种质资源的保存提供了很好的途径。

9.3 人工种子

9.3.1 人工种子的繁殖体类型与来源

人工种子的繁殖体为体细胞胚胎（胚状体）。1958 年，Reinert 在胡萝卜的组织培养中最先发现了体细胞胚。至今已有多种植物可以通过诱导产生胚状体，如水稻、玉米、油棕、石刁柏、人参等。

生产高质量的胚状体是人工种子制作的关键。要求生产人工种子的胚状体具有与天然种子相比拟的成株率，甚至超过天然种子。胚状体既可由外植体的表皮细胞直接产生，也可由愈伤组织的表层细胞产生。人们还发现细胞培养中的单细胞、花粉中产生单倍体体细胞和原生质体在适当条件下均可获得胚状体。虽然从理论上讲，产生胚状体是植物界的普遍现象，但从目前的研究结果来看，能产生胚状体的植物只有 200 余种。

几乎所有活的组织和器官都可能被诱导形成体细胞胚。诱导体细胞胚发生一般来说需要4步。第1步：从无菌体上取材诱导产生愈伤组织；第2步，通过过筛或梯度离心建立胚性细胞系；第3步，去除培养基中的生长素（多为2,4-D）以诱导体细胞胚的形成；第4步，稀释培养浓度。选择适当的外植体是成功诱导体细胞胚的关键，其中，新鲜的细胞系诱导体细胞胚的能力较强，而老化细胞形成体细胞胚的能力则明显下降。

9.3.2 人工种子的制备

9.3.2.1 胚状体发生的同步化

胚状体发生的同步化是制备人工种子的关键环节，是指促使所有培养的细胞或发育中的细胞团块进入同一个分裂时期。只有进行了同步化的细胞，才能成批产生出成熟的胚胎。而不管以何种方式诱导产生的胚状体，其发生常常是不同步的。在同一外植体上有发育程度不同的胚状体，这就为人工种子的制备增加了难度。为了实现胚状体发生的同步化，可采用以下几种方法。

（1）抑制剂法。此法通过在培养初期加入 DNA 合成抑制剂来达到控制细胞分裂同步化的目的，当除去 DNA 抑制剂时，细胞开始进行同步分裂。常用的 DNA 抑制剂为 5-氨基尿嘧啶。

（2）低温法。低温可以抑制细胞分裂的进行，当温度恢复到正常培养温度时即可实现细胞的同步分裂。

（3）渗透压法。处于不同发育阶段的胚状体有不同的渗透压要求，通过改变渗透压而使细胞分裂停止在某一阶段，然后同步分裂。

（4）通气法。细胞在分裂旺盛期会产生大量的乙烯，因此可以通过在培养基中通入乙烯而提高细胞的分裂速度，使其实现同步分裂。

（5）分离过筛法。由于不同分裂时期的细胞大小不同，所以可以用不同孔径的筛网或用密度梯度离心法对细胞进行分离，从而实现细胞分裂的同步化。

9.3.2.2　人工胚乳的制备

理想的人工胚乳应该具备以下条件：①对所包埋的胚无伤害；②具足够的柔韧性以包裹和保护胚，并允许其萌发和转化成苗；③有一定的硬度以适应贮藏、运输和种植等常规操作；④可容纳和传递胚胎发育所需的营养物质、生长和发育控制剂、促进生长的微生物、防腐剂、杀虫剂等；⑤可以用现有的温室和农田进行机械播种。因此，常将人工胚乳配制成胶囊状，其基本成分为胚状体萌发所需的各种营养成分，如无机盐、植物激素、糖类、抗生素等。制备人工胚乳时，可根据不同种子的不同需求，对各种营养成分及其含量进行筛选，使人工种子比自然种子具有更加优越的特性。

人工胚乳的制备有两种方法，即直接法和微型包裹法。

（1）直接法。凝胶囊中加入种子萌发所需的无机盐、植物激素等营养物质。

（2）微型包裹法。为了使人工胚乳的营养成分在人工种子内缓慢释放，延长种子的存活时间，可以先将各种营养成分包裹在微型胶囊中，再把微型胶囊和胚状体一起包裹在人工种皮中。

9.3.2.3　人工种皮的制备

由于人工胚乳呈胶囊状，而且胶囊之间黏性大，易粘在一起，同时空气干燥又易使其失水，影响体细胞胚萌发。这就需要在其外面包裹上一层保护膜——人工种皮。它类似于天然种皮，既能保持种子内的水分和营养免于丧失，又能保证通气及防止外来机械压力引起的损伤。因此，人工种皮需要有以下几个特点：①一定的硬度，防止种子在储存和运输过程中的机械外力损伤；②良好的透气性，能保证胚状体的呼吸；③易降解，在种子播种后能够降解，保证不污染土壤。

最初用于人工种皮制备的材料是聚氧乙烯，但是有一定的毒性，而且易溶解于水。目前使用最广泛的材料是海藻酸钠，它不仅具有保护功能，还可以添加多种营养成分，有利于人工种子的萌发。汪福源等（2012）发现不同浓度海藻酸钠对人工种子形成的时间和质量有很大影响。海藻酸钠浓度过低，形成时间长、形状不规则、颗粒不均；浓度过高，虽然形成时间大大缩短，但人工种子的硬度太大、混浊、不透明。实验结果表明：2.5%海藻酸钠在2%

$CaCl_2$中反应8～10 min是白术人工种子的最佳制作条件，在此条件下可形成颗粒均匀、透明和硬度适合的合格人工种子。

9.3.2.4　人工种子的包裹

胚状体的包裹关系到人工种子萌发、贮藏、生产和应用等重要环节。对胚状体的包裹要求做到：首先，不影响胚状体萌发，并提供其萌发与成苗所需的养分和能量，即起到胚乳的作用；其次，使胚状体经得起生产、贮存、运输及种植过程中的碰撞，并利于播种，即起到种皮的保护作用；最后，针对植物种类和土壤等条件，满足对人工种子的特殊需要。

目前经常使用的人工种子包裹方法有两种。

（1）离子交换法。采用络合凝胶点滴法将胚状体与海藻酸钠混合在一起，滴入一定浓度的氯化钙或硝酸钙溶液，这时钙离子和钠离子会发生离子交换反应，并在一段时间后凝固，形成了包裹有胚状体的胶珠，即人工种子。种子的硬度可由凝胶浓度与络合时间控制。由此得到的人工种子，可在多种培养基上萌发生长。

（2）干燥包埋法。将胚状体置于23 ℃，相对湿度为79%的黑暗环境下逐渐干燥，最后用聚氧乙烯包裹贮存。

延伸阅读

美国的一个研究组花了近两年时间，从百余种材料中筛选到目前广泛使用的人工种子包埋介质海藻酸钠。这种物质在0.1 mol/L氯化钙溶液中可以迅速固化成透明的小胶球。海藻酸钠价格低廉、质地柔软无毒性，还可人为地在其中加入各种营养物质和生长调节剂，因此是一种迄今为止已发现的比较理想的胚状体包埋剂。但这种物质作为人工胚乳还存在一些缺点，如营养物质易泄漏、保水性差、胶球很易粘连等，而且由于含水量大，常温下易萌发，也易失水干缩，贮藏难度很大。

利用液体石腊法、低温法、干燥法、塑料和铝箔包装法等进行贮藏均不够理想。原因是所取的胚状体正处于旺盛生长状态，一般来说，成熟胚状体培养5～6 d就可长成具根芽的小植株。采用上述各种方法贮藏，也很难抑制包裹在胶球中的胚的萌发。为此，科学家又设想在胶球外包一层薄膜——人工种皮。美国科学家在1987年筛选出一种疏水性物质Elvax-4260（乙烯、乙烯基乙配和丙烯酸共聚物），但不够理想。目前人们还在寻找更理想的、既能透水透气又能防菌的人工种皮。

9.3.3　人工种子的发展状况

对于人工种子的研究，美欧国家起步较早，并且投入了大量资金和人力研究这项技术。例如，美国新泽西州的DNA生物技术公司、克拉夫特公司、加利福尼亚植物遗传公司均致力于这项研究，法国的罗讷布朗公司、瑞士的内斯尔公司及德国的一些生物技术公司也投入了大量资金，并以蔬菜为主要目标，运用现代生物技术大力开发人工种子。我国对于人工种子的研究起步较晚，1984年人工种子的概念才见诸于文献，1985年开始研究，1987年将其列入863高新技术发展计划，目前已取得了若干重大进展。复旦大学环境资源研究院遗传所和材料科学研究所的科学工作者经过5年的艰苦攻关，终于在世界上首次研制成功旱芹、杂交水稻等多种作物的人工种子，并培育出一批性状稳定的种苗。

除上述国家外，目前已有很多国家正在对人工种子进行积极的研究，对人工种子的研究范围也由最初的胡萝卜、芹菜等转向了具有重要经济价值的粮食作物、观赏植物及药用植物等。此外，近几年对人工种子的研究已由体细胞胚人工种子逐渐向非体细胞胚人工种子的方向转化。人工种子能够大规模制备、贮藏、运输和固定杂种优势的优点，使得其可在生产上发挥重要的作用。

但是对于人工种子的研究仍有许多重要问题需要更好的解决办法，如人工种子的防腐、人工种子在土壤中的转化率低及胚状体离体培养易产生变异等问题。除此之外，人工种子还远不能像天然种子那样方便、实用和稳定，主要障碍在于人工种子的质量和成本：①许多重要的植物目前还不能靠组织培养快速产生大量的、出苗整齐一致的、高质量的胚状体或不定芽；人工种子的质量达不到植物正常生长、运输和贮藏的要求；人工种子的制种和播种技术尚需进一步研究。②目前多数人工种子的成本仍然高于试管苗和天然种子。虽然一些研究机构已经建立起大规模自动化生产线，能够生产出高质量、大小一致、发育同步的人工种子，但是它的成本仍高于天然种子。以苜蓿为例，目前生产一粒人工种子所需成本是0.0260美分，而一粒天然苜蓿种子的成本是0.0006美分，两者相差40多倍（刘静宇等2011）。因此，人工种子要真正进入商业市场并与自然种子竞争，必须降低生产成本。由于人工种子是由组织培养产生的，需要一定时间才能很好地适应外界环境，因此人工种子在播种到长成自然植株之前的管理也非常重要，在推广之前必须经过农业试验，并对栽培技术及农业性状进行研究。由此可见，人工种子要想成为种植业的主导繁殖体，目前仍有相当大的困难。

但是，还应当看到，随着科学技术的不断发展，科学家们会将人工种子目前存在的障碍一一扫除，使其能够在生产上得到广泛应用，并将其潜在优势更好地发掘出来。

本章小结

超低温保存是植物种质资源离体保存的主要方法之一，是将需保存的离体种质用一定的方法进行预处理后投入液氮中保存的一种方法。在液氮中几乎所有的细胞代谢活动、生长过程都停止了，因而利用超低温保存的方法保存种质在一定程度上可以排除遗传性状的变异，同时还可以保存细胞的活力和形态发生的潜能。超低温保存的过程中必须避免在冷冻过程中细胞内水分的结冰和在解冻过程中细胞内水分的次生结冰，防止形成的冰晶造成植物细胞结构的不可逆性破坏。其基本程序包括：材料的选取、预处理、超低温保存、解冻和洗涤、再培养等环节。影响超低温种质保存的因素有很多，如种质材料的特性、冷冻保护剂、温度控制、保存时间等。超低温种质保存为长期稳定地保存植物种质资源提供了有效的方法，但仍有一些问题需要解决。

人工种子是指植物组织离体培养中产生的胚状体，被包裹在含有养分和保护功能的人工胚乳和人工种皮中，从而形成能发芽出苗的结构。人工种子包括人工种皮、人工胚乳和胚状体 3 个部分。胚状体是人工种子的繁殖体，既可由外植体的表皮细胞直接产生，也可由愈伤组织的表层细胞产生。人工种子的制备包括以下环节：胚状体发生的同步化、人工胚乳的制备、人工种皮的制备、人工种子的包裹。人工种子作为植物的一种繁殖体，具有许多优点。目前已有很多国家正在对人工种子进行积极的研究。但是，对于人工种子的研究仍有许多重要问题需要更好的解决办法。随着科学技术的不断发展，人工种子将能在生产上得到广泛应用。

思考题

1. 超低温保存的原理是什么？
2. 超低温保存的基本程序有哪些？应该注意哪些问题？
3. 超低温保存过程中怎样提高材料的抗寒能力？怎样防止细胞结冰？
4. 影响超低温保效果的主要因素有哪些？
5. 什么是人工种子？它是如何构建的？
6. 如何实现体细胞胚的同步化？
7. 人工种子有哪些优点？在生产中主要存在哪些技术问题？

第 10 章 动物细胞培养

动物细胞培养技术是一门应用型科学技术，已经成为细胞生物学、生物化学、分子生物学、遗传学、免疫学等学科的一种重要研究手段，广泛应用于基础生物学和医学的多个研究领域中。

动物细胞培养起源于 1885 年，德国人 Roux 用温生理盐水在体外培养鸡胚髓板，第一次成功进行组织块人工培养。1906 年，Beebe 和 Ewing 用盖玻片悬滴培养法，以动物血清做培养基，培养狗淋巴细胞，存活了 72 h，并观察到细胞生长现象。1907 年，Arrison 用淋巴液做悬滴培养，使来自两栖类胚胎神经组织的神经细胞存活了若干天，还观察到神经管细胞分化成神经元，并且向培养基中伸出轴突。Carrel 用血浆包埋组织块外加胎汁的培养法，通过采用更新培养基和分离组织的传代措施，完善了经典的悬滴培养法。20 世纪 50 年代，组织培养技术有了更快的发展，培养操作技术有所改进，各种培养瓶、培养基应运而生。1957 年，Dulbecco 实验室采用蛋白酶消化处理，使成块的组织分散成单个细胞，进行悬液培养，从而开创细胞培养技术。

细胞或组织培养是细胞学研究的技术之一，是动物细胞工程的基础。根据原始培养对象不同，动物细胞的体外培养可分为：细胞培养、组织培养和器官培养。动物细胞与组织培养是从动物体内取出细胞或组织，模拟体内的生理环境，在无菌、适温和丰富的营养条件下，使离体细胞或组织生存、生长并维持结构和功能的一门技术。器官培养是整个器官、器官的一部分或器官的原基在模拟的生理环境中体外存活、生长和保持一定功能的技术。在器官培养中，要尽可能抑制细胞从器官培养物中迁移生长出来，抑制细胞的脱分化，从而维持器官培养物的结构和功能不变，维持细胞的分化状态，这也是器官培养与细胞培养和组织培养最明显的不同之处。

10.1 动物细胞培养的特点与应用

10.1.1 动物细胞培养的特点

10.1.1.1 动物细胞的特点

动物细胞属于真核细胞，与细菌等原核细胞相比，进化程度更高，结构和成分更复杂，功能也更全面。动物细胞之间的连接形式要比植物细胞复杂得多，细胞间可通过紧密连接（tight junction）、黏着连接（adhesion junction）、间隙连接（gap junction）等细胞连接方式形成一个密切相关、彼此协调一致的结构统一体。

动物细胞虽可像微生物细胞一样，在人工控制条件的生物反应器中进行大规模培养，但其细胞结构和培养特性与微生物细胞相比有显著差别，动物细胞有以下特点。

（1）动物细胞比微生物细胞大，无细胞壁，机械强度低，适应环境能力差；

（2）倍增时间长，生长缓慢，易受微生物污染；

（3）培养过程需氧量少；

（4）培养过程中细胞相互粘连，以集群形式存在；

（5）原代培养细胞一般繁殖 50 代即退化死亡。

10.1.1.2　体外培养动物细胞的形态

不同组织的细胞，由于内部构造不同，生理功能不同，所处环境条件不同，因而形态多种多样，如呈圆形、椭圆形、柱形、扁平形、梭形、星形、多边形或无定形。一般情况下，体外培养细胞形态结构与体内细胞基本相同，然而，由于细胞的生长方式不同，在大体形态及某些细微结构方面仍有一定差异。体外培养的细胞根据其生长方式，主要可分为以下两种：贴壁型生长细胞和非贴壁型生长细胞。

1）贴壁型生长细胞

贴壁型生长细胞是贴附于培养支撑物的表面上才能生长的细胞。很多种细胞在体外能以这种方式生长，如大多数哺乳动物细胞必须附着在固体表面生长，当细胞布满表面后即停止生长，此时若取走一部分细胞，存留在表面上的细胞就会沿着表面生长而重新布满表面，这种细胞培养称为**单层贴壁培养**。贴壁培养的细胞可用胰蛋白酶、酸、碱等试剂或机械处理方法，使之从生长表面上脱落下来。体外培养的贴壁型细胞由于形态上表现单一，而失去了其在体内原有的某些特征。细胞形态常反映其胚层起源，根据培养细胞的形态不同，大致可将其分为成纤维型细胞、上皮型细胞、游走型细胞和多形型细胞（图 10.1）。

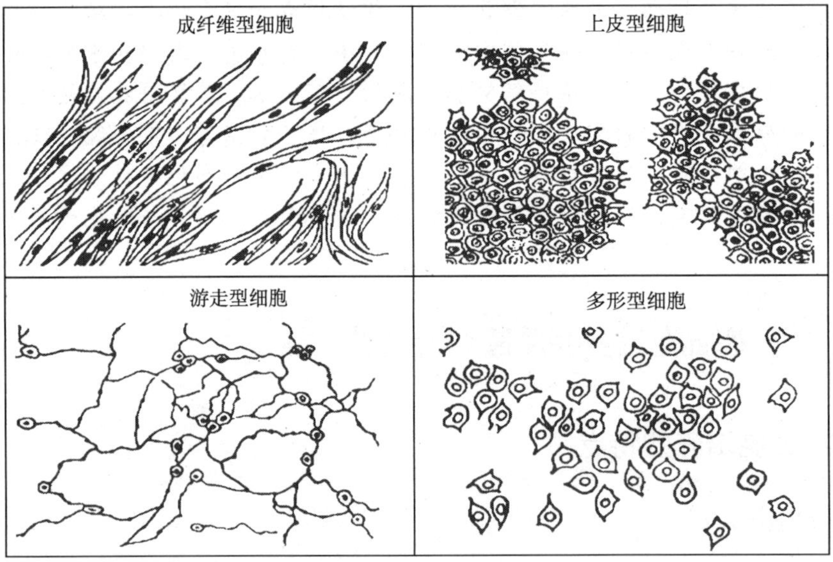

图 10.1　体外培养的贴壁型细胞的常见形态（章静波 2002）

（1）成纤维型细胞。细胞呈梭形或不规则三角形，中央有卵圆形核，胞质向外伸出 2～3 个长短不同的突起，细胞呈放射状、火焰状或旋涡状生长。除真正的成纤维细胞外，凡由中胚层间充质起源的组织，如心肌、平滑肌、血管内皮等细胞和成骨细胞常呈此形态。

（2）上皮型细胞。胞体呈扁平不规则多角形，中有圆形核，细胞紧密相连成单层膜。生长时呈膜状移动，处于上皮膜边缘的细胞总与膜相连，很少脱离细胞群单独活动，起源于内、外胚层的细胞，如皮肤表层、消化层上皮、肝、胰、肺泡上皮等的细胞，皆呈上皮型形态。

（3）游走型细胞。在支持物上散在生长，胞质经常伸出伪足或突起，做活跃的游走或变形运动，运动速度快而不规则，细胞内易出现暗色的吞噬性颗粒，细胞形态不稳定，有时难以与其他类型细胞相区别。在一定条件下，如培养基化学性质变动等，它们也可能呈成纤维型细胞形态。表现这种细胞形态的主要是具有吞噬作用的单核巨噬细胞系统的细胞，如颗粒性白细胞、淋巴细胞、单核细胞、巨噬细胞、肿瘤细胞等。

（4）多形型细胞。由于难以确定其形态而得名，是一些形态上不规则的细胞，但它不像成纤维细胞的不规则形态是由宽扁的胞质突起所致，而是一般分胞体和胞突两部分，胞突为细长形，类似丝状伪足；胞体虽然也略呈现多角形，但没有成纤维型细胞那样不规则。多形型细胞不常见，只有一些难以确定其稳定形态的细胞才归入此类型，如神经组织的细胞。

需要注意的是，这些形态分类只是一种笼统的分类方法，体外培养细胞的形态并不完全是恒定的，而且可因各种因素而发生改变，如血清成分、培养基及添加成分、培养基的酸碱度、气相环境、温度、细胞密度、污染等因素。例如，HeLa 细胞本身是上皮型细胞，若培养条件过酸或过碱，则可呈现为梭形而似成纤维型细胞，当酸碱度适中时又可恢复上皮型特征。因此，明确某一培养物的确切细胞类型必须借助于特异性的鉴定方法，而不能仅仅以细胞形态学特征来对培养物进行鉴定。

2）非贴壁型生长细胞

有些细胞在体外培养时，不能贴附在支持物表面生长，而呈悬浮状态生长，又叫悬浮型细胞，如一些在体内原本就以悬浮状态生长的血液、脾脏和骨髓的细胞及某些癌细胞。非贴壁型生长细胞的特点是细胞体始终为球形。由于培养过程中，细胞悬浮于培养基中，生存空间大，可维持对数生长期，允许长时间生长，且能繁殖更多细胞，适合大规模生产，有工业应用价值，传代繁殖方便，传代时只需稀释，无需消化处理，易于收获，也便于做细胞代谢等研究。有些贴壁生长的细胞，如 HeLa 细胞等，经悬浮-贴壁反复培养后，可逐渐适应，也能进行长期悬浮培养。

10.1.1.3　体外培养动物细胞的生长和繁殖过程

体内细胞生长在动态平衡的环境中，而体外细胞生长在培养容器中，生存空间和营养物质都是有限的，所以其生长特点和生长增殖过程与体内细胞有所不同，当生长增殖达到一定密度后，需要分离出一部分细胞或者更换新的培养基，否则将影响细胞的生长，这一过程叫做**传代**（**passage**）。每次传代后，细胞的生长增殖过程都会受到一定的影响。

在进行正常细胞培养时，无论细胞的种类和供体的年龄如何，在细胞的全生长过程中大致都要经过**初代培养期**、**传代培养期**和**衰退死亡期**（图 10.2）。**生长曲线**（**growth curve**）是反映培养细胞从接种到传代之前的生长增殖情况的曲线，包括潜伏期、指数增长期、平衡期和衰亡期等。

1）原代（初代）培养期

从体内取出组织接种培养到第一次传代这个阶段，一般持续 1～4 周，处于此阶段的细胞比较活跃，有细胞分裂，但不旺盛。细胞多呈二倍体核型，代表了其来源组织的细胞类型及组织特异性，是适于检测药物的细胞模型。

2）传代培养期

在细胞的整个生命周期中传代培养期持续时间最长。传代细胞增殖旺盛，并能维持二倍体核型。一般传代至30～50次后细胞增殖变慢，进入衰退期。

3）衰退期

此期细胞虽仍存活，但增殖基本停止，细胞形态轮廓增强，进而细胞发生衰退、死亡。体外培养细胞的生命周期中，由于某种因素的影响，少数细胞可能发生自发转化，在传代期末或衰退期初阶段，获得永生性而具有持久或无限增殖的能力，这种细胞即称为无限细胞系，或称连续细胞系或永生性细胞。

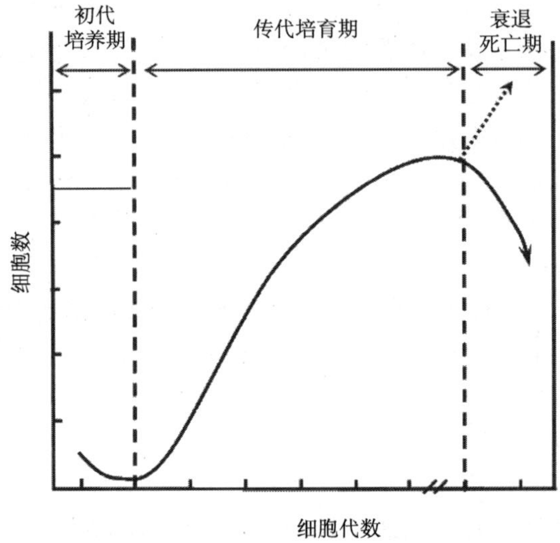

图 10.2　体外培养细胞的生命周期

10.1.1.4　动物细胞培养的特点

（1）动物细胞对营养的要求较高。动物细胞培养需要多种氨基酸、维生素、辅酶、嘌呤、嘧啶、激素和生长因子等，其中很多成分是由血清或胚胎浸出液等提供。由于血清来源受到限制，质量不稳定，动物细胞培养液特别是无血清培养液的研制是动物细胞培养工程的基础。

（2）动物细胞对培养环境的适应性较差，生长缓慢，培养时间较长。生产用动物细胞，必须根据生产形式需要，经过较长时间的驯化，如无血清培养的驯化、悬浮培养的驯化和高密度环境培养的驯化。

（3）动物细胞培养对环境条件要求严格。必须对培养环境严加控制，才可大幅度促进细胞生长。例如，二倍体成纤维细胞在控制pH的情况下，比在pH可变的情况下生长得更好。此外，动物细胞生长缓慢，它们对环境的稳定性控制要求较高，培养代价高，也给其培养过程的监测控制带来了困难。

（4）易污染。细菌、真菌、病毒或其他动物细胞均可导致动物细胞培养的污染，而生物的组织材料、操作者自身、培养液、各种器皿以及环境也可引起污染。特别是培养产病毒细胞或生产病毒疫苗，更要加倍防止污染。除了必须考虑对操作人员的安全防范，还要对生产厂房和设备、环境设施等严格要求。

（5）易变异。在体外长期培养的动物细胞已失去原有的细胞功能、形态及分化特征等，由于对环境的选择及适应，可能使其发生变化或变异，甚至产生原始细胞没有的特征。因此，在动物细胞培养过程中，需对动物细胞的形态结构、倍增时间、产物表达过程、表达产物的结构特征等进行监测和控制。

（6）需要合适的培养材料。绝大部分的哺乳类动物细胞均具有贴壁依赖性生长的特征，在培养过程中需通过载体附着生长。

10.1.2 动物细胞培养的应用

细胞培养技术是研究活细胞形态结构及其生物学功能的良好方法，同时又是基因表达调控和分子生物学必不可少的研究手段。动物细胞培养在细胞生物学、组织胚胎学、药学、肿瘤研究、免疫学、临床医学等方面的研究或药物生产方面都有应用。

10.1.2.1 细胞生物学方面的应用

细胞培养技术是细胞生物学研究中最有价值的技术。通过细胞离体培养可以在离体条件下观察和研究细胞生命活动的规律、细胞的代谢、细胞内部和细胞之间的信号转导等。利用这一技术，还可以人为地调节培养条件，即调节物理、化学、生物等外界因素的变化，进一步观察细胞在单因素或多因素的影响下细胞内代谢情况和生理功能的变化。但值得注意的是，细胞培养技术目前尚不完善，并不能完全模拟体内环境，所以细胞离体培养时的形态和功能与细胞在体内时不会完全相同。

10.1.2.2 组织胚胎学方面的应用

动物细胞培养技术可用于遗传疾病和先天畸形的产前诊断。目前，人们已经能够用羊膜穿刺技术获得脱落于羊水中的胎儿细胞，经培养后进行染色体分析或甲胎蛋白检测，即可诊断出胎儿是否患有遗传性疾病或先天畸形，以此避免先天残疾儿的诞生。现在用这种方法已能检测出几十种代谢性遗传缺陷疾病和先天畸形疾病。

10.1.2.3 药学方面的应用

正在不断发展的细胞培养新技术在药物初步筛选中越来越显示其优势，尤其是可进行大规模、高通量的药物筛选研究，由于其筛选周期短，可在短期内对药物进行初步评价，应用日趋广泛，特别是近年来药物研究者构建针对不同疾病的药物筛选细胞模型，细胞培养技术在药物筛选中的地位更加重要。采用细胞模型筛选药物只是对药物的初步筛选，在进入临床实验之前，仍需用实验动物进行安全性评价和药效分析，确定其符合标准，才能使实验数据尽可能反映其在人体内的状况。

10.1.2.4 肿瘤研究方面的应用

动物细胞培养技术是肿瘤疾病治疗的基础。可以用动物细胞培养的方法制备基因修饰的病毒，这类病毒在人体细胞内虽不具备复制能力，但它可以将所携带的正常基因导入体细胞中，进行突变基因的修复，已经用于肿瘤（黑色素瘤）等疾病的临床基因治疗。将含有肿瘤抑制基因和细胞因子基因的淋巴细胞注射到肿瘤患者体内，刺激患者的抗瘤免疫反应[产生肿瘤坏死因子（TNF）和干扰素]。将从肿瘤患者体内分离的巨噬细胞和其他细胞进行体外扩增培养，从而诱导激活抗瘤反应。再将活化的免疫细胞回输入患者体内，这些活化的免疫细胞可以特异识别攻击癌细胞，包括血循环中的转移癌细胞。活化的免疫细胞具有杀伤肿瘤的作用。

10.1.2.5　免疫学中的应用

动物细胞培养技术在免疫学中也有广泛的应用。目前，用动物细胞可生产的生物制品有各类疫苗、干扰素、激素、酶、生长因子、病毒杀虫剂、单克隆抗体等，其中大多数是可用于免疫治疗的，如疫苗。利用细胞培养技术来培养减毒病毒活疫苗或空病毒颗粒等是疫苗发展的一个新趋势。空病毒颗粒由诱发特异免疫反应的病毒结构蛋白构成，不含病毒核酸，无病毒传染性。

10.1.2.6　临床各科中的应用

细胞培养还可以用于临床治疗，如基因缺损、基因治疗、器官和组织的体外培养。目前已成功将体外细胞培养制备的人工皮肤用于严重烧伤患者的植皮治疗。另外，动物细胞培养生产的生物大分子制品也可用于治疗某些代谢缺陷疾病。例如，利用动物细胞培养生产的重组人促红细胞生成素（rHuEPO）在临床上可用于治疗肾衰性贫血、癌症患者化疗后贫血，对择期手术者的自身输血血液储备也有极显著的效果。

延 伸 阅 读

非洲绿猴肾细胞（Vero 细胞）是在细胞培养中常用的一个细胞系，1962 年由日本千叶大学的 Yasumura 和 Kawakita 从非洲绿猴的肾脏上皮细胞中分离培养而来。Vero 细胞系是连续的非整倍体细胞系。目前该细胞被广泛应用于多种研究，在毒素检查、病毒及寄生虫的培养、疫苗、多种细胞因子类药物的生产等方面也具有广泛的应用，是目前唯一被 WHO 认可的、可用于药物生产的细胞系。同时，由于该细胞系有干扰素分泌缺陷的特点，与其他普通哺乳动物细胞不同，当被病毒感染时，它不能分泌干扰素，但它仍然具有 α/β-干扰素的受体，所以对于其他来源的干扰素仍有正常的反应，可以用于分子免疫学方面的基础研究。

10.2　动物细胞培养技术

10.2.1　动物细胞培养的基本条件

要实现动物细胞培养，不但要提供细胞生长繁殖所需要的营养物质，满足其生长发育所需要的物质和能量需求，还要提供一定的生长环境，最好是模拟体内环境，使细胞状态接近体内生长。

细胞在体外进行培养，失去了机体的调节和控制。因此，不仅要满足其营养需求，还必须使细胞生存环境尽量接近活体的环境，温度、渗透压、酸碱度等对细胞都有重要影响。

10.2.1.1　无污染环境

环境无毒和无菌是保证培养细胞生存的首要条件，因为体外培养的细胞不像体内具有强大的免疫系统和解毒器官，所以对微生物和有毒物质没有防御能力，一旦污染就会导致细胞生长不良甚至死亡。因此，必须保证培养细胞的生存环境无任何污染，这是维持细胞生存的基本条件。

10.2.1.2 温度

维持细胞生长必须有适宜的温度。人和哺乳动物培养细胞最适温度为 35～37 ℃，偏离该温度范围，细胞的正常代谢和生长就会受到影响，甚至死亡。一般而言，培养细胞对低温的耐受力比对高温强，低温下细胞的生长和代谢放缓，一旦恢复正常培养温度，细胞仍能生存和生长，但温度超过 40 ℃时，绝大部分细胞会死亡。

10.2.1.3 pH

多数动物细胞的适宜 pH 为 7.2～7.4，偏离此范围对细胞将产生有害影响。各种细胞对 pH 的要求也不完全相同，原代培养细胞一般对 pH 变动耐受力弱，无限细胞系耐受力稍强。但总体而言，细胞耐酸性比耐碱性大一些，在偏酸环境中更利于生长；而偏碱性环境中，细胞不易贴壁，甚至导致死亡。细胞在生长过程中随细胞数量的增多和代谢活动的加强，不断释放 CO_2，培养基变酸，pH 发生变动。为维持培养液 pH 的恒定，要及时检测培养基的酸碱度，并用缓冲剂进行调节。

10.2.1.4 气体

气体也是细胞生存的必需条件之一，所需气体主要有 O_2 和 CO_2，细胞靠有氧呼吸产生能量供细胞生长、增殖和合成各种成分。缺氧条件下，大多数细胞不能生存。

CO_2 既是细胞的代谢产物，也与细胞培养基的酸碱度维持有直接关系，哺乳动物细胞常培养在 CO_2 培养箱里，可根据需要持续地提供一定比例的 CO_2，也可将培养环境中的氢离子浓度保持恒定以提供一个比较稳定的 pH 范围。

10.2.1.5 营养成分

（1）糖类。各种培养基中大都含有葡萄糖，作为能量的来源。

（2）氨基酸。氨基酸是组成蛋白质的基本单位。所有培养细胞需要以下 12 种基本氨基酸：精氨酸、组氨酸、异亮氨酸、亮氨酸、蛋氨酸、赖氨酸、苯丙氨酸、色氨酸、苏氨酸、缬氨酸、胱氨酸及酪氨酸，另外尚需谷氨酰胺，谷氨酰胺对细胞具有特殊作用，既是核酸合成中嘌呤和嘧啶的重要来源，又是合成腺嘌呤核苷的原料，也可作为能量和碳的来源。因此，谷氨酰胺对培养细胞非常重要。

（3）维生素。维生素是辅酶和辅基的组成部分，对细胞代谢有重大的影响，维生素的需求量随细胞而异，如生物素、叶酸、烟酰胺、泛酸、吡哆醇、核黄素、硫胺素及维生素 B_{12} 等在很多常用限定培养基中已成为固定组成成分。脂溶性维生素对细胞生长也有作用，它们常从血清中得到补充。维生素 C 也不可缺少，它对细胞的胶原合成尤为重要。

（4）无机盐。Na^+、K^+、Mg^{2+}、Ca^{2+}、Cl^-、SO_4^{2-}、PO_4^{3-} 和 HCO_3^- 等，这些金属离子及磷酸盐等是细胞生长所必需的，它们参与细胞的代谢，也是细胞组成所需要的。细胞培养所需的平衡盐溶液主要含钠、钾、镁、钙等金属离子所构成的盐类。磷酸盐类参与细胞的蛋白质、糖类、脂肪及维生素的代谢，是 ATP 形成必不可缺的成分。同时，这些离子是调节培养液渗透压的主要成分。

（5）微量元素。铁、锌、硒等微量元素对维持细胞的正常生理功能也同样起着重要作用。

铁是组成细胞色素与细胞色素氧化酶等物质的成分，锌与细胞增殖有一定的关系。在体内它们大多数与有机化合物相结合。在组织细胞培养时，把上述微量元素加到人工培养基中，低浓度或适量时对细胞的生存与增殖有一定作用，但浓度过高时对细胞有毒性。

（6）生长因子。血清及动物组织的抽提物等含有多种促进细胞生长的因子，是体外培养细胞所需生长因子的重要来源。实际培养时，大多数动物细胞培养基在含有 10%的胎牛血清或小牛血清的培养基中生长，但血清的具体浓度多根据细胞的种类、实验或生产要求而定。目前，市场上已出现富含生长因子的商品化的血清替代品。

（7）激素。不同的激素对细胞的生长和存活效果不同，胰岛素可促进葡萄糖和氨基酸的吸收，氢化可的松可促进细胞黏着及细胞增殖。生长激素存在于血清中，尤其是胚胎血清中。当生长激素与促生长因子结合后，可促进细胞有丝分裂。

（8）水。水是营养成分良好的溶剂，一切营养物质只有溶解后才容易被吸收，代谢产物也需溶解于水才能排泄，同时，细胞内的生化反应离不开水的参与，提供细胞呼吸的氧气也是呈溶解于水的状态。动物细胞培养对水的要求比较严格，一般要求三蒸水。

10.2.2　动物细胞培养基类型

10.2.2.1　天然培养基

天然培养基主要指来自动物体液或利用组织分离提取的一类培养基，如血浆、血清、胚胎提取液、水解乳蛋白、淋巴液、胶原等。天然培养基的优点是含有丰富的营养物质及各种细胞生长因子、激素类物质，渗透压、pH 等也与体内环境相似，缺点是成分复杂、来源受限、制作过程复杂、批次间差异大等。实际工作中往往将天然培养基与人工合成培养基结合使用。

1）血清

血清是动物细胞培养中使用最多、最广泛的天然培养基。血清含有丰富的营养物质，包括多种蛋白质、无机离子、脂肪、维生素、激素、生长因子等，能促进动物细胞的生长增殖，对细胞贴附和保护也有明显作用，此外还能给培养基提供良好的缓冲。用于动物细胞培养的商品化血清主要有胎牛血清、新生犊牛血清、小牛血清、马血清等，其中以新生犊牛血清和胎牛血清应用最多。

2）胚胎提取液

胚胎提取液是早期动物细胞培养时使用的天然培养基，最常用的是鸡胚提取液。随着合成培养基的不断改良，目前胚胎提取液仅在某些研究领域使用。

3）水解乳蛋白

水解乳蛋白是乳白蛋白经蛋白酶和肽酶水解后的产物，含有丰富的氨基酸，是一种常用的天然培养基，可用于许多细胞系和原代细胞的培养。使用时一般配制成 0.5%溶液与合成培养液 1∶1 比例混合。

4）胶原

胶原是细胞生长的良好基质，它能促进组织和细胞的附着，改善生长表面特性。胶原来源有大鼠尾腱、豚鼠真皮、牛真皮、牛眼水晶体等，其中以鼠尾胶原最为常用，一般配制成 0.1%~1%的乙酸溶液。

10.2.2.2　合成培养基

天然培养基虽营养丰富，能有效促进细胞在体外的生长增殖，但存在成分复杂、批次间差异大、易污染、制备过程繁琐等种种问题。因此，自从 Earle 1951 年成功研制出合成培养基后，合成培养基方面的研究有了很大的进展。

合成培养基是在研究和了解细胞所需成分的基础上，通过人工设计配制而成的培养基。合成培养基成分明确，人为创造与体内相似的生存环境，便于控制和标准化，对动物细胞培养技术的发展具有很大推动作用。但合成培养基目前仅能维持细胞生存，如需细胞增殖生长，使用时仍要添加一定比例的天然培养基。

1）基本培养基

在体外培养技术的发展过程中，培养基配方的设计一直是重要的研究课题。研究者模拟细胞在体内生存生长的各种条件，设计出类似体内环境而适宜细胞在体外生存的各种培养基。这些培养基大都只能使体外培养细胞短暂生存，称为“基本培养基”或“通用培养基”，只有在添加了少量天然培养基（血清）后称为“完全培养基”，细胞才能在其中生长。基本培养基是目前使用最多的合成培养基。

目前，基本培养基的种类已达数十种，其中哺乳动物细胞培养基最常见的是 MEM、DMEM、IMDM、RPMI1640 等，昆虫细胞培养基常用的是 Grace’s。这些基本培养基在使用时都需要添加一定比例的血清等天然培养基。

2）无血清培养基

无血清培养基（serum free medium，SFM）有时也称化学限定性培养基或化学成分明确培养基，指不需要添加血清就可维持细胞在体外较长时间生长繁殖的合成培养基。尽管血清可以提供细胞增殖所必需的生长因子，促使细胞合成 DNA 和细胞增殖，但其成分十分复杂，一些基础理论研究若使用血清可能影响实验结果。此外，血清中含有一定量的有毒物质、抑制物和对细胞有去分化作用的成分，影响细胞功能的表达。因此，许多研究工作需要培养基内不含有血清和其他天然培养基成分，如对细胞生长因子、单克隆抗体制备及细胞分泌产物等的研究，都须应用无血清培养基来进行细胞的培养。

无血清培养基包括基础培养液和添加组分。基础培养液常是各种商品化的营养成分不同比例配制的溶液，添加组分包括激素及生长因子、结合蛋白、促贴壁因子、微量元素、酶抑制剂等。

10.2.3　动物细胞培养方法

动物细胞培养中，根据培养细胞的状态可分为**静置培养**和**非静置培养**两种方式，静置培养中细胞在培养的过程中静止不动，该方式无需特殊的设备和仪器，操作简单，是实验室常用的培养方式，包括组织块培养、单层细胞培养、组织块单层细胞培养法。

非静置培养是培养过程中，通过振荡、悬浮搅拌等方式，使细胞与培养液的相对位置不断发生改变的培养方式，这种方式有利于细胞营养物质的摄取和代谢废物的排放，比较适用于大量培养和工业化的大规模培养，包括旋转管培养法、悬浮培养、载体培养法等。

10.2.3.1　组织块培养法

组织块的原代培养是常用的、简便易行和成功率较高的培养方法，即将组织剪切成小块后，接种于培养瓶（皿）。部分种类的组织细胞在小块贴壁培养 24 h 后，细胞就从组织块四周游出生长，操作简便，但由于在反复剪切和接种过程中对组织块的损伤，并不是每个小块都能长出细胞（图 10.3）。该法特别适合于组织量少的原代培养，但组织块培养时细胞生长较慢，耗时较长。

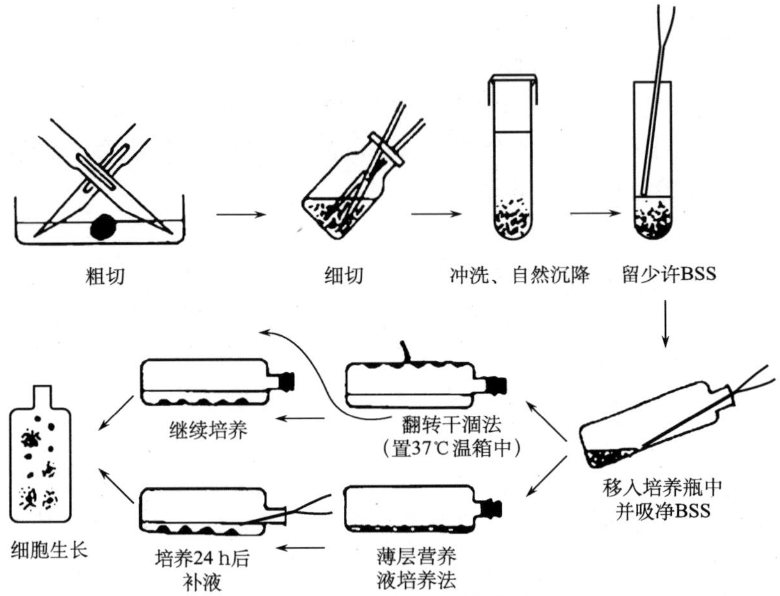

图 10.3　组织块原代培养法

10.2.3.2　单层细胞培养法

单层细胞培养法是指细胞培养前先用含有胰蛋白酶的消化液将组织或细胞消化为单个细胞或小的细胞团，然后将单细胞悬液培养于培养器皿，细胞附着瓶壁长成单层的培养法（图 10.4）。由于单层细胞便于传代和观察，从而演变出了建立长期传代的细胞系和单细胞分离培养纯细胞株的技术，使细胞组织培养技术更趋完善。在细胞培养瓶中进行贴壁细胞的单层培养是目前多种细胞的常用培养法。

图 10.4　单层细胞培养法

10.2.3.3　组织块单层细胞培养法

该法的特点是把组织块剪成更小的小块，小块组织可直接贴壁，细胞沿组织块边缘向外生长，最后连接成单层细胞。该法简化了原代单层细胞的培养过程，是当前常用的原代培养法。

10.2.3.4　旋转管培养法

旋转管培养法是将细胞接种于可以借助机械动力进行旋转的培养管中（图 10.5），贴壁或悬浮生长细胞均可采用该法。该法的要点是控制转速一般为 10～20 r/min 并及时更换培养液。

10.2.3.5　悬浮培养

悬浮细胞培养是利用旋转、振摇或搅拌的方法不让细胞贴壁，使其在培养液中悬浮生长。目前多采用多功能的细胞悬浮培养瓶（图 10.6）。悬浮培养时，细胞处于比较相同的生存条件中，适于做细胞代谢动力学研究。淋巴细胞、肿瘤细胞和传代细胞系等适于做悬浮培养。

大多数悬浮培养可用合成培养基加 5%～10%的血清和 0.1%的甲基纤维素作为培养用溶液，甲基纤维素的作用是防止沉淀的产生。

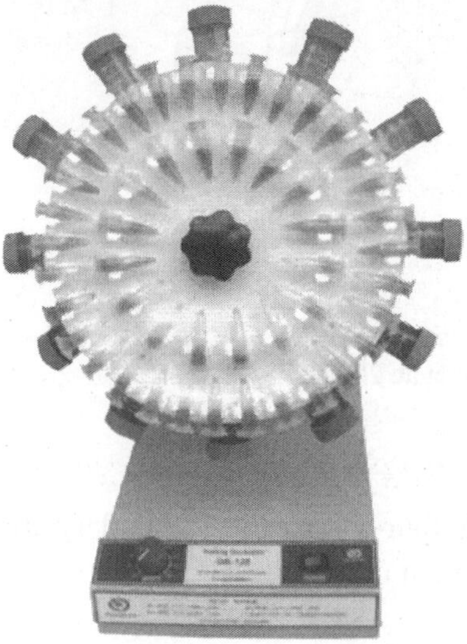

图 10.5　可固定多个培养管的旋转培养混合器

图 10.6　带挡板和 pH 电极的 Bellco Glass 细胞悬浮培养瓶

10.2.3.6　载体培养法

大部分哺乳类细胞，尤其是正常细胞，均具有贴壁生长的特性，肿瘤细胞在悬浮培养时也需要适应悬浮培养环境，为扩大培养的表面积，从而达到大规模培养的目的，可采用微载体和中空纤维培养系统悬浮培养环境。

微载体培养的原理是依赖贴壁生长的细胞可以附着在微珠的表面繁殖（图 10.7）。微载体是由天然葡聚糖聚合物或其他聚合物制成的固体小珠，表面带正

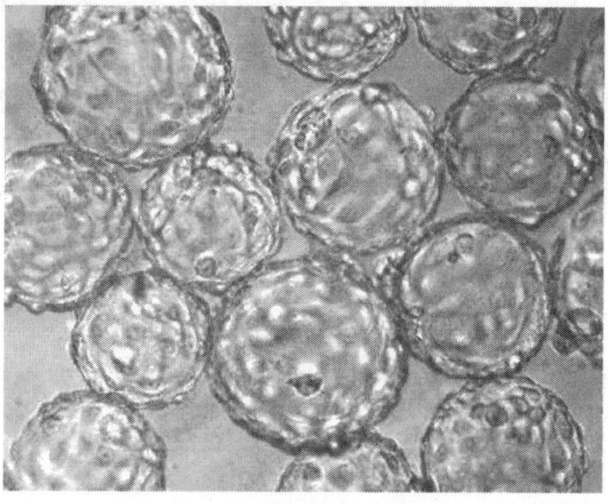

图 10.7　Marc145 细胞在 Cytodex 微载体上的培养生长

电荷，利于细胞附着。常用的微载体是直径约为 50 μm 的 DEAE-交联葡聚糖微粒，除此之外，还有二甲基氨基丙基聚丙烯酰胺、聚苯乙烯等产品。

中空纤维是聚砜或丙烯的聚合物，培养细胞在中空纤维上能不断从流动培养液获得营养物质，细胞代谢物和分泌物又可随培养液流动运走，细胞向三维空间生长繁殖，形成类似组织的多层细胞群体，细胞密度可达到静置培养无法达到的 10^9 个/mL。细胞培养维持时间长，可达数月，适于分泌细胞的长期培养。这种培养系统占据空间小，接近体内环境，也适于各类细胞的培养（图 10.8）。

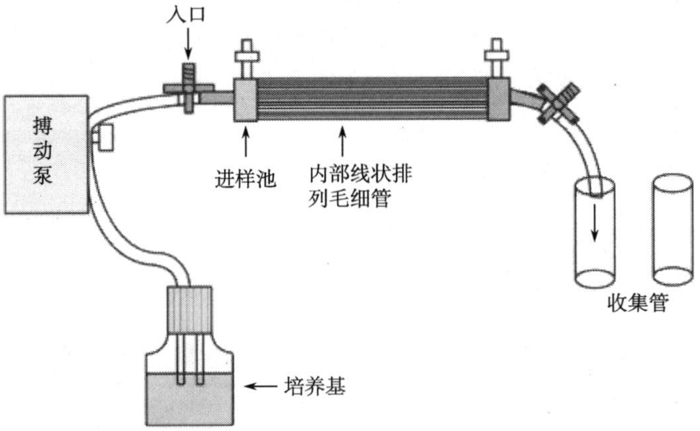

图 10.8 中空纤维反应器（Zhao et al. 2010）

由于科学家们的不断探索，目前已出现多种中空纤维培养系统，如 FiberCell 中空纤维细胞培养系统和基于交织四室毛细管膜技术（interwoven four-compartment capillary membrane technology）的中空纤维反应器（Gerlach 2010；Chen 2010）。

10.2.4 细胞系的建立、传代与保存

10.2.4.1 细胞系的基本概念

细胞系（**cell line**）是指原代培养物经传代培养后得来的一群不均一的细胞，可以长期连续传代。细胞系包括原代培养物的所有细胞类型，并不是只有单一的细胞类型。细胞系虽然包含多种细胞类型，但一般情况下只有一种细胞占多数，即主类细胞。根据细胞能否在体外连续传代可将细胞分为两类。一类称为**有限细胞系**（**finite cell line**），即在体外生长繁殖到某一时期就会凋亡。大多数二倍体细胞属于有限细胞系。另一类是**无限细胞系**（**infinite cell line**），可以在体外持续生存，并具有无限繁殖能力，又叫做连续细胞系。这类细胞多为异倍体细胞。

细胞株（**cell strain**）是通过选择或克隆化培养，从原代细胞培养物或细胞系中获得的具有特殊遗传、生化性质或特异标记的细胞群。这些特性可能是有一定标记的染色体、对某种病毒的敏感性或抗性，在以后的培养中必须持续存在。细胞株也可分为有限细胞株和连续细胞株。

细胞系与细胞株的区别在于细胞系包含多种细胞成分，但主类细胞占多数，而细胞株中所有细胞成分、生化特性等完全相同。

10.2.4.2　细胞系的建立

直接从机体获得的细胞或在体外进行原代培养的材料，在细胞数量、纯度等方面达不到实验要求。建立细胞系可以解决这一问题。建立细胞系还能够保存一些来源珍贵的原代培养物，使其可以连续传代培养，长期稳定保存。建立细胞系应当注明培养细胞的来源，生物学特性及其培养条件和方法。

建立细胞系除了说明来源之外，还要对其进行以下一些鉴定：①细胞系的纯度。除了主类细胞的纯度，还要鉴定其中含有哪些其他细胞和这些细胞的含量。②细胞系的稳定性，即其在连续培养过程中遗传特性有无明显变异。③细胞系的细胞学特征。④细胞系的污染指标。⑤染色体的稳定性。⑥有无细胞系交叉污染。

10.2.4. 3　细胞系的保藏

为了保藏细胞系，提供给世界各地实验室交流使用，很多国家都建立了典型培养物保藏中心。这些保藏中心收集保藏各种细胞系资源，研究和发展细胞系质量控制方法、保藏方法，并为研究和生产提供标准化的细胞系。细胞系保藏入库时必须标注以下项目。

（1）培养简历。包括培养基种类、来源、日期、供体性别、年龄、健康状况及细胞已传代次数等。

（2）培养液。培养基和冻存液的种类、血清来源和含量。

（3）细胞活力。溶解前后细胞接种存活率和生长特性。

（4）细胞形态类型，如上皮细胞或成纤维细胞。

（5）核型。二倍体或多倍体，有无标记染色体。

（6）无污染测验。无细菌、真菌、支原体、原虫和病毒的污染情况。

（7）物种检测。检测同工酶，主要为葡萄糖-6-磷酸脱氢酶（G_6PD）和乳酸脱氢酶（LDH），以证明细胞没有交叉污染。

（8）免疫检测。血清学检测。

（9）细胞建立者。建立者和检测者的姓名。

目前全世界已建成很多典型培养物保藏中心。美国典型培养物保藏中心（American Type Culture Collection，ATCC）是现今世界最大的细胞库。我国的武汉大学建立了中国典型培养物保藏中心，现保藏各种微生物菌种、动植物细胞系、病毒等培养物 4000 多种。

本章小结

动物细胞与组织培养是从动物体内取出细胞或组织，模拟体内的生理环境，在无菌、适温和丰富的营养条件下，使离体细胞或组织生存、生长并维持结构和功能的一门技术，是动物细胞工程的基础。

依据体外培养细胞的生长方式的不同，可将其分为贴壁型生长细胞和非贴壁型生长细胞。贴壁型细胞的常见形态有成纤维型细胞、上皮型细胞、游走型细胞和多形型细胞。

体外培养动物细胞的生长过程要经过初代培养期、传代培养期和衰退期。生长曲线是反映培养细胞从接种到传代之前的生长增殖情况的曲线，包括潜伏期、指数增长期、平衡期和衰亡期等。

动物细胞在体外培养时具有适应环境能力差、生长缓慢、易污染、易变异、易退化、对培养条件要求严格等特点。

细胞培养技术在细胞形态学、细胞生物学和细胞遗传学以及病毒学、免疫学、组织学、血液学、肿瘤学等方面的研究或药物生产方面都有重要应用。

动物细胞体外培养要求无污染的环境，有合适的温度、pH，适当浓度的 O_2 和 CO_2，以及糖类、氨基酸、维生素等多种营养成分。动物细胞培养基有天然培养基和合成培养基。

动物细胞的体外培养方法有：组织块培养法、单层细胞培养法、组织块单层细胞培养法、旋转管培养法、悬浮培养和载体培养法等。

细胞系是指原代培养物经传代培养后得来的一群不均一的细胞，可以长期连续传代。其中体外生长繁殖到某一时期就会凋亡的是有限细胞系；可以在体外持续生存，并具有无限繁殖能力的是无限细胞系。细胞株是通过选择或克隆化培养，从原代细胞培养物或细胞系中获得的具有特殊遗传、生化性质或特异标记的细胞群。

细胞系的建立和保藏是细胞工程操作中的重要技术。

思考题

1. 名词解释：细胞系，细胞株，有限细胞系，原代培养，传代培养，器官培养。
2. 试述动物细胞原代和传代培养方法。
3. 简述体外动物细胞培养的特点及类型。
4. 动物细胞、组织培养的培养基有哪些？各有什么特点？
5. 以动物细胞悬浮培养为例说明动物细胞大规模培养的关键技术。
6. 动物细胞培养在哪些领域有重要应用？
7. 动物细胞、组织培养的关键条件包括哪些？
8. 动物细胞组织培养的方法主要有哪些？举例说明。
9. 与植物细胞和微生物细胞相比，动物细胞有怎样的不同?
10. 动物原代细胞培养取材时应注意哪些问题？
11. 查阅文献，以一个例子说明动物细胞培养在生物制药中的应用。

第 11 章　动物细胞融合与单克隆抗体

细胞融合也叫细胞杂交，是20世纪60年代发展起来的一项细胞工程技术，随着融合技术的不断创新和改良，如今已实现不同物种的种间细胞杂交，甚至无缘杂交，得到了具有各种性状的杂交细胞。杂交细胞已被广泛应用于研究核质关系、绘制染色体基因图谱、制备单克隆抗体和研究肿瘤发生机制等方面。

其实，人们很早就发现在生物界中有自发的细胞融合现象。例如，受精过程中雌雄生殖细胞的融合，骨骼肌在分化过程中通过几个成肌细胞的融合形成多核肌细胞而发育成为成熟的肌纤维，在机体的防御反应中，巨噬细胞吞噬感染因子或异物时，也是通过膜的包裹和融合而完成的。

1958年，日本的Okada发现紫外线灭活的仙台病毒可以诱发艾式腹水瘤细胞的相互融合，并在此基础上用灭活的仙台病毒诱导产生了第一个种间的杂交细胞。此后，人工诱导的体细胞融合逐渐发展为一门技术，建立了更有效的融合和选择杂交细胞的方法，可广泛用于种内、种间、属间、科间乃至动植物细胞间的融合，包括植物和微生物原生质体融合技术都是在动物细胞融合的基础上建立和发展起来的。

动物细胞的融合作用虽然在形式上同精卵结合的受精过程有些相似，但二者在本质上是截然不同的。动物的精卵结合是一种有性过程，有着十分严格的时空关系和种族界限，这对确保遗传的稳定起着十分重要的作用。而体细胞融合则属于无性杂交，它通过人工手段克服了存在于物种之间的遗传屏障，从而能够按照人们的意愿，把来自不同物种和不同组织类型的细胞融合在一起。

11.1　动物细胞融合

11.1.1　细胞融合的概念与应用

11.1.1.1　细胞融合的概念

细胞融合（**cell fusion**）是指两个或多个相同或不同的细胞通过膜融合形成单细胞的过程。细胞融合过程大致可分为四个阶段：细胞的接触、细胞质膜的融合、细胞质的重组和遗传物质的选择。细胞发生融合后可形成两类融合细胞。不同基因型的细胞融合又称**细胞杂交**或**体细胞杂交**（**somatic hybridization**）。

在自然情况下，体内或体外培养细胞间所发生的融合称为**自然融合**。在体外使用人工方法（使用融合诱导因子）促使相同或不同的细胞间发生融合，称为**人工诱导融合**。

人工诱导的细胞融合在20世纪60年代作为一门新兴技术而发展起来。由于这种技术不仅能产生同种细胞融合，也能产生种间细胞的融合，因此被广泛应用于细胞生物学和医学研究的各个领域。

细胞膜的流动性是动物细胞融合的生物学基础。动物细胞融合技术即是利用细胞膜的这一特性，对要融合的细胞施加生物、化学或物理等诱导因素，使细胞膜的脂类分子的有序排列发生变化，当诱导因素解除后，细胞膜会恢复原有的有序结构，在恢复过程中便可诱导互相接触的细胞发生融合（图 11.1）。

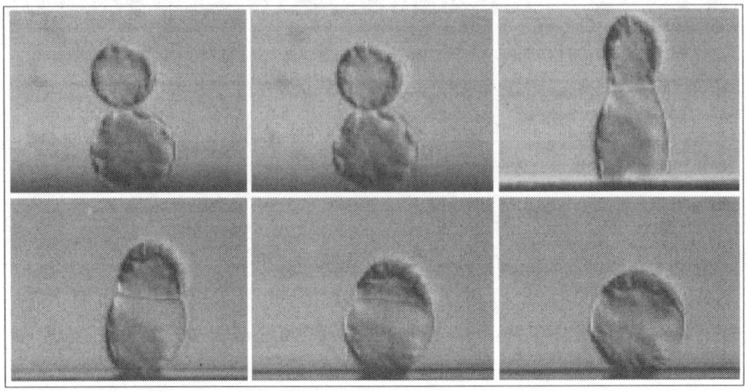

图 11.1　显微镜下细胞融合的过程（http://www.biolab.cn/plus/view-240864-1.html）

11.1.1.2　动物细胞融合的应用

1）单克隆抗体生产

只针对某一抗原决定簇的抗体分子称为**单克隆抗体**。单克隆抗体技术的核心是用骨髓瘤细胞（myeloma cell）与经特定抗原免疫刺激的B淋巴细胞融合得到**杂交瘤细胞**（hybridoma cell），杂交瘤细胞既能像骨髓瘤细胞那样在体外无限增殖，又具有B淋巴细胞产生特异性抗体的能力。

2）基因定位和绘制人类基因图谱

杂种细胞中某一染色体或其片段的存在与否与细胞的某一性状表达相联系，从而可以实现把基因定位于某一染色体或某一区段上。

3）动物育种

动物体细胞融合后，杂种细胞难以发育再生为一个个体。体细胞核移植技术是将细胞核移植到另一细胞的细胞质中的生物技术，借助于细胞核移植的方法将融合后杂种细胞的细胞核移入去核成熟卵内，可培育新的杂种。

4）细胞治疗

将患者的体细胞与去核卵细胞融合，融合子进行有丝分裂形成囊胚，囊胚的内细胞团是多能干细胞，对多能干细胞进行诱导使其定向分化，形成所需的组织和器官用于器官移植，不仅解决了器官和组织来源问题，而且也避免宿主对外来物的免疫排斥。

5）基础理论研究

细胞融合可用于研究细胞核质关系和个体发育，解释疾病的发生机制和膜蛋白动力学研究。细胞融合可以实现种间生物体细胞的融合，融合过程不存在有性杂交过程中的生殖隔离机制的限制，为远缘物种的遗传物质交换提供了有效途径，因而是改造细胞遗传物质的有力手段。理论上说，任何细胞都有可能通过体细胞杂交而成为新的生物资源，这对于种质资源的开发和利用具有深远的意义。

体细胞杂交产生的杂种细胞含有来自双亲的核外遗传系统，在杂种的分裂和增殖过程中双亲的叶绿体、线粒体DNA也可以发生重组，从而产生新的核外遗传系统。总之，细胞融合的意义在于从此打破了仅仅依赖有性杂交重组基因创造新种的界限和生殖壁垒，极大地扩大了遗传物质的重组范围。细胞融合技术避免了分离、提纯、剪切、拼接等基因操作，在技术和设备上没有那么复杂，有着重大的实践意义，正日益得到科学界的重视。

11.1.2　细胞融合的方法

按照建立的时间先后，细胞融合方法分为生物方法、物理方法和化学方法。目前，最常用的细胞融合技术是由高国楠建立的聚乙二醇（PEG）的化学融合技术和齐默曼等创立和发展的电融合技术（Zimmermann et al. 1980）。

细胞融合率以细胞融合指数（fusion index，FI）表示，一般有两种计算方法：一种是多核细胞出现的频率，即 FI=（对照组细胞数－实验组细胞数）/实验组细胞数；另外一种是多核细胞中的细胞核数占所有细胞中细胞核数的比值，即 FI=多核细胞中的细胞核数/所有细胞中的细胞核数。

11.1.2.1　生物方法——病毒诱导细胞融合

病毒诱导细胞融合的原理主要为：某些病毒外壳含有具促融合功能的糖蛋白，病毒的磷脂包膜与动物细胞膜相似，会与宿主细胞膜直接融合，从而打破两个细胞膜的隔阂，引发细胞质的交流。

已发现有很多种类的病毒能诱导细胞融合，如疱疹病毒、牛痘病毒和副粘病毒等。其中最常用的是副粘病毒中的仙台病毒，又称为副流感病毒1或日本凝血病毒（hemagglutinating virus of Japan，HVJ）。仙台病毒是RNA病毒，为圆球形，由RNA核心、衣壳和包膜组成。病毒包膜上有很多刺突。融合前可用紫外线照射仙台病毒，破坏其核酸使其失去感染能力，减少对实验者的危害。

1）病毒诱导体外培养动物细胞融合的基本过程

（1）病毒颗粒附着在细胞膜上，起搭桥作用，使细胞聚集在一起；

（2）黏接部位质膜被破坏，形成通道，细胞质流通并融合，病毒也随之进入细胞质；

（3）膜融合区域逐渐变大；

（4）形成融合细胞（图 11.2）。

融合以后的细胞要用选择性培养基筛选杂交细胞。病毒诱导细胞融合是一个耗能过程，细胞的呼吸作用如果被阻断，则不能完成细胞的融合过程。病毒诱导细胞融合还需要在合适的 pH 下、有足够的 Ca^{2+} 存在，病毒粒子的数量也要足够多。

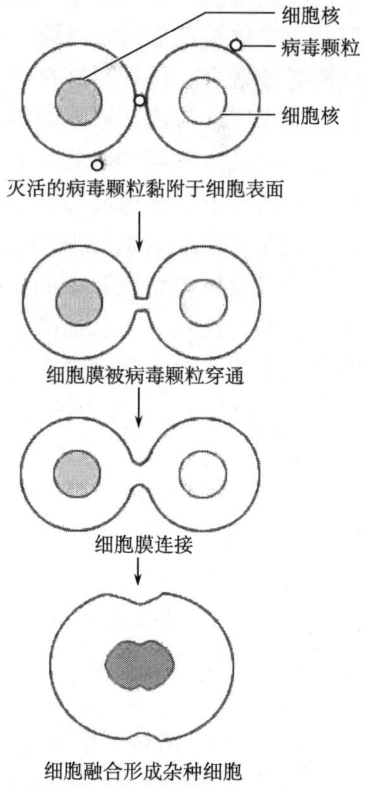

图11.2　灭活病毒诱导细胞融合

2）病毒的加入方式

（1）两种亲本细胞均制备成单细胞悬液，病毒加入悬液中；

（2）一种亲本细胞为贴壁状态，另一种亲本细胞制备成单细胞悬液，病毒与单细胞悬液先后或同时加入；

（3）将两种亲本细胞混合贴壁培养，病毒加入到培养液中。多余的病毒在融合后要除去。

延伸阅读

1952 年，在日本仙台县 Tohoku 大学医院里，17 名新生儿突然流行一种肺炎，Kuroya 等于 1953 年首次分离出病原，一种具有溶血功能的病毒，并将其命名为新生儿肺炎病毒（仙台型），后经过科学家们的研究证实其属于副粘病毒科家族的一员，是一种具有细胞融合功能的包膜病毒。仙台病毒具有细胞融合功能的主要原因是病毒自身编码一种融合蛋白（F），F 蛋白由 565 个氨基酸组成，可介导细胞融合及病毒出芽，与病毒的致病性有关。科学家们已经将仙台病毒及其相关蛋白开发为染色体转移、基因治疗、抗体制备中的载体或工具。

11.1.2.2　物理方法

物理方法主要采用电融合的方法。电融合是 70 年代末 80 年代初开始发展起来的一项融合技术，技术核心是电融合仪中有一个融合室，小室两端装有电极，通过改变交流直流电场，从而完成细胞融合。把有一定密度的原生质体悬浮液置于其中，在不均匀交变电场的作用下，使原生质体彼此靠近、接触，排成一条链，再给予一个直流电脉冲，使原生质膜发生电击穿，从而导致融合，诱导后直接转入培养。由于其可控性强、操作简便、对细胞无毒害，电融合法目前已广泛应用在多种细胞融合试验中。

激光技术和超声波技术在细胞融合中也得到了应用（张闻迪等 1988）；此外，还有人在一定条件下，利用离心力促进细胞融合，并且发现离心力诱导细胞融合对细胞的损伤要比 PEG 诱导细胞融合对细胞的损伤要轻。也有人用显微操作方法来诱导细胞融合。

随着微机电系统和微加工技术的发展，又出现了集成有微通道和微电极等微结构的细胞电融合芯片技术，不仅提高了实验过程的安全性，而且可以更精确地操作细胞，使细胞配对的准确率和融合率都有很大提高（王振宇等 2012；郑小林等 2012）。

11.1.2.3　化学方法

化学方法又可分为 $NaNO_3$ 处理法、高 pH-高钙处理方法和聚乙二醇处理方法。化学方法的优点是操作方便，无需昂贵的仪器。

1）$NaNO_3$ 处理法

以低渗 $NaNO_3$ 溶液作为融合剂，可使原生质体融合。Carlson 于 1972 年用这种方法获得了世界第一个体细胞杂种——粉蓝烟草和郎氏烟草体细胞杂种，但这种方法的缺点是异核体形成频率不高。

2）高 pH-高钙处理方法

1973 年 Keller 和 Melchers 发现，用强碱（pH10.5）和高钙离子（50 mmol/L $CaCl_2 \cdot 2H_2O$）溶液在 37℃下处理原生质体，两个品系的烟草叶肉原生质体容易彼此融合。这种方法的优点是杂种产量高，但高 pH 可能对细胞是有毒的。

3）聚乙二醇处理方法

采用PEG作为融合剂时，异核体形成的频率高，可重复性强，而且对大多数细胞来说，毒性低。聚乙二醇（PEG）是一种多聚化合物（图11.3）。常用的PEG平均相对分子质量为200～20 000，1000以下者为液体，1000以上者为固体。高国楠等（1974）等提出的PEG法是先把两种刚游离出来的选定植物的原生质体以适当比例混合，用28%~58%的PEG（相对分子质量为1500~6000）溶液处理15~30 min，然后用培养基逐步清洗原生质体。这一方法后来得到了广泛应用。

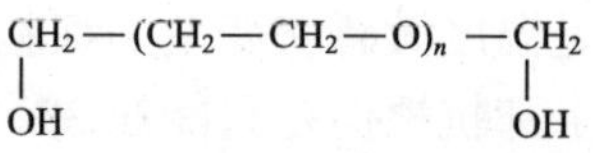

图 11.3　聚乙二醇结构式

PEG 的促融机制并不完全清楚，可能是引起了细胞膜中磷脂分子的酰键及极性基团发生结构重排，可能的原因还包括以下几点。

（1）PEG 分子的轻微负极性，使其与具有正极性的水分子、蛋白质、糖类形成氢键，在相邻的原生质体间起到分子桥的作用，使原生质体接触。当 PEG 分子被洗脱时，膜电荷发生紊乱而重新分配。此时，一种原生质体上带正电的基团可能与另外一个原生质体中带负电的基团相连，导致原生质体融合。

（2）PEG 可能改变了膜的物理化学性质，增加脂类的流动性，使原生质体的核、细胞器发生融合成为可能，从而促进细胞融合。

将 PEG 法和高 pH-高钙法相结合后，融合效果更好。可能原因是用含有高浓度钙离子（50 mmol/L $CaCl_2 \cdot 2H_2O$）的强碱性溶液（pH9～10）清洗原生质体比用培养基清洗能产生更高的融合频率。

PEG 诱导融合成本低，无需特殊设备，融合子产生的异核率高，融合过程不受物种限制。但是融合过程繁琐，此外，PEG 可能对细胞产生毒害。

除此之外，随着研究的深入，涌现出许多新的细胞融合技术，如微流控芯片的细胞融合技术、高通量细胞融合芯片、太空细胞融合技术及离子束细胞融合技术等（崔彬彬 2007）。

11.1.3　融合细胞的筛选

细胞融合处理液中含有多种类型的细胞。例如，未融合的亲本细胞、同核体（同源细胞的融合体）、异核体（非同源细胞的融合体）、多核体（含有双亲不同比例核物质的融合体）、异胞质体（具有不同胞质来源的杂合细胞）、核质体（有细胞核而带有少量细胞质）。因此需要通过筛选除去不需要的细胞，分离出融合细胞。

融合细胞的选择方法可分为两大类：一类是根据遗传和生理生化特性的互补选择法；另一类是根据可见标记性状的机械选择法。最简单的方法是利用双亲细胞形态和色泽上的差异选择融合细胞。

融合细胞的具体筛选方法有以下几种。

（1）抗药性筛选系统。利用细胞对药物敏感性差异筛选融合细胞。例如，亲本 A 对氨苄西林敏感，对卡那霉素不敏感；亲本 B 对卡那霉素敏感，对氨苄西林不敏感；融合细胞可以在含有两种抗生素的培养基上生长。

（2）营养互补筛选系统。细胞在缺乏一种或几种营养成分时不能生长繁殖，即属于营养缺陷型细胞。利用两亲本细胞营养互补作用原理可以筛选融合细胞。例如，亲本 A 为色氨酸缺陷型，亲本 B 为苏氨酸缺陷型，杂种细胞可以在不含色氨酸和苏氨酸的培养基上培养，而亲本细胞均会死亡。

（3）温度敏感突变型融合细胞的筛选。一般的细胞能在 3～40 ℃的温度范围内生长，但是温度敏感突变型的细胞能在高温或低温下生长，由此可筛选融合细胞。例如，亲本 A 具有卡那抗性但是只能在 37 ℃左右生长。亲本 B 为高温敏感突变型但是不能抗卡那霉素。只有融合细胞才能在高温和含卡那霉素的培养基上生长。

（4）物理特性筛选法。利用细胞在形态、大小、颜色上的差别可以在倒置显微镜下用微管将融合细胞吸取出来。由于融合细胞体积大，也可以采用离心方法分离融合细胞。

（5）荧光标记法。对于颜色、形态上都不能区分的情况，可以采用不同的荧光染料（如发绿色荧光的异硫氰酸荧光素和发红光的碱性蕊香红荧光素）分别标记两个亲本细胞，而融合细胞内存在两种荧光标记，可以在荧光显微镜下挑选分离或用流式细胞仪分离。

11.1.4 融合细胞的培养

由于筛选出来的上清液为阳性，生长孔内常含有两个以上的融合细胞集落。因此需用克隆培养的方法及时把它们分开。克隆化的目的是利用单个细胞培养的技术选育出遗传稳定、能表达特定性状的细胞系，主要方法有有限稀释法、半固体培养基法、显微操作法和荧光激活分选法。

11.1.4.1 有限稀释法

有限稀释法是通过适当的稀释达到分离单个细胞的目的。

（1）首先将阳性细胞进行计数，用培养基进行稀释后加入微孔培养板（96 孔板）内，使孔内落入细胞的概率为每孔一个细胞；

（2）培养一段时间后，可观察到孔内有集落生长时，再进行检测；

（3）根据检测的阳性结果再进行克隆化。

有限稀释法进行克隆化时，由于概率的关系，必须进行多次克隆化才能得到单克隆的细胞系。

11.1.4.2 半固体培养基法

（1）将细胞培养在半固体的培养基中，如软琼脂、甲基纤维素等。单个细胞可在半固体的培养基上增殖形成集落。

（2）在培养皿中先铺一层 0.5%琼脂的培养基，待凝固后再铺上一层 0.25%琼脂的培养基，加入的细胞数要在概率上使长出的集落是一个细胞的后代。

（3）待单个细胞形成集落后，再用毛细管吸出并移种在其他培养器中进行扩增分析。

11.1.4.3 显微操作法

显微操作法是借助倒置显微镜，用弯头毛细管将细胞逐个吸出，分别放入 96 孔培养板内培养。

11.1.4.4 荧光激活分选法

荧光激活细胞分选法又叫流式细胞术，是一种细胞分选或分析技术，即以荧光素标记抗体结合相应细胞，用激光束激发单行流动的细胞，根据细胞所携带的荧光(强度或类别)进行分选或分析。

11.2　单克隆抗体

单克隆抗体（monoclonal antibody，McAb）是只识别某一特定抗原决定簇的抗体，生产中常采用细胞融合技术，由 B 淋巴细胞与骨髓瘤细胞融合形成的杂交瘤细胞产生。该技术将骨髓瘤细胞与 B 细胞融合，以建立能分泌针对某一抗原决定簇的均质抗体的杂交瘤细胞系，进而大量获得抗体。

单克隆抗体技术自产生以来得到飞速的发展，在免疫学、遗传学、肿瘤学等诸多领域都有广泛应用，特别是利用其特异性高和纯度高的特点，在临床诊断方面具有不可替代的优势，具有很好的经济效益和社会效益，发展前景广阔。

11.2.1　单克隆抗体的产生与特性

动物机体受到抗原刺激后可发生免疫反应，B 淋巴细胞可产生相应抗体。单个抗原有多个抗原决定簇，刺激多个 B 淋巴细胞针对不同抗原决定簇产生相应的单克隆抗体，因此血清中存在的是单克隆抗体的混合物，即**多克隆抗体**。常规的免疫方法制备的血清抗体是多克隆抗体，与单克隆抗体相比，特异性差，效价低，数量有限；同时，由于动物间个体差异大，难以重复制备。

1975年，英国剑桥大学分子生物学实验室的德国科学家Kohler 和美国科学家 Milstein利用细胞融合技术创立了淋巴细胞杂交瘤技术，成功地合成了世界上第一个由克隆产生的抗体，即单克隆抗体。他们将小鼠的骨髓瘤细胞和绵羊红细胞免疫的小鼠脾细胞在体外进行细胞融合，形成杂交瘤细胞（hybridoma），融合后的细胞既可以在体外无限增殖，又具有合成和分泌抗体的能力，通过克隆化培养获得的纯杂交瘤细胞就能生产出大量的、高纯度的单克隆抗体。两位科学家因此获得1984年诺贝尔生理学或医学奖。

采用杂交瘤细胞技术所获得的单克隆抗体与常规免疫所获得的多克隆抗体相比，具有很大的优势：一是单克隆抗体是针对单一抗原决定簇的化学结构完全相同的单一抗体，特异性强，与对应抗原的亲和力高；二是制备时无需使抗原纯化，适用于未纯化的抗原大量制备；三是杂交瘤细胞株可以存放于液氮中长期保存，使用时取出复苏，在体外扩大培养，或接种于小鼠腹腔中，再由小鼠腹水中取得，因而只要获得稳定的杂交瘤细胞株，单克隆抗体的大量制备相对比较方便。

11.2.2　单克隆抗体制备的原理

抗体由B淋巴细胞产生，但体内获得的淋巴细胞并不能产生单一抗体，而且淋巴细胞不能在体外培养条件下进行正常的生长繁殖，因此无法获得单一的抗体。Kohler和Milstein发现了存在于多发性骨髓瘤疾病中的B细胞肿瘤，由于受到在浆细胞中发生成瘤转化而产生抗体及可利用骨髓瘤细胞和淋巴细胞融合产生抗体的启发，他们将骨髓瘤细胞与淋巴细胞融合形成杂交瘤细胞，分离培养得到单克隆抗体。

骨髓瘤细胞可以在体外培养生长，而且比正常细胞生长繁殖速度快。将骨髓瘤细胞与产生抗体的淋巴细胞融合，形成新的杂交细胞既可以分泌单一抗体，又可以在体外生长繁殖，克隆培养产生特异单克隆抗体的杂交细胞系。经过提纯分离培养得到分泌成分单一的抗体的杂交瘤细胞，就是单抗瘤细胞。

杂交瘤细胞融合后，融合体系内存在三种细胞：未发生融合的两种亲本细胞和杂交瘤细胞。其中淋巴细胞在体外不能存活，培养6~10 d就会凋亡，而未融合的骨髓瘤细胞在体外培养时生长繁殖速度快，会抑制杂交瘤细胞的生长，不利于杂交瘤细胞的分离。因此必须去除。

11.2.3　单克隆抗体的制备

单克隆抗体的制备包括动物免疫、细胞融合、筛选杂交细胞、检测抗体、杂交瘤细胞的克隆和单克隆抗体的大量生产等几个步骤（图 11.4）。

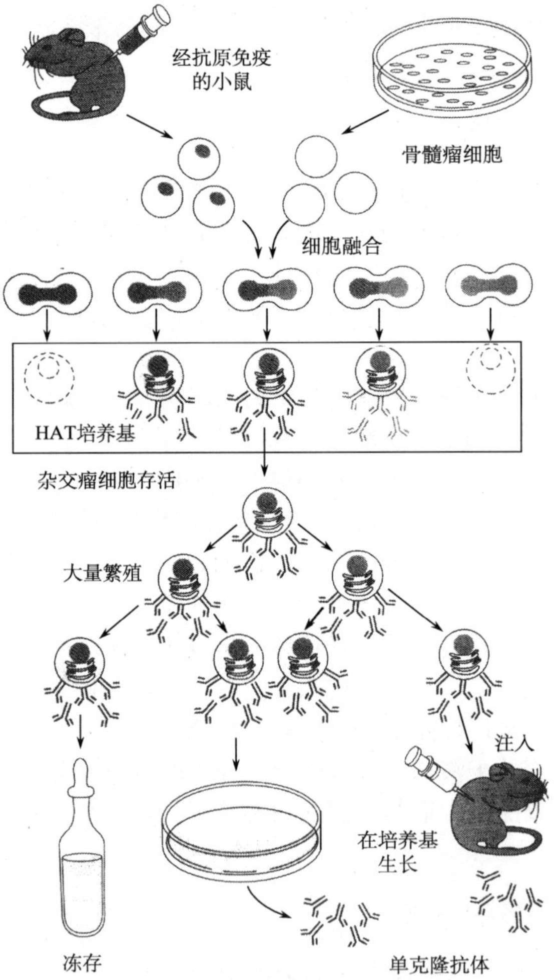

图 11.4　单克隆抗体制备程序

11.2.3.1　动物免疫与免疫脾细胞悬浮液的制备

免疫动物通常选用与骨髓瘤细胞为同一品系的动物。免疫过程有三步，初次免疫和第二次免疫是通过向小鼠腹腔内注射抗原，再通过向小鼠静脉注射抗原加强免疫。免疫3 d后，取出脾脏，制成细胞悬液。

11.2.3.2　骨髓瘤细胞的培养

骨髓瘤细胞的选择原则是：①骨髓瘤细胞最好与 B 淋巴细胞来自同一品系，提高杂交融合率，也便于杂交瘤细胞接种于同一品系动物腹腔内大量产生 McAb；②为便于细胞融合后杂交瘤细胞的筛选，骨髓瘤细胞选用突变缺陷型的，通常采用的是 HGPRT（次黄嘌呤鸟嘌呤磷酸核糖转移酶）或 TK（胸腺嘧啶核苷激酶）缺陷型的骨髓瘤细胞，一般在准备融合前 2 周开始复苏骨髓瘤细胞，保证其处于对数生长期；③瘤细胞一般选用自身丧失免疫球蛋白能力的骨髓瘤细胞，以免融合形成的杂交瘤细胞产生来自两个亲本的两种抗体，而且可能产生两种抗体轻重链杂合的抗体。

11.2.3.3　细胞融合与杂交瘤细胞筛选

采用聚乙二醇（PEG）诱导细胞融合法的大致流程如下：将骨髓瘤细胞与脾细胞按 1∶10 或 1∶5 的比例混合在一起，37 ℃水浴中边摇边滴加预热的 50% PEG（相对分子质量 1000 或 4000），加入预热的无血清 RPMI1640 培养液终止细胞融合，离心沉淀细胞，加 HAT 培养液重悬细胞，放置到 5% CO_2 恒温培养箱中 37 ℃培养，间隔 3~4 d 半量更换 HAT 培养液，15 d 后改用 HT 培养基，3 周后改用完全 RPMI1640 培养液。继续培养 8～12 d 后可进行抗体检测。

杂交瘤筛选采用 HAT 培养基，H 是次黄嘌呤（hypoxanthine），A 是氨基蝶呤（aminopterin），T 是胸腺嘧啶脱氧核苷（thymidine），取三个单词的手写字母成为 HAT 培养基，HAT 培养基就是指含有这三种物质的细胞培养基，具体原理如下。

细胞内的 DNA 合成有两条途径：一是起始合成途径，由糖、氨基酸等核苷酸原料合成 DNA，可以被氨基蝶呤阻断；另一条是补救途径，由核苷酸前体生成核苷酸，然后合成 DNA，此途径需要次黄嘌呤鸟嘌呤磷酸核糖转移酶（HGPRT）或胸腺嘧啶核苷激酶（TK）的参与。由于 HAT 培养基中含有 A，细胞 DNA 起始合成途径被阻断，细胞只有利用中间合成途径，因此必须供给核苷酸。融合所用的骨髓瘤细胞是 HGPRT 或 TK 缺陷型的，不能采用补救途径合成 DNA。因此，在 HAT 培养基中，未融合或自身融合的瘤细胞由于不能合成 DNA 而死亡，淋巴细胞由于不能无限增殖，也会逐渐死亡。只有杂交瘤细胞能够成活并生长，从而达到筛选的目的。

11.2.3.4　单克隆抗体检测与鉴定

可根据抗原性质、抗体类型选择不同的检测方法。一般采用快速、简便、特异、敏感的方法，常用方法有：①酶联免疫吸附测定法（enzyme linked immunosorbent assay，ELISA），可用于可溶性抗原（蛋白质）、细胞和病毒等 McAb 的检测；②放射免疫法测定（radioimmunoassay，RIA）可用于可溶性抗原、细胞 McAb 的检测；③荧光激活细胞分选仪（fluorescence activated cell sorter，FACS）可用于检查细胞表面抗原 McAb；④间接荧光抗体法（indirect fluorescent antibody method，IFA）可用于细胞和病毒 McAb 的检测。若为细胞质膜表面抗原，可采用膜荧光免疫测定法、细胞毒实验、细胞酶免疫测定法。

对单克隆抗体检测鉴定一般包括：抗体的特异性和交叉情况、抗体的类型和亚类、抗体的中和活性、抗体的亲和力、抗体对应抗原的相对分子质量和抗体识别的抗原表位等。

11.2.3.5 杂交瘤细胞克隆化培养

将产生目的抗体的细胞克隆转入到培养器中，扩大培养并尽快进行克隆化培养。利用单个单克隆抗体细胞克隆化培养，从细胞群体中选育出稳定而同源的能分泌特异性抗体的杂交瘤细胞。克隆化培养可采用软琼脂培养法和有限稀释法。然后通过特异性抗体检测选择抗体效价高、呈单个克隆生长、形态良好的细胞进行编号和保存，以备后用。

11.2.3.6 单克隆抗体的大量制备

单克隆抗体的大量制备有两种方法：一种是杂交瘤细胞体内接种法；另一种是杂交瘤细胞体外培养法。

体内接种法有血清法和腹水法。血清法是将对数生长期的杂交瘤细胞接种于小鼠背部皮下，待肿瘤长大后采血，可从血清中获得高含量的单克隆抗体。缺点是采血量有限。腹水法是先向小鼠腹腔内注射 0.5 mL 的降植烷或液体石蜡，1～2 周后腹腔注射杂交瘤细胞，过 7～10 d 后小鼠会产生腹水，可处死小鼠获得腹水；也可用注射器抽取腹水，反复收集数次。腹水中的单克隆抗体含量比血清中高，且获得量大，是最常用的方法。

体外培养法分为传统培养法和生物反应器培养。传统培养法是使用旋转瓶大量培养杂交瘤细胞，收集上清获得单克隆抗体，但此法产量低，大量生产时费用较高。

应用于临床的单克隆抗体质量要求很高，需求量大，可采用生物反应器大规模培养杂交瘤细胞，可采用半连续培养方式，分批培养杂交瘤细胞，不仅可有效抑制细胞凋亡，维持抗体的合成和分泌，而且能连续收获单抗产品。

由于制备 McAb 的实验周期较长，环节多，影响因素比较多，因此实验应当注意以下两点：①实验容易发生污染，特别是支原体污染，因此实验所用物品、试剂都要严格消毒并进行支原体检验，工作人员在操作时也要特别注意实验环境，按要求操作。一旦发生污染，应立即查明污染源，采取相应的措施处理。②虽有杂交瘤细胞生长，但无抗体产生，这可能是 HAT 中的 A 失效或骨髓瘤细胞发生突变，变成 A 抵抗细胞，或是免疫原抗原性弱，免疫效果不好。原分泌抗体的杂交瘤细胞变为阴性，可能是细胞支原体污染，或非抗体分泌细胞克隆的竞争性生长，抑制了抗体分泌细胞的生长，也可能发生了染色体丢失。

11.2.4 单克隆抗体的应用

11.2.4.1 体外应用

利用抗原和抗体的免疫反应对抗原蛋白进行定性、定位、定量的技术统称为免疫检测或免疫分析法。根据标记物性质的不同，可将免疫分析方法分为放射性核素和非放射性核素标记两大类。前者包括放射免疫（RIA）和免疫放射分析法（IRMA），后者主要有酶免疫分析（EIA）、荧光免疫分析（FIA）、化学发光免疫分析（CIA）、免疫-PCR、PCR-免疫和抗体芯片等。

单克隆抗体的另一重要应用途径是可以作为抗原的纯化工具。

11.2.4.2 体内应用

（1）与酶相关的抗体药物，如用于抗体靶向的酶前药治疗中的抗体-酶偶联物、具有酶活性的抗体酶及针对酶分子靶点的抗体药物。

（2）放射免疫显像（RII）与治疗（RIT），克服了放疗与化疗会杀伤正常细胞的弊病。

（3）肿瘤的诊断和治疗方面，产生了靶向治疗类抗体药物、封闭类抗体药物、作用于信号转导类抗体药物、效应子杀伤类抗体药物及抗独特型疫苗类抗体药物等治疗肿瘤的抗体药物。

（4）针对移植排斥反应的抗体药物，淋巴细胞免疫球蛋白、兔源抗胸腺细胞球蛋白、巴利昔单抗（Basiliximab）、抗 Tac 单抗（Daclizumab）及鼠单克隆抗体 CD3。

（5）单克隆抗体应用于基因治疗，单克隆抗体可用于非病毒载体介导的靶向基因转移，如神经母细胞瘤抑瘤蛋白 1 （neuroblastoma suppression of tumorigenicity 1，NBL-1）的单克隆抗体，可用于成神经细胞瘤和帕金森病的基因治疗。

本章小结

细胞融合是指两个或多个相同或不同的细胞通过膜融合形成单细胞的过程，融合过程包括细胞的接触、细胞质膜的融合、细胞质的重组和遗传物质的选择四个阶段。不同基因型的细胞融合称为细胞杂交或体细胞杂交。融合可分为自然融合和人工诱导融合。

细胞融合技术可用于单克隆抗体制备、基因图谱绘制、基因定位、细胞治疗、动物育种和基础理论研究中。细胞融合有生物方法、物理方法及化学方法。病毒诱导融合法、电融合法和化学试剂（如 PEG 融合法）是常用的方法。融合以后融合细胞的筛选可采用抗药性筛选、营养互补筛选、温度敏感突变型、物理特性筛选法、荧光标记法。其中 HAT 培养基是杂交瘤筛选的常用培养基。融合细胞的培养包括有限稀释法、半固体培养法和显微操作法。

单克隆抗体是只识别某一特定抗原决定簇的抗体。单克隆抗体的制备过程包括动物免疫与免疫脾细胞悬浮液的制备、骨髓瘤细胞的培养、细胞融合与杂交瘤细胞筛选、单克隆抗体检测与鉴定、杂交瘤细胞克隆化培养及单克隆抗体的大量制备等过程。单克隆抗体在科学研究、医疗诊断、临床治疗等多方面都有重要应用。

思考题

1. 什么是细胞融合？人工诱导融合方法有哪些？
2. 试述细胞融合的原理及杂交细胞的筛选方法。
3. 试述杂交瘤技术生产单克隆抗体技术的原理。
4. 细胞融合在哪些方面具有重要应用？
5. 怎样选择融合后获得的杂合细胞？
6. 简述 HAT 选择培养基的筛选原理。
7. 详细论述单克隆抗体的制备过程。
8. 分析比较生物方法、物理方法和化学方法三种细胞融合方法的优缺点。

第 12 章 胚胎工程与动物克隆

以体外受精和体外早期胚胎发育为基础，在胚胎发育过程中进行的卵子切割、性别控制、嵌合体制作、细胞核移植、转基因操作等定向控制、改造和创造新遗传性状的技术统称为胚胎工程。克隆动物技术是指将不同发育时期的胚胎，如受精卵、卵裂胚、囊胚内细胞群细胞或成体细胞的细胞核，移植到同种或异种去核的卵母细胞质、受精卵或早期卵裂球的细胞质中，重新组成异核胚并使其发育成与供体细胞基因型相同的动物体的过程。

胚胎工程是所有对生殖细胞和胚胎的人工操纵和干预技术的综合。先介绍一下动物胚胎发育的基本过程。

12.1 动物胚胎发育的基本过程

发育可分为个体发育和系统发育。个体发育是自受精卵开始到形成成熟个体所经历的一系列变化过程，系统发育是指同一起源的生物群的形成历史。尽管不同种类生物的个体发育差别很大，但是其主要发育过程是相似的。高等动物的胚胎发育包括生殖细胞的发生，受精，卵裂，囊胚、原肠胚、中胚层及体腔形成和胚层分化等主要阶段。

12.1.1 生殖细胞的发生

生殖细胞迁入生殖腺后先进行几次有丝分裂（mitosis）进行增殖，然后开始分化为精子和卵子。

在配子形成过程中，生殖细胞的染色体数目要减少一半，因此受精卵仍可保持准确的二倍体染色体数目。原生殖细胞是二倍体，在减数分裂（meiosis）过程中发生染色体数目的减半。减数分裂包括两次细胞分裂，在第一次分裂中进行染色体复制，而第二次分裂不发生染色体的复制。所以减数分裂的结果是染色体数目减半。

尽管精子和卵子的发育过程中都发生减数分裂，但它们遵循的发育路线并不相同。卵子的发育过程称为卵子发生（oogenesis）。卵子和精子的发生过程分别见图 12.1 和图 12.2。卵子发育过程中，二倍体的卵原细胞（oogonia）继续在卵巢内进行几次有丝分裂。进入减数分裂后，初级卵母细胞停留在第一次减数分裂的前期，不再增殖，因此胚胎的这个时期的卵母数目就是一个雌性动物一生所拥有的全部卵细胞总数。人类大部分的卵母细胞在青春期（puberty）之前退化，由原来的 6 000 000 个减少至 40 000 个。哺乳动物以及其他的许多脊椎动物的卵细胞发育在出生后停止数月（鼠）或数年（人类），直到雌性动物发育到性成熟才继续发育。青春期之后，卵母细胞进一步发育，在体积上增加约 1000 倍，减数分裂继续进行。哺乳动物减数分裂进行至第二次减数分裂中期后再一次发生暂停，直至受精后才完成减数分裂。

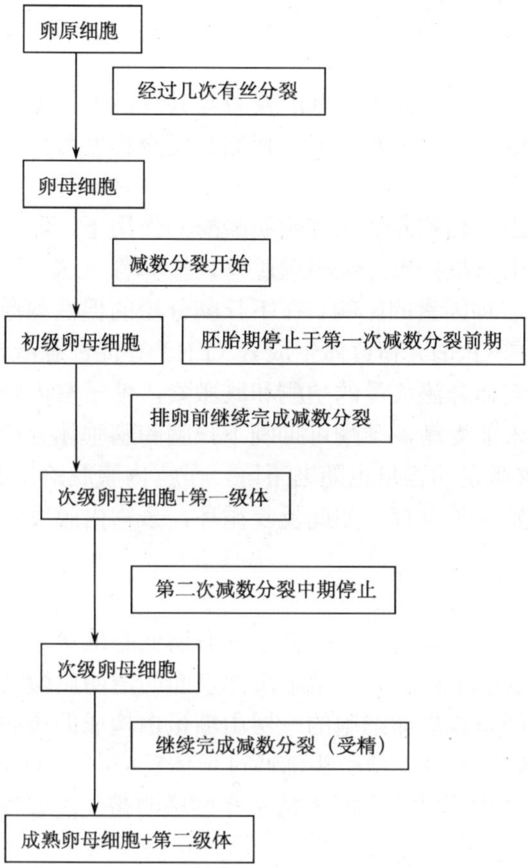

图 12.1　卵子发生过程

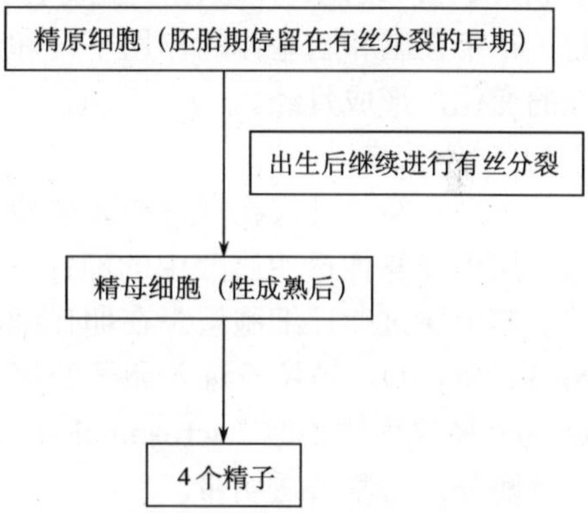

图 12.2　精子发生过程

精子发生（spermatogenesis）与卵子发生不同（图 12.2），胚胎睾丸内产生精子的生殖细胞在胚胎期不进行减数分裂，而是停留在有丝分裂的早期阶段，称为精原细胞（spermatogonia），出生后继续进行有丝分裂。动物性成熟后，这些精原细胞形成精母细胞。每个精母细胞经减数分裂形成 4 个单倍体的精细胞，通过成熟过程形成 4 个精子。与卵子不同，精子终生都可以产生。精子的体积小，一般具有头部、颈部和尾部，能运动。

12.1.2　受精

精子与卵子融合形成受精卵，这个过程就是**受精**（**fertilization**）。精子与卵子的质膜发生融合，精子细胞进入卵子细胞质形成精原核（sperm pronucleus）。哺乳动物和其他许多动物的受精激活了卵细胞，使停滞于第一次减数分裂前期的细胞完成减数分裂过程，变成卵原核（egg pronucleus），卵原核再与精原核结合形成合子。受精后卵子被激活，开始分裂。受精既可以在体外进行（如蛙类），也可以在体内进行（如果蝇、哺乳动物和鸟类）。

1）精子的成熟与获能

哺乳动物的精子离开精巢后并没有受精能力，必须要经过成熟和获能才能使卵子受精。排出的精子必须在生殖道中停留一段时间后才具备受精能力，这一现象称为**精子的获能**（**capacitation**）。后来研究发现，精子在体外也能完成获能，卵泡液、输卵管分泌物、血清、房水等多种液体都可使精子获能，pH、Ca^{2+}浓度等环境条件对获能也有影响。

2）卵子的成熟与排放

卵细胞的发育过程要依赖其他细胞的协助和营养。卵母细胞的发育与其周围的卵泡细胞关系密切。卵母细胞与卵泡细胞构成卵泡（又称滤泡）（follicles），根据其发育程度可分为原始卵泡、初级卵泡、次级卵泡和成熟卵泡等。

随着卵泡的增大，卵泡逐渐向卵巢表面突出，在胶原酶和透明质酸酶的作用下，卵泡破裂，卵细胞、透明带和放射冠等随卵泡液一起由卵巢排出，经腹膜腔进入输卵管，这一过程称为排卵（ovulation）。卵子的排放受到激素和多种因素的影响。在下丘脑分泌的促性腺激素释放激素的作用下，脑垂体前叶分泌卵泡刺激素（FSH）和黄体生成素（LH）等促性腺激素，FSH 和 LH 促使卵泡成熟、排卵及形成黄体。黄体分泌大量的孕酮和雌激素，使子宫内膜进入分泌期，有利于受精卵着床。若此时卵细胞未能受精，孕酮可抑制下丘脑和脑垂体分泌黄体生成素 LH，致使黄体退化，血液中孕酮和雌激素的含量也随之下降，子宫内膜脱落出血。过后，在下丘脑和脑垂体的作用下，卵泡又开始生长发育。如此反复循环，子宫内膜发生周期性的变化，形成月经。

3）顶体反应

精子必须穿过几层物理屏障才能穿入卵内。在哺乳动物中，精子入卵所面临的第一层屏障是一层埋在黏性透明质酸中的卵丘细胞层（cumulus cell）。精子头部表面的透明质酸活性有助于精子穿过卵丘细胞层。在卵丘细胞层下面是包裹卵细胞的一层由糖蛋白构成的透明带（zona pellucid），是精子进入卵子的第二层物理性屏障。精子头部通过顶体反应（acrosomal reaction）释放顶体小泡（acrosomal vesicle）中的内容物，有助于精子穿过透明带。内容物包含一些酶类，可降解透明带。

4）多精受精阻断

精子穿入激活了卵细胞内的一种阻断机制，阻止另外的精子进入卵内，即所谓的多精受精阻断（block to the polyspermy）。多精受精的阻断是必要的，因为如果多个精子细胞核进入卵内，就会有多余的染色体和中心体，最终导致不正常的发育。动物有多种机制保证只有一个精子细胞核组成合子。卵子经常处于几层保护层的包围之中，而且在很多动物的卵子质膜下都有一层皮层颗粒（cortical granules）。哺乳动物卵子由一质膜包被，质膜下也有皮层颗粒，质膜外面有一层透明带，其作用是保证只有一个精子穿入。

5）卵子的激活

受精时卵子被激活，阻止于减数分裂某一阶段的卵细胞重新启动，使减数分裂得以完成，精卵原核融合形成合子。同时也使受精卵发生一系列的变化，如蛋白质的合成增加、细胞开始分裂。

12.1.3　卵裂

受精卵的分裂称为卵裂（cleavage），这是一个快速的有丝分裂的过程。受精卵的卵裂与一般细胞分裂的不同点在于每次分裂之后，新的细胞未长大，又继续进行分裂，因此分裂形成的细胞越来越小。这些细胞也叫分裂球。卵裂具有严格的模式，不同动物的卵裂方式不尽相同。卵裂是一个受遗传控制的过程，其方式主要由两种因素决定：①卵黄的含量及其在细胞质中的分布；②卵子细胞质中影响纺锤体形成时间和角度的因子。卵裂的方向由卵的固有极性所决定，而卵黄物质的分布和数量则决定卵裂发生的部位。

脊椎动物卵细胞一般有极性。卵细胞内卵黄少的一极为动物极（animal pole），卵裂速度相对较快；卵黄多的另一极为植物极（vegetal pole），分裂慢。例如，蛙卵的卵黄含量相对较少，集中分布于卵的下部，故其下端为植物极，上端为动物极。卵裂后整个卵子被完全分割，故称为完全卵裂。蛙卵受精后约 24 h 开始分裂，第一次和第二次卵裂为经裂，即两条分裂沟先后从受精卵动物极到植物极，相互垂直，将受精卵分成 4 个相等的卵裂球。第三次为纬裂，因植物极卵黄较多，故横裂沟位于赤道面偏于动物极，形成于赤道面上的 4 个细胞小，偏于植物极的细胞大。第四次分裂为纬裂，形成 16 个卵裂球的胚体（图 12.3）。

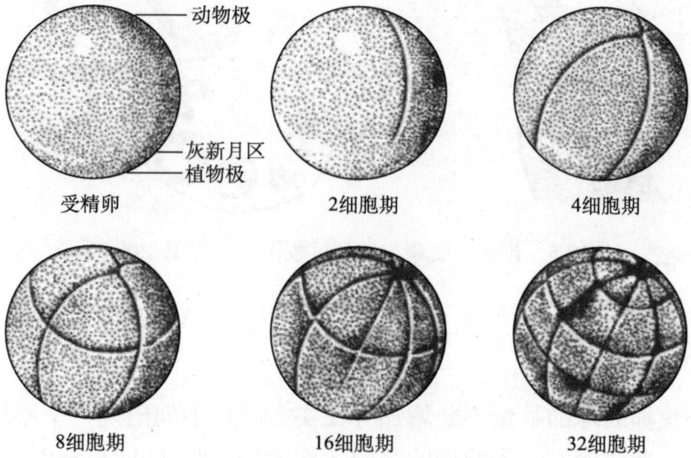

图 12.3　蛙受精卵早期卵裂

12.1.4　桑椹胚

尽管卵裂球属于有丝分裂，但它与普通的有丝分裂不同，其卵裂球本身不生长。这样分裂次数越多，卵裂球的体积越小。哺乳动物的受精卵在受精后 72 h 已分裂成 12～16 个细胞，这些细胞密集地堆集成一个实心的细胞团，形似桑椹，称为桑椹胚（图 12.4）。在卵裂的同时，由于输卵管平滑肌节律性收缩、管壁上皮细胞纤毛的摆动，形成管内液体流，使受精卵逐渐向子宫方向移动。桑椹胚继续分裂，并由输卵管进入子宫腔（图 12.5）。

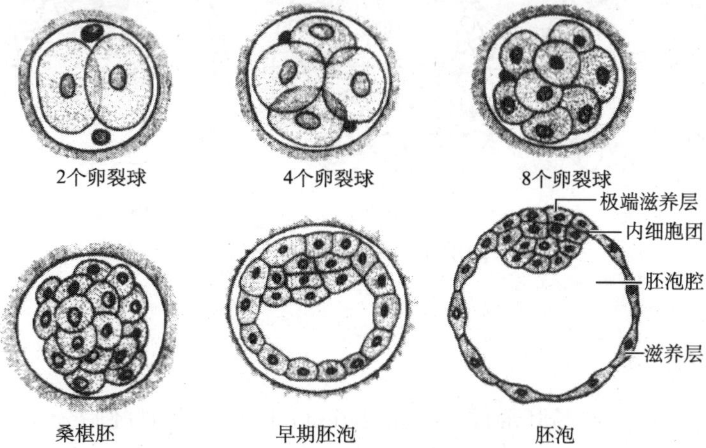

图 12.4　卵裂、桑椹胚、胚泡示意图（胡悍卫 2006）

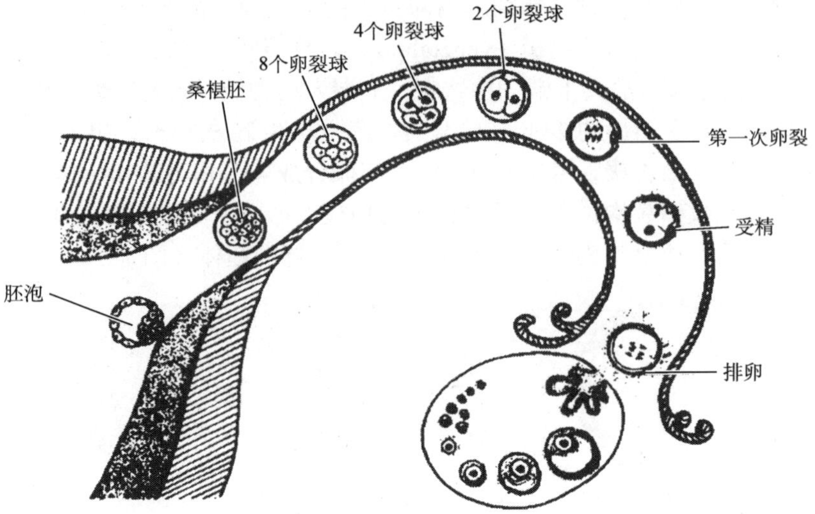

图 12.5　排卵、受精与卵裂过程图（胡悍卫 2006）

12.1.5　囊胚的形成

细胞持续分裂使卵裂球的数量不断增加并在实心胚体中间出现一个不规则的腔隙。随着腔隙中的液体增多，此腔变为一个圆形的空腔，称为囊胚腔（blastocoel）或胚泡腔，而这种囊状的胚胎称为囊胚（blastula）。囊胚的形成（blastulation）标志着卵裂期的结束。哺乳动物中所含卵黄较少，外部细胞构成囊胚壁，由单层细胞构成，称为滋养层（trophoblast），它们将发育为非胚体本身结构，如绒毛膜、胎盘等。滋养层能分泌蛋白酶，将母体子宫内膜溶解，利于囊胚或胚泡植入母体子宫壁获取营养，保证胎儿正常发育。同时还分泌激素使母体子宫接纳胎儿。而内部细胞逐渐排列位于胚泡腔的一端，称为内细胞团（图 12.6），继而分化为内、中、外三个胚层构成的胚盘。内细胞团与滋养层细胞在形态和蛋白质合成方面均不相同，这说明早在哺乳动物囊胚阶段就出现了细胞分化。

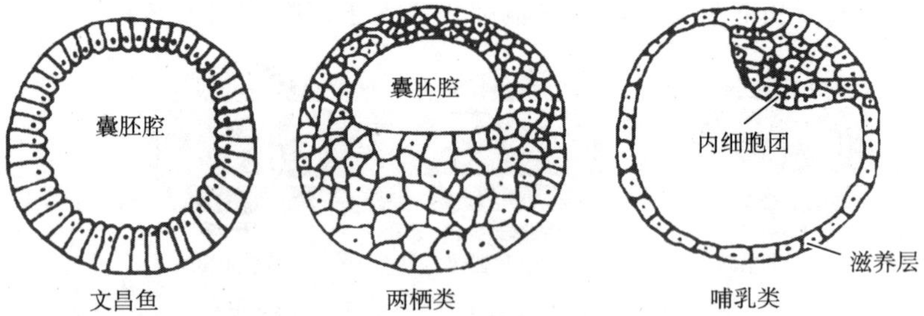

图 12.6　几种囊胚的比较

12.1.6　原肠胚的形成

囊胚进一步发育进入原肠胚形成（gastrulation）阶段，此时胚胎分化出内、外两胚层和原肠腔。

12.1.7　中胚层及体腔的形成

绝大多数多细胞动物除了内、外胚层之外，在外胚层之间还进一步发育，形成中胚层（mesoderm）。在中胚层之间形成的腔称为真体腔。

12.1.8　胚层分化

动物体的组织、器官都是从内、中、外三胚层发育分化而来的。内胚层分化为消化管的大部分上皮、肝、胰、呼吸器官、排泄与生殖器官的小部分。中胚层分化为肌肉、结缔组织（包括骨骼、血液等）、生殖与排泄器官的大部分。外胚层分化为皮肤上皮（包括上皮衍生物如皮肤腺、毛、角、爪等）、神经组织、感觉器官、消化管的两端等。

12.2　体外受精

体外受精（*in vitro* fertilization，IVF）是动物胚胎工程的一项重要技术，它是指哺乳动物的精子和卵子在体外人工控制的环境中完成受精过程的技术。

体外受精是继人工授精和胚胎移植技术之后，家畜繁殖领域的第三次革命。通过长期研究，人们已经深刻了解了子宫和输卵管的生理环境。目前，动物精子和卵子受精过程的各个步骤都可以在体外成功进行。

哺乳动物体外受精的尝试至今已有 100 多年的历史。人们对这一技术一直存在怀疑。直到 1975 年，张明觉和澳大利亚的 Austin 同时发现只有在雌性生殖道停留一定时间的精子才能成功地与卵子结合，进行体外受精。Austin 于 1952 年将这种现象命名为 capacitation，即获能。精子获能现象的发现是这一研究的突破性进展，开创了体外受精的新局面，这是体外受精史上的一个里程碑。自此以后，体外受精研究蓬勃开展起来。1954 年，张明觉在兔体外受精上获得成功，并于 1959 年获得世界上首例“试管动物”——试管兔，为哺乳动物体外受精技术奠定了基础。

随着精子体外获能方法的改进和体外受精系统的完善，目前体外受精已相继在 30 余种哺乳动物上获得成功。

体外受精技术主要包括卵子的采集及成熟培养、精子获能处理、体外受精、受精卵体外培养与胚胎移植等方面。

12.2.1　卵母细胞的采集和成熟培养

1）卵母细胞的采集

（1）超数排卵（superovulation）简称“超排”，是指在母畜发情周期的适当时期，利用外源促性腺激素对母畜进行处理，诱发其卵巢上大量卵泡同时发育并排卵。超排技术通常用于单胎家畜，如牛和绵羊。其目的是让优良母畜排出比自然排卵多几倍甚至几十倍的成熟卵子，充分发挥其繁殖潜力，因而是胚胎移植中的一个重要环节，也是胚胎移植的首要环节。

目前国内外进行超数排卵最常用的方法是利用孕马血清促性腺激素（PMSG）、促卵泡素（FSH）和促黄体素（LH）。

（2）从活体卵巢中采集卵母细胞，活体取卵技术是近十几年才发展起来的一项技术。1988 年，Pieterse 首次应用超声波技术（B 超），利用采卵探头通过阴道壁从活牛卵巢采集到牛卵母细胞。活体取卵技术首先需要一台可以产生清晰图像的超声波仪，其次需要一个真空泵，通过塑料离心管（50 mL）与采卵针及导管相连，可在离心管内产生负压，当探头前采卵针穿刺进入卵泡时，负压作用就将卵母细胞和卵泡液吸入离心管内。

（3）从屠宰后母畜卵巢上采集卵母细胞是体外受精研究中卵子的重要来源之一。从屠宰家畜获取卵巢，必须在家畜屠宰后 30 min 内取出卵巢，用温生理盐水冲洗，放入盛有 37 ℃灭菌生理盐水或磷酸盐缓冲液（PBS）的容器内，快速运到实验室。整个过程要求快速、无菌。

2）卵母细胞的选择

采集的卵母细胞绝大部分与卵丘细胞形成卵丘卵母细胞复合体（cumulus oocyte complex，COC）。根据卵母细胞的形态规则、细胞质均匀程度及外围卵丘细胞包围情况，常把未成熟卵母细胞分为 A、B、C、D 四个等级。A 级卵母细胞的标准是有三层以上卵丘细胞紧密包围，细胞质均匀；B 级是指卵母细胞质均匀，卵丘细胞层少于三层或部分包围卵母细胞；C 级为没有卵丘细胞包围的裸露卵母细胞；D 级是死亡或退化的卵母细胞。体外受精过程中，一般只培养 A 级和 B 级卵母细胞。

3）卵母细胞的成熟培养

超数排卵采集的卵母细胞已在体内发育成熟，因而不需要培养可直接与精子受精，但对未成熟卵母细胞，则需要在体外培养成熟，放入成熟培养液中培养。成熟培养液中添加了胎牛血清（FCS）、促性腺激素、雌激素和抗生素成分，COC 成熟培养后卵丘细胞层扩散，靠近卵母细胞周围的卵丘细胞呈放射状排列，出现放射冠，通过染色体分析，处于第二次减数分裂中期。

12.2.2　精子的获能处理

精子必须在雌性生殖道或体外培养中停留一段时间后，生理上和形态上发生一系列变化并具有受精能力，这种生物学现象叫获能（capacitation）（图 12.7），精子获能的意义在于使精子准备发生顶体反应，而顶体反应是受精的必要条件。

精子的获能方法有两种，即体内获能和体外获能。体内获能是从交配母畜的子宫内冲取精子用于受精。体外获能一般分为两步：一是精子的洗涤，经一次或多次离心后除去杂质、死精子、低活力精子、冻精保护液及稀释液等；二是精子获能处理，主要使用高离子强度液、钙离子载体、肝素等，以促使钙离子进入精子顶体并刺激精子内部 pH 升高，从而诱发精子获能。

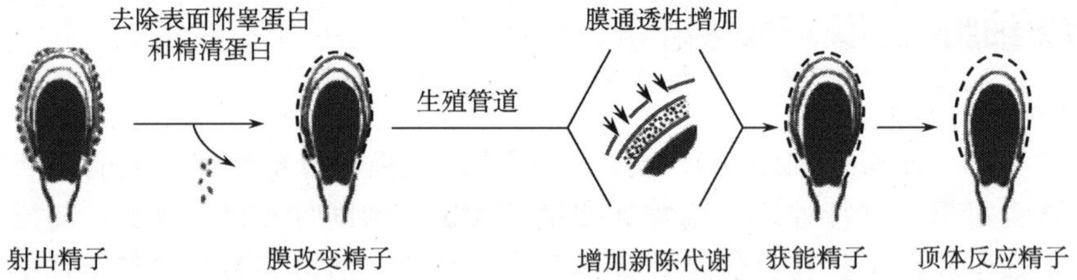

图 12.7　精子获能过程

精子获能的判定：对于精子获能的判定，目前主要是采用观察精子运动形式的变化来确定精子是否获能。精子开始获能时运动非常活跃，尾部振幅大而有力，获能后精子由直线前进变为激烈的曲线运动。

精子获能后发生的一系列生理生化变化如下。

（1）代谢变化。精子活力增强，呼吸率升高，耗氧量增多，尾部线粒体内氧化磷酸化过程旺盛，能量底物发生改变，这是由于细胞内 cAMP 水平升高，致使某些蛋白磷酸化过程激化，诱发精子获能或超激活运动。

（2）精子内部离子变化。获能前精子膜内有高浓度 K^+，膜外有高浓度 Na^+，并处于平衡状态。顶体反应后，精子膜内 K^+、Cl^-、Ca^{2+}升高。在获能过程中，Ca^{2+}起着重要作用。

（3）顶体和核的变化。顶体内酶类如顶体素由不活动状态转变为活动状态。精子核蛋白稳定性减弱。

（4）膜成分的变化。膜代谢加强，使膜系构造及理化性质发生改变，离子交换更加频繁；膜电位改变，引起多种酶系激活，发生一系列酶促反应。

（5）运动形式的变化。精子开始获能时运动非常活跃，尾部振幅大而有力，获能后，精子由直线前进变为激烈的曲线运动。

12.2.3　体外受精

1）精子穿入卵丘和放射冠

精子到达透明带之前穿越卵丘和放射冠。在体外受精时，许多精子包围在卵丘细胞的周围，属于非特性附着，无种属差异性，由于精子头部质膜上的透明质酸酶的水解作用使卵丘细胞扩散，有利于精子穿入卵丘。但在体内受精时，只有少数的精子与卵子接触，其中只有已获能且顶体完好的精子才能穿过卵丘。在这一过程中，卵丘细胞具有吞噬和过滤精子的作用。

2）精子与透明带结合

由于卵透明带表面存在着具有种属特异性的糖蛋白-精子受体蛋白，所以精子和透明带进行特异性结合。精子利用超激活运动的机械力和顶体释放反应的酶共同作用于透明带，从而穿透卵子。精卵特异性结合使精子顶体反应更加彻底和完全，具有受精能力。所以透明带既是精子的结合者又是精子顶体反应的诱导者。

3）顶体反应

顶体反应（acrosome reaction）包括顶体内小泡形成及顶体内酶的激活和释放过程，它是精子穿过透明带的前提。顶体反应酶包括透明质酸酶，帮助精子通过卵丘细胞层；放射冠透过酶，分解卵子周围的放射冠；顶体蛋白酶，使精子穿过透明带。

4）精子与卵子的融合

精子穿过透明带后，很快附着于卵子微绒毛上，并发生精卵质膜融合，精子进入卵子，卵子激活并完成第二次成熟分裂，排出第二极体。

5）方法

（1）常规体外受精技术。将获能精子与成熟卵子置于受精液中共同培养，使之完成受精过程。通常情况下，受精液与获能液为同一种液体。1976 年，英国科学家把女性的卵子和男性的精子置于试管内，使其受精，培养成早期胚胎后，植入母体内生长发育到分娩，这是第一代试管婴儿技术。但是这一技术对男性引起的不育症没有任何意义，它的成功率只有两成。

（2）与分离精子相结合的体外受精技术。将精子分离技术与体外受精技术结合起来生产预选性别的优良胚胎，对加速家畜品种改良和畜牧业生产具有重要的应用价值。

（3）显微受精技术。为了提高体外受精的成功率，借助显微操作仪将精子直接注入卵母细胞质或透明带下，完成受精过程。

1992 年，科学家们借助显微操作仪把单个精子直接注入卵细胞浆内，男性不育症迎刃而解，成功率提高到 50%～70%，这是第二代试管婴儿技术。但是试管婴儿技术成功率提高的同时，胎儿畸形的风险也随之提高，第三代试管婴儿应运而生。它对植入母体前的胚胎进行筛选，保证将没有遗传疾病的胚胎移入子宫内，可把 3000 种人类已知的遗传病挡在生命的大门外。第四代试管婴儿技术又叫卵浆置换技术，主要适用于那些尚有排卵功能，但因身体不好或年龄较大而导致卵子质量不高、活力差的女性。具体做法是通过显微镜技术将其卵子内的卵浆同另一女性的健康卵浆置换，以增强卵子活力，提高试管婴儿的成功率。置换后的卵细胞再同丈夫的精子在体外结合，形成受精卵后移入女性体内。由于置换的卵浆只是营养物质，并不存在遗传因素，因而第四代试管婴儿技术仍然是其夫妇的亲生子。

2005 年 10 月，国家有关部门发文，出于对社会伦理的尊重，禁止实施第四代试管婴儿。2004 年 2 月 24 日上午 9 时 30 分，一个第四代试管婴儿在武汉大学人民医院出生。由于此例受孕于通报发布之前，所以这名婴儿的出生并不违法违章。因而，这名婴儿成为全国仅有的一例，可能也是最后一例第四代试管婴儿。

延伸阅读

动物的性别控制（sex control）是通过对动物的正常生殖过程进行人为干预，使成年雌性动物产生人们所期望的性别后代的一门技术。性别控制在畜牧生产中意义重大。首先，通过控制后代的性别比例，可充分发挥受性别限制的生产性状（如泌乳）和受性别影响的生产性状（如生产速度和肉质）的最大经济效益。其次，控制后代的性别比例可增加选种速度，加快育种进程。

2006 年 2 月，世界首例性别控制试管水牛“可可”和“欢欢”诞生，它的“幕后设计者”是广西大学动物繁殖研究所的教授卢克焕、张明，副研究员陆阳清、研究员卢晟盛、博士研究生曾有权等，其中卢克焕因此被誉为“世界试管双犊之父”，2008 年 8 月，2 岁半的“可可”产下健康的下一代“壮壮”。

2009 年 6 月 18 日和 23 日，在广西畜牧研究所猪场，在卢克焕带领团队的努力下，两窝身份特殊的仔猪诞生，一窝 6 头全是雄性猪，而另一窝 4 头则是清一色的雌性猪。作为我国首批成功通过 X、Y 精子分离进行性别控制的仔猪，它们的性别还未出生就已被准确设计了。中国首批性别控制仔猪研究成功，准确率达 100%，又一次把卢克焕推到了媒体的焦点——关于他是否会继续人类性别控制的疑问陡然而生。人类性别控制是法律上禁止的，但卢克焕认为人类性别控制会对医疗有很大帮助，比如可以帮助遗传病父母生育，另外还有利于人口出生控制。每一项新科技都是一把双刃剑。只有合理利用才能充分体现它的价值。

12.2.4　受精卵体外培养

受精卵需要在培养液或输卵管中发育到桑椹胚或囊胚阶段，移植到受体后才能获得较高的妊娠率。但哺乳动物体外受精的早期胚胎在体外发育过程中表现种间特异性的发育阻滞（developmental block），即胚胎在体外发育到一定阶段时发育停止，且不同动物的胚胎在体外发育阻滞期不同。

目前，体外受精的受精卵在体外培养主要有以下两种方法。

1）合成液培养系统

利用组成确定的合成培养液，添加血清、BSA、维生素和氨基酸等物质，构成成分确定的合成培养液系统，便于研究胚胎发育过程中某一物质对胚胎的作用机制，有利于了解早期胚胎发育的机制，但培养囊胚的发育率不高。

2）共同培养系统

利用体细胞在体外与受精卵共同培养，促进胚胎发育，获得了较高的的囊胚发育率。目前用于共培养的体细胞有：输卵管上皮细胞（BOEC）、颗粒/卵丘细胞、子宫内膜细胞、成纤维细胞、水牛大鼠肝细胞。将这些细胞用酶消化成单个细胞，铺成单层，作为胚胎生长发育的滋养层。

12.2.5　胚胎移植

选择繁殖性能强、体格健壮的母畜作为受体，进行同期发情处理，按常规方法将体外受精并发育优良的胚胎移植入受体母畜的子宫中，使其怀孕产仔。

12.3　胚胎移植技术

胚胎移植技术（embryo transfer，ET）也称受精卵移植，是现代畜牧生产上广泛应用的一项繁殖新技术。胚胎移植就是借助一定的器械，采用手术法或非手术法，从一头优良的雌性动物的输卵管或子宫内取出早期胚胎，经胚胎品质检验后，移植到另一头处于相同生理阶段的雌性动物的相应部位，从而产生其后代，达到产生优良供体后代的目的，因而称为借腹怀胎。其中提供胚胎的个体称为供体（donor），接受胚胎的个体称为受体（recipient）。

12.3.1　胚胎移植的研究历史

12.3.1.1　国外胚胎移植技术的发展历史

胚胎移植技术的研究已有 100 余年的历史。早在 1890 年，英国剑桥大学的 Heape 就在兔子上试验获得成功。Heape 从一只安哥拉母兔体内采取两枚 4 细胞期胚胎，将其移植到比利时母兔的输卵管内，生出仔兔，由此揭开了胚胎移植的序幕。但直到 20 世纪 30 年代，胚胎移植技术才开始深入畜牧科学领域。1973 年，Wilmut 等在牛早期胚胎超低温冷冻保存方面获得成功，使胚胎移植生产日臻完善。面对胚胎移植技术快速发展的良好形势，1975 年 1 月，第一届国际胚胎移植学会成立大会在美国的科罗拉多召开，标志着胚胎移植进入了新的发展阶段。

据世界胚胎移植协会不完全统计，全世界储备有 10 万枚牛冷冻胚供流通，其中每年有 3 万枚出口。1994 年，仅美国就向世界上 20 多个国家出口良种牛胚 1.1 万枚。

12.3.1.2　我国胚胎移植技术的发展历史

我国关于家畜胚胎移植技术的研究虽然起步较晚，1973 年首先在三北羊上进行，但 1974 年就已经成功产出羔羊。牛的胚胎移植技术研究于 1975 年 12 月开始，1978 年 8 月成功产出第一头胚胎移植的犊牛。此后，胚胎移植技术的研究陆续扩展到全国 20 多个省（市、自治区），取得了可喜的进展。20 世纪 80 年代以来，随着胚胎冷冻、分割、融合、性别鉴定以及胚细胞核移植、体外受精、转基因技术的迅速发展，为胚胎移植提供了更大的活力与发展潜力。

12.3.2 胚胎移植的意义

12.3.2.1 充分发挥优良母畜的繁殖潜力

通过激素或者其类似物，对作为供体的优良母畜进行超数排卵处理后，一次可获得多枚胚胎，产生更多的胎儿。然后利用生产性能较低的母畜作为受体，即可得到高生产性能的后代，从而加速家畜生产性能的提高，迅速扩繁家畜良种。例如，一头优秀母牛一般只能生产一犊，一生中所产的犊牛很少超过 8 头。但是如果利用胚胎移植技术，一头优秀母牛一年内就可得到 20～30 头后代。与此同时，采用胚胎移植技术还可以向未配种的母牛移植两枚胚胎或向已配种的母牛再移植一枚胚胎，以增加母牛的双胎率。这种利用胚胎移植技术人工诱发母牛双胎的方法，在实际生产中不但可以提高供体母牛的繁殖率，同时也可以提高受体母牛的繁殖率，从而大大提高了畜牧业的生产效率。

12.3.2.2 缩短母畜繁殖周期，增加排卵次数

母牛属于单胎动物，在自然状态下，虽然其卵巢内有成千上万个卵母细胞，但仅有不足 0.1%的卵母细胞可以发育成熟并排出卵子，实际母牛一生排出的卵子很少。如果设法免去良种母牛承担的妊娠、泌乳及哺乳犊牛的职能，母牛就可以连续发情，多次排卵，增加实际排卵数。然后将这些排出的卵子通过人工授精使之受精后形成胚胎，再将这些胚胎移植到受体母牛的子宫，就可以连续不断地产生后代，这实际上就等于缩短了这头母牛的繁殖周期。

12.3.2.3 提高动物的育种效率

通过超数排卵和胚胎移植技术育种，可以使单胎动物的母畜在相对集中的时期内获得多个后代或同卵双生个体，扩大优良母畜对群体的遗传贡献，可在较短的时间内达到后裔测定所要求的后代个体数量，提早完成后裔测定工作，增强选择强度，缩短育种进程。

12.3.3 胚胎移植技术

12.3.3.1 胚胎移植技术的生理学基础

（1）成年母畜卵巢上存在数千到上万个卵泡，在外源激素作用下，每个发情期的卵泡发育和排卵数可达数十个；

（2）每个发情周期生殖器官都有一个孕向发育；

（3）早期胚胎处于游离状态；

（4）胚胎发育不存在免疫问题；

（5）胚胎发育到一定阶段会与子宫发生生理和组的联系；

（6）胚胎的遗传性不受受体的影响。

12.3.3.2 胚胎移植技术的基本原则

1）胚胎移植前后供体和受体所处环境的同一性

这种同一性是指胚胎的生活环境与其发育的阶段相适应。它包括以下几个方面。

（1）分类学上的同属性。胚胎移植的供体、受体应属于同一物种，或在动物进化史上血缘关系较近。血缘、生理和解剖特点越相似，胚胎移植成功的可能性越大。

（2）生理上的一致性。胚胎移植过程中所移植的胚胎与受体在生理上必须是同步的，也就是供体和受体在发情时间上的同期性。在胚胎移植的生产实践中，一般供体、受体发情同步差要求在 24 h 以内。

（3）解剖部位的一致性。胚胎移植前后所处的空间部位要相似，也就是说胚胎采自供体的输卵管就移到受体的输卵管，采自供体的子宫角就移至受体的子宫角。

2）胚胎发育的期限

胚胎采集和移植的期限（胚胎日龄）不能超过发情周期黄体的寿命，必须在黄体退化之前。通常是在供体发情配种后 3～8 d 内采集胚胎，受体也在此时接受胚胎的移植。

3）胚胎的质量

从供体采集到的胚胎必须经过严格的鉴定，确定发育正常者才能移植。在胚胎移植的全部操作过程当中，胚胎不应受任何不良因素的影响，绝对不能污染。

4）供体、受体的状况

（1）生产性能和经济价值。供体的生产性能需要高于受体，经济价值要大于受体，这样才能体现胚胎移植的优越性。

（2）全身及生殖器官的生理状况。供体、受体应该机体健康，营养状况良好，体质健壮，特别是生殖器官应具有正常的繁殖生理机能，否则将会影响胚胎移植的效果。

12.3.3.3　胚胎移植技术的程序

胚胎移植的基本过程在各种家畜中基本相同，可分为 5 个步骤：供体和受体的选择、供体超数排卵处理和配种（输精）、受体同期发情处理、胚胎回收（采卵）及移植胚胎（移卵）（图 12.8）。

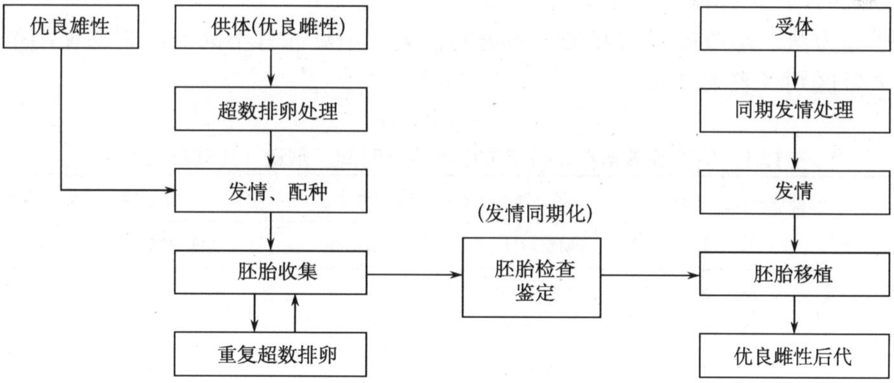

图 12.8　胚胎移植技术路线（周欢敏 2009）

1）供体和受体的选择

供体一般是选择需要加速繁殖的有较大生产应用价值的健康的优良畜种。受体则是繁殖能力较强的健康本地品种，营养状况良好、生殖器官无疾病、有正常和明显的发情周期。

2）供体超数排卵处理

超数排卵是胚胎移植的一个关键技术环节，受多种因素影响，个体差异也较大，造成超排效果（获卵率和可用胚胎数）不稳定的因素主要有两大类：一类是动物因素，包括个体和遗传差异、生理和营养状态、开始超排的日期、季节及其他影响动物的环境因素等；另一类是药物因素，包括激素的半衰期、激素制剂中的 FSH/LH 比例、给药途径、剂量和频率等。

并不是说超排后获得的卵子数量越多越好，当母牛黄体数目多达 13～21个甚至更多时，卵子的受精率及回收率均有下降趋势，且受胎率随之下降。

正因为影响超排的因素较多，所以很难使每头母畜都获得预期效果，这就使得超排技术成为胚胎移植中最难控制的一个环节，超排是胚胎移植的关键环节，在生产实践中能使 50%以上处理母牛达到满意结果，则认为超排是成功的。

常用的超排激素有以下几种。

（1）孕激素（progestin），主要是醋酸孕酮和甲羟孕酮，多用于家畜等大动物。一般是装入塑料细管皮下埋置或制成孕激素阴道海绵栓。

（2）促卵泡素（follicle stimulating hormone，FSH），可以刺激卵泡生长和发育。药效比较均衡，超数排卵效果稳定，但其半衰期短，须多次注射才能达到预期效果。一般须连续用药 3～4 d。

（3）孕马血清促性腺激素（pregnant mare's serum gonadotrophin，PMSG），对雌性动物具有促进卵泡发育、排卵和黄体形成的功能。其半衰期长（马为 144 h，兔和大鼠为 24～26 h），在体内消失的速度慢，因此只需注射一次，但其效果不够稳定。一般和人绒毛膜促性腺激素（human chorionic gonadotrophin，hCG）结合使用。

（4）促黄体素（luteinizing hormone，LH），可选择性诱导排卵前的卵泡生长发育，并触发排卵，促进黄体形成并分泌孕酮。

（5）前列腺素（prostaglandin，PG），其主要作用是溶解黄体，增强超排效果，并使供体和受体在预定时间内发情。

超数排卵方法：超数排卵的方法因动物的种类、年龄而有不同，激素的使用剂量和使用方法也有诸多区别（表 12.1）。

表 12.1　促性腺激素在超数排卵中的应用时间及剂量（周欢敏 2009）

动物	处理时间（周期天数）/d	促进卵泡生长的促性腺激素		促进排卵的促性腺激素	
		PMSG/IU	FSH/mg	hCG/IU	LH/mg
母牛	15～16	1500～3000	20～50	1500～2000	75～100
小母牛	15～16	1000～2000	20～50	1000～1500	50～75
山羊	16～17	1000～1500	12～20	1500～2000	75～80
小母山羊	16～17	1000～1200	10～15	1000～1500	75～80
母绵羊	12～14	1000～1200	10～15	1000～1500	50～75
小母绵羊	12～14	1000～1200	10～15	1000～1500	50～75
猪	15～16	750～1500	10～20	1000～1500	25～50
家兔	—	25～75	2～3	25～75	2～3
小鼠	涂片Ⅳ～Ⅴ期	5～10		5～10	
大鼠	涂片Ⅳ～Ⅴ期	40～50		40～50	

注：根据多项资料整理而成

3）受体同期发情处理

受体的同期发情，即供体胚胎必须与受体子宫内膜发育状态高度同步化，才能取得好的结果。胚胎移植给受体时，受体的生理状态必须与胚胎的发育阶段相适应，即受体必须与供体处于相同的发情阶段，否则胚胎移植的成功率很低，甚至失败，这一过程称为同期发情（synchronization of estrus）。一般情况下，供体和受体的同期化程度不超过 24 h，对移植的成功率影响不大。

无论在何种家畜或动物的任何品种，为了使胚胎移植获得成功，必须利用某种激素制剂进行处理，人为地控制并调整母畜的发情周期，使之同期化，即对受体进行同期发情处理，使受体母畜与供体母畜的发情调整在同一时期和同一时间，让供体母畜和受体母畜的生殖器官处于相同生理状态和阶段。受体与供体发情开始的时间越接近，胚胎移植的受胎率越高。这是因为母畜妊娠初期的子宫环境在不断发生变化，而特定时间的环境只适合于发育阶段相适应的胚胎生存，也可能是因为非同期的胚胎不能对受体产生促黄体作用。为了获得最佳的胚胎移植后母畜的受胎效果，应将受体与供体的发情时间差控制在 12 h 之内，如果超过 24 h 或 48 h，母畜的妊娠率即急剧下降。

同期发情通常采用两种途径。一种途径是延长黄体期，即给群体母畜同时施用孕激素药物，抑制卵泡的生长发育和母畜的发情表现。经过一定时期后同时停药，由于卵巢同时失去外源性激素的控制作用，卵巢上的周期黄体退化，于是使经激素处理的母畜同时出现卵泡发育，引起发情。采用孕激素抑制母畜发情，实际上是人为地延长黄体周期，推迟母畜发情的作用，另一种途径是缩短黄体期，即应用 $PGF_{2\alpha}$ 加速黄体退化，使下丘脑和垂体提前摆脱体内孕激素的控制，于是卵泡得以开始发育，从而达到母畜同期发情的目的。

目前应用于同期发情的药物，根据其性质大体可分为三类。第一类是抑制卵泡发育的制剂，这类制剂属于孕激素类，包括孕酮、甲羟孕酮等；第二类是溶黄体制剂，如前列腺素类；第三类是促进卵泡发育和排卵的制剂，这类制剂属于促性腺激素类，包括 PMSG、hCG、FSG、FSH、LH 及 LH-RH 等。前两类药物是同期发情的基础药物，第三类是为了促使母畜发情有较好的准确性和同期性，是配合前两类使用的激素类药物。

抑制卵泡发育的激素制剂的用药方式主要有阴道栓塞法、口服法、注射法和埋植法四种。

阴道栓塞法：即将泡沫塑料或海绵经过灭菌以后，浸吸一定量的药液，然后通过阴道塞于母畜子宫附近，药液不断被阴道黏膜吸收，经过一定时间后取出即可达到的目的。阴道栓塞通常用于牛、羊，不宜用于猪。

口服法：即每日将一定量的药物均匀拌在饲料中，让动物通过采食获取药物，一般以单个动物饲喂时用药剂量较为准确，经过一定时期后同时停药，处理动物则可以同时发情。这种方法可用于舍饲方式饲养管理的母畜，但费工费时。例如，采用群体饲喂会造成个体用药量不均，从而影响同期发情的效果。

注射法：即每日以定量药物对母畜进行皮下或肌肉注射，经过一定时期后停止给药，这种方法的用药剂量准确，但操作过程相对麻烦。

埋植法：即将成形的药剂或装有药物的带孔的容器埋植于皮下组织，经过一定时期后取出即可。在埋植期间药物被缓慢吸收，此法适用于群体母畜的处理。

4）胚胎回收

胚胎回收（collection of embryo）就是在配种或输精后的适当时间，从超排供体回收其胚胎，以准备给受体移植，亦称胚胎采集，简称采胚。采胚的数量与采集时间、方法和检胚技术均有一定的关系。

（1）采胚时间。一般将配种当日定为 0 d，由配种后第 2 d 开始计算采胚天数。根据采集目的不同，决定在第几天采胚，就母牛而言，一般 1～4 d 可以由输卵管采到 16 细胞以前的胚，第 5～8 d 可以由子宫采到桑椹胚和囊胚。采胚的时间依据胚胎在生殖道内的发育情况（表 12.2）及移行速度（表 12.3）而决定。由于动物种类不同，早期胚胎的发育速度和到达子宫的时间也各有差异，就是在同一种动物也可因研究者不同而采胚时间有所差异。

表 12.2 各种动物早期胚胎发育时期（郭志勤 1998） （单位：h）

动物种类	1 细胞	2 细胞	3～4 细胞	5～8 细胞	9～16 细胞	桑椹胚	囊胚	到达子宫时间和所处发育阶段
小鼠	6～24	24～38	38～50	50～64	60～70	68～80	74～82	72（桑椹胚）
大鼠	12～20	37～61	57～85	64～87	84～92	—	105～109	—
兔	22	22～26	26～32	32～40	40～47	47～68	68～76	72（囊胚）
猪	51～66	66～72	90～110	90～110	—	110～114	114	72（4 细胞）
绵羊	0～38	38～39	42	44	65～77	96	113～138	77～96（16 细胞）
山羊	30	30～48	60	85	98	120～140	158	98（10～13 细胞）
牛	23～51	40～55	44～65	46～96	71～141	144	190	96（8～16 细胞）
马		24	27～36	50～60	96±6	98±6	—	—

注：马为排卵后的时间，其他动物为交配后的时间

表 12.3 家畜早期胚胎发育速度（郭志勤 1998）

动物种类	1 细胞/h	桑椹胚/h	囊胚/d	进入子宫的时间/d
兔	0～14	48～68	3～4	3～4
猪	0～15	22～96	5～6	2～4
山羊	0～30	20～140	6	4
绵羊	0～38	96	6～7	2～4
牛	0～27	144	9	3～4
马	0～24	88	6	4～5

注：由排卵计算时间

（2）采胚方法。采胚的工作要在无菌条件下进行。采胚的方法有手术法和非手术法两种，根据采胚部位可分为输卵管回收胚胎和子宫回收胚胎两种方法，非手术法采用一种带有气囊的非手术采卵器。

5）检胚

检胚（embryo picking）就是将冲胚液回收之后，在体视显微镜下，检查收集到的胚胎，并迅速将胚胎移至新鲜培养液内。在显微镜下，进行形态学观察，确定其质量。在对胚胎进行质量鉴定时，应考虑胚胎的日龄，结合它的发育状态，进行综合判断。

6）胚胎移植

对受体移植胚胎也分为手术法和非手术法两种，手术法适用于不能进行直肠操作的中小型动物，非手术法适用于大家畜。绵羊、山羊和猪等小家畜的胚胎移植一般采用外科手术法。

7）影响胚胎移植效果的因素

胚胎因素：包括胚胎的质量、日龄、移植胚胎的数量、提供胚胎的供体、胚胎在体外停留的时间、鲜胚和冻胚等。

母体因素：包括供体、受体发情的同期化程度，受体的孕酮水平，受体的营养，子宫、卵巢的生理状况等。

其他因素：包括自然发情和人工诱导发情，移植器官污染程度以及操作者的熟练程度等。

12.4　胚胎冷冻保存技术

胚胎冷冻保存就是将动物的早期胚胎采用特殊的保护剂和降温措施进行冷冻处理，使其在−196 ℃的液氮环境中停止代谢或者减弱到足够小的程度，但又不失去升温后恢复代谢的能力，从而长期保存胚胎的一种生物技术。

胚胎冷冻保存的研究始于 20 世纪 50 年代，当时 Smith 用甘油做防冻剂，保存兔胚胎获得成功。1971 年，Wittingham 用慢速冷冻方法获得小鼠胚胎的成功保存。1978 年，Willadsen 建立了快速冷冻方法。1985 年，RaU 和 Fahy 用高浓度的二甲基亚砜（DMSO）、乙酰胺、丙二醇和聚乙二醇分别配成玻璃化溶液，对 8 细胞期的小鼠胚胎进行了一步冷冻实验，获得 87.5% 冻后发育率。此后，牛、绵羊、山羊、家兔和大鼠胚胎先后应用玻璃化冷冻法获得成功。目前，胚胎冷冻技术广泛应用于畜牧生产。

胚胎冷冻技术可用于建立胚胎库、保存动物品种资源，简化胚胎移植过程，降低引种费用并防止因引进活畜而传播疾病。

12.4.1　胚胎冷冻保存的原理

在冷冻过程中，细胞会受到两方面的损害。快速冷冻时，细胞内形成的冰晶，对细胞膜和内部结构产生机械性损害，即冷冻的物理损伤。当缓慢降温时，细胞内的水有足够的时间完全渗到外面，从冰点缓慢降到细胞完全脱水，往往需要几个小时或更长时间，细胞一直处于高浓度溶质中。如不加入抗冷冻剂，细胞也会受到损害，这就是冷冻的化学损伤。

通过冻前在稀释液中加入一定浓度的低温保护剂，让细胞在保护剂中平衡并适当脱水，可将损伤降到最低程度。胚胎细胞内水分含量达到 80%以上，在冷冻过程中有 90%的水分形成游离水，而游离水在低温下易形成冰晶，细胞内冰晶可破坏蛋白质的硫氢键，发生不可逆的变化，导致细胞死亡。一般胚胎在冷冻过程中不可避免要形成细胞内冰晶，但只要不形成大的冰晶，而是维持微晶（冰核）状态，细胞将不受伤害。胚胎在冷冻和解冻过程中两次通过易形成冰晶的危险温区（−50～15 ℃），采取适当的冷冻方法和低温保护剂，可使胚胎安全通过危险温区，具体做法是，将胚胎冷冻前进行处理，即向保存液中加入保护剂如甘油和蔗糖，改变细胞膜渗透压和溶液渗透压，防止溶液效应和渗透压差异，减少降温和复温过程中冰晶的形成。

常规的冷冻保存是缓慢降温脱水，解冻时快速复温到常温。现今通用的是玻璃化冷冻法。

12.4.2　胚胎冷冻方法

如上所述，胚胎的冷冻保存过程主要是防止生成大的冰晶对细胞造成损伤。因此在冷冻的过程可以使用抗冻保护剂（cryoprotective agent），以抵抗低温和超低温对细胞产生的损伤，如细胞内结冰、脱水、溶质浓度提高和蛋白质变性对细胞骨架结构的破坏。

常用的抗冻保护剂主要有：①低相对分子质量可渗透性抗冻保护剂，有甘油、二甲基亚砜、乙二醇、乙酰胺、丙二醇等；②大分子非渗透性抗冻保护剂，主要有蔗糖、葡聚糖、聚乙二醇等。

在生产中常用的胚胎冷冻保存技术主要有以下几种。

12.4.2.1　常规冷冻法

常规冷冻法也叫慢速冷冻法或逐步降温法。此方法需专用冷冻仪，可获得较高的移植妊娠率，是目前广泛采用并且较为成功的冷冻方法。冷冻液一般为 1.4 mol/L 的甘油和 PBS（含 20% NCS 的 PBS）。

（1）分级冷冻法。第一步，降温至转移温度，样品在添加冰冻保护剂后，用可控速率的降温设备以某个速率将样品降温至转移温度；第二步，将处于转移温度下的样品投入液氮储存。

（2）逐级冰冻法。将经保护剂处理的材料在 0 ℃预处理后，依次通过不同温度的冰浴，一般每级约停留 5 min，然后浸入液氮。

12.4.2.2　玻璃化冻存法

玻璃化法（vitrification）是指液体转变为非晶体的固化过程。高浓度的渗透保护剂组成的玻璃化液是一种黏稠的玻璃态物质，低温时它不结晶就可固化。胚胎在这种溶液中脱水到一定程度，可引起内源性大分子和已渗入的保护剂浓缩，从而使细胞在急剧降温过程中得以保护。

使溶液玻璃化有两条途径：一是极大地提高冷却速率；二是增加溶液浓度。玻璃化液的组成是 25%甘油、25%丙二醇或 25%乙二醇。

12.5　动物克隆技术

12.5.1　动物克隆的研究现状

早期克隆动物的研究是在 20 世纪 50 年代，美国的科学家以两栖类动物和鱼类作研究对象，首创细胞核移植技术，研究细胞发育分化的潜能问题，细胞质和细胞核的相互作用问题。

英国牛津大学的科学家在 1960 年和 1962 年，先后用非洲一种有爪的蟾蜍（非洲爪蟾）进行克隆试验。试验方式是只用紫外线照射爪蟾卵细胞，破坏其中的核，然后依靠高超的外科手术技术从爪蟾蝌蚪的肠上皮细胞、肝细胞、肾细胞中取出核，并把这些细胞的核精确地放进已被紫外线破坏了细胞核的卵细胞内，经过精心照料，这些换核卵中终于有一部分长出了活蹦乱跳的爪蟾，这种爪蟾不是经过精细胞和卵细胞结合产生的，所以是克隆爪蟾。

1986 年英国科学家魏拉德森首次利用胚胎细胞核移植法克隆出一只羊，以后又有人相继克隆出牛、鼠、兔、猴等动物，美国最近克隆猴也取得了成功，日本科学家也声称他们繁殖出 200 多头“克隆牛”。以上所述的克隆哺乳动物，都是用胚胎细胞作为供体细胞进行细胞核移植而获得成功的。世界上第一只体细胞克隆哺乳动物是 1997 年 Wilmut 等得到的成年体细胞核移植绵羊——Dolly（多莉），从此以后，体细胞核移植才受到广泛的关注，人们才开始重新认识细胞分化的本质以及细胞分化的理论基础。当然，人们对 Dolly 羊也提出了质疑，但 DNA 指纹分析证明了 Dolly 的确来自成年绵羊乳腺上皮细胞。

我国的克隆技术也毫不逊色。20 世纪 60 年代，生物学家童第周对金鱼、鲫鱼进行细胞核移植，1978 年又成功地进行了黑斑蛙的克隆试验，他将黑斑蛙的红细胞的核移入事先除去了核的黑斑蛙卵中，这种换核卵最后长成能在水中自由游泳的蝌蚪。我国胚胎克隆哺乳动物于 20 世纪 90 年代初取得成功，1990 年 5 月，西北农业大学畜牧所克隆一只山羊，并完成了山羊胚胎的连续 5 代克隆。胚胎连续克隆的成功标志着胚胎克隆技术已趋成熟。我国目前在牛和山羊等主要家畜上的克隆效率居国际同一水平。2000 年 6 月，西北农林科技大学成功获得成年体细胞克隆山羊，这标志着我国动物体细胞克隆技术的崛起。

在短短的十几年里，细胞核移植研究从胚胎细胞核移植转入到体细胞核移植研究阶段，世界各地的科学家对各种类型的体细胞核移植进行了研究。目前用胎儿细胞和成年动物体细胞进行核移植的研究进展迅速，所使用的供体细胞也越来越广泛，并取得了重大进展。1998 年 Vignon 等采取牛犊耳部皮肤细胞，培养传代 2～12 代作为核供体，最后获一头妊娠和一头产仔的结果。第二年 Vignon 等采取 50～60 日龄牛胎儿肌肉细胞，培养 3～12 代，核移植后最终获 25%的妊娠率，有两头牛犊出生。

12.5.2　动物克隆技术的基本原理和方法

早期动物克隆方法是采用胚胎分割，即用显微术将未着床的早期胚胎一分为二、一分为四或更多次地分割，然后分别移植给受体，妊娠产生多个遗传性状相同的后代的克隆方法，由此发育成的动物个体，属于最简单的人工动物克隆方式。

随着对胚胎分割局限性认识及克隆技术的发展，人们开始研究核移植技术并取得成功，产生克隆动物的效率比分割技术大大提高，也就基本上替代了利用胚胎分割生产克隆动物的研究和开发。用于该技术的动物细胞又分为两种，一是来自早期胚胎，即胚胎细胞；二是来自成体动物的各种组织，即体细胞。

12.5.2.1　胚胎分割的原理

所谓胚胎分割（embryo splitting）是将一枚胚胎用显微手术的方法分割成二分胚、四分胚甚至八分胚，经体内或体外培养，以得到同卵双生或同卵多生后代的技术，也是胚胎克隆的一种方法。

早期实验胚胎学研究发现，软体动物和部分昆虫从胚胎发育的 2 细胞期起，每个分裂球将要发育成为什么样的器官组织，似乎在受精以后就已规定下来，好像都镶入受精卵内。去掉任何一个分裂球，就不能发育成为一个完整胚胎。所以把这种类型受精卵的发育叫做镶嵌发育。而大多数哺乳动物，早期胚胎在不同程度上具有调节发育的能力，即去掉早期胚胎的一半，剩余部分可以调整其发育方向，仍可发育为一个完整的胚胎。反之，若把两个早期胚胎融合在一起，它们不是发育为两个连在一起的胚胎，而是在细胞间重新调整，仍发育为一个胚胎，即大多数哺乳动物的胚胎发育是调整发育。而且在早期胚胎的发育过程中，细胞分化的调整幅度很大，但随着发育的向前迈进，其调整能力逐渐减弱，细胞的组织发育方向变得越来越固定，直至调整能力完全丧失。哺乳动物 8 细胞期以前胚胎的每个卵裂球都具有全能性，分离这一阶段胚胎的卵裂球，每一个卵裂球都有调整发育为一个正常个体的可能性。

12.5.2.2　分割器械

分割胚胎的工具可用显微玻璃针或显微分割刀。玻璃针可用直径 2～3 mm 的玻管拉制。要求针柄部长 50～60 mm，针部长 40 mm，针尖用于切割部（相当于刀刃）的长度为 20～30 mm，直径约 15 μm，针柄和针体部呈 160° 的弯角，以便操作（图 12.9A）。显微分割刀有用手术刀片或不锈钢剃须刀片改装磨制而成的显微手术刀。把刀片用小钳折成宽 3～4 mm、长 15～20 mm 的长条，在细油石或显微磨床上把尖端磨成割脚刀状（图 12.9B）或矛状（图 12.9C）的刀刃，分别用于垂直分割和水平分割。在磨制过程中要随时在显微镜下检查，刀刃要锋利且无缺口，刀体后端固定一个金属细柄，以便固定在操纵台上，也可以用盖玻片磨制玻璃显微刀片。还可以使用商品化的专用显微手术刀片进行胚胎分割。

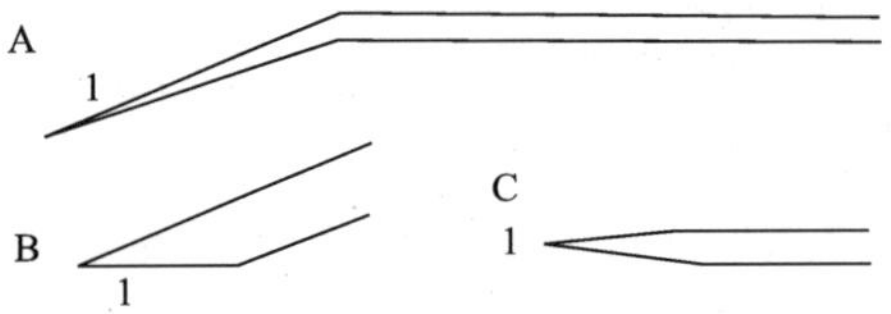

图 12.9　胚胎分割针及分割刀的分割部分示意图（王芾 2007）

A. 玻璃分割针；B. 垂直分割刀；C. 水平分割刀（示分割部横截面）；1. 分割部位

12.5.2.3　胚胎分割方法

1）卵裂球分离培养法

对早期卵裂阶段的胚胎，一般采用卵裂球分离培养法进行同卵双生或同卵多生动物的培育，具体过程如下：①用固定吸管吸引固定胚胎，用显微玻璃针自上而下切开透明带使其形成一个切口，用微吸管自切口处伸入透明带吸住半数卵裂球，慢慢吸出，即可将胚胎等份地分为两部分；②将分离的半胚装入预先制备好的空透明带中，将装入透明带的分割胚置于血清中，使血清充满透明带；③分别用 1.0%和 1.2%的琼脂液进行双层琼脂包埋，将琼脂包埋的分割胚移入同期发情的中间受体（小鼠、兔、绵羊）输卵管；④中间受体输卵管培养 3～5 d 后待分割胚发育到桑椹胚或囊胚时，回收琼脂筒，去掉琼脂层，选择发育良好的胚胎移入同期发情的受体子宫角，妊娠足月即可获得人工同卵双生动物。

制备空透明带时，可利用卵母细胞或不能使用的胚胎，通过显微操作吸出全部内容物，即可得到空透明带，可通过原开口将分割胚装入。用血清处理分割胚的目的是利用血清的黏性阻止琼脂进入卵周隙并促进包埋后琼脂的固化。用琼脂进行包埋时，用 0.9 % NaCl 把琼脂溶解为 1.0%和 1.2%的琼脂液，将加温溶解的 1.0%琼脂液倒入直径为 3.5 cm 的培养皿中，当温度至 37 ℃时，将胚胎放入琼脂液中，先在包埋吸管中吸入一段含 20%血清的 PBS，紧接着吸入一个气泡，然后把胚胎依次吸入管中，离开琼脂液，冷却至室温后，琼脂固定，驱出含胚胎的琼脂柱到 20%血清 PBS 中，完成第一次琼脂包埋。再用类似的方法，用口径略大的包埋吸管进行第二层琼脂包埋。用这类方法还可以用类似的程序分离胚胎的单个卵裂球：用微吸管把全部卵裂球从透明带中移出，用一支直径仅能勉强通过细胞团的分离管反复吸取细胞团，使细胞间的联系变松，然后用一支只允许一个卵裂球通过的分离管将其分离为单个卵裂球。依此就可以完成 4 细胞期及 8 细胞期胚胎的四分割或八分割，培育同卵多生动物。

这种方法在小鼠上取得二分割成功后，在绵羊、牛、马及山羊的早期胚胎分割中也证明具有较高的同卵双生率，还可用于培育同卵多生动物，但其操作程序复杂，又需琼脂包埋和中间受体培养，往往难以和受体达到发情同期化而进行分割胚移植。

2）桑椹胚及其以后阶段胚胎的直接分割法

桑椹胚及其以后阶段的胚胎分割时，可不进行固定而直接分割。由于透明带韧性较强，分割之前可先进行软化处理。一般使用链霉蛋白酶（pronase）处理，酶液用 PBS 配制，处理标准是：4～8 细胞胚胎用 0.5%酶液处理 1～2 min，桑椹胚用 0.2%～0.3%酶液处理 30 s，囊胚用 0.2%～0.3%酶液处理 30 s 以内。如果不进行透明带软化处理，由于透明带的韧性，在分割时一部分卵裂球会受到机械损伤。随着胚胎发育的进行，囊胚及其以后阶段胚胎的透明带本身已经变薄，韧性降低，可不进行软化处理而直接分割。将软化处理或不软化处理的胚胎连同少量分割操作液置于分割皿上，可用显微玻璃针、显微刀片分割，或进行徒手分割。

（1）显微玻璃针分割法。分割桑椹胚及其以后阶段胚胎时，可用固定吸管吸引固定胚胎或不进行固定而直接分割。把显微玻璃针的分割部调节到胚胎的正上方，然后把针沿胚胎正中的二等分线向下移动，把胚胎轻轻压住，针稍微陷入透明带，由此把胚胎固定在分割针与分割皿表面之间，继续下切，胚胎被压扁，调整分割针使其稍向前用力，胚胎即被切开。如果胚胎细胞或透明带仍部分连接，可使分割针继续沿长轴方向稍微运动，使其分离(图 12.10)。但不可来回拉动分割针，以免胚细胞松散。对于密集化以前的桑椹胚，分割胚应装入透明带，用玻璃针在空透明带上方，沿与透明带切口垂直的方向轻轻压住透明带，使切口张开，并将其固定。再用一枚钝端的玻璃针，把分割胚移入切口内。撤去固定玻璃针，借透明带的弹性使开口自然闭合，分割胚即装入透明带（图 12.11）。用同样的方法将胚胎直接四分割，培育同卵多生动物。囊胚及其以后阶段胚胎分割时，必须将内细胞团等份地一分为二，使内细胞团细胞及滋养层细胞均匀分配到两半胚中。

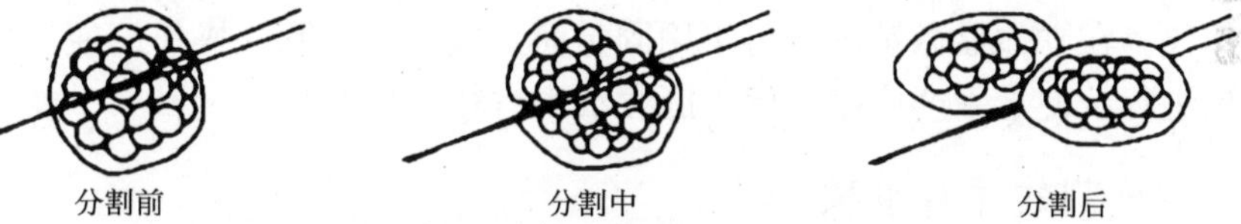

图 12.10　分割针垂直分割胚胎示意图

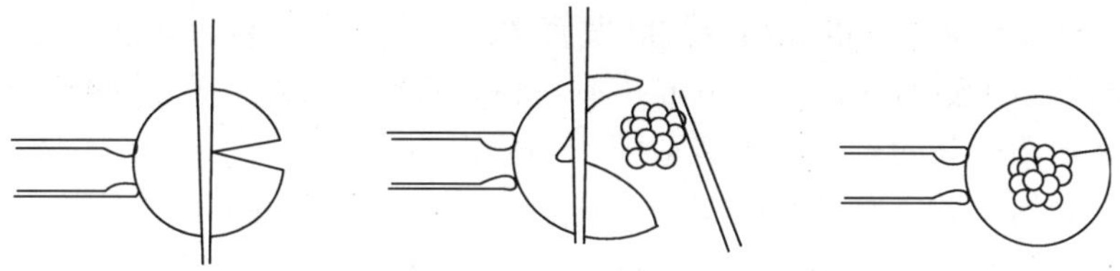

图 12.11　半胚装入透明带示意图

（2）显微刀片分割法。此法较为简便。用固定吸管固定胚胎即可进行分割，也可以不经固定而直接分割，简化了胚胎分割过程，主要用于较晚阶段的胚胎分割。分割时，根据显微刀片切割部的类型，分为垂直分割和水平分割两类。垂直分割时，使分割刀的分割部与分割皿表面平行，自上而下进行分割，先在透明带上作一切口，并直接在透明带内将胚细胞团分为两部分。水平分割时，用显微手术刀片以水平方向将胚内细胞一分为二，分割囊胚时应将胚内细胞团对向刀片分割部（图 12.12）。分割后，用内径 40～50 μm 的吸管从透明带中吸出一枚半胚并将其装入另一枚空透明带中。半胚经培养后或不经培养而直接移植。

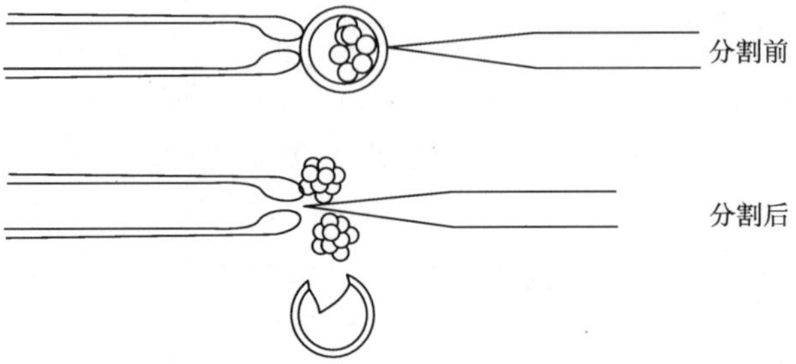

图 12.12　分割刀水平分割胚胎示意图

（3）胚胎徒手分割法。此法是在实体显微镜下手持显微刀片或显微玻璃针对胚胎进行分割。这种方法可不需要显微操作仪的帮助而直接进行徒手分割，或者先用显微手术刀切开透明带一部分，再用玻璃针分割胚细胞团。用玻璃针直接分割时，于灭菌细磨砂底玻璃培养皿内滴 0.15～0.2 mL 的 20％血清 PBS 做成小液滴，用玻璃吸管将一枚预分割的胚胎移入液滴中。在实体显微镜下（80 倍），用左手调整培养皿使胚胎处于适当的操作位置，用右手的拇指、食指和中指配合夹住玻璃针柄部，以小指和无名指做固定点以增加稳定性。用玻璃针拨动胚胎使其对称轴与玻璃针方向平行，然后将玻璃针置于胚胎上的正中部，垂直施加压力，当针接触到皿底时，右手稍向左侧用力，将胚胎一分为二；或用止血钳夹住用剃须刀片磨成的显微分割刀片，垂直分割胚胎。采用徒手简易胚胎分割法，可替代昂贵、笨重不易搬动运输的显微操作仪。在立体显微镜下，可不用固定而直接分割胚胎，操作简便、快速，因而可以在生产现场进行，便于生产应用，但半胚存活率有待于提高。

12.5.2.4　胚胎分割的注意事项

（1）分割胚胎发育阶段与透明带的关系。胚胎发育早期，透明带及其完整性是必要的，其物理保护作用可防止胚胎与其他不相容的细胞直接接触。因此，将分割卵裂球装入透明带，封入琼脂并经中间受体培养，以提高分割胚发育率，这是早期卵裂阶段胚胎分割成功的关键。一旦在晚期桑椹胚发生致密化后，透明带并不是必需的（兔除外），但总的趋势是早期囊胚以后的裸半胚比晚期桑椹胚的裸半胚更能适应子宫环境。

（2）胚胎分割的次数。对 2 细胞期、4 细胞期、8 细胞期的胚胎进行二分或四分割，移植后均能发育成正常胎儿、桑椹胚分割后胚细胞数过少影响胚的发育，所以桑椹胚四分胚发育率低于半胚，在囊胚阶段由于内细胞减少，一分为二后囊胚腔塌陷，故不易进行四分胚操作。

（3）操作液。大多数研究都用含 10%～20%血清的 PBS 液，有人认为在 12.5%的蔗糖液中分割胚胎时发生皱缩，容易分割，但有研究证明，有无蔗糖对分割胚的移植妊娠率无影响，甚至蔗糖的存在影响分割胚的发育。

（4）动物种类。动物种类不同，其胚胎的生物学特性就有所差异，不同动物胚胎分割时的难易程度也不同。山羊桑椹胚间联系弱，分割时容易发生胚胎细胞的溃散，还容易压扁胚胎，影响胚内细胞，且分割片的细胞碎片极易与分割器械相连。这些因素都可能对山羊分割胚胎的存活产生不利影响。

（5）移植半胚数与移植部位。受体妊娠率随着半胚移植数的增加提高，这可能与妊娠早期胚胎的滋养层细胞分泌抗黄体溶解蛋白机制有关。

12.5.2.5　细胞核移植基本原理

细胞核移植技术（**nuclear transfer**）是目前最常用的动物克隆技术，是哺乳动物体细胞克隆的核心技术。它是利用显微操作仪将外源细胞的核移入去核卵母细胞中，经人工活化和体外培养后，再移植入代孕母体内，使其发育为含有与供体细胞相同的遗传物质的个体。

胚胎细胞、胚胎干细胞、胎儿成纤维细胞及成年体细胞的每一个细胞核具有相同的遗传物质。发生早期分化的胚胎细胞核移植到成熟卵母细胞中，可因其特殊因子的作用，使植入核基因表达被重新编排或调整，将“发育钟”拨回到受精状态，即恢复全能性。胚胎干细胞具有全能性及调整能力。胎儿成纤维细胞和成年体细胞等已分化细胞同样具有潜在的发育全能性，经去分化培养，可以恢复其全能性。因而，经过核移植后的重组胚胎可以正常发育为具有相同遗传物质的新生个体。

细胞核移植必须具备一个前提，就是要尽量保证核供体和受体细胞处于同样的细胞周期。高等细胞发育到一定阶段时都要进行有丝分裂，而各种细胞的有丝分裂周期是互不相同的。在哺乳动物细胞核移植实验中的核供体细胞和核受体细胞可能处在细胞周期的不同阶段上。现在可通过“饥饿技术”来减慢细胞活动，迫使供体细胞处于某种休眠状态，以期获得与受体同步的状态，便于两者结合。

12.5.2.6　细胞核移植的显微操作技术

克隆动物的显微操作是指在显微镜下，用特制的显微工具，对胚胎或细胞进行显微操作，以改变其结构或功能的技术。用于进行显微操作的仪器主要包括与倒置显微镜配套的显微操作仪（micromanipulator）和显微注射系统等。显微操作器械是采用拉针仪、煅烧仪和显微磨床等制作而成的，主要包括固定吸管、半胚吸取管、注射吸管和分割器械等。

（1）显微操作仪。显微操作仪是专供显微操作的仪器。它由倒置显微镜，左、右两个显微操纵台（机械手），显微注射器等组成。每个操纵台都有调节左右、前后距离和操作角度的粗调旋钮，还有一个操作手柄。先用调节旋钮将卡装在操纵台上的显微器械粗调到接近欲操作的胚胎或细胞，再通过两手操作左右操纵手柄，就可以对操作对象施行显微手术。显微注射器用于与固定微吸管相接，对胚胎或卵母细胞进行固定，便于进行显微操作，或与注射吸管或注射针连接，对细胞、胚胎或卵母细胞进行显微操作。

（2）微吸管。微吸管包括固定吸管、半胚吸取管及注射吸管等。固定吸管用于固定胚胎或卵母细胞，末端钝圆，外径与应固定的胚胎或卵母细胞的直径相当，内径一般为 20～30 μm。制作时，将直径为 1.5～2.5 mm 的硬质毛细玻璃管，在拉针仪或酒精灯上把一端拉长 10 mm，根据不同动物胚胎或卵母细胞直径的不同，在煅烧仪铂金丝的小玻璃滴上，内径 70～100 μm 处断开。将断口小心地烧成内径 20～30 μm，末端钝圆（图 12.13A）。拉制过程中要反复在显微镜下检验，内径过小则不能起到充分固定的作用，反之则可能把胚胎或卵母细胞吸入管内。半胚吸取管拉制方法与胚胎固定管基本相似，不同的是尖端内径稍大，为 50~60 μm，以能把半胚吸入为准，其尖端可切成锐角或直角（图 12.13B、C、D）。注射吸管用于从胚胎分离卵裂球、从卵母细胞吸取核物质以及向卵母细胞内注入卵裂球或细胞核。将拉制好的吸管在适当直径处（数微米至数十微米）断开，将断端以 45°～50°的角度在显微磨床上磨制成斜面。经蒸馏水、核酸液交替洗涤，再经蒸馏水洗涤干净，烘干。在煅烧仪的电热丝上小心拉出锋利的小尖（图 12.13 B、C）。为防止操作时细胞贴壁，用于制作微吸管的毛细玻璃管应在硅化液中进行硅化处理。

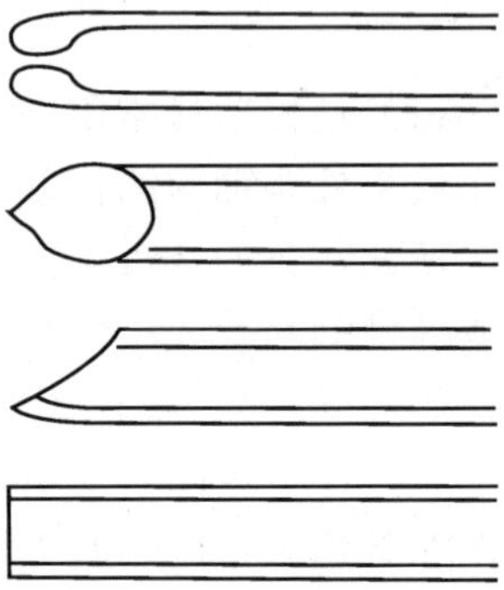

图 12.13　显微操作器械尖端部分

A. 固定吸管；B. 尖头半胚吸管上面；C. 尖头半胚吸管侧面；D. 平端吸管

12.5.2.7　核移植技术的类型

1）胚胎细胞核移植

1962 年，Gurdon 用蝌蚪原肠期内胚层细胞核移植，获得了体细胞克隆爪蟾。在鱼类胚胎细胞核移植研究方面，我国在国际上处于遥遥领先的地位，1963 年，童第周首次报道在金鱼和鳑鲏上成功地将鱼的囊胚移植到去核受精卵中，获得幼鱼。

2）胚胎干细胞核移植

哺乳动物胚胎干细胞是从早期胚胎中分离获得的一类具有全能性的细胞，由于具有全能性，人们在早期胚胎细胞核移植研究的同时也开展了胚胎干细胞核移植研究。

Smith 和 Wilmut 及 Cheog 等进一步的研究表明，用已经用基因组激活的卵裂球进行核移植也获得成功，在世界上首次获得内细胞团（ICM）核移植绵羊的报道，这一结果为研究胚胎干细胞克隆奠定了基础。

3）体细胞核移植

目前成功率比较高的主要有乳腺细胞、卵丘细胞、输卵管细胞及成纤维细胞，但动物体细胞核移植的发展十分迅速，目前已成功克隆出牛、羊、猪等动物。

4）异种动物的细胞核移植

异种动物的细胞核移植在两栖类和鱼类中开展得比较深入，在哺乳类动物中异种克隆的报道较少。

1998 年，李光鹏将小鼠 8 细胞胚的卵裂球移入猪去核卵后，重组胚可以卵裂至 8 细胞时期。梅祺等 1993 年研究了鼠兔胚胎卵裂球的核质杂交，有 5.4%的杂种胚发育到囊胚，总卵裂率为 43.1%。1999 年，陈大元等对异种动物体细胞核移植进行研究，他们将大熊猫的子宫上皮细胞、骨骼肌细胞和乳腺上皮细胞的细胞核移入去核卵母细胞后，分别有 9.9%、6.8%和 11.7%的重构卵发育到囊胚，通过对染色体、线粒体 DNA 和核 DNA 的分析证实，异种重构的遗传物质来自大熊猫供体细胞。

为了拯救国宝大熊猫，我国也开展了大熊猫异种克隆的研究。但由于难找到合适的胚胎移植受体动物，所以大熊猫克隆未能取得突破性进展。若异种动物体细胞克隆成功，会在濒危和珍稀动物的保护以及动物资源的保存等方面发挥重要作用。

12.5.2.8　细胞核移植的技术路线

哺乳动物细胞核移植显微操作程序主要涉及五种基本技术，即核供体的获得；受体细胞的获得和去核；核卵重组；细胞融合和激活；重组胚的培养与移植等步骤。

1）核供体的获得

核供体细胞首先应该是完整的二倍体，保持有供体动物完整的基因组；其次，供体细胞核能在受体细胞质的作用下，产生细胞分化过程的逆转，像合子一样完成发育成为一个正常动物的全过程。

目前的研究证明，核移植技术中核供体可以来源于不同的细胞，如胚胎细胞、胚胎干细胞、胎儿成纤维细胞及体细胞等。其中，以胚胎细胞克隆应用最为普遍，体细胞克隆的意义最大。

对于早期胚胎细胞，先用 0.2%链蛋白酶或 pH2.5 的酸性台氏液预处理，溶去胚胎透明带，然后将除去透明带的卵裂球放入 Ca^{2+}、Mg^{2+}的培养液或含胰蛋白酶的培养液中短暂培养，使细胞间连接松散，再用吸管反复吹打即可得到单个卵裂球作为核供体，消化透明带的时间是影响卵裂球质量的重要因素。作用时间短，透明带不能充分消化，卵裂球不易获得，作用时间长，则影响到卵质膜，容易破裂，在操作时容易失败。因此，分裂球应在解剖镜下监视透明带的消化过程，当透明带薄，膨胀适度时就应移出，再用适当口径的吸管吹打，使之分离。

对于体细胞，需建立稳定的细胞系，并处理诱离生长周期，进入 G_0 期。从动物器官或组织分离出所需的组织团块，用动物组织培养的方法分离成细胞悬液，然后在含血清的培养液中培养，进行正常的传代，在传代时，每隔几代取一些细胞集落进行染色体分析，检查染色体是否为正常的整倍数，传代达到一定次数，细胞形态稳定，正常增殖，说明已建立了稳定的细胞系。取建系的细胞在含低浓度血清的培养液中培养 1～5 d。细胞在低营养培养液中可以被诱离生长周期，进入 G_0 期。

2）受体细胞的获得及其去核

胚胎细胞核移植的受体细胞主要有三类，即去核的成熟卵母细胞、受精卵及二细胞胚胎。大量实验证明，MII 期卵母细胞适用于所有的供体核，目前基本上采用去核的 MII 期卵母细胞作为受体细胞质。因为核移植通常是用电融合的方法完成供体细胞与受体细胞的融合，所以在去核的同时要去掉第一极体，以免将其融合到卵母细胞内。而且在去核时应吸去尽可能少的细胞质和 MII 期染色体。卵母细胞的去核方法主要有以下几种。

（1）盲吸法。用微细胞玻璃管在第一极体下盲吸，吸除第一极体及处于分裂中期的染色体和周围的部分细胞质。具体操作方法是先用细胞松弛素 B 处理卵母细胞，使细胞骨架松弛而质膜不易破碎，且有伸缩性，用一支吸管固定卵母细胞，将另外一直径为 30～35 μm 斜面微细管扎入透明带进入卵周隙第一极体处。在上步操作过程中，将第一极体连同质膜覆盖下的染色体及少量胞质一起吸入微吸管中。当移出细管时，质膜则被拉断形成两个囊膜包着的囊球，其中一个留在透明带内（无遗传物质的细胞质），另一个则被吸入管中移出（含第一极体、遗传物质及少量细胞质）。为提高去核率，利用 Hoechst 33342 染料对染色质的特异性染色作用，在荧光显微镜下判断去核是否完全，则去核准确率大为提高。

（2）离心去核法。Tatham 等以 15 000 *g* 离心 2 min 牛卵母细胞，用链蛋白酶除去卵母细胞透明带，经渗透压梯度离心，MⅡ期纺锤体可从大多数卵母细胞中分开，把无透明带的去核胞质作为核移植的受体，同分裂球聚集，经电融合成核移植胚，最后放入海藻酸钠假透明带中，其能在体外卵裂和发育。但其效果还有待于进一步研究。

（3）末 II 期去核法。Bordignon 等提出把卵母细胞先激活使之处于末 II 期，在排出第二极体时吸出第二极体及周围的少量细胞质，从而去除核。这种方法避免使用 DNA 染料和紫外线照射来定位染色体，并且去除的细胞质相对较少。该去核方法比 MII 期去核的成功率有显著提高，但这种细胞质容易老化，是否能使基因组完全重排序、顺利完成后期发育，有待于研究。

（4）功能性去核法。这是一种非机械去核方法，通过用紫外线或激光照射使染色体失活而达到去核的目的。例如，将卵母细胞经 Hoechst 33342 染色和短时紫外线照射，可使核失去功能。

（5）半卵法去核法。用微细玻管针在透明带上做一切口后，用微细玻管吸去一半染色质至另一半空透明带内，即将卵母细胞分为两半，然后用 Hoechst 33342 染色，确定不含染色体的一半为细胞质受体。其操作方法为：将卵母细胞移入 35 mm 含有 mPBSA 的磷酸缓冲液。其中有 D-葡萄糖 1000 mg/L、丙酮酸 36 mg/L、0.4%牛血清白蛋白、1%青霉素和链霉素 10 000 μg/L 的皮氏培养皿中进行显微操作，首先分两步进行分割透明带，即先在透明带上切一小口，然后用另一切割针扩大切口，从而分割透明带。透明带被切除后转移到含有 mPBSA+5 μg/mL 细胞松弛素 B 的 35 mm 的皮氏培养皿中作用 3～5 min，然后用固定针（内径为透明带的 1/5～1/3，外径接近透明带的直径）固定，分割针进入透明带的隙口中并将该针固定在靠着透明带的地方，缓慢吸取卵母细胞液，当分割针中吸取了一半卵母细胞液时，这时将该针从卵黄隙中移出，并靠着透明带切割边缘轻微地擦过以达到完全的分割，将其针中的卵母细胞液移入准备好的空透明带中，并用 Hoechst 33342 染色，荧光显微镜下观察不发荧光的作为受体卵母细胞。

（6）化学诱导去核。用脱羧秋水仙素处理激活的小鼠减数分裂Ⅱ期卵母细胞，使其排放第二极体。由于脱羧秋水仙素的作用，核染色质没有分开而全部进入第二极体，这样就可以完成去核。这种方法可以在同一时间大量去核，同时还避免了人为操作的不稳定性和重复性，这一方法的应用将会使哺乳动物克隆技术大为简化。

3）核卵重组

根据供体核移入部位的不同可分为带下移植和胞质内注射。

（1）带下移植：将核供体卵裂球放在操作液滴中，用一直径接近卵裂球大小的移植针吸取一枚分离出的完整卵裂球，注入去核卵母细胞的卵周隙，并使供体细胞与卵质膜接触。

（2）胞质体注射：用注射针（内径 5～8 μm）将细胞核直接注入卵质内，一般沿去核时留下的口进入。操作的环境温度为 30～35 ℃，带下和胞质内注射后需进行激活处理。

4）细胞融合与激活

正常受精卵的发育启动和早期卵裂主要由卵母细胞胞质中母源信息所控制，成熟的卵母细胞质能使移入的细胞核在形态上和功能上发生改变。重组胚的发育需要进一步激活，卵母细胞的激活涉及的因素很多，无论是受精卵引起的卵母细胞激活还是人工的激活，都引起卵母细胞发生一系列的反应，这些反应是胚胎发育所必需的，可以采用电激活和化学激活方法。

激活的原理是通过电刺激、钙离子载体等方法，使卵母细胞从减数分裂 II 期中解放出来，并转到“受精”的状态。

电激活是对已融合的重组胚或胞质内注射的重组胚再次给予电刺激，使重组胚充分激活。可把重组胚放在电融合槽两级之间，用几次瞬时直流脉冲刺激使其激活。如果在电激活的同时，采用一些化学物质或蛋白类物质对电激后的重组胚做进一步处理，可以更好地激活，提高其发育能力，如三磷酸肌醇、钙离子载体和蛋白质合成抑制剂（放线菌酮）、细胞松弛素 B 等。

单独使用化学激活剂也可对重组胚进行激活。化学激活常用的激活剂包括 7%乙醇（处理 5～7 min）、离子霉素（ionomycin）（5 μmol/L 的 DMSO 溶液，处理 5 min）、钙离子载体 A 23187（5 μmol/L，处理 5 min）、Sr^{2+}（氯化锶，5~10 mmol/L，处理 30～180 min）。

由于微吸管破坏了卵膜和一部分细胞质，同时移入的细胞核未与供体细胞质膜发生紧密联系，若直接移植，成功率很低，故需对重组胚进行融合。目前采用的融合方法主要有仙台病毒法和电融合法，电融合法广为使用，除了完成细胞融合外，电刺激还能激活卵母细胞。

5）重组胚的培养与移植

重构胚需要在体外培养一段时间以观察其发育能力，方可移植到受体，兔和猪重构胚在体外培养 24 h 以内即可，而羊和牛重构胚所需培养时间较长，一般发育到囊胚或桑椹胚时移植。

重构胚的移植与胚胎移植的方法基本一致，将重构胚移入输卵管或子宫，以期产生克隆动物。输卵管移植一般适用于 1～8 细胞期胚胎。子宫内移植适用于 8 细胞以后或桑椹胚到囊胚期阶段的胚胎，另外在胚胎移植时，应避免带入多余的培养液或气泡，胚胎移植后应注意受体状况及受体动物的饲养或管理。及时检查妊娠情况，使其顺利产生克隆动物。

12.5.3 克隆动物应进一步研究的问题及应用前景

目前，克隆技术发展十分迅速，克隆技术已展示出广阔的应用前景。在不久的将来，克隆技术将可以用来治疗糖尿病、脑卒中、癌症、艾滋病、心脏病及诸如帕金森病等精神疾病，并极大改变现有的器官移植理论和治疗手段，给人类带来福音。然而，克隆技术也存在着一些弊端。在理论上，克隆技术还很不成熟；在实践中，克隆动物的成功率还很低，生出的部分个体表现出生理或免疫缺陷，而且动物的残废率相当高并伴有早衰现象等。此外，克隆技术（尤其是人胚胎方面的应用）对伦理道德的冲击和公众对此的强烈反应也限制了克隆技术的应用。但几年来克隆技术的发展表明，世界各科技大国都不甘落后，谁也没有放弃克隆技术研究。

12.5.3.1 克隆动物研究的问题

1）技术尚不成熟

现阶段克隆动物的技术尚不成熟，还处于探索阶段。目前所得到的克隆动物具有极大的偶然性和随机性。迄今为止，克隆试验的成功率始终很低。例如，在培育“多莉”的过程中，科学家共克隆出 277 个绵羊胚胎，最终成功使母羊受孕并生产的只有“多莉”一个。此外，克隆动物夭折率高，不少克隆动物天生患有疾病或体形过大。目前，多莉羊的制备还不能重复，更不能肯定克隆多莉羊的方法也适用于其他动物或其他不同组织器官的细胞。

2）克隆动物的体细胞突变、寿命及其他遗传问题

基因突变与 DNA 复制次数紧密相关。分裂越多的体细胞发生突变的可能性就越大，这与通过克隆迅速获得大量动物个体的目的相矛盾，是克隆动物材料来源不可避免的问题。同时。由于克隆是无性繁殖，克隆动物没有遗传物质的交流和互补，将会加剧一些遗传疾病的发生。此外，由于体细胞分裂代数（寿命）是有限的，因此克隆动物的寿命是否会受到体细胞分裂代数的影响，也尚不清楚。最近，Shiels 等报道了克隆羊的端粒较同年羊的短。

2002 年 1 月世界上第一只用成年动物体细胞克隆成功的哺乳动物——多莉，被确诊患有严重的关节炎，同年 2 月 14 日，多莉被执行安乐死。这使科学家对克隆生命的前景表示出担忧。绵羊的平均寿命为 13 年，多莉仅 5 岁半就患关节炎，这显然过早。

在多莉羊诞生后的三年多时间内，已获得了许多成活的体细胞克隆动物。但是，在大多数研究中，都出现了很高频率的出生体重增加，以及胎儿或新生儿的死亡。夭折的比例高达 70%以上。Renard 等报道称，体细胞核移植可能影响克隆动物免疫系统的正常发育。因此，就目前的研究来看，动物克隆技术要实现产业化是非常困难的。

3）来自克隆动物的可应用性的思考

有性生殖是生物在长期进化过程中的自我选择、适应环境的结果，是一种有利于种族繁衍和生存的生殖方式。从这个角度来讲，用克隆动物繁殖生物可能给生物的生存和自然界带来意想不到的后果。由于克隆是无性繁殖，克隆动物没有遗传物质的交流和互补，将会加剧一些遗传疾病的发生。最关键的是这种繁殖方式会造成基因的丢失，不利于遗传物质和生物多样性的保护。于是，有学者认为，克隆动物是违反生物进化规律的，是一种倒退。因此，在什么场合、什么领域使用克隆技术才有意义，是一个值得人们在热衷于克隆高科技技术研究中应该积极思考的一个问题。另外，在异种器官移植方面，即使培育出了可用于器官移植的转基因克隆猪，而且在完全解决了排斥反应的情况下，在人体环境内的猪器官寿命能有多长?不同动物体内有不同的微生物群，对一种动物无害的病毒，对另一种动物可能造成严重的危害。例如，猪体内普遍存在的“猪内生逆转录病毒”能感染人体细胞，还发现将猪胰腺细胞移植给免疫功能受到抑制的实验鼠后，病毒会被激活，鼠机体多种组织受到感染。那么，若人体被该病毒感染，将会产生怎样的后果？克隆人类也是一个问题。事实上，克隆人一直面临着科学、伦理与宗教等方面的争议。克隆技术，尤其是与人有关的克隆研究已激发了人们对传统伦理的重新思考。一些国家已纷纷出台了一些禁止生殖性克隆人的法令，并且得到了科学界与社会大多数人的赞同。显然，克隆技术只有沿着正确的方向健康发展，才能为人类作出贡献。

总之，克隆技术的低效率以及克隆动物后代出现的体重增加、体弱多病等事实，使得单独的克隆技术在近期内难以得到推广应用。克隆技术在实践中真正应用还有相当长的路要走。

4）社会学和理论学问题

“多莉”的诞生让人感到了不安和恐惧，因为按照“多莉”的克隆技术，人们已经听得见克隆人正在向人类步步逼近。英国理论物理学家霍金认为，“多莉”的出生标志着生物技术终有一天会将超人的理想变为现实，那时，就有可能由一部分具有特殊基因的人来统治其他没有特殊基因的人。

不少人认为克隆技术发展将对整个人类社会，尤其是医学界和生物学界带来巨大的福音。而持反对意见的主要是那些社会伦理学家。他们认为克隆技术一旦推广，那将是人类道德的沦丧。他们担心，培植人类胚胎细胞的计划最终将导致大量复制人类的出现。当人类的

繁衍不是靠自然的交配而生育，却是靠高科技手段流水线作业式的定型复制，那么人类还能叫自然人类吗？地球又该用怎样的方式来接纳这批人类的复制品?而且，大量基因结构完全相同的克隆人，可能诱发新型疾病的广泛传播，这对人类的生存是不利的。而与技术问题相比，更令人担忧的是，克隆人将对现有社会的家庭结构、伦理体系造成巨大冲击。

"科学是一柄双刃剑"，善良的人们可以利用它来为人类服务，为人类造福，而邪恶的人们却能用它来危害人类的生存。任何科学技术的发展，都有利有弊，只要人类正确运用克隆技术，那么它一定会有益于人类。

里程碑式的科学突破 巧妙绕开伦理障碍

2006 年 11 月 14 日，美国俄勒冈州国家灵长类动物研究中的科学家沙乌科莱特•米塔利波夫（Shoukhrat Mitalipov）在《自然》杂志上发表论文，宣布成功得到了恒河猴的克隆胚胎，这是科学家首次从灵长类动物上克隆到可存活的胚胎。米塔利波夫的成果是杰出的。他运用传统的体细胞核移植技术，将恒河猴的皮肤细胞移植入卵细胞中，并将这个细胞培育成胚胎，从中提取出胚胎干细胞。这与 1996 年英国人造出多莉羊的技术没有太大区别，但是米塔利波夫改进了一些步骤，令这项技术得以在猴子上实现（虽然成功率依然不高)。历经 11 年，干细胞研究科学家终于艰难地实现了从羊到猴子的跨越，令人们意识到人类克隆胚胎技术可能即将出现。从克隆胚胎中可以提取到全能性的胚胎干细胞，用于一些重大疾病如阿尔茨海默病的治疗，可谓意义远大。但是不可避免地，新一轮在于人类克隆的伦理争论又开始了。

然而仅仅过了一周，这些争论就像被戳了一下的气球，瘪到一边去了。11 月 20 日，日本京都大学的山中伸弥（Shinva Yamanaka）和美国威斯康星大学的詹姆斯•汤姆森（James Thomson）分别在《细胞》和《科学》杂志上发表重量级论文，宣布他们用基因改造的手段，将人类体细胞改造成类胚胎干细胞，在功能上几乎可以和胚胎干细胞媲美。可以说，干细胞研究领域一下子有了一种全新的获得胚胎干细胞的方法：不需要用到人的卵细胞，也不需要培育人类胚胎将它破坏，更不用费尽心思去制造人兽混合细胞了。山中伸弥和汤姆森用逆转录病毒为载体，将四个不同作用的关键基因转入体细胞内，令其与原有基因发生重组，竟然能让体细胞重新返回到"生命原点"，变成一个多功能的干细胞，人们称之为诱导性多功能干细胞(iPS)，它们像是失忆了一样，忘记了自己先前的身份，重新从零开始。山中伸弥用的转录因子分别是（Oct3/4、Sox2、c-Myc 和 Klf4），汤姆森选择的转录因子则有两个不同（Oct3/4、Sox2、Nanog 和 Lin28)。不过新的发现并非完美。干细胞转化的成功率低，而且由于使用了逆转录病毒作为基因载体，会引发致癌基因的活性，还需一步改进。在接下来六七年科学家都致力于在这些方面的研究，并相继取得很大的进展。

12.5.3.2 细胞核移植技术的应用前景

由于动物克隆技术有着广泛的应用前景，因此，美、英、德、法、日等国在禁止进行克隆人研究的同时，都明确表示将继续支持或不反对进行动物克隆试验，目前，英国、韩国等 8 个国家在法律和政策方面允许治疗性克隆人胚胎研究。

近年来，动物克隆技术的进展日新月异，最近小鼠体细胞连续克隆的成功及体细胞克隆技术的改进，使动物克隆的成功率大大提高，为进一步促进克隆的实用化跨出了可喜的一步。

1）灵长类动物克隆成功及克隆人胚胎的研究

克隆动物的最新进展来自华人科学家安东尼·钱，他于 2000 年左右成功利用胚胎分裂法复制两只恒河猴。成功复制恒河猴可以说是生物科技上的一大突破。因为这是人类第一次克隆出与人最类似的灵长类动物。

2000 年 8 月英国政府允许克隆人类胚胎供医学研究之用。2000 年美国科学家用无性繁殖技术成功地克隆出一只猴子“泰特拉”，这意味着克隆人本身已没有技术障碍。2001 年美、意科学家联手展开克隆人的工作。2004 年，英国科学家们已开始进行克隆人类晶体胚胎的研究，该小组是欧洲第一个涉足人类晶体胚胎的科研小组。

2）转基因克隆技术

为了克隆技术更加优化，更具有实用价值和经济效益，就必须结合基因工程技术，培育出更有前途的转基因克隆哺乳动物，使之成为用途广泛的“活体生物反应器”。

12.6 转基因动物

转基因动物就是将外源基因或体外重组的基因结构转移到动物的受精卵内，使其在动物体内得到整合与表达，以产生具有新遗传特征或性状的转基因动物，并能将遗传信息稳定地遗传给后代，获得稳定的转基因系或转基因群，或者是将外源基因在特定的调控元件作用下，使其在某些宿主组织中进行独立的复制，并在一定的时间表达外源蛋白。

培育转基因动物的关键技术包括外源目的基因的制备、外源目的基因的有效导入、胚胎培养与移植和外源目的基因表达的检测等。根据目的基因导入的方法与对象不同，培育转基因动物的主要方法有基因显微注射法、逆转录病毒感染法、胚胎干细胞法和精子载体法等。

12.6.1 外源 DNA 导入动物细胞的方法

12.6.1.1 显微注射法

显微注射法（microinjection）是指通过显微操作仪把外源基因注射入受体动物的受精卵细胞的雄原核内（因雄原核大于雌原核），外源基因整合到受体细胞的染色体组上，发育成转基因动物的技术，这是目前使用最广泛，发展最早，也是最有效的方法之一。显微注射法是1981年由美国科学家戈登（Gordon）等人首先实验成功的。他们将小鼠的受精卵取出来，在显微镜下将胸苷激酶基因用玻璃微管送入受精卵的雄原核，然后立刻输入假孕母鼠的输卵管中，使其在子宫内着床，最终发育成转基因小鼠（图12.14）。利用这种方法不仅生产出了转基因小鼠，也生产出了兔、绵羊、猪、牛、鱼和鸡等各种转基因动物。

在生产实践中，利用显微注射法生产转基因大动物比生产小鼠更困难，这是由于大动物所能提供的受精卵数较少，并且大动物早期胚胎的发育时序较难把握，从而难以获取足量的原核期受精卵。另外，大动物受精卵的细胞质中含有不少脂肪和色素等透光度低的颗粒，降低了原核的可见度。尽管如此，该方法被成功应用于转基因家畜的生产。

显微注射法导入外源基因为最早发展的技术，也是最有效的方法，其优点在于：①外源基因转移率高，整合效率较高，小鼠为 6%～40%，猪和羊分别 0.98%和 0.1%，鱼类通常可达 10%～75%；②外源基因的长度不受限制，可向动物原核胚胎导入 250 kb 左右的 DNA 片段；③可直接用不含原载体 DNA 片段的外源基因进行转移，避免原核载体片段的表达抑制作用；④不经嵌合体途径便有可能直接获得纯系。但是，这种方法还存在许多不足之处，主要表现在：①该法操作技术复杂，需要专门技术人员，设备昂贵，很难推广；②外源基因随机整合到基因组内，常导致宿主 DNA 中的染色体序列丢失、重排、插入突变，有的造成严重的生理缺陷；③该方法应用时期有限，不适合于发育中后期的胚胎细胞。

在应用显微注射法生产转基因动物时，外源基因在受体细胞中的整合率不太稳定，差异较大，这与 DNA 浓度、缓冲液的组成成分、外源 DNA 构型及注射位置和时间等有关。实践证明，DNA 稀释到 1～5 μg/mL，拷贝数为几百个，并且 DNA 为线性时，整合总体效率最高。一般缓冲液为含有 1 mmol/L $MgCl_2$ 和 0.1～3 mmol/L EDTA 时，整合效率最佳。细胞质内注射效果差，一般采用核内注射。图 12.14 为显微注射法制备转基因小鼠的示意图。

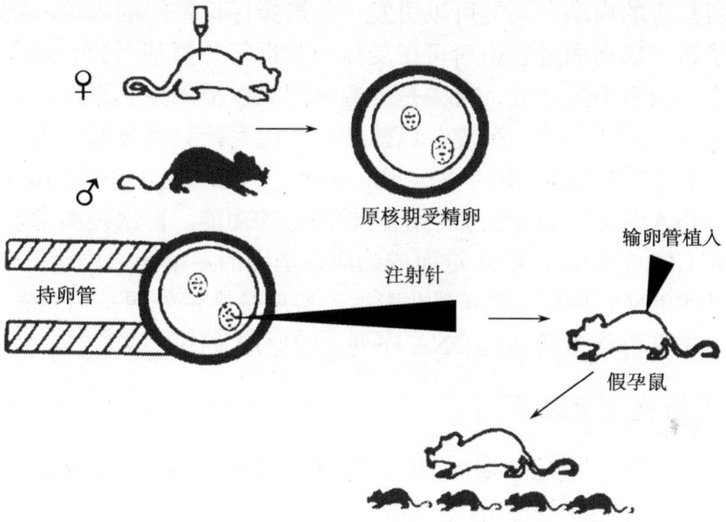

图 12.14　显微注射法制备转基因小鼠示意图（张健 2009）

12.6.1.2　逆转录病毒感染法

逆转录病毒是一种 RNA 病毒，当它的基因组 RNA 进入细胞时，经逆转录产生原病毒 DNA，并在它的整合酶和基因组末端的特殊核酶序列帮助下，整合到宿主细胞的基因组中，成为原病毒。采用这种方法时，由于只有在 2 细胞期以后才能使逆转录病毒插入动物的染色体，因而得到的转基因动物必然是嵌合体。用逆转录病毒生产转基因动物的流程如图 12.15 所示。

逆转录病毒能感染许多体细胞，但对生殖细胞的感染率很低。直到 1998 年为止，尚没有任何人用逆转录病毒感染法生产出任何一头转基因动物。原因是它所感染的基因转移生产出来的转基因动物都是嵌合体。Bremel 等 1998 年报道了一种新的研究路线，用将逆转录病毒直接注入卵母细胞方法生产出转基因牛，其理论基础是多数逆转录病毒只感染分裂中的细胞，这是造成嵌合体的主要原因。如果在卵母细胞阶段将其基因整合到染色体上，则受精之后发育成的胚胎不会是嵌合体。

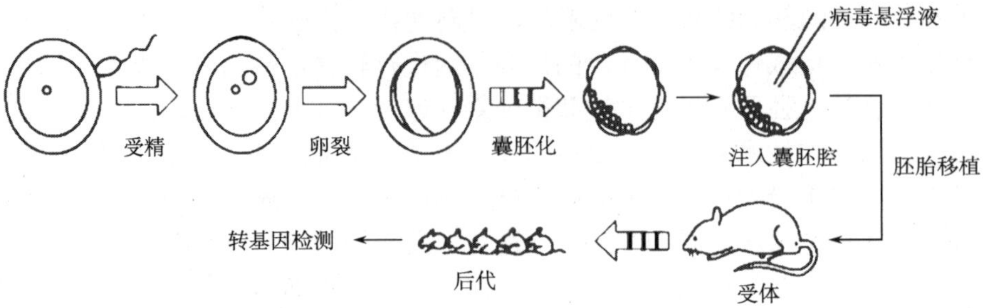

图 12.15　逆转录病毒生产转基因动物的流程

逆转录病毒感染法的优点是：操作简单，且能很快得到适当的病毒株；外源基因的整合率较高，整合常发生在病毒基因的 LTR（长末端重复序列）片段，单拷贝基因导入单一位点整合；动物病毒所具有的启动子不但可以引发一些选择标记基因的表达，还能引发所导入外源基因的表达；逆转录病毒通过感染后可在受体细胞进行外源基因的高效率转移和筛选。但是该方法目前还存在很多不足之处，首先是外源基因难以植入生殖系统，成功率也低，因而产生的动物为嵌合体，需要广泛的杂交，以建立转基因系，只有外源基因整合到生殖细胞这一技术得到完善，才可产生真正的转基因动物。其次是病毒衣壳大小有限，不能插入太长（小于 10 kb）的外源 DNA 片段，否则会影响逆转录病毒的功能。再次是病毒整合到宿主基因组过程中必须有病毒 LTR 的协助，LTR 进而成为病毒基因的启动子。由于 LTR 的影响，插入到病毒基因中的外源 DNA 不能非常有效地表达。最后是携带外源基因的病毒载体在导入受体细胞基因组过程中有可能激活细胞 DNA 序列上的原癌基因，故其安全性令人担忧。

12.6.1.3　胚胎干细胞介导法

胚胎干细胞（ES 细胞）是胚胎期内细胞团中未分化的细胞，经分化抑制培养具有潜在的高度分化能力，它可以分化成各种组织。因此人们设想用它作为外源基因的载体，把它用显微注射法注入受体胚胎囊胚中，使之形成嵌合体，由于它们仍保留着分化为成体动物的不同组织细胞（包括生殖细胞）的能力，经发育后便形成转基因动物。

由于 ES 细胞可以在体外进行人工培养、扩增，并能以克隆形式保存，对 ES 细胞进行基因操作并不影响其分化的多能性，将外源目的基因导入 ES 细胞，这些转基因 ES 细胞经筛选鉴定和体外扩增，再输入到早期胚胎中，把这样的胚胎移植到假孕的动物的子宫中，这样产生的子代其生殖细胞就有可能是由转基因的 ES 细胞形成的，因此通过获得的转基因动物间进行杂交就会获得纯合的转基因动物。

12.6.1.4　精子载体导入法

在受精之前，将外源目的基因导入精子细胞，然后再通过受精作用把目的基因传给子代动物以此来生产转基因动物。外源目的基因进入精细胞可通过与精子共育法、电穿孔导入法和脂质体转染法。直接共育法 DNA 吸附到精子上的水平较低，但由该精子获得的受精卵整合外源 DNA 水平较高，几乎占受精卵数量的 50%。电穿孔法精子虽然吸附 DNA 水平最高，但由于该精子受精的卵及胚胎整合的 DNA 水平最低，可能是电穿孔后精子顶体遭到破坏所致。相比而言，用脂质体-DNA 转染的精子受精的卵表现出正常的活力，外源 DNA 的整合率也最高。

利用精子作目的基因的载体的优点是不像显微注射那样复杂，只需要通过人工授精的途径制备转基因动物，大大降低了制备成本。然而通过精子载体法获得的受精卵效率很低，而且大多数情况下外源基因要发生重排。最近，这一方法得到改进并且在小鼠上应用成功。先用温和的消化剂将精子细胞膜消化掉，然后将精子 DNA 温育一段时间后，将精子直接注射到卵细胞，从而发育成含有外源基因的受精卵。由于这一方法的成功率主要取决于卵胞质内精子注射技术（intracytoplasmic sperm injection，ICSI）本身，目前这一方法只在转基因小鼠的研究中获得成功。

12.6.2　转基因动物的应用

12.6.2.1　转基因动物在生命科学基础研究中的应用

转基因动物在研究控制特异性基因表达机制和基因生物学功能等方面具有重要作用。例如，要了解某一基因的生物学功能，一是可以将这一基因在动物体内过度表达，或在特定的组织细胞内和特定发育阶段定点、定时地表达；二是可以将这一基因从动物基因组中剔除，即基因剔除技术。转基因动物出现后，人们能比较方便地证实高等动物基因表达的时间空间顺序的调控机制。

12.6.2.2　转基因技术在动物育种中的应用

转基因动物可表现体重增加快、饲料转化率高等优点。转基因育种具有常规育种不可比拟的优越性：周期短、成本低、效果明显。在动物传统育种过程中，只能在同种或亲缘关系很近的物种间进行杂交，或靠发生率极低的自然突变来进行选种，通过多代杂交才能产生出具有某种优良性状的纯合体新品种。这种传统的育种方式缓慢、落后，动物转基因技术的应用可改变这一局面。

1）提高动物的抗病能力

转基因技术可用于动物抗病育种。通过克隆特定病毒基因组中的某些片段，对其加以修饰后转入动物基因组，如果转基因在宿主基因组中能得以表达，那么动物对该种病毒的感染应有一定的抵抗能力。

Berm 于 1988 年将抗流感基因 *Mx* 转入猪细胞，获得的转基因猪对流感病毒的抵抗力明显增强。Clements 等将 Visna 病毒（绵羊髓鞘脱落病毒）的外壳蛋白基因 *Eve* 导入绵羊，获得的转基因绵羊抗病力明显提高。

2）提高动物的生长速度

生长激素基因是转基因动物中应用最早、使用最为频繁的基因。此外，生长激素释放因子基因、类胰岛素生长因子-1 基因等研究也较多。牛、绵羊及人的 *GH* 基因先后导入小鼠基因组，得到的转基因小鼠的生长速度是对照小鼠的 4 倍。

1985 年，科学家第一次将人的生长激素基因导入猪的受精卵，所获得的转基因猪与同窝非转基因猪相比，生长速度和饲料利用率显著提高，胴体脂肪率也明显降低。我国学者用 *GH* 基因对猪进行转化，获得的转基因猪与对照相比，生长速度提高 11.8%～14.2%，饲料利用率提高 10%，瘦肉率也有所增加。

转基因动物在获得优良性状的同时，也留下一些后遗症，即在转基因的当代（GO）转基因动物中，死胎和畸形率高，易患关节病、胃溃疡、肾病，甚至生殖能力丧失，这可能是因为基因进入受体后随机整合在受体染色体组上，GH 表达水平失控。

3）提高动物产毛性能

羊毛是角蛋白通过二硫键紧密交联组成的，半胱氨酸是合成角蛋白的原料，是制约羊毛产量的限制性氨基酸。但是，羊胃的微生物能降解半胱氨酸，部分以二硫化物形式失掉。研究发现，来源于细菌的丝氨酸转移酶（SAT）、D-乙酰丝氨硫化氢解酶（DAS）可以将二硫化物重新转化为半胱氨酸。澳大利亚学者将 *SAT* 和 *DAS* 基因导入羊基因组中，并将其定位于胃肠道上皮，从而加强胃肠道中的半胱氨酸的利用，以提高羊毛的产量。

4）改善乳品品质

通过改变动物的遗传组成，可改善乳汁的营养成分或生理生化特征，即生产所谓的营养药品。牛乳中含有大量的乳糖，大约有 70%的人不能很好地消化这些乳糖。未被消化的乳糖最后在小肠被细菌分解为挥发性的短链脂肪酸、水和二氧化碳，从而导致乳糖酶缺乏症。其症状为腹痛、恶心、腹泻，严重的甚至会引起脱水。

Bernard 用乳腺特异表达启动子（α-乳清蛋白基因启动子）与大鼠肠乳糖酶（根皮苷水解酶）基因 cDNA 构建了表达载体并通过显微注射的方法获得了转基因小鼠。肠乳糖酶基因在转基因母鼠乳腺泡状细胞的顶端得到表达且具有活性。乳糖酶使小鼠乳汁中乳糖含量减少了 50%～85%，而脂肪和蛋白质的含量则没有明显的变化，吃这种低乳糖乳汁的小鼠发育正常。

5）提高动物生存能力

水中的溶解氧是鱼类生产的主要限制因子之一，提高鱼类（草鱼、鲢等）的耐低溶解氧的能力，可增加养殖密度，变流水养鱼为池塘养鱼。鱼类的耐氧能力主要是由红细胞内的血红蛋白决定的，而血红蛋白的合成是由珠蛋白基因编码并调控的。日本学者克隆了鲤的珠蛋白基因，并将该基因导入虹鳟鱼，以期提高其耐低溶解氧的能力。

12.6.2.3　转基因动物在医学研究中的应用

1）生产用于人体器官移植的动物器官

人类同种异体器官移植已取得了显著成效，但由于供体来源的严重不足，很多患者得不到及时的医治。异种器官移植有可能成为解决移植器官短缺的有效途径。狒狒与人类关系较为密切，但其器官太小，无法长期维持人体的生命。黑猩猩太珍稀，不可能任意宰杀以获取器官。在非灵长类动物中，猪的器官大小、解剖生理特点与人类相似，猪主要组织相容性抗原复合体（SLA）和人类白细胞抗原（HLA）具有较高的同源性，而且携带的人兽共患疾病病原体相对较少，易饲养，成本低。因此，研究者普遍认为猪是人类器官移植的最理想的供体。

受体对外源器官的超急性排斥反应是异种器官移植最大的障碍，因此克服这一障碍成为异种器官移植成功的关键。通过免疫排斥相关基因的导入，对猪的器官进行遗传改造，是降低其免疫排斥反应的重要途径。

2）在药理学中的应用

转基因动物疾病模型已经用于新药开发的研究，利用此项技术，研究者可以精确地失活某些基因或增强修复某些基因的表达，从而制作各种研究和治疗人类疾病的动物模型和新药筛选模型。例如，用人类基因代替小鼠 α-乳清蛋白基因，发现人类基因以 16 倍水平表达。尽管乳汁量增加了，但乳糖的浓度并未受影响。

转基因动物也成为毒理学研究的热点之一。与经典的毒理学测试相比，转基因动物的毒理学研究要求动物用量少，试验周期短。目前国际上已有两种转基因小鼠致突变模型得到较广泛的应用，它们用于化学药物安全性评估，特别是毒基因致癌物的鉴定。

3）作为人类疾病的模型

医学研究证明，几乎所有人类疾病（除外伤）都与一定的遗传因素有关，在某种程度上都可以看作遗传病。通过转基因动物制造出各种遗传病的动物模型，为研究人类遗传疾病提供了便利条件。

阿尔茨海默病患者脑部组织中堆积有大量的淀粉样肽类物质，称为老年斑。该物质的多少与疾病的程度直接相关，淀粉样多肽被认为是老年痴呆症的致病因子之一。

分析发现，在一些具有家族遗传病史的阿尔茨海默病患者中，编码淀粉样前体蛋白的基因发生了突变。Games 等将突变的淀粉样前体蛋白基因导入小鼠中，使该基因在小鼠脑部过量表达。对转基因鼠脑组织切片分析发现，在转基因鼠脑皮层和海马部位形成了大量的老年斑样的结构，其形态和化学组成都与阿尔茨海默病病变结构十分相似。

Hsiao 等获得的转基因小鼠除了在脑组织形成了老年斑结构外，同时还发现这类小鼠的学习与记忆功能也明显减退。由此可以证明淀粉样前体蛋白基因的突变可能就是阿尔茨海默病的致病原因。同时，转基因小鼠也为更进一步地研究阿尔茨海默病，对该病的诊断、治疗及相应药物的开发等提供了一种十分有利的实验材料。

目前，人类已培育出了动脉粥样硬化、镰状红细胞贫血症、阿尔茨海默病、自身免疫、肿瘤发生、关节炎、淋巴组织生成、真皮炎及前列腺癌小鼠等多种模型动物，这些模型动物在治疗创伤性脑损伤、心血管病、乙型肝炎、肿瘤和各种遗传病的研究中发挥着重要作用。

4）作为动物生物反应器

所谓动物生物反应器就是从转基因动物体液或血液中收获基因产物。其原理是将编码活性物质的基因导入动物的受精卵或早期胚胎内以制备转基因动物，并使外源基因在动物体内（乳汁、血液等）高效表达，然后再分离提取目的基因的编码产物。

动物就像一个活的发酵罐，其温度、气体、水分和 pH 均由动物自身调节。因此，有人把它比喻为药物工厂、生物反应器、基因农场和分子农场。

动物生物反应器具有表达产物能充分修饰且具有稳定的生物活性、产品成本低、产品质量高、易提纯，并可以大规模生产的特点。微生物基因工程、转基因植物细胞培养等均需要很大的车间，而且成本很高。若用转基因动物作生物反应器，则只需养殖动物即可。

（1）动物乳腺生物反应器。就基因药物而言，最理想的表达场所是乳腺。采用乳腺特异性启动子将表达产物分泌到乳汁内，是转基因动物作为生物反应器的最佳技术路线。乳腺是一个外分泌器官，乳汁不进入体内循环，因此不会影响到动物本身的生理代谢反应，称为动物乳腺生物反应器。

用乳腺表达人类所需蛋白质的转基因羊、转基因牛等就相当于一座天然的、活的制药工厂。

1985 年，有人提出利用转基因动物乳腺生产重组蛋白质的想法。1991 年，英国科学家通过显微注射法将人的 α_1-抗胰蛋白酶基因转入绵羊受精卵的雄性细胞核，成功获得了 5 只转基因绵羊，其中 4 只母绵羊乳中都表达了人的 α_1-抗胰蛋白酶，而且从绵羊乳中纯化的 α_1-抗胰蛋白酶与人血浆中的 α_1-抗胰蛋白酶的生物学活性相同。我国学者也通过显微注射法成功地培养了乳中含有活性人凝血因子Ⅸ的转基因绵羊。

乳腺生物反应器有着其他生物反应器不可比拟的优点。首先，生产成本低，并且可以大规模生产。美国 Gene Phanning 公司用转基因奶牛生产的人乳铁蛋白要比真核细胞培养生产的成本低 1000 倍以上。其次，产量巨大。以绵羊为例，一只绵羊可产奶 300～500 kg / 年，乳蛋白含量约为 7%，每只母羊每年产纯蛋白 20～40 kg。再次，表达产物的生物活性高，接近天然产品。

（2）动物血液生物反应器。血液生物反应器比较适合生产人血红蛋白、抗体和非生物活性的融合蛋白。由于有活性的蛋白或多肽（如激素、组织血纤维溶酶因子等）会进入动物血液循环而影响动物的健康。目前已有多种通过转基因动物生产的、具有生物学功能的人血红蛋白问世。

12.6.3 转基因动物研究中存在的问题及展望

12.6.3.1 转基因动物成功率低

目前最常用的显微注射法获得的转基因动物的阳性率（阳性子代动物 / 出生子代动物总数）为 10%～25%，并且重复性较差。

12.6.3.2 造成宿主基因突变

由于外源基因在动物基因组中的随机整合，难以控制外源基因在宿主基因组中的整合位置，可能会引起宿主细胞基因的插入突变、缺失突变及扩增重排和易位，也可能激活正常状态下处于关闭状态的基因，从而导致动物表型的改变，甚至造成动物不育或死亡。

12.6.3.3 外源基因表达水平低

导入的外源基因在转基因动物中是否能否高效表达是转基因动物成败的关键。目的基因的整合位点、整合方式、拷贝数以及与宿主染色体之间的相互作用等问题尚未搞清，外源基因的表达难以控制，或低水平表达常发生。

12.6.3.4 安全性问题

基因安全性问题是一个值得关注的问题。一是外源基因的插入对宿主动物自身产生的影响及对其生活环境所造成的影响（基因污染）；二是转基因动物制品的使用安全性。

12.6.4 转基因动物的安全性

转基因动物的安全性是指转基因动物对人类健康和生态环境存在着相关的或固有的风险和危害。对人类健康的影响主要包括毒性、耐抗生素标志基因的副作用和过敏性，对环境的影响主要是指转基因动物对于其他生物、生态环境和生物多样性的影响。

12.6.4.1 转基因动物安全性的提出

转基因动物因人为导入了外源基因，因此可能会带来物种的混杂，如管理不严有可能对人类的生存安全产生负面影响。在病毒等致病基因研究中，也不可避免地会产生一些有害的转基因动物。此外，以培育动物新品种为目的生产的转基因动物，存在如何评价它的安全性以及对环境可能造成影响的问题。例如，1999 年，美国康奈尔大学研究者报道，用涂有转 *Bt* 基因玉米花粉的叶片喂养斑蝶，导致 44%的幼虫死亡，从而引发了转基因玉米对生态环境安全问题的争论。转基因玉米中的杀虫晶体蛋白 CryIA 的特异毒杀对象是鳞翅目害虫。因此，属鳞翅目昆虫的斑蝶受到 Bt 蛋白的影响也不难理解。

12.6.4.2　动物转基因产品的安全性

1）基本概念

转基因生物是指利用分子生物学手段，将某些生物的基因转移到其他生物物种上，使其出现原物种不具有的性状或产物。以转基因生物为原料加工生产的产品就是转基因产品。通过这种技术人类可以获得更符合品质要求的食品，它具有产量高、营养丰富、抗病力强的优势。

2）转基因动物产品的安全性

对转基因食品的安全性评估主要有以下几方面：是否有毒性、引起过敏反应、营养或毒性蛋白质的特性、注入基因的稳定性、基因改变引起的营养效果及其他不必要的功能等。对人类健康而言，主要应审查转基因食品有无毒性及对环境的影响。

转基因食品的风险有以下几个方面：一是基因的改变或者其不稳定性可能会带来新的毒素，引起急性的或慢性的中毒；二是外来基因产生新的蛋白质可能会引起人类的过敏反应；三是转基因产品营养成分的改变，可能使人类的营养结构失衡；四是对转基因生物目前还不能够确定它的安全性，主要原因是评价本身就不全面。再一个是方法问题，目前探寻转基因食品的过敏性的方法有很大的局限性。检测手段的限制以及检测的长期性使得转基因食品的安全性难以确定。转基因生物的安全性评价需要长时间的完善才科学可信。

利用转基因动物生产出来的药物安全性问题不大，可根据其结构与天然蛋白结构是否一致来判断安全性。但是在生产过程中，如何避免转基因动物的遗传物质进入药物是应该重点强调的问题。另外，作为动物药厂的动物本身一旦不“产药”了，对该动物的后继处理也应慎重考虑。

本章小结

胚胎发育是胚胎工程的理论基础。胚胎工程的操作对象是生殖细胞、受精卵及早期胚胎细胞。

胚胎发育的基本过程包括生殖细胞的发生，受精，卵裂，囊胚、原肠胚、中胚层及体腔形成和胚层分化等主要阶段。

体外受精是动物胚胎工程的一项重要技术，它是指哺乳动物的精子和卵子在体外人工控制的环境中完成受精过程的技术。体外受精技术主要包括卵子的采集及成熟培养、精子的采集与获能、体外受精、受精卵的体外发育与试管胚胎移植等方面。体外受精是继人工授精和胚胎移植技术之后，家畜繁殖领域的第三次革命。通过长期研究，人们已经深刻了解了子宫和输卵管的生理环境。目前，动物精子和卵子受精过程的各个步骤都可以在体外成功进行。

胚胎移植技术也称受精卵移植，是现代畜牧生产上广泛应用的一项繁殖新技术。胚胎移植就是借助一定的器械，采用手术法或非手术法，从一头优良的雌性动物的输卵管或子宫内取出早期胚胎，经胚胎品质检验后，移植到另一头处于相同生理阶段的雌性动物的相应部位，从而产生其后代，达到产生优良供体后代的目的，因而称为借腹怀胎。其中提供胚胎的个体称为供体，接受胚胎的个体称为受体。

低温生物学冷冻原理适用于早期胚胎超低温冷冻保存。早期胚胎冷冻保存时，可选用常规（慢速）冷冻法或玻璃化冷冻法。

哺乳动物克隆的方法主要有胚胎分割和细胞核移植，胚胎分割技术是将一枚胚胎用显微手术的方法分割成几份，经体内或体外培养，然后移植入受体中，以得到同卵双生或同卵多生后代的技术，但胚胎分割产生的克隆个体有限。细胞核移植技术是真正意义上的克隆动物的有效方法。核移植技术中核供体可以来源于不同的细胞，如胚胎细胞、胚胎干细胞、胎儿成纤维细胞及体细胞等。其中，胚胎细胞克隆的应用最为普遍，而体细胞的克隆意义最大。

转基因动物是借助基因工程技术将外源基因导入受体动物染色体内，外源基因与动物基因整合后随细胞的分裂而扩增，在体内表达并能稳定地遗传给后代的动物。制备转基因动物的主要方法有基因显微注射法、逆转录病毒感染法、胚胎干细胞法、精子载体法等。转基因动物在动物改良、提高动物产品的产量与质量及其抗病性医学研究等方面都有很重要的利用价值。尽管如此，关于转基因的安全性还是值得我们探讨和深思的问题。

思考题

1. 名词解释：胚胎工程，体外受精，超数排卵，同期发情，胚胎移植，胚胎分割。
2. 什么是胚胎移植技术？胚胎移植技术具有哪些意义？
3. 简述胚胎发育的基本过程。
4. 卵子发生与精子发生有何异同？
5. 简述卵子成熟与排放的过程。
6. 精子如何在体外完成获能培养？
7. 叙述超数排卵的方法及其意义。
8. 叙述体外受精的操作程序。
9. 胚胎移植的生理基础和原则是什么？
10. 胚胎移植的基本程序是什么？
11. 简述玻璃化冷冻的机制和方法。
12. 简述引起冷冻损伤的类型和机制。
13. 早期胚胎保存的方法有哪些？
14. 试述胚胎分割技术的原理。
15. 试述细胞核移植技术的原理。
16. 试述哺乳动物细胞核移植的主要操作程序，请你设计出用乳腺细胞克隆动物的技术路线。
17. 你如何看待克隆的问题？
18. 克隆动物应用的前景如何？
19. 简述转基因动物的制备方法，分析比较几种方法的原理和特点。
20. 追踪转基因动物研究的进展，并预测其应用前景。
21. 动物生物反应器有哪些类型？各有什么特点。
22. 讨论转基因动物存在的问题以及转基因动物的安全性问题，并谈谈自己的个人认识。

第 13 章 干细胞技术

生命科学是20世纪和21世纪初自然科学中发展最为迅猛的学科。干细胞的研究与应用成为其中最令人瞩目的领域之一。“干细胞研究的新发现”在美国《科学》(*Science*) 杂志公布的1999年的十大科学成果中名列榜首，并于2002年再度入选，2002年干细胞研究又被*Science*杂志列为值得关注的六大科技领域。干细胞研究是当前最具活力、最具影响和最具有应用前景的生命科学领域，它将极大促进人类对细胞生长、分化、生物发育机制等基本规律的研究，并对生命科学的发展和人类健康都具有重大意义。

13.1 基本概念

13.1.1 干细胞研究的起源与发展

“干细胞”一词最早出现于 19 世纪的生物学文献中，像许多其他的生物学名词一样被引用至今，并随着研究的深入被赋予新的内涵。1896 年，Wilson 在一篇论述细胞生物学的文献中第一次使用这个名词，专门用来描述存在于寄生虫（如蠕虫、线虫、蛔虫）生殖系统的祖细胞。当时人们认为干细胞只是能够产生子代细胞的一种较原始的细胞。随着科学的发展和试验工具的进步，人们对干细胞的认识也逐渐深入。1961 年 Till 和 McCulloch 首先描述造血干细胞的特性：将骨髓细胞悬液通过静脉注入受致死量 X 射线照射的小鼠体内，注入的细胞在脾中形成集落（脾结节）。细胞学研究表明，脾集落就是来源于单个细胞的细胞克隆，并且是一个包含红细胞和粒细胞的混合体，此外还含有一些细胞，当其被转移到其他受照射的小鼠体内时，也可形成集落。干细胞（stem cell，SC）是一类具有自我更新和分化潜力的细胞。根据发生来源可分为胚胎干细胞和成体干细胞两类。干细胞具有发育分化为功能细胞的能力，因此可以通过细胞疗法治疗疾病。可以直接注入干细胞，也可以诱导成相应的干细胞后再进行细胞治疗。目前已经在神经性疾病（帕金森病、亨廷顿舞蹈病、阿尔茨海默病等）、重建造血机能、糖尿病、修复坏死的心肌等方面进行了尝试。干细胞体外培养有望获得再生组织或器官，替换功能丧失的组织或器官，不仅将解决供体器官来源不足的问题，而且采用自身干细胞可以避免异体器官移植的免疫排斥问题，提高治疗效果。干细胞是基因治疗理想的靶细胞，因为它可以自我更新复制，治疗基因通过它带入人体中能够持续发挥作用，而不必担心分化细胞在细胞更新中可能丢失治疗基因。另外，通过胚胎干细胞和基因治疗技术可以矫正遗传缺陷基因以获得健康的婴儿。

13.1.2 干细胞的定义和分类

13.1.2.1 根据干细胞的发生来源分类

根据干细胞的发生来源，可将其分为胚胎干细胞和成体干细胞。胚胎干细胞（embryonic

stem cell，ESC）是来源于附植前人和动物胚胎内细胞团或原始生殖嵴的一种多能细胞系。它能够发育形成内胚层、中胚层和外胚层细胞，属于全能干细胞。但通常人们将从畸胎瘤（teratocarcinoma）中分离、筛选的多潜能胚胎癌细胞（embryonic carcinoma cell，EC）和从早期胎儿原始生殖细胞（primordial germ cell，PGC）中分离出来的胚胎生殖细胞（embryonic germ cell，EGC）也归于ES细胞。虽然EC细胞、ES细胞、EG细胞是三种不同的细胞，但它们都具有在体外无限或较长期增殖和多向分化的潜能，而且从细胞的起源看，它们都直接或间接地来自胚胎组织，因此可把它们称为胚胎干细胞。但是，它们之间还存在一定的差异，尤其是在发育的潜能上。成体干细胞存在于成人和动物的各种组织器官中，来源相对广泛，大多处于休眠状态，分裂很慢或很少分裂，它们通过取代失去生理活性的细胞或修复损伤的途径来维持组织结构的完整性和正常生理功能。目前发现的成体干细胞主要有造血干细胞、骨髓间充质干细胞、神经干细胞、肝脏干细胞、皮肤干细胞、肠上皮干细胞等。

13.1.2.2 根据干细胞的分化潜能分类

根据干细胞分化潜能的大小，可将其分为全能干细胞、多能干细胞、定向祖细胞和专能干细胞。

（1）**全能干细胞**。全能干细胞（totipotent stem cell）是最原始的干细胞，具有无限增殖能力，能够分化为任何类型的组织细胞，具有形成完整个体的分化潜能。目前认为胚胎干细胞具有全能性。

（2）**多能干细胞**。多能干细胞（pluripotent stem cell）是一类具有多向分化潜能的干细胞，但却失去了发育成完整个体的能力。这类干细胞可以分化为多种组织细胞。例如，造血干细胞可以分化为红系、粒系、巨核系等各类血细胞；骨髓间充质干细胞可以分化为间充质组织中的各类细胞，包括骨、软骨、脂肪、肌腱、韧带等细胞。

（3）**定向祖细胞**。多能干细胞继续向前分化则成为定向祖细胞（committed progenitor），如造血干细胞首先分化为造血祖细胞，然后再分化为红系祖细胞、粒系祖细胞等，从而进一步形成各类成熟的血细胞。

（4）**专能干细胞**。专能干细胞（unipotent stem cell）又称为单能干细胞，具有一定的增殖能力，但分化潜能相对较弱，只能向一种类型或密切相关的两种类型的细胞分化，如上皮组织基底层的皮肤干细胞、肌肉中的成肌细胞或卫星细胞。

13.1.2.3 根据干细胞存在的组织器官分类

根据干细胞所在的机体组织和器官的部位，可将其分为胚胎干细胞、造血干细胞、骨髓间充质干细胞、神经干细胞、肝脏干细胞、皮肤干细胞、角膜缘干细胞、肠上皮干细胞、肌肉干细胞、成骨干细胞、内胚层干细胞、视网膜干细胞和胰腺干细胞等。

13.2 干细胞的生物学特性

13.2.1 胚胎干细胞概念与生物学特性

13.2.1.1 胚胎干细胞的概念

胚胎干细胞（embryonic stem cell，ESC）是由着床前胚胎内细胞团或原始生殖细胞经体外分化抑制培养分离的一种全能细胞，可以分化成任何一种组织类型的细胞，一般称为 ES 细胞。胚胎干细胞具有与早期胚胎细胞相似的形态结构，细胞体积小，核大，核质比高，有一个或多个核仁，核型正常，具有整倍性。胚胎干细胞体外培养时呈鸟巢集落状生长，细胞紧密堆积，难以看清细胞轮廓，集落边界清晰，有立体感。来源于生殖细胞的胚胎干细胞，小鼠与人的集落相似，来源于胚胎内细胞团的胚胎干细胞，人的集落相对松散，成扁平状。

13.2.1.2　胚胎干细胞的生物学特性

（1）具有与早期胚胎细胞相似的形态特征。核型正常，保留了正常二倍体的性质。

（2）具有无限增殖的能力。能够在体外以胚胎细胞所特有的原始未分化方式进行无限生长和繁衍。

（3）具有发育的多潜能性。在整个培养过程中都能保持胚胎细胞的关键特性——多潜能性，并可分化成属于内胚层、中胚层和外胚层范畴的各种高度分化的细胞，包括血细胞、内皮细胞、肌细胞及神经细胞。

（4）具有种系的传递功能。能够形成包括生殖嵴在内的嵌合体。

（5）具有培养细胞的所有特征。可在体外培养克隆冻存及进行遗传操作。

（6）缺乏细胞周期中的 G_1 期的检验点。大部分时间都处于细胞周期的 S 期，在此期进行 DNA 合成，不需任何外界刺激即可启动 DNA 的复制。

（7）端粒酶活性高于正常的二倍体细胞。表达转录因子 Oct4 和碱性磷酸酶（ALP）及其他多种胚胎干细胞的标记。

13.2.2　成体干细胞的概念与生物学特性

13.2.2.1　成体干细胞的概念

成体干细胞（adult stem cell，ASC）是成体组织内具有进一步分化潜能的细胞，是多能或单能干细胞。可塑性（plasticity）是指一种组织的成体干细胞生成另一组织的特化细胞类型的能力，这种现象称为干细胞的转分化或横向分化，如造血干细胞分化为神经元、肝细胞等。骨髓、脂肪、肌肉、脐带血、血液中均发现具有分化潜能的成体干细胞。研究较多的成体干细胞有造血干细胞、间充质干细胞、神经干细胞、表皮干细胞、肝干细胞、胰腺干细胞。目前，越来越多的成体干细胞的分化潜能被揭示，如骨髓成体干细胞在合适的体外环境中可生长，并可分化为成骨细胞、软骨细胞、脂肪细胞、平滑肌细胞、成纤维细胞、骨髓基质细胞、血管内皮细胞、神经胶质细胞和心肌细胞。高度纯化的造血干细胞可分化形成肝细胞、内皮细胞和心肌细胞。骨骼肌细胞能分化成造血细胞。目前，成体干细胞已经成为干细胞研究的重要对象，是组织工程理想的种子细胞。一般认为，成体干细胞通常采用不对称分裂形成一个干细胞和一个祖细胞，祖细胞继续分化为成熟的组织细胞，从而使组织和器官保持生长和衰退的动态平衡。

13.2.2.2　成体干细胞的生物学特性

通常成体干细胞具有如下生物学特性。

（1）慢周期性。成体干细胞大多处于休眠状态，分裂很慢或很少分裂。已在肝脏、皮肤、脑以及骨髓内发现处于休眠状态的干细胞。但也有例外，有一些成体干细胞分裂比较快，如哺乳动物的肠腺上皮干细胞。

（2）自我更新和再生能力的有限性。自我更新能力和再生能力是干细胞的显著特征，但并不是所有的干细胞都具有无限的更新能力和再生能力。成体干细胞在体内的自我更新能力很难估计，成年组织中干细胞和祖细胞的存在并不能证明这些干细胞和祖细胞经历了自我更新，很有可能仅仅是以休眠状态存在的胎儿组织干细胞和祖细胞。Morrison 等在研究造血干细胞的生物学特性时发现，小鼠的造血干细胞不能无限更新。人胚胎和胎儿造血干细胞只在胚胎和胎儿阶段短时间存在。这表明，不是所有的成体干细胞在成年后仍具有更新能力，也不是所有的成体干细胞都来源于胎儿组织细胞的自我更新。成体干细胞能够修复损伤，但并不意味着成体干细胞能够分化成构成损伤组织的所有类型的细胞。研究表明，存在于血液中的某些 T 淋巴细胞仅能在胎儿时期产生，以后通过该细胞的增殖来维持到成年，而不能由成体干细胞的定向分化来补充。一些成年组织受损后不能再生，并不是由于该组织中缺乏有再生能力的干细胞，而是由于受损伤的组织不能调节和启动干细胞的分化，脑损伤后不容易修复便是一个典型的例子。

13.3　干细胞培养体系的建立

13.3.1　胚胎干细胞的建系

体外培养胚胎干细胞的原则是，在促进胚胎干细胞增殖的同时，维持其未分化的二倍体状态。胚胎干细胞一旦分化即失去其全能性。

胚胎干细胞的建系就是通过建立体外培养的方法，获得保持增殖且不分化的胚胎干细胞系。1981 年英国剑桥大学的 Evans 和 Kaufman 以及美国加利福尼亚州立大学旧金山分校的 Martin 成功建立小鼠胚胎干细胞系以来，人们先后建立了鱼类、鸟类、哺乳动物以及人类的胚胎干细胞系或类胚胎干细胞系，尤其是 1998 年，美国威斯康星大学的 Thomson 和霍普金斯大学的 Gearhart 小组成功建立的具有多分化潜能和永久增殖能力的人胚胎干细胞系和人胚胎生殖细胞（EG 细胞）系，推动了发育学和干细胞生物学的研究以及干细胞应用的进程。

13.3.1.1　胚胎干细胞系的来源

胚胎来源的干细胞系主要有胚胎干细胞系、胚胎生殖细胞系和胚胎癌细胞系（图 13.1）。胚胎干细胞来源于胚胎的囊胚阶段（blastocyst stage）的内细胞团（inner cell mass，ICM），具有自我复制和多能性，能够分化成来源于内胚层、中胚层和外胚层的各种细胞类型。胚胎生殖细胞又叫原始生殖干细胞，来源于早期胎儿生殖嵴（genital ridge）部位的原始生殖细胞（产生卵子和精子）。有人把胚胎干细胞系和胚胎生殖细胞系统称为胚胎干细胞系。

13.3.1.2　胚胎干细胞系的建立

胚胎干细胞的分离、培养和建系方法多种多样，主要步骤包括：选择和准备细胞培养体系、采集胚胎、获取内胚团和离散内胚团。

1）培养体系的选择和准备

通常使分离的胚胎干细胞长在饲养层细胞上。饲养层细胞（feeder cell）对胚胎干细胞贴附起支持作用，其分泌的蛋白因子能抑制胚胎干细胞分化，维持胚胎干细胞的增殖和多能性。

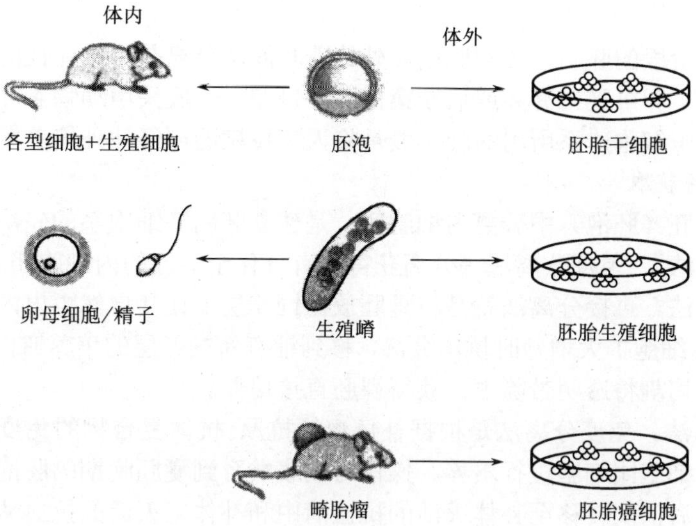

图 13.1　小鼠胚胎多能干细胞的来源

胚胎干细胞是动物个体发生过程中具有全能性的原始细胞，其自我更新和定向分化是由细胞内一些结构蛋白和多肽因子进行调控的。胚胎干细胞的体外培养环境应该最好地模拟体内的生存环境，以利于胚胎干细胞保持旺盛的增殖能力和维持低分化状态。研究发现，体外培养的胚胎干细胞，接种在饲养层细胞上培养可以长时间保持胚胎干细胞的原始特性。

通常选择具有贴附能力的细胞作为饲养层细胞，如成纤维细胞、子宫内皮细胞、3T3 细胞、肿瘤细胞等。在接种胚胎干细胞之前，必须对饲养层细胞进行有丝分裂阻断，使其保持活力但不会增殖。通常采用 γ 射线或丝裂霉素 C 来抑制饲养层细胞的增殖。

不同种类动物胚胎所需的最佳饲养层不尽相同，需要实验筛选。较为常用的有两类：小鼠胚胎原代成纤维细胞（primary mouse embryonic fibroblast，PMEF）和 SIM 小鼠胚胎成纤维细胞耐硫代鸟嘌呤和耐乌本（箭毒）苷亚系（SIM mouse embryo-derived thioguanine and ouabain resistant cell-line，STO）。STO 细胞能在体外长期培养，使用方便，应用较广泛。但 STO 细胞在体外若经长期连续传代，常会产生胞质空泡、致密体生成等异常现象，导致细胞功能发生改变，影响饲养层的质量。PMEF 饲养层可用于大多数动物胚胎干细胞的培养。小鼠 STO 细胞作为饲养层可以培养人的胚胎干细胞系、人胚胎生殖细胞系。此外，胎牛肝成纤维细胞作为饲养层可用于培养绵羊和山羊类胚胎干细胞，原代鸡胚成纤维细胞饲养层可使小鼠胚胎干细胞克隆传 10 代以上。胚胎干细胞在肿瘤细胞饲养层上生长也较旺盛。其他饲养层作用类似。

对于某些胚胎干细胞，饲养层细胞分泌的因子不足以支持其维持和增殖，此时需要在无饲养层细胞的环境中建立和培养。通常培养液中添加白细胞抑制因子（leukocyte inhibitory factor，LIF）或使用能分泌白细胞抑制因子的细胞制备条件培养液。例如，用大鼠肝细胞培养液制备大鼠肝细胞条件培养液或 2～3 周龄大鼠心肌细胞培养液。另外，人的胚胎干细胞可以在添加基础成纤维生长因子（basic fibroblastic growth factor，bFGF）的无血清培养液的饲养层细胞上生长，基质胶（matrigel）或层粘连蛋白（laminin）包被的支持面可替代饲养层。

2）胚胎采集

选择适当发育阶段的胚胎，控制胚胎体外培养时间是分离获得全能性的胚胎干细胞并建系成功的必要条件。卵可采自囊胚或后期桑椹胚。目前，一般采用动物囊胚期胚胎来分离胚胎干细胞。人胚胎干细胞建系所用的胚一般是将人工授精的卵经体外培养发育至囊胚期。

3）内细胞团的获取

从着床前的囊胚（胚泡）中分离内细胞团，是建立胚胎干细胞系的先决条件。常用直接分离法（机械剥离法）、免疫分离法等分离获得具有分化全能性的内细胞团。

（1）直接分离法。直接分离法就是将囊胚放在饲养层上让其自然孵出内透明带，贴附于饲养层上，待 ICM 细胞扩大增殖时挑出分离，移到铺有新饲养层的培养皿内。也可使用链酶蛋白酶处理或机械切割将透明带除去，获得裸胚直接培养。

（2）免疫分离法。免疫分离法是根据补体溶解抗原-抗体复合物的免疫学原理，去除滋养层细胞，保留内细胞团细胞进行培养。操作时收集发育到囊胚晚期的胚泡，先用链酶蛋白酶去除透明带，然后依次转移至补体灭活的抗血清中和补体未灭活的抗血清中，吸取内细胞团细胞，移到铺有饲养层的平皿内，经过培养，约一周可以传代。

4）内胚团的离散

用吸管将内细胞团从饲养层细胞上转移到胰蛋白酶微滴中消化，解离分散内细胞团细胞，然后将细胞悬液转移到加有饲养层细胞的培养皿中培养，待分散的内细胞团细胞增殖形成克隆后，将克隆分散重新培养，最后获得胚胎干细胞系。

13.3.2 诱导多能干细胞（iPS）的建立

13.3.2.1 模式动物 iPS 细胞系的建立

2008 年 12 月北京大学邓宏魁教授的实验室首次建立了恒河猴 iPS 细胞系，2009 年 1 月中国科学院生化细胞所肖磊研究员的实验室和美国斯克里普斯研究所丁盛的实验室同时报道首次建立了大鼠 iPS 细胞系。2009 年 4 月肖磊实验室完成了猪 iPS 细胞的建立。随后，中国科学院广州生物医药与健康研究院裴瑞卿教授的实验室也报道建立了西藏小型猪的 iPS 细胞系。由于猪的许多生理指标更接近于人类，因此这两项研究具有极大应用前景。

13.3.2.2 iPS 建系优化及患者特异性 iPS 的建立

2009 年 11 月，中国科学院健康科学研究所金颖研究员的实验室利用人羊水来源的细胞作为重编程的起始细胞，报道了一种高效快速建立 iPS 细胞系的方法。2009 年 9 月，中国科学院北京生命科学研究所高绍荣研究员的实验室成功建立了 β 型地中海贫血患者的 iPS 细胞系，为该病发病机制的研究、治疗药物的筛选及细胞移植治疗提供了有力的证据。

13.3.2.3 iPS 发育潜能的研究及定向分化

2009 年 7 月，中国科学院动物研究所周琪研究员、北京生命科学研究所高绍荣研究员小组同时报道获得完全由 iPS 来源的成体小鼠。这是世界上第一次获得完全由 iPS 制备的活体小鼠，有力地证明了 iPS 细胞具有真正的全能性。该研究发表于《自然》杂志，并于 12 月 8 日入选了《时代周刊》公布的 2009 年十大医学突破。

13.3.2.4　iPS 细胞的诱导方法

逆转录病毒、腺病毒、质粒转染 3 种方法都可诱导 iPS 细胞（图 13.2）。

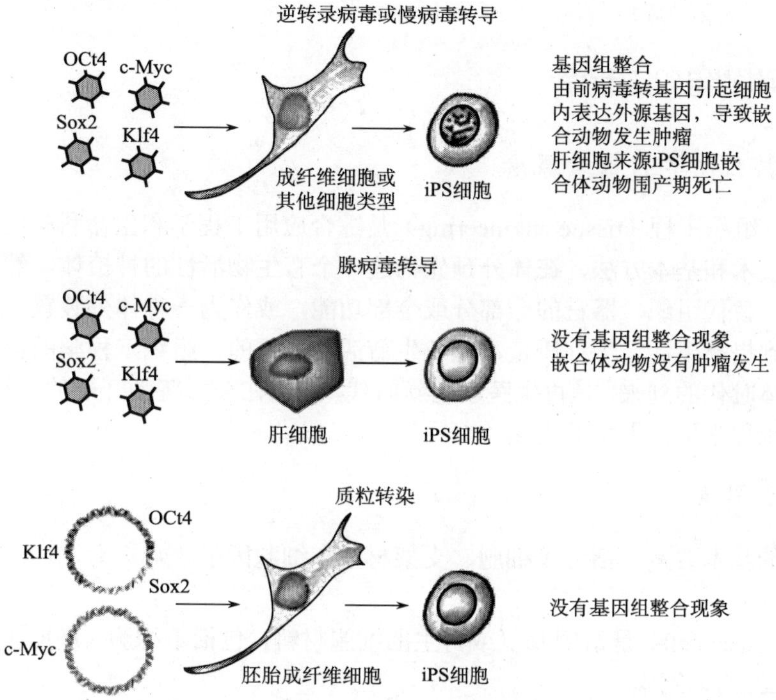

图 13.2　诱导多能干细胞（iPS）的诱导方法

在最初的研究中，人们通常利用逆转录病毒为载体将转录因子导入分化细胞，然而这种方法很可能导致外源基因插入细胞的基因组中，引起插入突变，存在很大的弊端。因此人们尝试利用其他小分子基因转染的方法。Stadtfeld 等利用腺病毒载体成功诱导了小鼠 iPS 细胞的产生。Okita 等利用脂质体转染的方法成功构建了小鼠 iPS 细胞。Huangfu 等发现了在诱导人 iPS 产生的过程中，可以用一种小分子物质代替以往使用的一种癌基因，也就是说现在只需转染两个基因就可以成功得到 iPS 细胞。这三种无需逆转录病毒载体诱导 iPS 的策略避免了使用逆转录病毒载体所带来的基因插入、整合、突变等问题。

iPS 与诺贝尔奖

2012 年，诺贝尔生理学或医学奖在瑞典斯德哥尔摩揭晓，英国发育生物学家约翰·格登、日本京都大学物质-细胞统合系统据点 iPS（诱导多功能干细胞）细胞研究中心主任长山中伸弥因在细胞核重新编程研究领域的杰出贡献而获奖。

约翰·格登 1933 年 10 月 2 日出生于英国，现任职于英国剑桥大学格登研究院。早期以在细胞核移植和克隆方面进行的开创性研究著称。近年来他已经将科研重心转向了细胞生物学，着力于分析细胞分化中细胞间的信号传输和细胞核重编程机制。

山中伸弥 1962 年出生于日本大阪府，是诱导多功能干细胞的创始人之一。2007

年，通过对小鼠的实验，发现诱导人体表皮细胞使之具有胚胎干细胞活动特征的方法。此方法诱导出的干细胞可转变为心脏和神经细胞，为研究治疗目前多种心血管绝症提供了巨大助力。这一成果在全世界被广泛应用，因为其免除了使用人体胚胎提取干细胞的伦理道德制约。

13.3.3　干细胞的组织工程学

13.3.3.1　组织工程学的基本概念

目前认为，组织工程（tissue engineering）是综合应用工程学和生命科学的基本原理、基本理论、基本技术和基本方法，在体外预先构建一个有生物活性的种植体，然后植入体内，修复组织缺损，替代组织、器官的一部分或全部功能，或作为一种体外装置，暂时替代器官部分功能，达到提高生活、生存质量，延长生命活动的目的。组织工程学的提出，标志着人类生物科技人体时代的到来，是再生医学的新时代，相信在今后蓬勃开展的组织工程学研究，将会赋予组织工程学更为丰富的内涵。

13.3.3.2　基本要素

组织工程的基本要素包括种子细胞、支架材料和细胞因子。

1）种子细胞

种子细胞（seed cell）是组织修复或再生的细胞材料，包括干细胞（胚胎干细胞、成体干细胞）、组织来源的体细胞。

种子细胞的培养是组织工程的最基本要素。种子细胞可以来自于自体细胞，也可以来自于异体细胞，后者包括同种和异种细胞。理想的组织工程种子细胞应该容易获得和体外培养、遗传稳定。

原代细胞由于增殖能力有限，故其不适宜作为种子细胞。细胞系虽然更容易体外增殖，但是永生化的细胞往往丧失了充分分化的能力，不能执行分化细胞的功能。

自体组织细胞应为种子细胞的首选。但是，由于组织工程细胞培养多需要接种高浓度的细胞，自体组织细胞存在着数量上的局限性及长期传代后细胞功能老化的问题。从烧伤患者非受伤区穿刺获得角质细胞培养后移植治疗烧伤、制作人造皮肤已经获得成功。但是一些组织的细胞来源（如软骨细胞）有限以及体外培养困难限制了其相关应用。

使用同种异体细胞尽管有望解决种子来源限制问题，但是免疫相容性是个关键问题。不同的细胞引起免疫反应的能力不同。如角质细胞的人白细胞抗原 DR（human leukocyte antigen-DR，HL-DR）会导致免疫排斥。而成纤维细胞、成肌细胞（肌肉组织的前体细胞）很少引起免疫反应，因此应用这类细胞进行细胞疗法的尝试取得了较大进展。异种细胞使用没有来源限制问题，但是会面临更严重的免疫排斥问题以及携带病原的潜在危险。

干细胞有望成为组织工程中理想的种子细胞来源。成体干细胞相对于胚胎干细胞作为组织工程种子细胞更具有可行性，如骨髓间充质干细胞已经被用于骨的修复与体外再造。表皮干细胞用于皮肤组织修复与人造皮肤。但是，目前干细胞的体外分化抑制培养以及诱导分化等技术还不成熟。体细胞克隆技术为使用自身干细胞作为种子细胞提供了潜在途径，但其技术还不成熟。

种子细胞在组织工程中应用的最大困难是在离体条件下将多种类型细胞协调地结合在一起，一体化增殖、分化形成组织与器官。

2）支架材料

组织工程支架材料是指替代细胞外基质使用的生物医学材料。按照不同的分类标准可以分为有机材料与无机材料、天然材料和人工合成材料、单一材料和复合材料。

用于组织工程的支架材料一般要满足以下几个条件。

（1）良好的生物相容性。生物相容性（biocompatibility）是指生物材料引起宿主反应和产生有效作用的能力。它决定于材料和活体系统间的相互作用，体现在两个方面。

a. 宿主反应。包括局部和全身反应，如炎症、细胞毒性、致癌、致诱变、致畸等反应，其结果可能导致对机体的毒副作用和机体对材料的排斥作用。

b. 材料反应。主要是生物环境对材料的腐蚀和降解，从而使材料性能发生改变。

生物相容性材料（biocompatible material）是指和生物体组织接触并无不利影响，且自身性能也不受生物体组织影响的材料。影响材料生物相容性的因素包括材料本身性质、受体状况、使用环境、存留时间等。好的生物医学材料，必须要求其植入体内后引起的宿主反应保持在可接受的水平，同时不引起材料结构和性能遭到破坏。

如果材料直接接触血液时，材料与血液的相互作用，称为血液相容性。

与肌肉、骨骼、皮肤等组织直接接触的材料的生物相容性称为组织相容性（histocompatibility），是指不同组织共存的能力。

此外，有时还需要考虑力学相容性，力学相容性是指材料与植入部位的组织的弹性相协调的力学性能。

（2）良好的生物降解性。材料完成支架的作用后能被降解，降解速率与细胞生长速率相互协调。

（3）合适的三维立体结构。空隙率应该达到 90% 以上，有较大的比表面积，利于黏附细胞，可容纳细胞因子、营养物质，同时内部必须具备均匀分布和相互连通的孔结构，有利于细胞在整个支架体内部均成网络状分布，以利于代谢物的排出，利于血管与神经的长入，保证再生组织具有三维有机结构。

（4）好的加工性与一定的机械强度。材料可以设计成一定形状，对培养的细胞有支撑和保护作用。

（5）良好的消毒性能。可以满足无菌操作的要求。

3）细胞因子

细胞对外部环境产生应答是通过感知某种化学信号或物理刺激，并将之传递到细胞核中，激活或抑制基因表达实现的。细胞感受到的信号源包括可溶解生长因子、难溶性胞外基质和生长基质、环境压力、物理信号和细胞相互作用等。细胞因子对于体外培养的细胞生长、形态等具有显著影响。也是组织修复与再生过程中细胞分化、细胞功能再造的重要因素。既然细胞增殖与分化由各种细胞因子调节，体外再造组织器官必须提供必要的细胞生长与分化的物理因子与化学因子。

（1）物理因子。物理因子主要是应力作用。几乎所有细胞在体内都受到应力作用，这些应力可以改变细胞生物学行为，影响细胞基因表达、代谢以及生长因子分泌。应力引起的一些细胞反应具有普遍性，还常引起细胞的协同反应，是影响生物体生理和病理变化的重要因素之一。在组织工程研究中，应力作用对细胞或组织结构、功能的影响可能是决定性的。

（2）细胞生长因子。细胞生长因子（cell growth factor）主要是指在细胞间传递信息、对细胞生长具有调节功能的多肽。通常以无活性或部分有活性的前体形式存在，通过与靶细胞表面或细胞核的特异性受体结合来发挥作用。可能还需要与细胞外基质分子结合来维持活性与稳定性。

（3）细胞外基质。细胞外基质（extra cellular matrix，ECM）主要由细胞分泌的蛋白和多糖，分布于细胞外空间，构成网络结构。上皮组织、肌肉组织及脑与脊髓中 ECM 含量较少，结缔组织中 ECM 含量较高。细胞外基质的组分及装配形式由所产生的细胞决定，并与组织的特殊功能需要相适应。构成细胞外基质的大分子种类繁多，可大致归纳为胶原、非胶原糖蛋白、弹性蛋白、糖胺聚糖与蛋白聚糖几大类。

细胞外基质为细胞生存及活动提供适宜场所，提供的物理与化学环境会影响细胞黏附、迁移、增殖和分化，影响细胞的形状、代谢、功能。同时，细胞外基质赋予组织和器官相关功能，如骨骼的强度、皮肤的弹性等。细胞外基质与细胞有两方面联系，一方面，细胞指导细胞外基质的合成；另一方面，细胞外基质对于细胞产生重要影响。

目前有研究采用脱细胞技术制造天然 ECM，天然 ECM 内可能存在某些复合生长因子，具有可诱导调节细胞的生长、繁殖、分化等优点，可以直接作为组织填充物，有较好的组织相容性和亲和性。

13.3.3.3　组织工程技术路线与方法

组织工程有三条技术路线，如图 13.3 所示，最终达到原位修复或者替换的目的。

（1）将支架材料与细胞混合，移植到受损部位，随着细胞生长、支架材料的降解而取代或填补受损部位。

（2）将体外培养的细胞接种到受损部位生长进行原位修复。

（3）使用可降解三维多孔支架材料，接种培养细胞，体外再生组织或器官，移植替换。

组织工程产品的构建一般由以下几个步骤组成：种子细胞的分离与体外增殖培养、支架材料的选择与加工修饰、细胞与支架材料联合培养、体内植入与临床监护。前两条途径是以实现原位修复为目的，第三条途径目的在于进行组织或器官替换，是组织工程主要的研究内容。体外再生组织或器官涉及许多关键技术，如细胞接种、细胞因子的控制释放、组织工程生物反应器等。

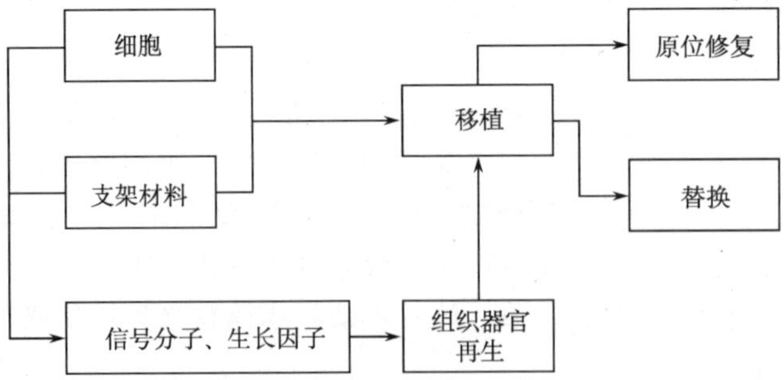

图 13.3　组织工程技术示意图

1）细胞接种与培养

（1）浸渍法。将预湿处理的材料置于细胞悬浮液中实现细胞接种。优点：操作简单，不易污染。缺点：接种细胞有限。

（2）沉淀法。将细胞液缓慢滴加到预湿的支架材料上，放置培养箱中 2～4 h，待细胞充分贴附后缓慢加入培养液进行培养。优点：操作简便，有较高的细胞接种量。缺点：细胞分布不均匀，数量不容易保证。

（3）凝胶法。将高密度细胞悬浮液与多种物质（如胶原、藻酸钠、几丁质等）按照一定工艺复合形成凝胶，细胞均匀地分布于凝胶内。凝胶所具有的三维孔隙结构为细胞提供生存空间及代谢活动场所。

（4）吸附法。将预湿的支架材料置于含有细胞悬液的培养皿中或用滴管将细胞液滴加在材料上，利用负压使细胞吸附在材料上。优点：细胞接种量较均匀，数量多。缺点：容易污染。

影响细胞在支架材料上培养效率的因素包括材料性质、细胞、培养方法、应力等。材料方面包括材料的含水量、表面物理及化学性质、特化结构等。细胞方面包括细胞种类、密度、传代次数等，如软骨构建时以原代细胞最好，5 代以后的细胞形成软骨的能力下降。培养方法采用三维基质支架材料进行三维培养效果好于二维培养。体外培养应该模拟体内的应力环境，如关节软骨细胞的压应力、肌腱细胞的张应力、血管内皮细胞的流体切应力等。

2）细胞生长因子的控制释放

将细胞生长因子通过载体缓慢释放到组织再生部位被认为是一关键技术。可以将支架材料内部结构进行改造，或者采用本身能吸附细胞生长因子的材料。理想的设计是在支架材料构建时，使细胞生长因子结合在支架材料内部，并能缓慢释放。如将多孔羟基磷灰石（HA）与骨形态发生蛋白-2（BMP-2）混合制成复合材料。将细胞生长因子进行包埋或者微囊化是目前控制细胞生长因子释放的一个重要方法。可以防止细胞生长因子与宿主生理环境直接接触，起到保护细胞生长因子生物活性的目的。影响细胞生长因子释放速率的因素包括如下几方面。

（1）细胞生长因子对载体的亲和性。源于静电吸引、疏水作用、氢键等非特异性的物理和化学的相互作用。

（2）载体几何形状。包括体积、空间结构、表面积。可由材料的选择与加工来控制。

（3）细胞生长因子释放机制。主要包括支架材料降解和经载体扩散释放。

（4）宿主局部微环境。包括 pH、离子浓度、细胞密度等。

3）组织工程生物反应器

（1）微重力生物反应器。常规细胞培养都是在常重力下进行的。由于重力作用细胞在培养液中自然沉降，限制了细胞与细胞、细胞与基质之间的随机组合与空间定位，不能形成立体结构。

20 世纪 80 年代末，美国航空航天局（NASA）在开展空间生物学试验时设计出一种转壁式生物反应器（rotating vessel bioreactor，RWVB）。转壁式生物反应器一般由水平放置的两个内外同心圆柱组成。静态的内柱由半透膜构成，使得气体可以通过膜进行交换。旋转的外柱由非通透性材料制成。内外柱之间充以连续灌注的培养介质。将细胞与培养液置入内、外圆柱体，整个装置可以绕内轴旋转。通过调节外柱的转速，使得旋转产生的离心力与重力平衡，为细胞生长提供一个微重力环境，使在普通培养条件下只能呈二维贴壁生长的哺乳动物细胞表现出三维增殖与细胞分化。进一步形成有功能的组织块。采用该生物反应器已在骨髓间充质干细胞、小牛软骨细胞、狗软骨细胞、大鼠心肌细胞、大鼠唾腺上皮细胞、卵泡瘤细胞、人胰岛细胞、肝细胞培养以及胸腺器官培养等方面取得了进展。

（2）流体应力生物反应器。 流体应力生物反应器是模拟人体血管应力环境而设计的用于体外构建组织工程化血管的装置。主要由可以通过循环液体的硅胶管、压力传感器、蠕动泵、储液罐、电磁阀等组成。通过形成有波动的液流并能控制流量来模拟体内血管的应力环境。研究表明，该生物反应器产生的应力对血管平滑肌的生长有一定的促进作用，可促进细胞定向排列，增加收缩性。

13.4 干细胞的应用

13.4.1 干细胞的应用前景

干细胞被广泛地应用于早期组织发育、组织修复、外源基因导入等许多研究领域（图 13.4）。

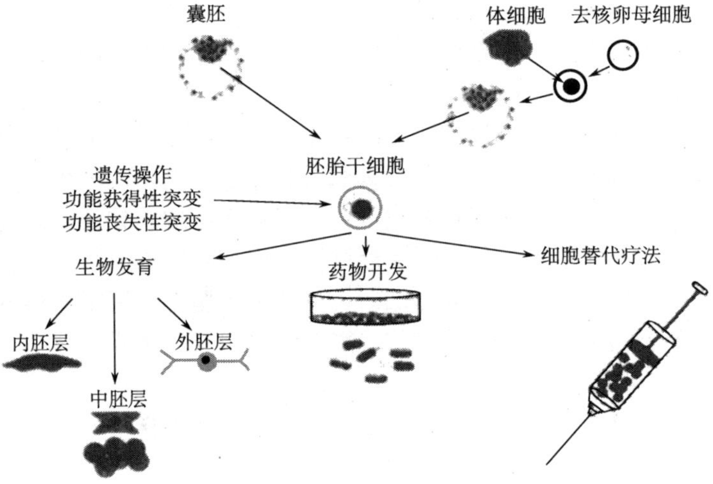

图 13.4 胚胎干细胞在基础研究和医学领域的应用

13.4.1.1 组织或器官修复

干细胞培养可以实现组织修复与再生。胚胎干细胞和多能干细胞经诱导刺激后可以分化为特化的细胞，使替代细胞和组织来源的更新成为可能，从而可用于疾病和残疾的治疗。包括帕金森病、Alzheimer 病（痴呆症）、脊髓损伤、脑卒中、烧伤、心脏病、糖尿病、骨损伤、骨关节炎和类风湿性关节炎等。

13.4.1.2 基因治疗与药物开发

干细胞是基因治疗较理想的靶细胞，因为干细胞可以自我复制更新，治疗基因被其带入人体中，能够持久地发挥作用，而不必担心丢失治疗基因。在进行基因治疗时，为了防止免疫排斥反应，可以对胚胎干细胞的基因做某些修改。通过胚胎干细胞和基因治疗技术，可以矫正缺陷基因。例如，如果发现早期胚胎有某种基因缺陷可能会导致患有基因缺陷病，可以收集部分或全部胚胎干细胞，通过基因工程技术用正常的基因替代干细胞中的缺陷基因，再将修复后的胚胎干细胞嵌入胚胎中，经过十月怀胎将会孕育出一个健康的婴儿。由于伦理和某些技术问题，目前还未开展此类研究，有很多问题有待解决。

利用干细胞定向分化产生的特定类型的细胞，可以检测药物的毒性和作用及从事药物的开发，也是其诱人的前景之一。

13.4.2　干细胞研究中面临的问题

13.4.2.1　人类胚胎干细胞研究面临的主要技术难题

使胚胎干细胞具有的巨大潜在价值变为实际的应用价值，还必须克服胚胎干细胞研究中面临的很多技术难题。

（1）如何维持胚胎干细胞在体外扩增而不分化。胚胎干细胞无论在体内外均具有自我分化潜能，极易分化为其他细胞。虽然在体外培养时防止干细胞分化方面已取得了重大进展，如在培养基中加入白血病抑制因子等可抑制干细胞的分化，但对其培养条件的优化仍需进一步研究。

（2）分化细胞的增殖是一个瓶颈。如何达到组织工程所需要的种子细胞的数量，很值得研究；而如何得到纯化的分化细胞也有很多工作要做。

（3）定向诱导干细胞分化问题。理论上讲，胚胎干细胞可以分化成各种组织细胞，形成各种器官。然而，胚胎干细胞向不同组织细胞"定向分化"的条件还不清楚，从而限制了干细胞的临床应用。细胞分化是细胞特异基因在时间和空间上不同表达的结果，主要取决于哪些基因被激活和在什么时间与位点被激活，表现为多种细胞因子相互作用引起一系列复杂的生理生化反应。要诱导产生某种特异类型的组织，需要了解各种因子的作用时序、何时何地开始作用，何时何地停止作用等。因此，干细胞研究的主要问题之一就是弄清胚胎干细胞发育的调控机制，从而在体外培养扩增出足够数量和性状稳定的胚胎干细胞。

（4）胚胎干细胞真正用于器官克隆与移植仍需技术上的重大突破。器官的形成是一个复杂的三维过程。很多器官是由两个不同胚层相互作用而形成的，尤其是完整、大型、精细的人体器官，如心、肝、肺、肾等，在诱导发育过程中的调控机制和影响因素更为复杂。另外，在器官移植中，目前对于发育完整的来自自然机体的器官，要离体培养和维持其正常的生理功能尚无法做到，而使胚胎干细胞诱导发育为人体器官并应用于器官移植，则面临着更多的困难。

（5）如何克服移植排斥问题。创造两种“万能供者”细胞，需要破坏或改变细胞中的许多基因，其可行性仍在探索之中；而通过核移植技术，是否会激活卵细胞的沉默基因，启动DNA 的合成，会不会改变染色体的结构等问题也需澄清。

（6）胚胎干细胞的安全性如何。任何事物都有两面性，应用胚胎干细胞也有其不利的一面。当胚胎干细胞所形成的混杂成纤维的各类细胞被注入成年小鼠内时，就会形成一种称为“畸胎瘤”的肿瘤。人类胚胎干细胞及分化后的种子细胞是否具有同样的致肿瘤性，如何克服等问题均有待深入的研究。解决这个问题的办法也许是：建立遗传学上的安全机制——在胚胎干细胞中插入自杀基因，当移植的胚胎干细胞变得致肿瘤时可以摧毁它们。因此，在将胚胎干细胞用于治疗之前，研究人员必须确有把握它们已足够分化，而不会不适当地扩散或形成不需要的有害组织。因此，为了保护接受治疗的患者，必须对胚胎干细胞进行严格的纯化。

13.4.2.2 人类胚胎干细胞研究中伦理争议的主要焦点

1）人类胚胎干细胞的来源问题

人类胚胎干细胞研究最主要的争议与干细胞的来源有关。事实上，人类胚胎干细胞有四种主要来源，每一种都会遭遇到伦理学问题的挑战。

第一种胚胎干细胞可能的来源是实验室里体外受精（IVF）的副产品。这里所涉及的伦理学问题之一与胚胎本身的地位有关。对胚胎本身应该具有何种程度的尊重就有很大的争议。有些人认为，即使胚胎可能在一般意义上是人，它们也不具备现实生活中人的特征。特别是在胚胎的早期阶段不具有意识和自我意识，它们只是没有独立伦理学地位的一群细胞；还有一些人持有中间立场，认为虽然早期胚胎还不是现实生活中的人，因此它们还不具有成人或者孩子那样的伦理学地位，但是它们毕竟是人生周期的一个环节、一个阶段，因此对它们应该给予某种程度上的尊重，何种研究可能符合这种尊重，这仍然在争论之中。另外，对于那些来自临床人工授精之后剩余的胚胎，显然只能在得到胚胎捐献者知情同意之后用于干细胞的研究。但是，捐献胚胎用于干细胞研究也包含着某些特殊的伦理学问题：捐献者是否知情，或者捐献者是否能够充分知情。例如，使用捐献者的胚胎制造永久存活的干细胞株的可能性，来自捐献胚胎的科学发现的商业化可能性，捐献基因物质可能与捐献者隐私有关等。

第二种胚胎干细胞可能的来源是使用精子和捐献的卵子在实验室里产生胚胎。这里提出了同样的胚胎道德地位问题。而且，人工制造胚胎还提出了“仅仅把制造和使用人工胚胎当做是实现另外目的的手段”的伦理学问题。当然，如果没有用于干细胞研究的话，临床治疗剩余的胚胎是要被毁掉的，因此许多人认为，将这些胚胎用于研究（这些研究可能会给我们带来某种益处）相对而言是对胚胎的更多尊重。不过这种理由不适用于制造人类胚胎，因为制造人类胚胎的目的仅仅是出于对实验室材料的需要，许多人认为这样的胚胎是在与人类尊严的概念毫不一致的意义上被使用。

第三种胚胎干细胞可能的来源是通过克隆技术或者体细胞移植技术制造胚胎。克隆技术制造胚胎同样提出与前面提到的相同的胚胎道德地位的问题，而且人们更担心的是克隆技术的使用会导致生殖性克隆，而生殖性克隆被广泛认为是应该禁止的。

最后一种胚胎干细胞可能的来源是流产的胎儿。使用流产的胎儿提出类似捐献胚胎所蕴含的知情同意的问题。患者是否真正理解为“科学”捐献胎儿组织的含义。为了研究的需要而允许从胚胎中采集胚胎干细胞同为了得到胚胎干细胞而同意流产具有相同的意义。对某些人来说，这是不成问题的，但是对另外一些人来说，这是不可逾越的雷池。

2）人类胚胎的道德和法律地位问题

确定人类胚胎的道德和法律上的地位，原因是获取人类胚胎干细胞（HES 细胞）必定要毁坏 5 d 左右的人类胚胎。来自宗教界和反堕胎组织的人士往往代表着保守阵营的意见。他们（如基督教和天主教的某些派别）认为，在受精的一刹那，人的灵魂就已产生，因此人的生命起于受精。摧毁人类的胚胎，就等于扼杀人的生命，这是侵犯人权，是对人类尊严的亵渎，是损人利己的行为，因而坚决反对人类胚胎干细胞研究。一些从事相关研究的科学家、医学家和患者则往往代表着激进阵营的意见。他们认为，HES 细胞研究是迈向新医学的第一步。解除千万癌症患者、帕金森病患者和需要移植器官者的病痛，挽救他们宝贵的生命才是对人类生命价值的最高尊重，因此主张给干细胞研究以宽松的政策和伦理支持。英国上院通过了允许克隆人类胚胎以进行 HES 细胞研究的法案，并将这一研究定性为“治疗性克隆”。

这是至今最为宽松的官方意见。而美国则代表一种介于保守意见和激进意见之间的折中方案。布什在 2001 年 8 月 9 日宣布资助利用现有的人类胚胎干细胞进行研究，但反对破坏新的胚胎以获取干细胞，即把官方资助的研究局限于已经获取的 64 株 HES 细胞系列。这一决定既遭到保守阵营的谴责，又引起激进阵营的强烈不满。以日本为代表的另一种折中方案是：把干细胞的来源局限于体外受精多余的胚胎和流产胎儿尸体，这样就避免了制造和摧毁新的胚胎。看来，造成各种意见分歧的关键问题是早期胚胎究竟是不是人的生命。英国新法案规定所有使用过胚胎必须在 14 d 以内销毁，意味着在他们看来，至少在 14 d 以内的胚胎还不是人的生命。

3）治疗性克隆与生殖性克隆的伦理学问题

治疗性克隆是把克隆出来的组织或者器官用于治疗疾病。由于某些新医疗方法需要胚胎干细胞，科学家就从实验室制造人类胚胎并提取胚胎干细胞。科学家从成人体细胞内取出遗传物质（DNA）并将遗传物质融合在去掉其本身遗传物质的空卵细胞内。经适当机制引发，这样的新细胞可以被诱导发育成为胚胎。这也就是克隆“多莉”羊的基本技术。这种用于医疗目的而在实验室使用克隆技术制造胚胎的过程被称为“治疗性克隆”（therapeutic cloning）。由于国际社会持有禁止克隆人的态度，为了防止生殖性克隆的发生，世界上第一个允许治疗性克隆的英国规定，治疗性克隆的胚胎必须在 14 d 之后被毁掉，不可以克隆婴儿，并以严格的立法来约束科学家的研究行为。这种为了得到胚胎干细胞而制造胚胎，然后“破坏”该胚胎的方法引起很大的伦理学争论。反对者认为，人类胚胎，即使是极小的细胞群，也是人类的生命，是神圣的。允许科学家为了所需要的细胞而制造有生命的胚胎，而“收获”那些细胞之后又毁掉或者丢弃这些胚胎，是令人不可容忍的野蛮行径。如果克隆出细胞、组织或器官可用于有效治疗严重而目前尚没有治疗方法的疾病，将有利于患者、家庭、社会和人类。如果出于患者生命和健康的目的且当事人同意，按照功利主义效果最大化的原则，治疗性克隆及其研究在伦理学上可以得到辩护。生殖性克隆则难以得到伦理学辩护。

本章小结

干细胞是一类具有自我更新和分化潜能的细胞。根据干细胞的发生来源可分化为胚胎干细胞和成体干细胞。根据干细胞分化潜能的大小，可分为全能性干细胞、多能性干细胞、定向祖细胞和专能干细胞。根据干细胞存在的组织器官分类，可将其分为胚胎干细胞、造血干细胞、骨髓间充质干细胞、神经干细胞等。

胚胎干细胞是从着床前胚胎内细胞团或原始生殖细胞经体外分化抑制培养分离的一种全能细胞，可以分化为任何一种组织类型的细胞，具有与早期胚胎相似的形态特征，可以在体外无限生长和繁衍，并能保持胚胎细胞的多潜能性等特性。成体干细胞是成体组织内具有进一步分化潜能的细胞，是多能或单能干细胞。成体干细胞的分化具有可塑性，即一种成体干细胞可分化为其他类型的细胞。

胚胎干细胞主要来源于胚胎囊胚阶段的内细胞团，在建立胚胎干细胞系时，首先选择培养体系，把分离的胚胎干细胞放于饲养层细胞上培养，能抑制胚胎干细胞分化，并维持干细胞的增殖。常用的饲养层细胞有成纤维细胞、子宫内皮细胞、3T3 细胞等。IPS 细胞系是诱导多能干细胞，逆转录病毒、腺病毒、质粒转染 3 种方法都可诱导 iPS 细胞。

胚胎干细胞广泛应用于早期组织发育、组织修复、外源基因导入等许多研究领域，最诱人的前景是通过细胞移植来治疗帕金森病、糖尿病、骨损伤等。另外，在干细胞研究的基础上发展起来的组织工程，就是利用干细胞具有分化潜能的特性，构建一个具有生物活性的种植体，并植入体内，修复组织缺损，替代组织和器官的作用。

但在干细胞研究中也面临着许多问题。例如，如何维持胚胎干细胞在体外增殖而不分化，如何使干细胞定向分化为特定的组织和器官，如何克服免疫排斥等。特别是在人类胚胎干细胞研究领域中还存在许多激烈的伦理争议。例如，人类胚胎来源问题，生殖性克隆伦理性等问题。只有很好地处理这些问题，在合理的范围内应用，才能真正发挥干细胞的魅力。

思考题

1. 什么是干细胞，它可以分为哪些类型？
2. 简述胚胎干细胞与成体干细胞的生物学特征。
3. 试述胚胎干细胞在体外培养的关键技术。
4. 什么叫成体干细胞的可塑性？
5. 论述干细胞技术的应用前景及面临的问题。
6. 组织工程理想的种子细胞是什么样子的？
7. 组织工程生物材料应具备怎样的特点？
8. 怎样理解细胞因子在组织工程中的重要地位？
9. iPS 细胞的有哪些诱导方法？

主要参考文献

安利国. 2004. 细胞工程. 北京: 科学出版社

安利国. 2009. 细胞工程. 2 版. 北京: 科学出版社. 17~33

安利国. 2010. 细胞工程. 北京: 科学出版社

蔡琼,岳素青, 姬爱国. 2012. 植物组培过程褐变现象及抗褐技术研究进展. 黑龙江生态工程职业学院学报,25(1): 32~33

曹为玉,郑燕棠,张福庆,等. 1993. 葡萄茎尖脱毒培养和快速繁殖. 华北农学报,8(2): 69~72

陈兵先,黄宝灵,吕成群,等. 2011. 植物组织培养试管苗玻璃化现象研究进展. 林业科技开发,25(1): 1~5

陈士云. 1995. 植物细胞的两相培养技术. 植物生理学通讯, 31(4):297~303

陈永勤, 朱蔚华. 2000. 前体物质和化学诱导子对云南红豆杉细胞生长和产生紫杉醇的影响. 湖北大学学报(自然科学版), 22(1) : 91~94

陈远华, 张少平, 赖正锋, 等. 2011. 细胞工程在甜(辣)椒育种中的应用. 中国园艺文摘, 11: 41~42

陈长征. 2010. 植物组织培养脱毒快繁实验技术综述. 安徽农学通报,16(14): 56~58

陈震古. 1999. 激光诱导杨树单性生殖的研究. 光电子・激光,10(5): 447~449

陈枝楠,卢高泽,卢俭. 1997. PCR 应用技术进展简介. 植物病理学报,27(3): 198~200

陈志南. 2005a. 细胞工程. 北京: 科学出版社

陈志南. 2005b. 细胞构建技术. 北京: 科学出版社

程心曼,高山林,卞云云. 2003. 白术同源四倍体诱导和鉴定及其与二倍体过氧化物酶的比较. 植物资源与环境学报,12(1): 16~20

崔彬彬, 朱维红, 冯大领. 2007. 细胞融合技术研究进展. 保定师范专科学校学报, 20(2): 48~50

崔刚,单文修,秦旭,等. 2004. 植物开放式组织培养研究初探. 山东农业大学学报(自然科学版), 35(4): 529~533

董雅凤,于济民,洪霓,等. 1998. 梨树苹果茎沟病毒的脱毒研究. 中国果树,4(6): 8~10

冯伯森. 动物细胞工程原理与实践. 2000. 北京: 科学出版社

甘烦远, 郑光植, 彭丽萍.1996. 云南红豆杉细胞培养中的代谢调控.云南植物研究,18(4) : 451~453

巩振辉, 申书兴. 2007. 植物组织培养. 北京: 化学工业出版社

郭向荣,方红曼,李安生,等. 1999. 甘露醇预处理方式、方法对大麦花粉植株再生的影响. 农业生物技术学报,7(4): 321~324

郭晓强, 冯志霞. 2010. 动物细胞全能性研究的先驱——格登. 生物学通报, 45(6): 59~61

郭勇, 崔唐兵, 谢秀祯, 等. 2004.植物细胞培养技术与应用.北京: 化学工业出版社

郭志勤. 1998. 家畜胚胎工程. 北京: 中国科技出版社

何忠效, 静国忠, 许作良, 等. 2002. 生物技术概论. 2 版. 北京:北京师范大学出版社

洪霓,王国平,张尊平,等. 1995. 梨病毒脱除技术研究. 中国果树,4(4): 5~7

胡道芬. 1996. 植物花培育种进展. 北京: 中国农业科学技术出版社

胡含, 陈英. 1988. 植物体细胞遗传与作物改良. 北京: 北京大学出版社

胡悍卫. 2006. 组织胚胎学. 南京: 东南大学出版社
胡庆阳,于志华,郑宏红,等. 1996. 温度对香石竹组织培养及其试管苗玻璃化的影响. 应用基础与工程科学学报,3(4): 256~258
黄艳, 赵德修, 李佐虎. 2001. 利用生物反应器培养植物细胞的研究进展(Ⅱ). 植物学通报, 18 (6) : 665~671
霍乃蕊, 韩克光. 2006. 细胞融合技术的发展及应用. 激光生物学报,15(2): 209~213
蒋迪军,牛建新. 1992. 苹果茎尖快速繁殖研究. 新疆农业科学, (4): 171~173
拉兹丹 M K. 2006. 植物组织培养导论. 肖尊安, 祝杨译. 北京:化学工业出版社
兰蓉. 2011. 细胞培养.北京: 化学工业出版社
李浚明. 1991. 植物组织培养教程. 北京: 北京农业大学出版社
李浚明. 2011. 植物组织培养. 3 版. 北京:中国农业大学出版社
李倩中,谭国华,周建涛. 2003. 彩色马蹄莲组培技术. 江苏农业科学,2(6): 86~87
李世润,黄粤. 1992. 园艺植物脱毒研究进展. 农牧情报研究,2(6): 36~40
李树敏, 朱蔚华. 1990. 人参色素细胞培养的研究. 植物学报, 32(2): 103~111
李云. 2001. 杨树三倍体选育研究进展. 植物学通报,8(4): 451~458
李志勇. 2003. 细胞工程. 北京: 科学出版社
李志勇. 2010. 细胞工程. 2 版. 北京: 科学出版社. 77~81
刘公社,李岩,刘凡,等. 1995. 高温对大白菜小孢子培养的影响. 植物学报,37(2): 140~146
刘建平,李春红,胡道芬. 1991. 培养温度对冬小麦花药培养的影响. 北京农业科学, 4: 6~9
刘静宇,卢华. 2011. 人工种子的研究与应用前景. 北京农业报,30(6): 57~58
刘淑兰,韩碧文. 1984. 核桃愈伤组织的诱导. 植物生理学通讯, (4): 38
柳成荫, 杨洪兵. 2011. 植物细胞工程在农业生产中的应用. 天津农业科学, 17(5): 9~11
柳俊, 谢从华. 2011. 植物细胞工程. 2 版.北京: 高等教育出版社
鲁国武, 张霞, 王雪芬, 等. 2007. 植物体细胞胚胎研究进展及研究基础. 安徽农学通报, 13(8): 52~54
陆维忠, 郑企成. 2003. 植物细胞工程与分子育种技术研究. 北京: 中国农业科学技术出版社
罗立新. 2003.细胞融合技术与应用.北京: 化学工业出版社
罗琼,胡延玉,李平,等. 1995. 提高水稻花药培养效果的研究. 四川农业大学学报, 13(4): 487~491
吕东平, 赵德修, 黄艳, 等. 2001. 前体对水母雪莲悬浮培养细胞黄酮合成的影响. 云南植物研究, 23(4): 497~503
马千全,徐立,李志英,等. 2007. 植物种质资源超低温保存技术研究进展. 热带作物学报, 28(1): 105~110
马宗新. 2009.彩色马蹄莲种球繁育和栽培关键技术研究. 温室园艺, 30(7): 54~57
梅兴国,吴奇君,江振然,等.2002. 东北红豆杉细胞培养生产紫杉醇的调控研究Ⅱ——交互作用对东北红豆杉细胞培养生产紫杉醇的影响分析. 生命科学研究, 6(2):152~155
孟清, 张鹤玲, 宋伯符. 1993. 应用 Dot-ELISA 检测 PVX,PVY 和 PVS. 中国病毒学, 8(4): 366~372
牟宁宁,高亦珂. 2007. 植物无糖组培技术研究进展. 林业科技开发, 21(1): 10~12
齐恩芳,王一航,张武,等. 2007. 马铃薯茎尖脱毒培养方法优化研究. 中国马铃薯,21(4): 200~ 202
情育林,高占彪. 1994. 马铃薯微型种薯生产及应用前景. 甘肃农业科技,4(4): 39
任慧莉,李春莲,秦震霓,等. 2002. 基因型及外源因子对小麦花药培养一步成苗的影响. 西北农林科技大学学报(自然科学版),30(4): 13~16
斯佩克特 D L. 2001. 细胞实验指南. 黄培堂等译.北京: 科学出版社
唐江伟, 吴振强. 2007. 新型生物反应器结构研究进展. 中国生物工程杂志, 27(5): 146~152

唐荣华, 李云飞, 王丽. 2004. 裂叶秋海棠的离体快速繁殖. 四川大学学报,2(3): 637~640
王蒂. 2007. 细胞工程学. 北京: 中国农业出版社
王关林, 方宏筠. 1998. 植物基因工程原理与技术. 北京: 科学出版社
王晶珊, 王爱华. 2011.细胞工程实验教程.北京: 高等教育出版社
王敬驹, 孙敬三, 朱至清. 1974. 水稻花粉植株的诱导条件及影响诱导频率的某些因素. 植物学报, 16: 45~54
王克明. 2006. 细胞融合技术及其发展. 浙江科技学院学报, 16(2): 113~116
王明霞. 1996. 应用 PCR 微量板杂交法检测植物病毒和类病毒. 植物保护,22(1): 34~35
王振宇,杨军,胡宁, 等. 2012. 细胞电融合芯片技术的发展及展望. 分析化学, 40(3): 331~338
吴蕴祺,朱蔚华,陆俭,等.1998. 红豆杉愈伤组织中 sinenxans 高产细胞系的选择及其培养. 中国药学杂志, 33(1): 15~18
武冲,唐树梅,张勇,等. 2008. 植物花粉培养研究进展. 中国农学通报, 24(11): 146~149
肖洁凝,黄学林. 1999. 茎尖和芽的超低温保存. 生物工程进展,19(5): 46~51
肖哲丽,柳金凤. 2011. 植物组织培养的研究进展及新技术应用. 宁夏农林科技,52(1): 13~14, 47
肖尊安. 2006. 植物细胞的全能性. 生物学通报, 41(6): 1~3
邢建民, 查丽杭, 李佐虎.1997. 植物细胞大规模培养生物反应器研制概况. 生物工程进展, 17(5): 49~53
徐亮胜,薛晓锋,付春祥,等.2005. 茉莉酸甲酯与水杨酸对肉苁蓉悬浮细胞中苯乙醇甙合成的影响. 生物工程学报, 21(3): 402-405
闫新房,丁林波,丁义,等. 2009. LED 光源在植物组织培养中的应用. 中国农学通报, 25(12): 42~45
杨艾茹, 暴成光. 1988. 对马铃薯脱毒种薯生产的浅见.马铃薯杂志, 1(1): 42
杨淑慎. 2009. 细胞工程. 北京: 科学出版社
殷红. 2006. 细胞工程. 北京: 化学工业出版社
张大栋,吉晓佳,杨永华. 2004. 植物脱毒技术及其在现代农业中的应用. 科技与经济,17(4): 62~64
张东旭,周增产,卜云龙,等. 2011. 植物组织培养技术应用研究进展. 北方园艺,(6): 209~213
张改娜. 2004. 三种豆科牧草的原生质体的培养及骆驼刺和鹰嘴紫云英的体细胞杂交.西安: 西北大学学报, 49
张改娜,贾敬芬. 2010. 电融合法产生骆驼刺与鹰嘴紫云英属间体细胞杂种. 生物工程学报, 26(5): 635~643
张改娜,施江. 2009. 霸王的原生质体培养的研究. 生物技术, 19(5): 78~80
张改生. 1992. 粘易型 1B/1R 小麦雄性不育系产生单倍体的遗传机理及育性恢复性能的研究. 遗传学报, 19(3): 266~277
张建军,殷丽青,张伟萍,等. 1998. 莳莱四倍体的特征及田间耐热性. 上海农业学报,14(2): 35~40
张健. 2009. 转基因动物技术. 北京: 科学出版社
张闻迪,赵白,王秋, 等. 1988. 激光诱导泥鳅卵细胞融合——一种新的细胞融合方法. 生物工程学报, 4(4): 298~303
张长平,李春,元英进,等.2001. 真菌诱导子对悬浮培养南方红豆杉细胞态势及紫杉醇合成的影响. 生物工程学报, 17(4): 436~440
章静波. 2002. 医学分子细胞生物学.北京: 中国协和医科大学出版社
赵德修, 李茂寅, 邢建民, 等. 1999. 光质、光强和光期对水母雪莲愈伤组织生长和黄酮生物合成的影响. 植物生理学报, 25(2): 127~132
赵惠祥,顾迺良, 马颖, 等. 1994. 苹果试管苗微型嫁接技术的研究. 天津农学院学报, 12(3): 78~86
赵志强,郑晓林, 张思杰, 等. 2005. 细胞融合技术. 生物学通报,40(10): 40~41
郑小林,鄢佳文, 胡宁,等. 2012. 基于直列式交错微电极阵列的细胞电融合. 传感器与微系统,31(2): 23~25,29

周欢敏. 2009. 动物细胞工程学. 北京：中国农业出版社
周维燕. 2001.植物细胞工程原理与技术.北京：中国农业大学出版社
周艳玲,刘学敏,孟玉芹. 2000. 马铃薯 Y 病毒的检测技术. 中国马铃薯, 2(1): 89~93
周忠强,梅兴国,吴奇君.2001. 前体、诱导子及抑制剂对细胞培养生产紫杉醇的调节作用. 天然产物研究与开发, 14(2):19~21
周忠强,梅兴国. 2004. 红豆杉细胞培养生产紫杉醇的研究进展. 中南民族大学学报（自然科学版）, 23(1):21~25
朱德蔚. 2001. 植物组织培养与脱毒快繁技术. 北京：中国科学技术出版社
朱文祥,王金荣,李珺,等. 2010. 植物组织培养中外植体褐变研究进展. 安徽农业科学,38(31): 17399~17401, 17415
庄晓英, 邹清成, 卢钢. 2007. 冷处理对中国水仙鳞茎及其不定芽分化过程中生理生化代谢的影响. 核农学报, 21(1): 25~29
Baker R. 1972. Themnotherapy of planting material. Phytopathol, 52(9): 1244~1255
Ballester A, Sanchez M C,Vietez A M. 1989 . Etiolationas a pretreatment for *in vitro* establishment and multiplication of mature Chestnut. Physiol Plant ,7(226): 183~195
Barakat M N, Cocking E C. 1983. Plant regeneration from protoplast-derived tissues of *Linum usitatissimum* L. (Flax). Plant Cell Reports, 314~317
Bennett M D, Hughes W G. 1972. Additional mitosis in wheat pollen induced by Ethrel. Nature, 240: 5166~5184
Cai Y F, Xiang F N, Zhi D Y, et al. 2007. Genotyping of somatic hybrids between *Festuca arundinacea* Schreb. and *Triticum aestivum* L. Plant Cell Reports, 26: 1809~1819
Chen G, Palmer A F. 2010. Hemoglobin regulates the metabolic, synthetic, detoxification, and biotransformation functions of hepatoma cells cultured in a hollow fiber bioreactor. Tissue Eng Part A, 16(10): 3231~3240
Chever A M. 1983. *In vitro* vegetative multiplication of chest nut. J Hort Sci, 58(1): 23~29
Constabel F.1990. Medicinal plant biotechnology. Planta Med, 56: 421~425
Debergh P C, Maene L J. A scheme for commercial propagation of ornamental plants by tissue culture . Scientia Horticulturae, (14): 335~345
Economou A S, Read P E. 1982. Effect on NAA on shoot production *in vitro* from BA-pretreated petunia leaf explants. J Amer Soc Hort Sci,107(3) : 504~506
Eppendorf N. 2009. Amer Principles and applications of electrical cell fusion. http: //www. biolab. cn/plus/view~240864~1. html
Fett Neto A G, Stewart J M, Nicholson S A, et al. 1994. Improved taxol yield by aromatic carboxylic acid and amino acid feeding to cell cultures of *Taxus cuspidate*. Biotechnology and Bioengineering, 44(8): 967~971
Fu C C, Wu W T, Lu S Y, et al. 2003. Performance of airlift bioreactors with net draft tube. Enzyme and Microbial Technology, 33: 332~342
Fukui H, Tanaka M.1995. An envelope-shaped film culture vessel for plant cell suspension cultures and metabolite production without agitation. Plant Cell, Tissue and Organ Culture, 41: 17~21
Gerlach J C, Lübberstedt M, Edsbagge J, et al. 2010. Interwoven four-compartment capillary membrane technology for three dimensional perfusion with decentralized mass exchange to scale up embryonic stem cell culture. Cells Tissues Organs, 192(1): 39~49
Gressel J, Cohen N, Binding H. 1984. Somatic hybridization of an atrazine resistant biotype of *Solanum nigrum* with *Soanum tuberosum* L. Segregation of plastomes. Theoretical and Applied Genetics,76: 131~134

Hu C Y,Wang P J. 1983. Menstem, shoot-tip and bud cultures. In: Emvans D A, Sharp W R, Ammirato P V, et al. Hand-book of Plant Cell Culture(Volum I). New York: Macmillan publishing Co. A Division of Macmillan, Inc. 177~228

Ishii M, Uemoto S, Fujieda K. 1979. Studies on tissue culture in cattleya species II. Preventive methods for the browning of explanted tissue. J Jap Soc Hort Sci, 48: 199~204

Kao K N, Michayluk M R. 1975. Nutritional requirements for growth of vicia hajastsna cells and protoplasts at a very low population density in liquid media. Planta, 126: 105~110

Kim D J，Chang H N. 1990. Enhanced shikonin production from Lithospermum erythrorhizon by *in situ* extraction and calcium alginate immobilization. Biotechnology and Bioengineering, 36:460~466

Kimber G, Rlley R. 1963. Haploid anglosperm. Botany Review, 29: 480~537

Merchuk J C, Gluz M, Mukm E. 2000. Comparison of photo-bioreactors for cultivation of the red microalga *Porphyridium sp*. Journal of Chemical Technology and Biotechnology, 75(12):1119~1126

Monahan P B, Holtzapple M T. 1993. Oxygen transfer in a pulse bioreactor. Biotechnology and Bioengineering, 42: 724~728

Morel G, Martin C. 1952. Cure of dahlias attacked by a virus disease. C R Hebd Seances Acad Sci, 235(21): 1324~1325

Ogbonna J C, Yada H, Tanaka H.1995. Light supply coefficient: A new engineering parameter for photo-bioreactor design. Journal of Fermentation and Bioengineering, 80(4):369~372

Panda A K, Mishra S, Bisaria V S, et al.1989. Plant cell reactors, a perspective. Enzyme and Microbial Technology, 11(7):386~397

Pierik R L M. 1989. *In vitor* culture of high plants. Martinus Nijhoff Publishers. Dordrecht The Netherlands, 341~344

Rao S R, Ravishankar G A. 2002. Plant cell culture Chemical factories of secondary metabolites. Biotechnology Advances, 20: 101~153

Read P E , Yang Q. 1987 . Novel plant growth regulator delivery systems for *in vitro* culture of horticultural plants. Acta Horticulturae, 212: 55~59

Reinert B. 1977. Plant Cell, Tissue and Organ Culture. Berlin, Springer Verlag: 1~803

Schlatmann J E, Nuutila A M, Van Gulik W M, et al. 1993. Scale-up of ajmalicine production by plant cell cultures of Catharanthus roseus. Biotechnology and Bioengineering, 41: 253~262

Spieler H, Alfermann W, Reinhard E.1985. Biotransformation of methyldigitoxin by cell cultures of *Digitalis lanata* in airlift and stirred tank reactors. Appl Microbiol Biotechnol, 23: 1~4

Sucher H G, Jordan M, Widmer F. 1994. Bubble bed reactor: A reactor design to minimize the damage of bubble aeration on animal cells. Biotechnology and Bioengineering, 44: 1246~1254

Tanaka H. 1981.Technological problems in cultivation of plant cells at high density. Biotechnology and Bioengineering, 23(6):1203~1218

Viala C H, Wilda G, Midoux N. 2002. Experimental and theoretical analysis of the hydrodynamics in the riser of an external loop airlift reactor. Chemical Engineering Science, 57: 4745~ 4762

Wang Q C,Tang H R, Quan Y, et al. 1994. Phenol induce browning and establishment of shoot-tip explant of 'fuji' apple and 'jinhua' pear culture *in vitro*. J Hort Sci, 69(5): 833~839

Wang S J, Zhong J J.1996. A novel centrifugal impeller bioreactorl Fluid circulation, mixing and liquid velocity

profiles. Biotechnology and Bioengineering, 51: 511~519

Yu D H, Meredith C P. 1986. The influence of explant origin on tissue browning and shoot production in shoot tip cultures of grapevine. J Amer Soc Hort Sci, 111: 972~975

Zhao B, Zhang C , Forste W K, et al. 2010. Endothelial cell capture of heparinbinding growth factors under flow. PLoS Comput Biol, 6(10): e1000971

Zimmermann U, Pilwat G, Péqueux A, et al. 1980. Electro-mechanical properties of human erythrocyte membranes: the pressure-dependence of potassium permeability. Membr Biol, 54(2): 103~133